侯康集

许外芳 点校

本书为《广州大典》与广州历史文化专题研究2018年度课题《侯康研究》成果，立项编号：2018GZY15

本书获2019年度佛山市高等教育高层次人才"教学科研骨干人才"项目资助（批准时间：2020年3月4日）

吉林大学出版社

·长春·

图书在版编目（CIP）数据

侯康集 / 许外芳点校. -- 长春：吉林大学出版社，
2022.10
（鼹鼠居士丛书）
ISBN 978-7-5768-0663-2

Ⅰ.①侯… Ⅱ.①许… Ⅲ.①中国历史 – 秦汉时代–
魏晋南北朝时代 – 文集 Ⅳ.①K230.7-53

中国版本图书馆CIP数据核字(2022)第179344号

书　　名：侯康集
　　　　　HOU KANG JI

作　　者：许外芳　点校
策划编辑：代景丽
责任编辑：代景丽
责任校对：代红梅
装帧设计：刘　瑜
出版发行：吉林大学出版社
社　　址：长春市人民大街4059号
邮政编码：130021
发行电话：0431-89580028/29/21
网　　址：http://www.jlup.com.cn
电子邮箱：jldxcbs@sina.com
印　　刷：吉广控股有限公司
开　　本：787mm×1092mm　　1/16
印　　张：25
字　　数：400千字
版　　次：2022年10月　第1版
印　　次：2022年10月　第1次
书　　号：ISBN 978-7-5768-0663-2
定　　价：128.00元

序

陶文鵬

許外芳教授點校的《侯康集》要出版了，請我作序。他是我的學生，我欣然允諾。

有清一代學術，以乾嘉攷據爲最，有惠棟爲首的"吳派"和以戴震爲首的"皖派"之說。自阮元督粵，開學海堂，號稱多士，而乾嘉之學，不意於此中興，遂有"粵派"之稱。其著名者，首推林伯桐、侯康、陳澧、何若瑤四人，攷證精深，文辭粲然（清代樸學家陳璞《何宮贊遺書序》）。黃國聲先生主編的《陳澧集》，已於上海古籍出版社出版。我的大弟子張劍教授與國家圖書館張燕嬰先生一道，整理、點校清代樸學家、書法家《莫有芝全集》，於中華書局出版，享譽學林。許外芳受其影響，近年潛心於廣東樸學家著作整理，已點校出版《何若瑤集》。現在他的《侯康集》也已整理完成，即將付梓，我衷心爲他高興。

侯康，字君謨，廣東番禺人。幼孤，家貧，母稱貸得錢，買十七史，讀之卷帙皆徹，遂通史學。（《清史稿》本傳）於隋以前，尤精熟。阮元開學海堂課士，賞其文，由是知名。侯康又精經學，時稱"經師"。侯康推崇《左傳》，認爲"《漢志》載《春秋》古經十二篇者，《左》經也。經十一卷者，《公》《穀》經也"。他將《左傳》與《公》《穀》二傳校勘，排比參訂，勒成二卷，爲《春秋古經說》。其學術成就比肩毛奇齡《春秋簡書刊誤》、段玉裁《春秋左氏古經》，"而閒補其疏舛闕略，簡要篤實，殆欲過之"。（伍崇曜跋）侯康又認爲，"《穀梁》出最先，其誤尚寡。《公羊》出最晚，其誤滋甚"。他據《穀梁》以證三《禮》，而排詆《公羊》，著《穀梁禮證》，惜其未完而卒。

　　侯康史學造詣也很高，著有《後漢書補注續》《三國志補注續》。惠棟《後漢書補注》、杭世駿《三國志補注》，侯康認爲二者遺漏甚夥，皆續攷之。他"又以隋以前古書亡佚十九，著書者多湮沒不彰，乃補撰後漢、三國、晉、宋、齊、梁、陳、魏、北齊、周十書《藝文志》，而自注之"。（《同治番禺縣誌》本傳）成書者，唯有《補後漢書藝文志》、《補三國藝文志》。其"剌取羣籍，凡諸書見《本傳》及隋、唐、宋《志》、《釋文·敘録》，皆不著所出，其采自他書或附傳者則著之，而他書復有可攷證者，亦倫録焉"。（伍崇曜《補後漢書藝文志跋》）

　　侯康亦富文學才華，伍崇曜稱其"湛深經術，兼工文筆，殆吾粵之孔㧑軒（孔廣森）、汪容甫（汪中）也"。著有《惜燭山房詩草》，惜已佚。

　　侯康事母孝順，友於兄弟，篤於朋友。性兼狂狷，喜飲酒，招呼朋好，諧謔間作，逸興橫發。不治家人生產，不識算盤，唯以授徒自給終其身。卒年四十，惜哉！讀其書，知其人，亦非無補於世者。

　　古籍點校甚爲艱難，點校樸學著作更難。許外芳六年來沉潛於此，不爲外界所動，不覺年近五旬，而余亦八十老翁矣，希望外芳研究廣東樸學取得更豐碩的成果。師生之情，見於此序。

目　　录

侯康傳記資料

《清史稿》①

　　侯康，字君謨，亦番禺人。道光十五年舉人。少孤，事母孝。家貧，欲買書，母稱貸得錢。買《十七史》，讀之，卷帙皆散，遂通史學。及長，精研注疏，湛深經術，與同里陳澧交最久。嘗謂："《漢》志載《春秋》古經十二篇者，《左》經也；經十一卷者，《公》《穀》經也。今以三《傳》參校之，大要古經爲優。《穀梁》出最先，其誤尚寡。《公羊》出最晚，其誤滋甚。"乃取其義意可尋者，疏通證明之，著《春秋古經說》二卷。又治《穀梁》以證"三禮"，以《公羊》雜出眾師，時多偏駁，排詆獨多，著《穀梁禮證》，未完帙，僅成二卷。又彷裴松之注《三國志》例注史。嘗曰："注古史與近史異：注近史者，群書大備；注古史者，遺籍罕存。當日爲唾棄之餘，今日皆見聞之助，宜過而存之。"因爲《後漢書補注續》一卷，《三國志補注》一卷。《後漢》稱續者，以有惠棟注；《三國志》杭世駿注未完善，故不稱續也。又補《後漢》《三國藝文志》，各成經、史、子四卷；餘未成。又致漢、魏、六朝禮儀，貫串三禮，著書數十篇，澧嘗歎以爲精深浩博。十七年，卒，年四十。

---

① 《侯康傳》附《陳澧傳》後，見趙爾巽等撰《清史稿》第43冊卷482列傳二百六十九"儒林三"，中華書局，1977版，第13286–13287頁。

《同治番禺縣志》

　　侯康，字君模，其先江南無錫人，祖金鉉遷廣東，爲番禺人。康幼孤，好學，喜讀史。家貧，無藏書，母張爲稱貸得錢，買《十七史》，讀之，卷帙皆敝，遂通史學。讀南北朝諸史所載文章，而好之，爲文輒效其體，純雅茂美。間亦爲詩，有《惜燭山房詩草》。總督阮元時開學海堂課士，賞其文，由是知名。後乃研精經學，時稱爲"經師"焉。其史學於隋以前，尤精熟。正史之外，旁搜群籍，網羅放佚，攷其同異。欲仿裴松之注《三國志》例，盡注隋以前諸史。嘗曰："國初以梅氏天文算術諸書、顧氏《讀史方輿紀要》、李氏《南北史合鈔》，稱天地人三奇書。論者謂李書未可鼎足，吾書成，其將取而代之乎？"又曰："注史與修史異，注古史與注近史異。史例貴嚴，史注宜博。注近史者，群書大備；注古史者，遺籍罕存。當日爲唾棄之餘，今日皆見聞之助，宜過而存之。"爲《後漢書補注續》《三國志補注》。《後漢》稱"續"者，以有惠定宇補注。《三國志》杭大宗補注，未爲完善，故不稱"續"焉。又以隋以前古書亡佚十九，著書者多湮沒不彰，乃補撰後漢、三國、晉、宋、齊、梁、陳、魏、北齊、周十書《藝文志》，而自注之。凡其人不見正史者，攷其爵里；書已亡而逸文見於他書者，著其梗概。後漢、三國成經、史、子三部，餘未成。尤好《左史傳》。近儒多尊賈、服而排杜解，然杜固有勝賈、服者。儒者說經，當求心之所安，毋徒博好古之名。欲著書以持其平，亦未成。又治《穀梁傳》，攷其涉於禮者，爲《穀梁禮證》。其餘群經小學，皆有論說，多前儒所未發。又攷漢魏六朝禮儀數十篇，皆可傳。康事母孝，友於兄弟，篤於朋友，性兼狂狷，而質直通易，與俗無忤。喜飲酒，招呼朋好，諧謔間作，逸興橫發。不治家人生產，至不識算子。以授徒自給終其身。由優貢中道光乙未

科舉人，卒年四十。（據陳澧撰《傳》《楚庭耆舊集》修）

（《同治番禺縣誌》卷四十八"列傳十七"）

按："君模"當作"君謨"。《補三國藝文志》末有伍崇曜跋語云："右《補三國藝文志》四卷，國朝番禺侯康君謨撰。"[1]伍崇曜爲出資雕刻、印刷《補三國藝文志》者，更爲可靠。此外，《清儒傳略》[2]亦有傳，但極簡。

桂文燦《經學博采錄》[3]

一

番禺侯君謨孝廉補《後漢書》《三國志》"藝文志"各四卷，道光三十年，刊入《嶺南遺書》。兩《志》注語，有關乎經義者甚多。其鉤沉之論，如鄭眾《毛詩傳》，孝廉注云：

范蔚宗、陸機、陸德明皆但云鄭眾傳《毛詩》，不言作《傳》。惟《隋志》有作《傳》之文，而亦不著其書，疑誤也。今亦未敢肊斷，姑錄之。其說今絕無存，惟旁見《周禮注》者，"宰夫之職"注引《詩》曰："家伯維宰"，以"宰"爲"宰夫"，與《鄭箋》云"冢宰"異。（王肅從之）"典瑞"注引《詩》曰："邸彼玉瓚，黃流在中"，與今本作"瑟"作"瓚"異。"大司馬"注引《詩》曰"言私其豵，獻肩于公"，"一歲爲豵，二歲爲豝，三歲爲特，四歲爲肩，五歲爲慎"，與《傳》《箋》俱異。"獻豜"作"獻

---

① 陈建华，曹淳亮. 广州大典（第13册）［M］. 广州：广州出版社，2008：243.

② 严文郁. 清儒传略［M］. 台北：台湾商务印书馆，1990：133.

③ 桂文燦. 經學博采錄［M］. 陳居淵，注. 桂林：廣西師範大學出版社，2011：12.

肩”，亦異。至今①“序官·膳夫”注引“仲允膳夫”，“獻②人”注引“敝笱在梁”，“大司徒”注引“錫之山川，土田附庸”，“大司馬”注引“邦畿千里”，“射人”注引“不出正今”，“隸僕”注引“有扁斯石”，“小司寇”注引“詢於蒭蕘”，則固無異解也。

其辨正之論，如《盧植本傳》稱植作《三禮解詁》，孝廉注據《三國志·盧毓傳》《注》引《續漢書》，稱盧植《禮記解詁》二十卷，謂植未嘗注《三禮》，《傳》說非也。

其存疑之論，如于後漢鄭氏《孝經注》，《陸澄本傳》《釋文·序録》《唐會要》載劉子玄議、《困學紀聞》，并疑其非康成所著者，有十二驗。孝廉則據宋均《孝經緯注》引鄭《六藝論》序《孝經》云：“玄又爲之注”，以爲康成注《孝經》之證。而又以宋均云“均無聞焉”者，蓋注未卒業，不行於世故也。

于《三國》鄭小同《孝經注》一卷，孝廉既據《太平寰宇記》引鄭氏《孝經序》所稱“先人”，謂即指康成；又云：“自陸澄以來，屢有異議，則屬之小同，亦可姑備一說”，蓋疑不能定者也。或乃以此爲騎墻之語，則過矣。

其持平之論，如王肅《聖證論》十二卷，孝廉注云：

　　王肅解經③，平易近人，故晉、宋以下多從之。近世崇尚鄭學攻肅者，幾於身無完膚。平心而論，肅之解經，豈無一得？其立異於鄭，猶鄭之立異於賈、馬、何、許。此得彼失，本可並存。特其專事掊擊，且偽造《家語》以自實其言，此則誠不免爲小人儒耳。

其所論說多類此，治經者皆不可不知也。

---

① 按：“今”，侯康原文作“如”。
② 按：“獻”，侯康原文作“獻”。
③ 按：“解經”，侯康原文作“經解”，下同。

二

侯君諱孝廉，名“廷楷”，更名“康”。其先江南無錫人，後徙于粵，爲番禺人。少孤，好學，喜讀史家。貧無藏書，称貸得錢，買《十七史》，讀之，卷帙皆敝，遂通史學，亦喜爲六朝之文。阮元公督粵，开学海堂課士，賞其文，由是知名。后乃研精經學。嘗欲旁搜群籍，網羅散佚，攷其同異，仿裴松之注《三國志》例，盡注隋以前諸史。又云：“注史與修史異，注古史與注近史異。史例貴嚴，史注宜博。注近史者，群書大備；注古史者，遺籍罕存。當日爲唾棄之餘，今日皆見聞之助。”洵確論也。嘗爲《後漢書補注續》一卷、《三國志補注》一卷。又以隋以前古書亡佚十九，注①書者多湮沒不彰，乃補撰後漢、三國、晉、宋②、梁、陳、魏、北齊、周十書《藝文志》，而自注之。凡其人不見正史者，攷其爵裏。書已亡而佚文尚存者，著其梗概。後漢、三國成經、史、子三部，餘未成。尤好《左氏春秋》，謂“近儒多尊賈、服而排杜解，然杜固有勝賈、服者。儒者說經，當求心之所安，毋徒博好古之名”，可謂中庸之論矣。欲著書以持其平，亦未成。又治《穀梁春秋》，攷其涉于禮者，爲《穀梁禮證》一卷。其餘群經小學，皆有論說，多發前儒所未發。

孝廉爲諸生時，名噪甚。在鄉試闈中，有同號生揖而言曰：“君爲侯先生耶？幸得相見。聞君每歲首觀時憲書一過，終歲能誦之，何其善記耶？”孝廉謝無有。陳蘭浦先生嘗與孝廉會試，同舟而歸。無事，偶以《隋書·經籍志》試之。讀一書名，孝廉答以某人撰，十不失一云。孝廉事亲孝，友於兄弟，篤於朋友，性兼狂狷，而質直通易，與俗無忤。惟不治家人生產，至不識算子，以授徒自給。賦質羸弱，又讀書恒至深夜，平居不離藥物。以優貢中道光乙未科舉人，應會試歸，發病，逾年，卒，年四十。

---

① “注”，侯康原文作“著”。
② “宋”，侯康原文作“宋、齐”。

《春秋古經説》二卷

番禺侯康君謨撰

《春秋古經説》自序

《春秋》經一而已，自三《傳》分而經分，並其卷數亦分。《漢志》載《春秋》古經十二篇者，《左》經也。經十一卷者，《公》、《穀》經也。（説詳《四庫提要》）今以三《傳》參校之。《左傳》“莊三十年夏，次於成”，《公》、《穀》作“師次”。以上“三年，公次于滑。八年，師次於于郎”例之，無直言“次”者，則有“師”字是也。“僖九年甲子，晉侯佹諸卒”，《公》作“甲戌”。以上文“戊辰”推之，則“甲戌”是也。然大要，古經爲優。而自漢以來，即有取《公》、《穀》亂古經者。如“昭十一年，齊國弱”，賈逵從《公》作“酌”之類。宋元諸儒避實蹈虚，尤好舍古經而用二《傳》。夫古經傳、序相授，非一世矣。“公即位”爲“公即立”，已經後人竄改。古字古言不盡可見。乃并其幸留至今者，亦屏棄弗録。此毛氏《春秋簡書刊誤》、段氏《春秋左氏古經》所由述，與三《傳》異同，有不必辨者。“蠑”則“螽”之或體，“遬”則“速”之籀文是也。此外，則形聲相近、假借通用之字居多。“渝”“輸”同訓，“黎”“耒”同音，“郿”“微”本一地，“厲”“賴”實一國，前入論之詳矣。《穀梁》出較先，其誤尚寡；《公羊》出最晚，其誤滋甚。口授愈久則愈離，不期然而然者也。毛氏動輒詆爲有意變易，又豈通論哉？今剌取其義意可尋者，疏通證明之。至《説文》述《春秋》用左氏，而“衣”部引“公會齊侯于移”，“品”部引“次于喦北"，"示"部引"石尚來歸祳"，與古經皆不同。蓋又師談互異，今不復盡據爲定云。

《春秋古經說》卷一

隱元年三月，公及邾儀父盟于蔑。

"邾"，《公》作"邾婁"，後倣此。據《檀弓》，亦倣"邾婁"。《公羊釋文》云："邾人語聲後曰'婁'。"《檀弓釋文》云："邾人呼'邾'聲曰'婁'。"然則《公羊》之倣，所謂名從主人也。《左》《穀》正其名，《公羊》從其俗，猶越或倣"於越"，義可兩通，無關體要。（《公羊》及范氏《穀梁注》，皆爲"於越"，強生義例，然恐祇是史異詞耳。《孔疏》近之。）"蔑"，《公》《穀》作"眛"。據《左》注，"蔑"即"姑蔑"。不倣"姑"者，惠氏《補注》云："隱公名'息姑'，當時史官爲之諱。"然則作"蔑"爲合，"眛"則同音字。故"文七年，晉先蔑奔秦"，《公羊》亦作"眛"。又《說文》"目"部："眛，目不明也。""苜"部："蔑，勞目無精也。"非獨音同，義亦本通矣。

隱三年夏四月，辛卯君氏卒。

"君"，《公》《穀》作"尹"，云"天子之大夫"。按：左氏親見國史，不應以男子爲婦人，乖繆至是。蓋《經》本作"君氏"，後字脫其半而成"尹"。如《戰國策》以"趙"爲"肖"，以"齊"爲"立"。《周禮》"司几筵""其柏席用萑"注："元謂'柏梻'，字磨滅之餘。""君"之爲"尹"，正所謂"磨滅之餘"也。"昭二十年"《傳》："棠君尚謂其弟員曰"，《釋文》："'君'或作'尹'"，亦其例。《公》《穀》不知爲脫誤，見《春秋》時適有"尹氏"，此人凡兩書于《經》（"尹氏立王子朝"，"尹氏以王子朝奔楚"），逐牽合其說耳。（金履祥《通鑑前編》、毛奇齡《春秋傳》、郜坦《春秋集古傳》、又以爲即鄭之"尹氏"，更附會，無足道。）然則何以偁"君氏"？曰：《春秋》書妾媵之卒，僅一見于此。偁子氏，則嫌與"定十五年，姒氏卒"同。姒氏固夫人也。故特變文，以見其爲君母。（趙東山謂"妾母本不登于策"，此以"吾君服其母喪，不可不書。曰君氏者，爲夫子之特筆是也。顧氏《大事表》斥爲支離，何哉？）《日知錄》引"襄二十六年"《傳》"君夫人氏"爲證，謂當時有此偁，去其"夫人"，即爲"君氏"，引據最確，不必如惠半農《春秋說》以"不偁姜氏，絕不爲親"難之也。

隱五年春，公矢魚於棠。

"矢"，《公》《穀》作"觀"，《史記》"魯世家""十二諸侯年表"，《漢》"五行志下上"皆作"觀"。按臧僖伯有"則公不射之語"，故葉氏夢得云："古者，天子諸侯必親射牲，因而獲禽，以共祭春，獻魚之節也。公將盤遊，託射牲以祭焉。"惠氏《補注》亦引《周禮》"射人"："祭祀則贊射牲，司弓矢，共射牲"之"弓矢"及《外傳》《左史》"猗相語"證之。又《淮南》"時則訓"："季冬……命漁師始漁，天子親往射魚"，則"矢漁"更有明文矣。《淮南》以夏令紀事，夏之季冬，正周之春。蓋公本意在觀，而託名于矢，言矢則觀見，言觀則矢不見，古經爲長。而杜注以"矢魚"爲"陳魚"，亦非古經意也。（《左傳》言"陳魚而觀"者，蓋將射，必先陳之，非即以矢爲陳。杜元凱泥于《釋詁》文，因而誤解。）

隱五年秋，衛師入郕。

"郕"，《公》作"盛"，後同（惟"莊八年"作"成"）。《春秋簡書刊誤》譏其"宋"將作"送"、"衛"將作"彗"。《四庫提要》云《穆天子傳》所載"盛姬"即郕國之女。《攷古圖》："許"或作"鄦"，"魯"或作"鹵"，俱勒鐘鼎，斷非訛寫。古字異文如斯者眾，未可盡以今文繩之。然則"郕""盛"古通，無關義例。至"莊八年，師及齊師圍郕，郕降于齊師"，《公》又作"成"者，亦同音假借。如《管蔡世家》"封叔武于成"，亦以"郕"爲"成"也。《傳》謂"諱滅同姓"，非。（《春秋繁露》"滅國下"云："衛人侵成，鄭入成，及齊師圍成，三被大兵，終滅，莫之救"，則皆以"郕"爲"成"，蓋因"齊師圍成"之文而連及之。）

隱九年冬，公會齊侯於防。

"防"，《公羊》作"邴"。按：春秋時，防地有四：一魯邑，即此年會齊侯者也；一魯山，"僖十四年""季姬及鄫子遇于防"是也；一宋地，"隱十年""取防"是也；一莒地，"昭五年""莒牟夷以牟婁及防茲來奔"是也。魯防邑與齊接壤，蓋在北鄙，故"莊七年""夫人姜氏會齊侯于防"，"廿二年""及齊高傒盟于防"，"襄十年""齊高厚帥師伐我北鄙，圍防"。而臧紇之亂，亦自防奔齊。"莊廿九年""襄十三年"，又屢"城防"，皆以邊齊故也，則公會齊侯必于防無疑。若"邴"者，據《說文》，則"宋下邑"。此會正謀伐宋，安得會于宋地？據《公》《穀》，則即鄭之"祊"。"桓元年""始"、"卒"，"易祊田"。前雖云"我入祊"，蓋未肯受而有之（本杜《注》），仍屬鄭境，齊、魯又何必去其本國而會之？于義，古經爲長。或《公羊》意以魯別有地名"邴"者耶？（或曰：據《少牢饋食禮》"南柄"注："古文'柄'爲'枋'①"。據《說文》"人"部籀文，"仿"爲"俩"，則"方""丙"古多互用。此以"防"爲"邴"，正其類。）

桓二年秋七月，杞侯來朝。

"杞"，《公》《穀》作"紀"。《何注》："謂天子將娶于紀，故封之百里。"按：《漢書》"外戚恩澤侯表""其餘后父據春秋褒紀之義"，《王莽傳》"信鄉侯佟上言：'春秋，天子將娶於紀，則褒紀子偁侯。'"蓋爲《公羊》學者相傳有此說，然其禮于經典無徵。且紀季姜歸

---

① 《儀禮》原文爲"古文'柄'皆为'枋'"。

京師在九年，豈有天子立后，謀于七年之前，而納于七年之後者？是時桓王已立十年，又非少不能成禮，待其長而後娶，可知也。《胡傳》及吳草廬又謂"齊欲滅紀，朝魯求庇"，以六年之事牽合于此。按：左氏親見國史，既知六年會成，爲諜謀齊難，何獨于此不知也？劉道原又謂春秋雖亂世，至于兵革之事，亦慎用之。杞來朝魯，有少不敬，未宜便入其國。按：惠半農《春秋説》云"僖二十七年，春，杞子來朝"，九月入杞，與"桓二年秋，入杞"正同，皆討不共也。討不共者，古之制，故凡伯弗賓、杞侯弗敬，一書"伐"、兩書"入"，皆所以懲不共。《春秋》書之以爲戒。且滕、杞皆前偁"侯"後偁"子"，奚獨于杞侯而疑之？（程子曰：凡杞偁"侯"者，皆當爲紀杞爵，非"侯"文誤也。及紀①侯大去其國之後，杞不復偁"侯"。惠氏此數語似暗破程説。）然則作"杞"，于義爲長。

桓六年，春，正月，寔來。

　　三《傳》竝同。然竊意古經當作"實來"。《詩·大雅》："實墉實壑，實畝實籍。"《箋》："'實'當作'寔'。趙、魏之東，實、寔同聲。"《疏》云："《春秋》'桓六年''州公寔來'，而《左傳》作'實來'，是由聲同，故字有變異也。"此其證也。錢氏《養新錄》又以"'覲禮''伯父實來'注'今文"實"作"寔"'，是'實'即'寔'之古文。《春秋》《公》《穀》爲今文，《左氏》爲古文，故二《傳》作'寔'，《左氏》作'實'②"云，引據尤確。今《左氏》亦作"寔來"，則未知何人據二《傳》改。錢氏歸咎于杜元凱，恐非。何者？元凱雖多信《傳》不信《經》，然于《經》但有疑辭，如"隱九年""大雨震電"，"文十七年""齊侯伐我西鄙"之類，皆明言《經》誤，而亦未嘗擅易。況杜即以"實"訓"寔"，又何必不仍其故字？蓋杜所見本已改作"寔"。（改《經》必兼改《傳》，《傳》當亦本作"實"。陳樹萪

---

① 按文義，"紀"似當爲"杞"。
② 按：《養新錄》原文作"實來""寔來"。見錢大昕.十駕齋養新錄（卷二）［M］.上海：上海書店，1983：33.

謂《傳》解《經》，不容立异，非也。）而別本尚有作"實"，流傳至唐初，孔氏猶及見之。錢氏謂爲伏虔本，未知信否？要：古經之作"實"，不作"寔"，則確有可憑矣。

桓六年，公會紀侯于成。

"成"，《穀》作"郕"。按"襄十六年""齊侯伐我北鄙，圍郕"，即此地。彼《經》《穀》作"成"，而《左》作"郕"，與此正相反。然則"郕""成"通用。《檀弓》"成人有其兄死"，《釋文》："'成'本或作'郕'"，亦其例；不必因《說文》云"郕，魯孟氏邑"，遂謂"郕"是而"成"非也。此"郕"爲魯邑，與"衛師入郕"之爲國名者，名同而地異。郕國之"郕"，亦可作"成"。《管蔡世家》"封叔武于成"及《公羊》"莊八年"《傳》是也。（《公羊》"他處"又作"他盛"。）成邑亦可作"郕"，則《左》《穀》所載是也。

桓十一年，公會宋公于夫鍾。

"夫鍾"，《公羊》作"夫童"，《穀梁》麋氏本亦作"童"。按：古"鍾""鐘"通用。夫鍾之"鍾"，古經別本有從"童"者，後奪其半而成"童"。如《禮記》引"說命"爲"兌命"之比。《水經》"淇水"注："又東南逕千童縣故城東。《史記》'建元以來王子侯者年表'曰：'故"重"也。一作"千鍾"。'"

桓十四年，宋人以齊人、蔡人、衛人、陳人伐鄭。

《公羊》衛先于蔡。毛西河《春秋簡書刊誤》云此非蔡衛爭長之時，不必有次第可據。按：下"十六年，夏四月，公會宋公、衛侯、陳侯、蔡侯伐鄭。"杜注云"蔡常在衛上，今序陳下，蓋後至。"（《穀梁》注同）《正義》引"《班序譜》偁自隱至莊十四年，四十三歲征伐盟會，凡十六國，時無霸主，會同不並，無有成序。其間蔡與衛凡七會，六在衛上，唯此處在陳下，故以爲蓋後至也。"又"襄二十七年"，《正義》引《班序譜》："晉合諸侯二十國，起僖廿八年，盡哀十四年，大率皆陳後次蔡（春秋初，衛在陳上。莊十六年，幽之盟，齊桓進之，班在衛上，終于春秋。見杜注。），蔡後次衛。"據此而言，蔡合先衛。若其後至，又當如"十六年"例，序于諸國後。今乃居衛、陳之間，其爲誤倒無疑，當從古經。

　　又按：若援"昭公元年，會于虢，衛、齊惡"之例，則蔡雖不以後至貶，而衛自可以先至進。衛序蔡上，非必無説，特以此經《左》《穀》皆同，又其常例如是，故疑《公羊》誤導耳。

莊元年夏，單伯送王姬。

　　"送"，《公》《穀》作"逆"。欲明"送"與"逆"之是非，當先定單伯之爲周？爲魯？《春秋》毛氏《傳》及《春秋簡書刊誤》力闢單伯非魯大夫，致詳明矣，而猶有未及辨者，今並正之。陸氏淳以祭仲比單伯，謂"諸國大夫，王賜之圻内邑爲號，令歸國"，蓋亦知單非魯地，而創立此論；不知祭仲之"祭"，非祭伯、祭公之"祭"。《左傳》"桓十一年"注："祭，鄭地，陳留長垣縣東北有祭地①。"而畿内之"祭"，《釋例·土地名》注云："闕。"顧氏《春秋大事表》則以爲今河南開封府鄭州東北十五里有祭亭，其非一地明甚（晉之長垣縣，則今大名府屬縣），故程廷祚《春秋地名辨異》列之于"二地一名"類中。且云賜"圻内邑爲號"者，以爲實與其地乎，則隱、桓之間，祭伯、祭公、祭仲竝見，《經》《傳》不容一邑而分二人；以爲空假其名乎，則三代時無此官制也。祭仲既非畿内邑，則謂以畿内之單賜魯大夫者，其說孤而無據矣。俞氏皋又謂周有單子，非單伯。按：《釋例·世族譜》皆據世本，最可信。其序單"襄公"爲"單伯"子（此當是"文十四年"之"單伯"。若送王姬之"單伯"，則相去太遠。），則"單子"明即"單伯"。且如俞說，將滕侯滕子、薛侯薛伯、杞侯杞伯杞子俱分爲二國乎？是"單子""單伯"之說，不足疑也。至劉氏敞、鄭氏玉等，復以下十四年"文十四年"之"單伯"，《左傳》有明文者，亦斷爲内臣，以附會此經，不

---

① "地"，《左傳正義》作"城"。

信親見國史之左氏，而徒于字句間推求其義，亦可謂避實蹈虛矣。故"單伯"決當作王官，而"逆"決當作"送"。

莊七年，夏四月辛卯夜，恒星不見，夜中星隕如雨。

上"夜"字，《穀梁》作"昔"。毛氏《刊誤》亦知"昔"可訓"夜"，而謂不應上"夜"作"昔"，下"夜"不作"昔"。按：《四庫提要》云："列子儌'夜則昏憊而熟寐，昔昔夢爲國君。'又儌'夜亦昏憊而寐，昔昔夢爲人僕'，正'昔''夜'二字迣用。"然則偶然異文，無關義之長短也。"隕"，《公羊》作"霣"，凡"隕"字皆同，實一字耳。見《漢書·司馬相如傳》"瀺灂霣隊"注。又按：劉向治《穀梁》者，而本傳載其《上封事書》，引作"夜常星不見，夜中星隕如雨"（易"恒"爲"常"，避文帝諱。），疑其初本尚不作"昔"矣。

莊九年夏，公伐齊納子糾。

《公》《穀》作"納糾"。按：古經似亦但作"納糾"。《正義》引賈逵云："不言公子，次正也。"下"齊人取子糾，殺之"，《疏》引賈逵云："儌子者，慭之"，則賈景伯本無"子"字也。《正義》又引沈云："齊人儌子糾，故魯史從其所儌，而《經》書'子糾'"，文在"殺子糾"下，不在"納子糾"下，則沈文阿本無"子"字也。沈據杜注爲《義略》，則杜元凱本亦無"子"字也。《正義》又云："劉與賈同"，則劉光伯本亦無"子"字也。《公羊》《釋文》云"'納糾'，《左氏》經亦作'納子糾'"。"亦"作"猶"言，或"作"乃別本偶異，則陸德明所見本尚有無"子"字者也。（《穀梁》《釋文》則但云左氏作"子糾"，不云"亦作"，蓋言之不詳。）唯唐定本有"子"字，蓋涉下文而誤，今不從。至前不儌"子"，後儌"子"，《公羊》謂"貴，宜爲君"，比于子般、子野之例，後儒多從之。然鮑叔方請魯討，而以"宜爲君"之辭奉之哉？且何不正其名于初納之時，而正其名于見殺之時也？賈逵云"慭之"，夫糾果不當立，雖死于非罪，不能憫其枉殺而加以尊儌。《春秋》書法，未聞有卹典也。唯霞峰華氏《春秋疑義》云鮑叔請魯討糾，而儷"子糾"。或疑"子糾"爲名，非貴而儷"子"。段氏意同其說，似矣，而猶未盡合。蓋公子糾實單名"糾"，上年《傳》文可據。且春秋時人皆以"子"取字，無取名者。（"襄十五年"，《左傳》歷序楚公子午、公子罷戎諸人，而有蒍子馮諸人，皆舉名，則"子馮"亦必非字。然他處屢以"蒍子"連文，則但名"馮"耳。杜注以"子"字屬下，非。）然雖不取名而儷謂之，間或配"子"字以成文，如楚公子元儷"子元"，鄭世子華儷"子華"，宋公子朝儷"子朝"，齊公子公孫明儷"子明"（昭四年），宋公子城儷"子城"（昭二十年），其名本皆無"子"字，儷"子糾"亦猶是也，沈文阿所謂"從齊人所儷"也。然則儷"子"不儷"子"，皆可，非義例所繫。特歷據古本，則《左經》實作"納糾"，不作"納子糾"耳。

莊十六年，冬，十有二月，會齊侯、宋公、陳侯、衛侯、鄭伯、許男、滑伯、滕子，同盟於幽。

《公羊》"會"上有"公"字，與"僖十九年冬，會陳人、蔡人、楚人、鄭人，盟于齊"；《公羊》作"公會"，"僖二十九年，會王人、晉人、宋人、齊人、陳人、蔡人、秦人，盟于翟泉"，《公》《穀》作"公會"，同。然彼處或是《公羊》原文，此則俗刻所誤。段氏引"十九年"徐彥《疏》云"十六年①冬，會齊侯、宋公以下，同盟于幽"，"《經》不言公會，故知魯侯不至②"。阮宮保《校勘記》又引《春秋繁露·滅國下篇》云："幽之會，莊公不往。"據此二證，《公羊》原本無"公"字可知。（惠氏《春秋說》謂宜從《公羊》有"公"字者，非。）"許男"下，《公》《穀》有"曹伯"二字。按：《繁露·滅國下篇》云："曹伯之所以戰死于位，諸侯莫助憂者，幽之會，齊桓數合諸侯，曹小，未嘗來也。"然則江都所見本尚無"曹伯"，不知何時妄加。原加者之意，見僖公以來，齊桓凡有征伐會盟，曹皆與齊、宋、陳、衛、鄭、許同列。今此盟亦適六國皆在，而獨無曹，故取以攙入"許男"下耳。《穀梁》誤亦

---

① 按：此爲"莊十六年"。
② 按：此爲"莊十九年冬"之《疏》。

同，當以古經爲正。

莊二十年冬，齊人伐戎。

　　"戎"，《穀》作"我"，《簡書刊誤》謂不可攷。按：此固有可攷也。齊魯自盟柯、盟幽後，即修和好，惟十九年齊宋陳伐我西鄙。此必公子結會盟時，有開罪三國者。本非深仇，既已致討，則亦已矣。故二十二年，遂及齊高傒盟于防，公亦如齊納幣觀社，和好如初。而是時，戎患方亟。十八年，公追戎于濟西；二十四年，戎侵曹；二十六年，公伐戎。故齊桓亦有此役，爲獻戎捷先聲，其非"伐我"審矣。又汪氏克寬云："《經》書'伐我'，十有九皆書四鄙。惟哀八年，吳兵至城下；十一年，齊師伐我，戰于郊：兩書'伐我'。此言齊人，則將卑師少，安能深入乎？"其言尤得屬辭比事之法。當從古經，作"伐戎"無疑。（《經》書"侵我"者五，亦皆言鄙。）

　　又按：《春秋繁露·奉本篇》云："當此之時，魯無鄙疆，諸侯之伐哀者皆言我"，即指哀八年吳伐我、十一年齊國書帥師伐我二役也。其説與汪氏殊，然亦可見"伐我"例合書四鄙。不書鄙者，必有故。今無故而不書"鄙"，則非"伐我"也。

莊三十二年春，城小穀。

　　三《傳》同。然據《公羊》《疏》云："二《傳》作'小'字，與《左氏》異。"則古經實作"城穀"。二《傳》乃作"城小穀"。高氏閌、張氏洽、趙氏鵬飛、李氏廉諸人，未詳古經本文，而嘵嘵致辨齊地之"穀"不名"小穀"，因從范氏説，以"小穀"別爲"魯地"，力斥《左氏》爲"管仲"之非。雖以顧亭林之工攷核，而其《日知錄》《杜解補正》二書亦沿舊解，是移《公》《穀》之《經》配左氏之《傳》，固宜不合也。李氏廉又謂此時桓未見有功于魯。按：魯自盟防之後，與齊情好日密，以小事大，必多得其庇護，特《經》《傳》文不具耳。且即就《經》《傳》論，臧孫告糴、齊侯獻戎捷，則有恩禮于魯可知，豈必待高子來盟而後爲功哉？今仍定爲"城穀"，以還古經之舊，以杜訾謷《左氏》者之口。

此條《左氏》無可議，《杜注》則可議。《杜注》云："小穀，齊邑，濟北穀城縣，城中有管仲井。"《釋例·土地名》云："穀，小穀，二名。"是其所見本已作"小穀"。（孫志祖疑《注》中"小"字亦後人誤加，是未攷《釋例》也。）杜不能據善本審正（徐彥時，《左傳》猶有作"城穀"者，則在晉非無善本可知。）而牽合其說，此則可議也。但范氏之說亦無據。原范氏意，不過以"城"上不繫人，"小穀"上不繫國，必是魯事，故泛云"魯地"耳。而參稽他書，實未見魯地有名"小穀"者。後儒推衍范說，亦終鮮佐證，徒取孫氏《尊王發微》，謂曲阜西北有"小穀"城一語，果足信乎？故杜、范之注，同一無據。而《後漢·郡國志》云："穀城，春秋時小穀。"《水經·濟水注》云："濟水側岸有尹卯壘，南去魚山四十餘里，是穀城縣界，故春秋之小穀也。"二書皆用杜義，則吾亦寧從杜。

莊三十二年冬，十月，己未，子般卒。

"己未"，《公》《穀》作"乙未"。以杜氏《長厤》推之，十月戊午朔，不得有乙未。乙未，十一月八日也。此亦如"僖二十年五月乙巳，西宮焚"，《穀》作"己巳"；以《長厤》推之，五月癸未朔，不得有"己巳"。（《漢·五行志上》引作"己酉"，亦誤。）"昭二十五年，九月，己亥，公孫于齊，"《穀》作"己亥"；以《長厤》推之，九月戊子朔，不得有"乙亥"也。蓋"乙""巳"字形相似而訛，當從古經。"襄二十一年"《公羊》《疏》云："何氏自有長厤，不得以《左氏》難之。"錢大昕《養新錄》謂疏家依違其詞，無明文可證。

僖二年，秋，九月，齊侯、宋公、江人、黃人盟于貫。

"貫"，《公》作"貫澤"。按：《公羊》"九年"《傳》"貫澤之會"解云："即'上二年，秋，九月，齊侯、宋公、江人、黃人盟于貫'是也。而此言于"貫澤"者，蓋地有二名。"然則此經本無"澤"字，今有之者，不知何人據"九年"《傳》增。"貫"一名"貫澤"，如"榮"一名"榮澤"、"沙"一名"沙澤"也。又《杜注》："貫，宋地，梁國蒙縣西北有貫城。"貫"與"貫"字相似。"莊十二年，宋萬弒閔公于蒙澤"。《注》："蒙澤，宋地，梁國有蒙縣。"是"貫"與"蒙澤"近。"蒙"以"澤"名，必其地有大澤，故"貫"亦得俪"貫澤"也。（《春秋繁露·精華篇》亦俪"貫澤，陽穀之會"，蓋據"九年"《傳》。）

僖七年，秋，七月，公會齊侯、宋公、陳世子款、鄭世子華，盟于甯母。

"甯"，《穀》作"寧"，與"宣十一年，公孫寧"、"昭二十一/二年，宋向寧"、"廿八年，鄭伯寧、滕子寧"《公羊》作"甯"者，正同。按："寧""甯"古通用甚多。《史記·酷吏傳》"寧成"，《漢書》作"甯成"。（徐廣《史記注》已云："寧，一作甯"。）《史記》引《過秦論》"六國之士有寧越"，《漢書》作"甯越"。《前漢·地理志》："上谷郡有寧縣、廣寧縣"，《後漢·郡國志》作"甯縣、廣甯縣"，皆是也。《郡國志》："山陽郡方與有泥母亭，或曰古甯母。""泥""甯"亦聲之轉。

僖十有一年，春，晉殺其大夫丕鄭父。

三《傳》同。段氏據徐彥《公羊疏》云《左氏經》無"父"字，又攷《左氏傳》言"丕鄭者"四，不言"父"，則其經之無"父"字明矣。按：徐彥所見《左氏》，恐是後人據《傳》刪《經》，未爲善本，古經當實有"父"字。古人命名，多配以"父"，取字多配以"子"，皆泛詞也。俪謂之間，可從省，如俪"叔興父"爲"叔興"、"宋子哀"爲"宋哀"之類。而經文據實直書，則不宜省。故"箕鄭"見于"文七年"《傳》，而"九年"《經》則書"箕鄭父"；"胥甲"見于"文十二年"《傳》，而"宣元年"《經》則書"胥甲父"。此之《傳》不言"父"，而《經》言"父"，其例也。

僖二十一年，秋，宋公、楚子、陳侯、蔡侯、鄭伯、許男、曹伯會于盂。

"盂"，《穀》作"雩"，或爲"宇"。《公》作"霍"。按：此展轉訛之跡顯然。《穀》作"霣"者，"霣""盂"音同也。《公羊》後《穀梁》而出，又因《穀》之"霣"而誤"霍"，則以形近也。蓋《穀梁》一誤而《公羊》再誤也。但《漢·五行志下下》引董仲舒、劉向說《春秋》隕石于宋五，六鷁退飛，過宋都事，亦云爲"霣之會"。二人治《公》《穀》者，疑其初本尚與古經合矣。

僖二十三年，秋，楚人滅夔，以夔子歸。

"夔"，《公羊》作"隗"。按：周時"隗""夔"爲二國。史伯對鄭桓公曰："西有虞、虢、晉、隗、霍、楊、魏、芮。"又曰："芊姓夔越不足命也。"蓋一在西，一在南，風馬牛不相及。今以"隗"當"夔"，不幾疑于西方之國乎？《水經·江水》"又東過秭歸縣之南"，《注》云："縣故歸鄉。《地理志》曰：'歸子國也。'《樂緯》曰：'昔歸典叶聲律'，宋忠曰：'歸即夔，歸鄉蓋夔鄉矣。'"然則以"夔"爲"隗"，猶之以"夔"爲"歸"，皆聲相近而誤，其本字則當作"夔"。

文九年，冬，楚子使椒來聘。

"椒"，《穀》作"萩"，或作"菽"；《公羊》一本作"萩"。按："萩""椒"雙聲。《左傳》"昭三年""子服椒"，"十三年"作"子服湫"。"襄二十六年"楚"椒舉""椒鳴"，《楚語》作"湫舉""湫鳴"；《古今人表》亦作"湫舉"。"哀元年""敗越于夫椒"，《史記·伍子胥傳》作"夫湫"。"椒"之爲"萩"，猶"椒"之爲"湫"也。又，《說文》無"椒"，即"茮"字是，字形尤與"菽"易混，而"萩"字亦或作"楸"，又與"椒"字從"木"者易混。此"椒""萩""菽"三字所由別出也。

文十一年，夏，叔仲彭生會晉郤缺于承匡。

《公》《穀》無"仲"字。《左傳釋文》云："'叔仲彭生'……本或作'叔彭生'；'仲'，衍字"，非也，古經當有"仲"字。"叔仲”乃彭生之氏，不宜去其一。凡《左傳》偁“叔仲氏”，皆二字連文，古經當亦然。且魯固有叔氏，叔肸之後是也。《左傳》于“孟孫氏”“季孫氏”“臧孫氏”，或單偁“孟氏”“季氏”“臧氏”，而于“叔孫氏”無單偁“叔氏”者，嫌于叔肸之族也。《傳》文尚謹嚴如此，何況于《經》？（彭生時，未有叔氏，然舉全書而論，終嫌無別。）然則古經必作“叔仲”可知，不知何時奪去“仲”字，而二《傳》仍之。下“十四年”，古經亦無“仲”字，則闕文，如“定六年”，《經》偁“仲孫何忌”爲“仲孫忌”也。（此三《傳》竝同之闕文。《公羊》“哀十三年”“晉魏多帥師侵衛”，則獨《公羊》之闕文，云譏二名者，乃從而爲之辭。）《釋文》不以“十四年”《經》爲闕，而以此《經》爲衍，誤信《公》《穀》之過。至《漢·五行志下下》引作“彭叔生”者，乃董仲舒、劉向之言。二人治《公》《穀》，固宜如是。若《水經·陰溝水》注引，則有“仲”字矣。（俗刻無此，據武英殿聚珍版原本）“定六年”《杜注》云：“‘何忌’不言‘何’，闕文”，而下“十四年”“叔彭生”《注》不云“闕文”，則杜所見《左氏》恐當有“仲”字。其無“仲”字者，當是或本，如此年《經》《釋文》亦云“本或作‘叔彭生也’。”

文十三年，邾子蘧蒢卒。

《公》《穀》作“籧篨”。段氏謂《公》《穀》爲正。“籧篨”，竹席也。此以器爲名也。按：“籧篨”爲竹席，亦爲惡疾，如《詩》“籧篨不鮮”是也。而惡疾之“籧篨”，又作“蘧蒢”。《漢書·敘傳下》“舅氏蘧蒢，幾陷大理”是也。《左傳》雖有名子“不以隱疾”之言，而春秋時以隱疾命者正多：如宋平公太子名“痤”，《說文》“痤，小腫也。一曰‘族絫’。”齊慶繩名“虺”，《說文》“虺，頭衺、虺虺態也。”然則邾子之名，或以器、或以疾，皆不可知。以器，則字不能從艸；以疾，則從艸從竹皆可，無以定二《傳》之必是，而《左》經之必非也。（鄭君《禮》注謂：“隱疾，衣中之疾。”疾在外者，雖不得言，尚可指摘。此則無時可辟，然則非避不祥也。故“蘧蒢”等可取爲名，以非隱疾故。）

文十七年，夏四月，癸亥，葬我小君聲姜。

　　"聲"，《公》作"聖"。按：《史記·衛世家》"聲公"，《世本》作"聖公"，《索隱》："蓋'聲''聖'，音之轉也。"然必是"聲"訛"聖"，非"聖"譌"聲"。知者，以《周書·謚法解》儷"善①賦簡曰'聖'"、"敬賓厚禮曰'聖'"，皆非婦人所宜。而婦人謚"聲"者，則有隱公之母聲子、齊靈公之母聲孟子、公孫敖之妻聲己。《謚法》"不生其國曰聲"，聲姜其殆生于外家者與？

《春秋古經説》卷二

宣八年，夫人嬴氏薨。

　　"嬴"，《公》《穀》作"熊"。按：春秋時，嬴、熊分兩姓。伯益後爲嬴，如秦。徐、江、黃諸國皆是熊，則不知何人後。"桓十二年"《左傳》"羅人欲伐之"注："羅，熊姓國"，《正義》以爲《世本》文。今以音近而"嬴"誤"熊"，不幾于紊亂世族乎？

宣八年，楚人滅舒蓼。

　　"蓼"，《穀》作"鄝"，本又作"蓼"。按：《左氏》"桓十一年"《傳》"將與隨、絞、州、蓼伐楚師"《釋文》，"文五年"《傳》"楚公子燮滅蓼"《釋文》，"哀十七年"《傳》"是以克州蓼"《釋文》，俱云："'蓼'，或本作'鄝'。"《詩》"漸漸之石"，《箋》亦儷"舒鳩舒鄝"，《釋文》云："本又作'蓼'"，是"鄝""蓼"通用。或據《説文·邑部》"鄝，地名，從邑，翏聲"，謂《穀梁》爲正，則恐未然。《前漢·志》"六安國""蓼縣"下本注云："故國，皋陶後，爲楚所滅。"《後漢·志》"廬江郡""蓼侯國"，此實沿古之舊

---

① "善"，《逸周書》作"揚善"。

偁，知本不作“鄝”。（公子燮所滅之蓼，與見“桓十一年”《傳》者截然二地，觀杜注自明。與舒蓼則似爲一，《正義》說也。《春秋大事表》從高氏《地名攷》，謂三蓼當分三國，似更確。今姑從《正義》。）且《說文》不云國名，但云地名，即許意亦未必以舒蓼當之。

宣十五年，仲孫蔑會齊高固于無婁。

“無婁”，《公羊》作“牟婁”。按：《郊特牲》之“毋追”，《釋名·釋首飾》以爲“牟追”，即《禮記》《釋文》亦云“毋，音牟”。《列子·黄帝篇》“列禦寇爲伯昏無人射”，《釋文》“無，莫侯反。”又《左氏》“襄十四年”《傳》“執莒公子務婁”，務，徐音“莫侯反”。《荀子·成相篇》“舉牟光”，即“務光”。是“無”“務”古音皆如“牟”。

又按：“隱四年”“莒人伐杞，取牟婁”，“昭五年”“莒牟夷以牟婁及防、兹來奔”，是牟婁實有其地。《左》《疏》謂“莒取之後，常爲莒邑”，據《經》文而言也。《春秋大事表》以“‘無婁’，《公》作‘牟婁’”，謂即莒人所取者，則是時，莒恃晉而不事齊，齊比年伐之，仲孫、高固何由會于其地？且《釋例·土地名》于“牟婁”下注云：“城陽諸縣東北有婁鄉”（“隱四年”注同），于“無婁”下注云“闕”，則不合爲一地可知。但杜以“無婁”屬杞（《穀梁》注同），亦有可疑者。此事《傳》無明文，杜亦不能實指無婁所在。仲孫、高固復非杞大夫，杜果何見而云杞邑乎？第其分“無婁”“牟婁”爲二，則似得古經之旨，以齊、莒方惡故也。《公羊》作“牟”，非獨以音相近，當亦涉“隱四年”“昭五年”經文而誤。

成元年，秋，王師敗績于茅戎。

“茅”，《公》《穀》作“貿”。《漢·五行志》屢引皆作“貿”。按：古音“茅”如“矛”。《小雅》“露彼菅茅”下與“猶”韻；《離騷》“荃蕙化而爲茅”上與“留”韻；而《檀弓》“貿貿然來”，《釋文》“‘貿’，一音‘牟’”，是“茅”“貿”可同音。故古《經》作

"茅"，二《傳》作"貿"也（衛康伯髦卽王孫牟）。據《釋例·土地名》：河東大陽縣西有茅亭，卽茅戎；而"文三年"《左傳》注：茅津亦在河東大陽縣西。故《括地志》謂：茅戎，以處晉之茅津得名。則古《經》作"茅"，乃其本字也。

成二年，六月，癸酉。季孫行父殳、臧孫許、叔孫僑如、公孫嬰齊帥師會晉郤克、衛孫良夫、曹公子首及齊侯，戰于鞌。

"首"，《公》《穀》作"手"。按："首"者，正字；"手"者，假借字，古多通用。《士喪禮》"左首進鬐"《注》："古文'首'爲'手'"。《大射儀》"相者皆左何瑟，後首"《注》："古文'後首'爲'後手'"。（《左氏》古文而作"首"，《公》《穀》今文而作"手"者，容有一二字出入。）"襄二十五年"《左傳》"授手于我"，《家語》作"授首于我"；《漢書·古今人表》"骰手"，《說文·攴部》作"骰首"。"宣二年"《左傳》"趙盾、士季見其手"，《釋文》："'手'一本作'首'。"《莊子·達生》"則捧其首而立"，《釋文》"'首'本作'手'"，皆通用之證也。《公羊》又作"午"者，則更由"手"而訛。至"宣十七年"《孔疏》云："沈氏引《穀梁傳》云'曹公子首偪'"，當是誤涉《左傳》文。《經義雜記》據此謂古本《穀梁》與《左傳》同，則恐非也。

成十二年，夏，公會晉侯、衛侯于瑣澤。

"瑣澤"，《公》作"沙澤"，按："定七年""齊侯、衛侯盟于沙"，《公》亦作"沙澤"，蓋即合爲一地。然"定七年"《左傳》以"沙"爲"瑣"，則此年《公》以"瑣"爲"沙"，非無據。蓋"沙"本有"娑"音。《閟宮》詩《傳》有"沙，飾也"，《釋文》："沙，蘇河反。刻鳳皇于尊，其羽形婆娑然也。"《正義》云："《傳》言'沙'，卽'娑'之字也。""娑""瑣"音近，故一地二名。或又加"澤"字者，如"滎"一名"滎澤"、"貫"一名"貫澤"耳。《杜注》："瑣澤，地闕"，"沙：陽平元城縣東南有沙亭"，分作二地，似非。（"襄十一年""諸侯伐鄭""次于瑣",鄭地也。"昭五年""越大夫常壽過帥師會楚子于瑣",楚地也,皆不得與此"瑣"相混。)

成十五年,癸丑,公會晉侯、衛侯、鄭伯、曹伯、宋世子成、齊國佐、邾人,同盟于戚。

"成",《公》作"戌",《釋文》云"本或作'成'"。按:此宋平公也。"昭元年"《公羊》注云:"戌、惡皆與君同名。""戌"謂向戌,君卽指平公。然則《公羊》實作"戌",《釋文》所云,或本非《公羊》原文,乃據古《經》改也。今刊定,知古經爲合。《史記·十二諸侯年表》及《宋世家》皆作"成",不作"戌"。又春秋時雖或君臣同名,如鄭簡公名嘉,而同時有公子嘉;晉定公名午,而同時有邯鄲午之類。(洪稚存《更生齋文集》有"春秋時君臣上下同名不甚避諱論")然究屬變禮。向戌號僞名卿,未必犯此不諱也。《公羊》特以"成""戌"形近而譌,如"哀十三年""許男成卒",《公》亦作"戌";"定四年""杞伯成卒于會",《公》作"戌",又作"戌"。("文二年"《左傳》"宋公子成",《釋文》:"'成',本或作'戌'。"《莊子·大宗師》《釋文》:"'成',本或作'戌'。")

襄元年,仲孫蔑會齊崔杼、曹人、邾人、杞人,次于鄫。

"鄫",《公》作"合",《穀》亦"或爲'合'",段氏改古《經》爲"鄫",謂"本作'會','會''合'音義皆通。一寫作'鄫',再寫譌'鄫'"。其說甚創,然非也。段謂"僖十四年"《釋文》:"'鄫'始見,音似陵反。以後不爲音,惟此字音才陵反,恐本是古外反,淺人改之。"按:"僖十四年"以下"鄫"之見《經》《傳》者,皆同是姒姓之國,故音義不復重出。此則雖同字,而實異地,嫌有別音,故復出之,安得因此疑"本作古外反"也?段又謂:"杜《注》:'鄫,鄭地,在陳留襄邑縣東南',據此可知'鄫'乃'鄫'之誤。古者鄭國處于留,鄭伯寄帑與賄于虢、鄫,以取其國而遷鄭焉。而野留,孟康曰:'留,鄭邑也,後爲陳所並,故曰陳留。'此所次蓋鄭東鄫,錯于宋境者，古爲鄫地，故名之。"按："僖三十三年"杜《注》云："鄖城，故鄖國，在滎陽密縣東北"，與此年《注》"鄖在陳留"者，顯分爲二，何可牽合？孟康《漢書注》以證杜《注》作"鄖"。又況劉昭注司馬彪《郡國志》，于"陳留郡・襄邑"下明云："襄元年會鄖。杜預曰：'縣東南有鄖城'"；《水經・淮水注》下明云："又東逕鄖城，《春秋》'襄公元年'《經》書：晉韓厥帥師伐鄭。魯仲孫蔑會齊、曹、邾、杞，次于鄖。杜預曰：'陳留襄邑縣東南有鄖城'"。引《經》引《注》皆作"鄖"，不作"鄫"也。（鄭國處于留之說，《發墨守》所不取，今姑無論此。）然則《公》《穀》作"合"者，當是由"鄖"誤"會"，由"會"誤"合"。段氏云云，未免以末爲本矣。

襄五年，公會晉侯、宋公、衛侯、鄭伯、曹伯、齊世子光，救陳。

《公》《穀》"曹伯"下有"莒子、邾子、滕子、薛伯"。按：此涉上文戚之會，及後數年伐鄭、會柤，莒、邾、滕、薛皆從，而致誤也。必知是二《傳》誤而非《左氏》奪文者：齊世子光位次在薛伯下。十年，先至于師，始長滕、薛；十一年，始復長莒、邾，此時尚仍其舊。若《左經》有斷爛，當並奪"齊世子光"，不應獨于其中奪去四國。故知二《傳》誤衍。毛氏《簡書刊誤》云"前會有吳人、鄖人，而此亦無之"，"則不必與前會相同"，是也。《公》《穀》，口授之本，多有相涉而誤者，如："莊十六年""同盟于幽"有曹伯，則誤于侵蔡、會首止諸役也（說見前）；"八年""盟于洮"有鄭世子華，則誤于甯母之盟也；"襄二十二年""會沙隨"有滕子、"二十九年""城杞"有邾人，則誤于圍齊、盟澶淵、會夷儀諸役也。此其致誤之由，皆可灼然如晦之明矣。

襄十年，夏五月，甲午，遂滅偪陽。

"偪陽"，《穀》作"傅陽"，《公》與《左氏》同，而"解云：《左氏經》作'偪'字"。凡徐彥《疏》文必《公羊》、異《左經》者，始云《左氏》作某，今經文不異而亦云。然恐徐彥所據本非作"偪"，然今不可攷矣。偪，徐甫目反，又彼力反。惠氏《補注》引《古今人表》

"福陽子"，則"偪"當讀爲"福"，謂徐仙民音是，而《傳》又"福"之轉。故《鄭語》偪"妘姓，鄢、鄶、路、偪陽"，而《前漢志》"楚國"、《後漢志》"彭城郡"俱有"傅陽縣"，隨宜偪之，無關體要。

襄十年，冬，盜殺鄭公子騑、公子發、公孫輒。

"騑"，《公》《穀》作"斐"。按：古人名、字必相應，如名偃字子游、名施字子旗之類，義略可尋。公子騑，字子駟，則尤顯然者。駟，一乘也；騑驂，旁馬也，必得騑而後成駟。《詩·干旄》《正義》引王肅云："夏后氏駕兩，謂之麗；殷益一騑，謂之驂；周人又益一騑，謂之駟。"《左傳》"桓三年"《正義》云"名騑者，以駟馬有騑騑之容"，然則名騑字子駟，義始相配。《公》《穀》易以聲相近之字，非子駟命名本旨矣。

襄十有一年，秋七月，己未，同盟于亳城北。

"亳"，《公》《穀》作"京"，徐彥《疏》云："服氏之《經》亦作'京城北'，乃與此《傳》同之也。"按：《史記集解·晉世家》、"襄十一年"《左傳》《正義》引服虔"九合諸侯"注，俱作"亳"。使云涉杜本偶誤，不容兩引皆同。又韋昭後于服而先于杜，其注《晉語》亦作"亳"。則自東漢三國以來，別本多不作"京"，但今審定，似宜從徐彥所見服本。惠徵君《補注》云："京，鄭地，在滎陽。'隱元年'《傳》謂之'京城'。亳無攷。"《春秋大事表》則謂："亳，當在今河南府偃師縣西二十里。蓋偃師爲湯所居之亳，故取以當之。"然《杜注》但言鄭地，而不詳所在，果卽偃師之亳，其文易見，何獨闕如？則此非杜氏旨也。徵君謂"無攷"者，究得闕疑之義。

襄十二年，春，王三月，莒人伐我東鄙，圍台。

"台"，《穀》作"邰"。按：《杜注》云："琅琊費縣南有台亭。"而《後漢·郡國志》"泰山郡費縣"下亦作"台亭"。蓋皆因舊名爲偪，則此地本名"台"可知。《穀》作"邰"者，"台""邰"古通。《詩·生民》"即有邰家室",《白虎通·京師》引作"即有台家室"是也。據《釋文》,《穀梁》本又作"台",則亦與古《經》同矣。

襄十四年,己未,衛侯出奔齊。

《公羊》作"衛侯衎",毛氏《簡書刊誤》于二《傳》抨彈不遺餘力,獨此條謂:"諸侯出奔,例書名。此簡書闕文,《公羊》補之,爲是。"按:諸侯出奔,有書名者:"北燕伯款出奔齊""蔡侯朱出奔楚"之類是也;有不書名者:"衛侯出奔楚"及此是也,其義例皆難以強通。如曰"從赴",則列國來告亂,安得直偁其君名?《禮》所云"諸侯失地,名"者,正指書法而言,非指臣子赴告。故論書法則皆宜名,論赴告則皆不宜名。如曰"復歸國者不名",則鄭伯突、衛侯朔亦復歸,何以名?即謂突奪正、朔得罪天子,特名以惡之矣。而郕伯未復國,又何以不名?且譚子、弦子、溫子皆不名,或又謂譚子等國滅而奔,與兄逐而奔者不同,則徐子章禹又何以名?董江都言"《春秋》無達例"者,其在斯乎?後儒望文生義,未必盡當筆削之旨,闕疑可也。故此之不名,未見《公羊》是而《左》《穀》必非。

襄十七年,王二月,庚午,邾子牼卒。

"牼",《公》《穀》作"瞷"。按:《攷工記·梓人》云"數目顅脰"。《注》:"故書'顅',或作'牼'。"鄭司農云"'牼'讀爲'鬝',頭無髮之'鬝'"。《孟子》"宋牼將之楚",《荀子·非十二子》作"宋鈃"。《蜀志·簡雍傳》注云:"本姓耿,幽州人語謂'耿'爲'簡'",蓋皆聲之轉也。(劉昌宗《周禮音》:"牼",苦顏反,又客田反。)

襄十七年,秋,齊侯伐我北鄙,圍桃。

"桃",《公羊》作"洮"。按:"桃""洮"皆魯地,"莊二十七年""公會杞伯姬于洮","僖二十五年""公會衛子莒慶于洮"。(此與"僖八年""盟于洮"之爲曹地者不同,《正義》誤合爲一。)此地之名"洮"者也。是年"圍桃"及"昭七年"《傳》"乃遷于桃",則桃邑也。杜《注》:"魯國卞縣東南有桃墟",而于"洮",則但云魯地。《釋例·土地名》注云"闕",蓋不能實指其所在。然以"會杞伯姬""會衛子莒慶"推之,必其地與三國相近。三國皆在魯西南,此云"伐我北鄙",則非"洮"明矣。《公羊》徒以聲近而訛,不知其誤合二地爲一,有斷不可者也。《穀梁》"莊二十七年"《釋文》:"'洮'本作'桃'",其誤亦猶是也。

襄十九年,春,王正月,諸侯盟于祝柯。

　　"柯",《公羊》作"阿"。按:"柯""阿"原同音通用。如《水經·河水注》之"柯澤",即《左傳》"襄十四年"之"阿澤"。但此地則實作"柯",不作"阿"。一徵之《後漢·郡國志》云:"平原郡祝阿,春秋時曰'祝柯'。"一徵之《水經·濟水注》云:"《春秋》'襄公十九年''諸侯盟于祝柯'(俗刻訛"阿",武英殿板不誤。)《左傳》所謂'督揚'者也。漢興,改之曰'阿'矣。"據此,知明是《公羊》。漢世始著竹帛,習于當時之俗,因以"阿"易"柯",而不知非聖經本文也。("哀三年""季孫斯、叔孫州仇帥師城啓陽",《公羊》作"開陽",亦因當時避漢景帝諱而改也。《穀梁》仍作"啓",《公羊》後出于《穀梁》,此亦一證。)

襄十九年,鄭殺其大夫公子嘉。

　　"嘉",《公》作"喜"。按:此鄭子孔也。《說文·乚部》云:"孔,通也,从乚从子。乚,請子之候鳥也。乚至而得子,嘉美之也。故古人名嘉,字子孔。"今以《左傳》攷之,如楚成嘉字子孔,宋孔父嘉亦名嘉、字孔父(杜氏以爲孔父名者,非。說詳惠定宇《補注》。),則鄭之子孔,其爲名嘉無疑。況鄭固別有公子喜,子罕是也,未聞被殺。"襄二年"《左傳》載子罕當國八年,《傳》敘鄭六卿,則子駟居首,而子罕之子子展已爲卿,子罕蓋早卒矣。《公羊》未見國史,不知孰爲喜、孰爲嘉,特以字形相似而誤。如鄭簡公名嘉,見于《春秋》,《史記·鄭世家》亦作"嘉"，而《十二諸侯年表》則作"喜"也。（《後漢書·獻帝紀》初平四年"衛尉張喜爲司空"注引《獻帝春秋》"'喜'作'嘉'"，亦此類。又《劉植傳》"植與弟喜、從兄歆"注引《東觀記》："'喜'作'嘉'。"）

襄二十五年，冬，鄭公孫夏帥師伐陳。

"夏"，《公羊》作"嚘"。"嚘"，"薑"之異文（二《傳》作"薑"，《公羊》作"嚘"。"定九年""鄭伯薑卒"亦同）。公孫薑者，鄭子蟜也；公孫夏者，鄭子西也。"襄十九年"《左傳》："于四月丁未，鄭公孫薑卒，赴于晉大夫。"則是時，子蟜之卒久矣。《公羊》有于人名偶誤一字，而卽大乖事實者，如以鄭公子嘉爲公子喜，而不知喜固先卒也（說見前）；以衛齊惡爲石惡（"昭元年"），而不悟石惡已奔晉也；以衛世叔儀爲世叔齊（"襄二十九年"），而不思齊乃儀曾孫，城杞時恐尚未生，卽生亦尚幼也。口授本之不足信，類如此。

襄三十年，春，王正月，楚子使薳罷來聘。

"罷"，《公》作"頗"，一作"跛"。按："罷"，古音如"婆"。凡皮聲之字，古皆在第十七歌戈部，"羔羊之皮"下叶"緌"、"牛則有皮"下叶"多""那"、"從其有皮"下叶"何"可證也。又《楚辭》"修繩墨而不頗"，王逸注引《易》曰："無平不頗。"而今《易》作"無平不陂"，"陂"卽"罷"之去聲（陂，又破河反）。古無四聲之分，則"罷""頗"實同音矣。故《左》作"罷"，《公》作"頗"。

襄三十一年，十有一月，莒人弒其君密州。

《公》《穀》同，而《左傳》作"買朱鉏"，《杜注》："買朱鉏，密州之字也"，大謬。《春秋》經、傳無偁人君字者。段氏《經韻樓集》謂："'買''密'雙聲；'朱''州'疊韻。'州'爲'朱鉏'，猶'邾'爲'邾婁'"。買朱鉏者，莒語。《經》從中國，《傳》從主人，厤引"大原，大鹵""善伊，稻緩""貫泉，矢昭"諸地名證之。然人名亦有可證者：吳子乘，《傳》俌"吳子壽夢"，"襄十年"《正義》引服虔云："壽夢發聲，吳蠻夷言多發聲，數語共成一言。壽夢一言也。《經》言'乘'，《傳》言'壽夢'，欲使學者知之也。"然則"密州"其猶"吳子乘"與？"買朱鉏"其猶"吳子壽夢"與？或據《左傳》，謂古《經》本云"買朱鉏"，則其謬更甚于杜。

昭四年，春，王正月，大雨雹。

"雹"，《公》《穀》作"雪"。按：徐彥《疏》云："正本皆作'雹'字。"《左氏經》亦作"雹"字，故賈氏云："《穀梁》作'大雨雪'。今此若有作'雪'字者，誤也"，則惟《穀梁》作"雪"，《公羊》仍作"雹"。但《漢·五行志中下》云："昭公四年正月，大雨雪"。劉向以爲昭取于吳，而爲同姓謂之吳孟子；君行于上，臣非于下，又三家已強，皆賤公行，慢侮之心生。董仲舒以爲季孫宿任政，陰氣盛也。劉向治《穀梁》，以爲雨雪固宜；董治《公羊》，而亦同其說。則《公羊》向有別本作"雪"，不獨陸氏《釋文》本爲然矣。《穀梁》作"雪"，而范氏云"雪或爲雹"，《釋》云"《左氏》爲'雹'"，故范疑之。是范秖據《左氏》而言，非有或本。今審定，知"雹"是而"雪"非。何者？《春秋》書"大雨雪"凡三："桓八年""冬十月，雨雪"，則周之八月也；"僖十年""冬，大雨雪"，則周之八、九、十月也：皆不宜雪而雪，故書以志異。"隱九年""三月，大雨雪"，順天時矣，而又與震電兼行，故亦異而書之。若此年"正月，大雨雪"，時令既合，又無震電之災，何足書乎？□□□禮之言，又豈左氏偽造乎？然則《穀梁》訛"雹"爲"雪"，正□□僖十年"《公羊》訛"雪"爲"雹"耳。

昭七年，叔孫婼□會澶盟。

"婼"□□《公》作"舍"，下同。按："婼"字从女，若聲。"若"字有"若□□"，如後世俌"蘭若""般若"。故"婼"字亦有"兒遮反"一音□□《漢書·趙充國傳》"將婼、月氏兵四千人"蘇林注（服虔：

"音'兒'",師古從蘇音。)。如此讀則與"舍"聲相近。又徐仙民：
"'媎'音'釋'，而'舍'古亦多讀爲'釋'，'舍菜''舍奠'即
'釋菜''釋奠'。《周禮·占夢》'乃舍萌于四方'，"太史"："凡
射事，飾中，舍算"，鄭君皆讀'舍'爲'釋'。故古《經》作'媎'，
音'釋'；《公羊》作'舍'也。"（此說似勝前說。錢詹事謂徐仙民多
古音，惠徵君亦謂晉以來惟徐仙民識古，諸儒皆不及。）《簡書刊誤》
謂："因武叔之子名舒。'舒''舍'轉音而訛。"恐非。

昭十有五年，夏，蔡朝吳出奔鄭。

"朝"，《公》作"昭"，又無"出"字。按："朝""昭"音同，
不必辨。其無"出"字，則大非。《春秋》書法，"奔"與"出奔"有
別，不言"出奔"之例凡三：國滅不言出（《公羊》"莊十年"有傳），
如譚子奔莒、弦子奔黃、溫子奔衛、徐子章禹奔楚是也，此不可例之于大
夫者也；天子以天下爲家，故自周無出（《左氏》"成十二年"有傳），
如王子瑕奔晉、尹氏、召伯、毛伯以王子朝奔楚是也，此又不可例之于列
國大夫者也；若列國大夫，則自外行者不言出（《公》《穀》"文七年"
有傳），如晉先蔑奔秦、公孫敖奔莒、歸父奔齊是也。今朝吳與是三者俱
不合，則有"出"字何疑？邵公之注，迂曲無當，宜從古《經》。

昭二十一年，冬，蔡侯朱出奔楚。

"朱"，《穀》作"東"，云："東者，東國也。"按：朱爲蔡平
公子，東國則平公弟朱叔父也。朱之出奔，正爲費無極取貨于東國，故朱
出而東國立。事載《左傳》甚明。《穀梁》未見國史，因"朱"字訛作
"東"，又見下"二十三年""蔡侯東國卒于楚"，遂誤合爲一人。不
知東國立後，自以他事如楚而卒。如許男甯卒于楚之比，非昭公薨于乾侯
之比也。《穀》又云："何爲謂之東也……惡之而貶之也。"則自來誅絕
之法，無去人名一字以爲貶者，其謬更不待辨矣。至朱未出奔之先，《左
傳》載其失位，位在卑，昭子決其不終。而《漢·五行志下下》引董仲舒
說，則云"蔡侯朱驕，君臣不說"。驕與卑正相反，當從《左氏》。

《史記·十二諸侯年表》："平公薨，靈公孫東國殺平侯子而自立。""蔡悼侯東國元年，奔楚。"（《世家》但載東國攻平侯子，不載其出奔）所云"殺平侯子"者，即謂逐蔡侯朱，特誤。以逐爲殺，朱既見殺，不能再出奔，遂以奔楚屬之東國。蓋其敘事，離合參半。《大事表》據此謂"當從《穀梁》"，非是。《史記》不如《左傳》可信也。又《左傳》載沈尹戌之言，明云出蔡侯朱。

昭二十四年，婼至自晉。

《公羊》作"叔孫舍至自晉"。按："宣元年""遂以夫人婦姜至自齊"，《公羊傳》云"遂何以不偁公子？一事而再見者，卒名也"，最得經旨。今以其說推之，如："歸父還自晉，至笙，遂奔齊"；"僑如以夫人婦姜氏至自齊"；"豹及諸侯之大夫盟于宋"；"意如至自晉"，皆蒙上文，故不偁氏。即"仲遂卒于垂"，亦一事再見之例也。《孔疏》謂"省文，從可知"，是也。（半農《春秋說》云："偁公子于前，偁仲遂于後，合之則爲公子仲遂，猶公子季友。《公羊》以爲貶，與'元年'《傳》違。是知二五而不知一十也。"）《左》《穀》俱未憭此，後儒更從而爲之辭，無足置辨，更當以《公羊》爲正。然則此年"婼至自晉"正蒙上"執我行人叔孫婼"之文，而獨再書族。《公羊》可謂自亂其例矣，宜從古經。

定四年，晉士軮、衛孔圉帥師伐鮮虞。

"圉"，《公羊》作"圄"。"虞"，《公羊》或作"吳"。按：今人分"圄"爲獄名，"圉"爲養馬之名。古則不然。《說文·卒部》："圉，囹圉，所以拘罪人。从口卒。一曰圉，垂也；一曰圉人，養馬者。"《口部》仍有"圄"字，曰"守之也"，與拘罪人意略同，則圉、圄通用。故《禹貢》"西傾，朱圉、鳥鼠"，《前漢·地理志》"天水郡"下、《後漢·郡國志》"漢陽郡"下俱作"朱圄"。《淮南·人間訓》"馬圉"，《論衡·逢遇》作"馬圄"。"虞"或作"吳"者，則如北吳，後世謂之虞。（《前漢·地理志下》）《詩》"不吳不敖"，《史記・武帝紀》引作"不虞不敖"；"不吳不揚"，《漢衡方碑》引作"不虞不揚"，聲相近也。（《釋名・釋州國》："吳，虞也。"）

定四年，冬，十有一月，庚午，蔡侯以吳子及楚人戰于柏舉。

"柏"，《公》《穀》作"伯舉"，《公羊》作"莒"。按：《舜典》"伯與"、《左傳》"文十八年""伯奮、伯虎"、"襄四年""伯因"、"昭二十年""逢伯陵"、"二十八年""伯封"、《列子》"伯益"、《尸子》"伯陽"，《漢書・古今人表》皆作"柏"。《穆天子傳》"河宗之子孫䢮伯絮"注："古'伯'字多从木"，此"伯""柏"通用之證也。《史記・蔡澤傳》"而從唐舉遊"，《索隱》引"《荀卿書》作'唐莒'"；《水經・江水》"又東過邾縣南"，注"北岸烽火洲，即舉洲也。北對舉口，仲雍作'莒'字"。此"莒""舉"通用之證也。故《古經》作"柏舉"，《公》《穀》作"伯莒""伯舉"。

定十二年，冬，十月，癸亥，公會齊侯，盟于黃。

"齊"，《公》作"晉"。按：黃者，齊地。"桓十七年""公會齊侯、杞侯，盟于黃""宣八年""公子遂如齊，至黃乃復"是也。（"隱元年""公敗宋師于黃"，則爲宋地，與此異。）《釋例・土地名》注云"闕"。或曰"東萊黃縣"，非也。黃在齊、衛之間。（《路史》謂："登州府黃縣東南有古黃城，本紀邑，後入齊。"然宋之登州府黃縣即晉之東萊黃縣，杜氏已斥其非。《路史》蓋未攷《釋例》。）然則此年盟于黃，必齊侯無疑。或謂："沈、姒、蓐、黃，晉主汾而滅之。"安知晉不以舊國爲地名，然于《經》《傳》無稽也。且上年冬即鄭平，魯始叛晉，而齊自與衛侯盟于沙，後亦結謀叛晉。故齊、魯共爲此盟，安得以爲晉侯哉？其誤蓋同于"昭十年"《經》"齊欒施"作"晉欒施矣"。

哀四年，春，王二月，庚戌，盜殺蔡侯申。

"申"字，三《傳》同。《左傳正義》及《釋文》俱云"宣十七年""蔡侯申卒"，是文侯也。昭侯是文侯元孫，不應與高祖同名，未詳何者誤。段氏因謂《史記》作"昭侯甲",則此"申"字誤。按:文侯之父莊公甲午,則甲亦蔡先君名也。雖二名不偏諱,而子孫終未必以此取名。況汲古閣本《史記》仍作"申",不作"甲",則二君之名亦疑,以《傳》疑可耳。段氏擅改古《經》,非。至"殺"字,《公》《穀》作"弒",段謂古《經》亦當作"弒",則甚確。("僖九年""冬,晉里克殺其君之子奚齊",《公羊》作"弒",段亦從《公》。)說詳《經韻樓集》中,兹不具列。

"二月",《公》作"三月"。以杜氏《長厤》推之,三月已未朔,不得有庚戌日。

哀四年,六月,辛丑,亳社災。

"亳",《公羊》作"蒲"。《簡書刊誤》云:"此勝國之社,以舊都商亳,故名。焉得有別出字?"按:毛說非也。臧玉林《經義雜記》云:"《郊特牲》'薄社北牖'《注》:'薄社,殷之社,殷始都薄',《釋文》'薄,本又作亳'。《書序》'將遷其君于蒲姑',《釋文》'蒲,如字。徐又扶各反。馬本作薄'。《史記·周本紀》作'遷其君薄姑'。是薄、蒲、亳三字古通。然則'亳社'未嘗不可作'蒲社'。特邵公不悟'蒲'即'亳',以蒲為先世之亡國,在魯境。徐彥更申其說,謂蒲者,古國之名,天子滅之,以封伯禽,此則大謬耳。又攷董仲舒治《公羊》,而《漢志》載其'遼東高廟災'。對凡兩引,皆作'亳社'。《春秋繁露·王道篇》亦兩引,皆作'亳社'。"(近《抱經堂》校定本依《公羊》改為"蒲",然以《漢志》例之,則不改亦可。)則《公羊》初本實作"亳",徐彥《疏》引賈氏云"《公羊》曰'薄社'",則又或作"薄"。當是由"亳"轉"薄"、由"薄"轉"蒲"。"亳""薄"音同,"蒲""薄"形聲俱相近也。

哀六年,齊陳乞弒其君荼。

"荼",《公》作"舍"。《九經古義》云:"《釋文》:'荼,音舒。'《史記·律書》:'舍者,日月所舍。舍者,舒氣也。'是舍有舒義，故有舒音。”按：《穀梁》《釋文》“荼”尚有丈加反一音。又《漢書·江都易王傳》：“使男子荼恬上書。”蘇林曰：“荼，音食邪反。”《地理志》：“長沙國荼陵。”師古曰：“荼，音弋奢反，又音丈加反”，皆與“舍”音相近。則“荼”之轉爲“舍”，恐是。因丈加反之音而訛，非因舒音而訛也。

《春秋古經說》卷二　譚瑩玉生覆校

伍崇曜跋

　　右《春秋古經說》二卷。國朝番禺侯康君謨撰。按：亡友侯君君謨，道光乙未舉人。湛深經術，兼工文筆，殆吾粵之孔葊軒、汪容甫也。攷《漢志》，稱《春秋古經》十二篇，《經》十一卷。注曰《公羊》《穀梁》二家，則《左氏》經文不著錄矣。然陸德明《經典釋文》稱舊夫子之《經》與邱明之《傳》各異，杜氏合而釋之，則《左傳》當自有經。又徐彥《公羊傳疏》稱“左氏先著竹帛，故漢儒謂之古學”，則所謂“古經十二篇”，卽《左傳》之經；“經十一卷”，《公》《穀》二傳之經，刻《漢書》者誤連二條爲一耳。是書以《左傳》經文與二《傳》校勘，而《左氏》義長者多。排比參訂，勒成二卷，亦毛氏《簡書刊誤》、段氏《春秋古經》之類。而閒補其疏舛闕略，簡要篤實，殆欲過之。蓋《左傳》雖晚出，而其文實竹帛相傳；《公》《穀》雖先立學官，而其初皆經師口授。草野之傳聞，自不及簡編之記載，或記憶之失真、或方音之遞轉，勢所必然，原無足異。又《春秋》有魯史舊文、有夫子特筆，左氏身爲魯史，親見聖人。昔元趙汸《春秋集傳自序》稱陳傅良誤以《左傳》爲魯史舊文，不知策書有體，夫子所據以加筆削者，左氏亦未之見：恐未必然。知左氏所據以作《傳》者，爲魯史舊文、爲聖人特筆，則凡以虛詞說《經》而舍《傳》以從者，不攻而自破矣。數典不忘其祖，是書尤其第一義也夫！道光庚戌夏五，南海伍崇曜謹跋。

《穀梁禮證》二卷

番禺侯康君謨撰

道光三一年春二月　南海伍氏開雕

嶺南遺書　粵雅堂校刊

《穀梁禮證》卷一

《傳》："讓桓，正乎？曰：不正。"《注》："隱長桓幼。"

　　證曰：《公羊》于立適之外，別有立子以貴之法。蓋以左右媵及適姪娣，及左右媵姪娣分貴賤也。《左氏》義則云太子死，有母弟則立之，無則立長，年鈞擇賢，義鈞則卜；又云：王后無適，則擇立長；年鈞以德，德鈞以卜。是除立適之外，槪立長，不復問母貴賤矣。隱、桓之母，《穀梁》無文。據《左傳》：隱，公聲子子；桓，公仲子子。《禮》：諸侯不得再娶。仲子雖有手文之瑞，不得爲夫人。則隱、桓俱非適，祇當分長幼，不必分貴賤。此《注》所云事與義，皆據《左氏》也。若《公羊》謂桓母右媵貴，當立，非《穀梁》義也。

《傳》："母以子氏，仲子者何？惠公之母、孝公之妾也。"《注》："妾不得體君，故以子爲氏。"

　　證曰：《宋書·臧燾傳》載晉孝武帝追崇庶祖母宣太后，燾議曰："前漢孝文、孝昭太后，竝繫子爲號"；又云："繫子爲偁，兼明母貴之所由。"此則母以子氏之例也（臧燾此議引仲子事，用《左氏》《公

羊》說，以爲桓母；而此數語則《穀梁》義。）故顧氏《日知錄》亦
謂惠公仲子，猶晉簡文帝母鄭氏之儷簡文宣太后。又惠氏《春秋說》
云："《易》象陰繫于陽，《春秋》母繫于子，故母以子氏其名，正矣；
'鼎'之爻辭曰："得妾以其子，无咎"，此之謂也。"《注》儷"妾不
得體君"，《儀禮·喪服》《傳》文。

《禮》："賵人之母則可，賵人之妾則不可，君子以其可，辭受之。"

　　證曰：《通典》載徐邈答徐乾書云："母以子貴，《穀梁》亦有其
義，故曰'賵人之母則可'。"徐邈亦注《穀梁》者。據此文，是宰咺歸
賵，未嘗失禮。蓋仲子爲孝公妾，則不可賵；爲惠公母，則可賵。《穀
梁》之例，雖妾母不得儷"夫人"，而君母與眾妾，究當有辨。以《儀
禮·喪服》篇准之，庶子不爲君，則爲母無服，但練冠、麻，麻衣縓緣；
庶子爲君，則爲其母緦。是禮不同也。故徐邈謂"母以子貴"。《穀梁》
亦有其義，非如《公羊》說"妾子爲君，母得儷夫人"也。庾蔚之云：
"《公羊》'母以子貴'者，明妾貴賤。若無適子，則妾之子爲先立。
又：子既得立，則母隨子貴，豈謂可得與適同耶？"此解當即徐邈義。

乘馬曰"賵"。

　　證曰：《禮記·少儀》："賵馬入廟門。""雜記"："上介賵，
執圭將命，曰：'寡君使某賵。'相者入告，反命曰：'孤某須矣。'陳
乘黃大路于中庭。"是賵用馬也。賵亦兼用車。何邵公以無車者爲周制，
有車者爲春秋制。此是《公羊》禮例，《穀梁》當不爾。《雜記》《疏》
云："《禮記》：'陳乘黃大路'，則周制有車。《穀梁》直云'乘馬曰
賵'，無車者，文不備也。"至馬必以乘者，楊士勛《疏》云："《士喪
禮》：賵用兩馬。此用乘馬者，《禮》：大夫以上皆乘四馬。"按：此本
《公羊注》，而《五經異義》引《易孟京》《春秋公羊說》："'天子駕
六'，《毛詩說》：'天子至大夫同駕四，士駕二。'《禮·王度記》：
'天子駕六，諸侯與卿同駕四，大夫駕三，士駕二，庶人駕一。'"是
何氏注《公羊》，反不從《公羊》說，而從《毛許》說，豈以義固有未

安與？《說苑·修文篇》說賵馬之數，云："天子乘馬六匹，諸侯四匹，大夫三匹，元士二匹，下士一匹。"劉向習《穀梁》者，則此或《穀梁》說，與《易孟京》《春秋公羊》《禮·王度記》同也。然自何邵公、鄭康成兩大儒皆謂"天子乘四馬"，後儒多因之。《穀梁》禮既無顯證，故楊《疏》亦祇從常解矣。

衣衾曰"襚"。

證曰：《禮記·雜記》："襚者執冕服入，升堂致命曰：'寡君使某襚'，子拜稽顙，委衣于殯東。襚者降，受爵弁服于門內霤，將命，子拜稽顙，如初。受皮弁服于中庭，自西階受朝服，自堂受玄端，將命，子拜稽顙，皆如初。"據此，是諸侯相襚，有冕服、爵弁、皮弁、朝服、玄端五等。而《說苑·修文篇》說襚衣之數云："天子文繡衣各一襲到地，諸侯覆跗，大夫到踝，士到髀。"視《雜記》所云殊簡略。以事理推之，襲衣、小斂、大斂衣，皆禮服畢具，不應襚衣獨文繡一襲，《雜記》似爲近之。至《雜記》又云："諸侯相襚，以後路與冕服"，襚得有後路者，《雜記疏》謂"散而言之，車馬亦曰襚"，是也。

逆女親者也，使大夫，非正也。

《證》曰：《公羊》亦云"譏始不親迎"，是二《傳》義同也。《五經異義》引《禮》戴說"天子親迎"，《春秋公羊》說"自天子至庶人，皆親迎"，《左氏》說："天子至尊無敵，故無親迎之理；諸侯有故、若疾病，則使上大夫迎，上卿臨之。"許君從《左氏》義，鄭《駁》則從《禮》戴及《公羊傳》說。按：《齊風·著》詩，刺不親迎。《毛傳》以三章爲人君禮。然則天子當親迎與否，《毛》義未知；云何至諸侯不親迎，則《毛》以爲譏"不得"？如《左氏》說"有故，得使上大夫矣"。《韓奕》詩，韓侯迎止于蹶之里，亦諸侯親迎之明文。《說苑·修文篇》："親迎禮也。其禮奈何？曰：諸侯以屨二兩，加琮；大夫、庶人以屨二兩，加束修二。曰：'某國寡小君，使寡人奉不珍之琮、不珍之屨，禮夫人貞女。'夫人曰：'有幽室數辱之產，未諭于傅母之教，得承執衣裳之事，敢不敬？'拜祝，祝答拜，夫人受琮，取一兩屨，以履女，正笄衣裳，而命之曰：'往矣！善事爾舅姑，以順爲宮室，無二爾心，無敢回也。'女拜，乃親引其手授夫于戶，夫引手出戶。夫行，女從，拜辭父于堂，拜諸母于大門。夫先升輿，執轡，女乃升輿，轂三轉，然後夫下，先行。"按：此言諸侯親迎禮最詳，足補昏禮之闕。劉向習《穀梁》，此或《穀梁》逸典與？餘義詳"桓八年"。

"其不名，何也？大上，故不名也。"《注》："夫名者，所以相別爾。居人之大，在民之上，故無所名。"

證曰：稱天子爲"大上"者，《荀子·君子篇》："莫敢犯大上之禁。"《注》："'大'讀爲'太'，太上，至尊之號是也。"但楊倞讀"大"爲"太"，范氏則讀如字。攷《左傳》"襄公二十四年""大上有立德"，《禮記·曲禮》"太上貴德"，二"大"字皆讀作"泰"，而訓爲"帝皇之世"。此《傳》解作"天子"，似當與彼處有別，則範讀是也。

《經》："夏，四月，辛卯，尹氏卒。"《注》："不書官名，疑其譏世卿。"

證曰：楊《疏》謂"譏世卿"，《穀梁》無傳，惟據《公羊》，故云疑也。按：《異義》："《公羊》《穀梁》說卿大夫世，則權並一姓，妨賢塞路，專政犯君。故《經》譏周尹氏、齊崔氏也。"是《穀梁》之譏世卿，固有明文，特非見於《傳》耳。

《傳》："未畢喪，孤未爵。"《注》："平王之喪在殯。"

證曰：《白虎通·爵號篇》："《春秋傳》曰：'天子三年然後偁王者，謂偁王統事發號令也。'《尚書》曰：'高宗諒闇三年'，是也。《論語》曰：'君薨，百官總①已，以聽于冢宰三年。'緣孝子之心，則三年不忍當也。故三年除喪，乃即位統事，踐阼爲主，南面朝臣下，偁王以發號令也。"惠氏士奇《春秋說》曰："天子諒陰三年，不言王言，謂

---

① "總"，通行本作"摠"。

之命，諒陰不言焉。得爵，命大夫。"然則"未畢喪"，統指三年以内。《注》謂"喪在殯"者，據此時事言之。實則既葬，仍不得謂之畢喪也。（《左傳》云"王未葬"，亦是此義，非謂"既葬，即可爵大夫"也。杜氏因以附會其"既葬，除喪"之説，謬已眾著，故不復論。）

"歸死者曰賵，歸生者曰賻"。

證曰：《禦覽·禮儀部》引《春秋説題辭》曰"知生則賻，知死則賵。"鄭君注《少儀》"賵馬入廟門"云："以其主于死者"；注"賻馬不入廟門"云："以其主于生人。"《小爾雅·廣名》："饋死者謂之賵"，皆與此《傳》同。而《荀子·大略篇》："賻賵，所以佐生也；贈襚，所以送死也。"《説苑·修文篇》云："知生者賻賵，知死者贈襚。贈襚，所以送死也；賻賵，所以佐生也。"又似"賵"非歸死者之名。（《白虎通》引"弔辭"曰："知生則賻"，其文本《既夕》。《記》抱經堂本于"賻"字下增"賵"字，竊未敢從，故不錄。）攷《既夕禮》："兄弟賵奠可也"《注》："賵奠于死生兩施。"《公羊》"隱元年"《注》："知生者賵賻，知死者贈襚。"據徐彦《疏》及《穀梁》"隱元年"《疏》所引，則"贈襚"本作"賵襚"。（"賵"訛爲"贈"，正如"襄二十九年"《左傳》《釋文》[1]："'賵'，一本作'贈'。"）是何亦以"賵"兼生死，與鄭義合。《荀子·説苑》專屬之佐生，《穀梁》專屬之歸死，各明一義，實非有違。但以訓詁求之，《春秋説題辭》《廣雅》、服子慎、何邵公皆訓"賵"爲"覆"，當是覆被亡人之意（本《左傳》疏）。屬之死者，偁名猶當矣。

曰歸之者，正也；求之者，非正也。

證曰：《禮記·少儀》："臣爲君喪，納貨貝於君，則曰'納甸于有司'。"是臣歸君賻之禮也。求賻之，非。《公》《穀》無異説。《左氏》雖于此年無譏，而于"家父求車""毛伯求金"，兩言"非禮"，則

---

[1] 《釋文》，《左傳正義》爲《疏》文。

義可通于此矣。乃惠氏士奇據《周官·土訓》"詔地求"，謂"王者於諸侯，本有求之之道"，似因一字巧合，從而爲之辭，未可遽易古義也。

《傳》："《春秋》之義，諸侯與正而不與賢也。"《注》："雍曰：'正'謂嫡長也。"

　　證曰：此與《公羊》"立適以長，不以賢"同義。何氏《膏肓》云"不以賢者，人狀難別，嫌有所私，故絕其怨望，防其覬覦。"《白虎通》云："《曾子問》'立適以長，不以賢，何？言爲賢不肖，不可知也。'《尚書》曰：'惟帝其難之。'"此二《傳》之義可相通者。至《公羊》謂"立子以貴，不以長"，非《穀梁》義。《穀梁》于庶子不分貴賤，則立子亦以長。此注"嫡"、"長"二字，當對文。長謂庶長，嫡子固是正。無嫡而庶長當立，亦是正。此即《左氏》"王后無適，則擇立長。年鈞以德，德鈞以卜"之說。"年鈞以德"，似與此《傳》"不與賢"相反。然唯無適可立，又無長可立，而後出此，則有嫡長者，"與正不與賢"明矣。何氏《膏肓》云："君之所賢，人必從之，焉能使王不立愛也。"鄭君箴之曰："立適固以長矣；無適而立子，固以貴矣。若長鈞貴鈞，何以別之？""年鈞，則會羣臣、羣吏、萬民而詢之，有司以序進而問。大眾之口，非君所能掩，是王不得立愛之法也。"按：此說足申《左氏》，而仍參用《公羊》"立子以貴"之說，則義終窒礙。蓋擇賢之法，必施于長鈞、貴鈞兼者也。（《左傳》第云年鈞以德，而文承"王后無適"之下，則皆是庶子，其貴鈞矣）而長鈞、貴鈞兼者，必庶子不分貴賤者也。今立子以貴，則是不同母者，長鈞而貴必不鈞；同母者，貴鈞而長必不鈞。（立子以貴不以長，爲異母者言。若同母，自仍以長。《何注》于雙生子亦分先後，其意可知）斷無擇賢一法。此《公羊》之義，有不可強合于《左氏》者。鄭君欲會通爲一，誠不必也。就二義相衡，《公羊》較密，但《穀梁》似同《左氏》，不同《公羊》。

《禮》：庶子爲君，爲其母築宮，使公子主其祭也。

　　證曰：《公羊傳》注："不就惠公廟者，妾母卑，故雖爲夫人，猶特廟而祭之。《禮》：妾廟，子死則廢矣。"按：何休謂妾母得爲夫人，此《公羊》義，非《穀梁》義也。其謂"特廟而祭"，則與《穀梁》同。《宋書·禮志四》載虞龢議孝武昭太后祔廟之禮，云"春秋之義，庶母雖名同崇號，而實異正嫡。是以猶考別宮，而公子主其祀"。《晉書·簡文宣鄭太后傳》《宋書·臧燾傳》載徐邈、臧燾議宣太后不宜配食元帝，亦引"考仲子之宮"爲證。乃宋儒陳氏傅良謂："古者妾祔于妾祖姑。無妾祖姑，則易牲而祔于女君。仲子之宮，別廟非禮。"按：陳氏所引《喪服·小記》文，泛指妾母，非指庶子爲君者之母，不得相難。且即使指庶子爲君者之母，而子在則立廟以祭，至孫則毀其廟而祔于妾祖姑（本凌曙《公羊禮說》），于義自可兼通。妾祖姑無廟而得祔之者，《雜記上》《疏》引庾蔚之謂"爲壇祭之"是也。

於子祭，于孫止。

證曰：《公羊傳》《注》亦有"妾廟子死則廢"之文，是二《傳》義同也。《喪服·小記》"慈母與妾母不世祭也"，《注》以其非正。《春秋傳》曰："于子祭，于孫止。"《漢書·韋玄成傳》玄成言："古者制禮，別尊卑貴賤。國君之母，非適不得配食，則薦于寢，身沒而已。"又匡衡《告謝毀廟》曰："父之所尊，子不敢不承；父之所異，子不敢同。《禮》：公子不得爲母信，爲後則於子祭，於孫止，尊祖嚴父之義也。"（"公子爲後"即此《傳》之"庶子爲君"。《儀禮·喪服傳》所謂"庶子爲父後者"是也。李奇解作"去其所生而爲大宗之後"，非。）是皆用《穀梁》說。《宋書·禮志四》"孝武帝孝建元年，有司奏章皇太后廟毀置之禮。"（宋文帝生母胡婕妤追尊章皇太后）"江夏王義恭以爲《穀梁》于孫止，別主立祭，則親執虔祀，事異前《志》。"此却不用《穀梁》說，蓋後世妾母追尊，雖別立廟，無別主祭之人，已不盡合《穀梁》"公子主祭"之義。義恭因之，遂謂"事異前《志》"，并欲不毀，則失禮之中又失禮焉，《穀梁》所不與也。

《經》："初獻六羽。"《注》："羽，翟羽，舞者所執。"

　　證曰：《異義》："《公羊》說樂萬舞以鴻羽，取其勁輕，一舉千里。（何氏《公羊注》："羽者，鴻羽也，所以象文德之風，化疾也。"）《毛詩》說'萬以翟羽'，《韓詩》說'以夷狄大鳥羽'。謹案：《詩》云'右手秉翟'，《爾雅》說'翟，鳥名，雉屬也。知翟，羽舞也。"鄭君無駁。而《簡兮》《詩箋》復不易《毛傳》"翟，翟羽也"之文，則同許無疑。

穀梁子曰："舞《夏》，天子八佾、諸公六佾、諸侯四佾。"

　　證曰：《公羊傳》與此同。《注》："法八風、六律、四時。"《白虎通》："天子八佾、諸侯四佾，所以別尊卑。樂者，陽也，故以陰數法八風、六律、四時也。"《春秋公羊傳》曰："'天子八佾，諸公六佾，諸侯四佾。'《詩傳》曰：'大夫、士，琴瑟御。'八佾者，何謂也？佾者，列也。以八人爲行，列八八六十四人也。諸公六六爲行，諸侯四四爲行。大夫、士、北面之臣，非專事子民者也，故但琴瑟而已。"獨斷"天子八佾，八八六十四"：八者，象八風，所以風化天下也；公之樂六佾，象六律也；侯之樂四佾，象四時也，皆同《公》《穀》義。蓋今文家言《左傳》，及馬融《論語注》、蔡邕《月令章句》俱謂"天子八佾、諸侯六、大夫四、士二"，則古文家言。（《御覽》卷五百七十四引《禮記》云："天子宮懸四面，舞行八佾；諸侯軒懸三面，舞行六佾；大夫判懸二面，舞行四佾；士特懸一面，舞行二佾。"今《記》無其文，未知出何書）獨斷《月令章句》同出中郎，而博采古、今文，蓋義可兼通，無容專執也。據《白虎通》文，則大夫以下無舞佾。

《注》："八人爲列，又有八列，八八六十四人。"

　　證曰：《白虎通》《公羊》《左傳》二注皆以每佾人數如佾數，《穀梁傳》未有明文。《注》但舉八佾之數，不舉六佾、四佾，而首以八人爲列，一語統之，則似謂凡佾皆八人。馬融注《論語》亦如是。（皇、邢二《疏》仍用何、杜之說，似非馬義）《宋書·樂志一》載太常傅隆說，曰：“杜預注《左傳》‘佾舞’，云‘諸侯六六三十六’，常以爲非。夫舞者，所以節八音也，八音克諧，然後成樂。故必以八八爲例。自天子至士，降殺以兩。兩者，減其二列耳。預以爲一列又減二人，至士，止餘四人，豈復成樂？服虔注《傳》云：‘天子八八、諸侯六八、大夫四八、士二八’，其義甚允。又《春秋》鄭伯納晉悼公女樂二八，晉以一八賜魏絳，此樂以八人爲列之證也。若如議者，唯天子八，則鄭應納晉二六，晉應賜絳一六也。自天子至士，其文物典章、尊卑差級，莫不以兩。未有諸侯既降二列，又列輒減二人，近降大半。非唯八音不具，于兩義亦乖，杜氏之謬可見矣。”按傅氏此辯極詳明，且可知《范注》上本服虔，不可易也。孔穎達申杜義，謂女樂二八非二佾：“鄭人豈以二佾之樂略晉侯？晉侯豈以一佾之樂賜魏絳？”按王逸《楚辭章句》云：“二八，二列也。大夫有二列之樂，故晉悼公賜魏絳女樂二八也。”韋昭《晉語》《注》云：“八人爲列，備八音也。”則舊解皆以二八爲二佾。（王逸引事微誤，而解則不謬）若謂二佾非諸侯禮，不宜略晉者，則歌、鐘二肆亦是卿大夫之判縣也。

《注》：“不言六佾者，言佾則干在其中，明婦人無外[1]事，獨奏文樂。”

　　證曰：此全用何氏《公羊注》文。凡舞執干戚者，武舞也（小則執干戈）；執羽籥者，文舞也。佾則文、武之舞皆有之。故言佾，則干舞亦在內，無以見其獨爲文舞。此釋《經》不言六佾，而言六羽之義也。若然，《祭統》言“朱干玉戚，以舞《大武》；八佾，以舞《大夏》”。《大武》者，武舞；《大夏》者，文舞，似《八佾》專用之文舞者。彼《注》云“文、武之舞皆八佾”，互言之耳。

　　又曰：《唐會要》卷三十二載韋萬石奏曰：“古六代舞，有《雲門》《大咸》《大夏》《大韶》等，是古之文舞；殷之《大濩》、周之《大武》，是古之武舞。儒先相傳：國家以揖讓得天下，則先奏文舞；若以征誅得天下，則先奏武舞。”據此，是《大濩》者，武舞也，而《周禮》

---

① “外”，《穀梁》作“武”。

"舞大濩以享先妣"與此注不合，竊疑此注固未當也。韋萬石所引"儒先"之說，出《五經通義》（見《藝文類聚》，又《白虎通》亦有此說，而文殘闕不完，抱經堂本補足之），其論最精。周家以武得天下，故舞樂重武而輕文。《明堂位》《祭統》皆先言舞《大武》，后言舞《大夏》。且舞《大武》用冕服，舞《大夏》用皮弁，尤重武輕文之明徵。周先妣姜嫄感神靈而生后稷，爲王業所由基，自宜用其所重。若仲子，姜母耳，禮可從殺，故獨用其所輕，非以"婦人無外事"也。如《注》言，則姜嫄與仲子同是婦人，不應文、武異制矣。

伐不踰時，戰不逐奔。

證曰：《白虎通》："古者，師出不踰時者，爲怨望也。天道一時生，一時養。人者，天之貴物也，踰時則內有怨女，外有曠夫。"《詩》云："昔我往矣，楊柳依依；今我來思，雨雪霏霏。"《春秋》曰"宋人取長葛"，《傳》曰："外取邑不書，此何以書？久也。"《荀子·議兵篇》："王者有誅，而無戰不屠城、不潛軍、不留眾師、不越時。"《鹽鐵論·執務篇》："古者行役不踰時。春行秋反，秋往春來，寒暑未變，衣服不易，固已還矣。"又《繇役篇》："古者，無過年之繇，無踰時之役，皆'伐不踰時'之義也。"《司馬灋·仁本篇》："古者，逐奔不過百里，縱綏不過三舍，是以明其禮也。"又《天子之義》篇："古者逐奔不遠，縱綏不及。不遠則難誘，不及則難陷。"皆戰不逐奔之義也。

《經》："叔姬歸于紀。"《注》："叔姬，伯姬之娣。至此歸者，待年于父母之國，六年乃歸。媵之爲言送也，從也。不與嫡俱行，非禮也。"

證曰：《左氏》《公羊》《注》皆同，以爲待年而不言，非禮。《白虎通》："姪娣年雖少，猶從嫡人者，明人君無再娶之義也。還待年于父母之國，未任答君子也。"《公羊傳》曰"叔姬歸于紀"，明待年也。是《公羊》家說媵得待年，故何《注》無貶辭。此《注》譏其非禮，于《穀梁》無文，恐是范氏禮例耳，非必《穀梁》義。"待年"之說，當從《白虎通》。若然，《江有汜》箋云："江水大，汜水小，然而並流，似嫡媵宜俱行。”又云：“江水流而渚留，是嫡與已異心，使己獨留不行。”彼以不俱行爲嫡罪者，彼媵年已及期，而嫡妒忌，不與偕，故其後也悔。若年幼而待年，固無嫌也。

“邴者，鄭伯所受命于天子而祭泰山之邑也。”《注》：“諸侯有大功盛德於王室者，京師有朝宿之邑，泰山有湯沐之邑，所以供祭祀也。魯，周公之後；鄭，宣王母弟，若此有賜邑，其餘則否。許慎曰：‘若令諸侯京師之地皆有朝宿之邑，周有千八百國諸侯，盡京師之地，不足以容，不合事理。’”

證曰：此《五經異義》所引《左氏》說，而許君從之者也。《異義》別引《公羊》說，諸侯朝天子，天子之郊皆有朝宿之邑，從；泰山之下皆有湯沐之邑，此許所不從。鄭君無駁意，亦同許。孔氏廣林曰：“《王制》云：‘方伯爲朝天子，皆有湯沐于天子之縣內，視元士。’特云‘方伯’，知羣侯不得有矣。《覲禮》云‘天子賜舍’，若皆有朝宿邑，何必每朝更致？”按：此論足申許說，而《公羊》《注》云“《禮》：四并①爲邑，邑方二里。東方二州，四百二十國，凡爲邑，廣四十里，袤四十二里，取足舍止共稾穀而已”，蓋陰破許君之疑。（何據“泰山下湯沐之邑”，故祇云“東方二州”。若“朝宿之邑”，共千八百國，亦不過方八十四里有奇。）然《王制》言“視元士”，而元士受地，又“視附庸”，則非方二里之邑明甚。據《王制》“朝宿之邑，亦名湯沐”者，《左傳》《疏》云：“向京師，主爲朝王。從王巡狩，主爲助祭，祭必沐浴，隨事立名。”“朝宿”“湯沐”亦互言之耳。《疏》又云：“‘定四年’，祝佗言康叔之受分物，云‘取于有閻之土以共王職，取于相土之東都以會王之東蒐。’‘有閻之土’，猶魯之許田也；‘相土之東都’，猶鄭之祊邑也。鄭近京師，無假朝宿；魯近泰山，不須湯沐。各受其一。衛以道路迂遠，故兩皆有之。”按：此論受邑之制尤詳，因備錄焉。衛康叔以懿親而兼懿德，故亦受賜如魯、鄭矣。

---

① “并”，原刻作“井”。

誥誓不及五帝。

證曰：僞古文《大禹謨》有禹誓師事，彼《疏》云："《穀梁傳》'誥誓不及五帝'，不及者，言于時未有也。據此文，五帝之世有誓。《穀梁傳》漢初始作，不見經文，妄言之耳。"楊士勛此《疏》亦引《大禹謨》文而釋之，曰："舜是五帝之末，命禹徂征，是禹之事，故云'不及五帝'。"按此二《疏》皆不知《大禹謨》之僞，從而爲之辭者也。孔氏並詆《穀梁》妄言，尤謬。《司馬灋·天子之義篇》："有虞氏戒于國中，欲民體其命也；夏后氏誓于軍中，欲民先成其慮也；殷誓于軍門之外，欲民先意以待事也；周將交刃而誓之，以致民志也。"夏、商、周皆言"誓"，于虞獨言"戒"，是即"誥誓不及五帝"之明證。或據《墨子·兼愛下篇》云："不惟《泰誓》爲然，雖《禹誓》即亦猶是也。禹曰：'濟濟有眾，咸聽朕言。非惟小子，敢行偁亂。蠢茲有苗，用天之罰。若予既率爾羣對諸羣，以征有苗。'"是僞古文實本《墨子》。然《墨子》非記事之書，容可以後世名偁加之前代。若史，宜紀實，不得漫云"誓"也。（班固《典引》："洋洋乎若德，帝者之上儀，誥誓所不及已。"正用《穀梁》文。）

盟詛不及三王。

證曰：釋此《傳》者，皆以《周禮·司盟》《覲禮》"祀方明"爲疑。楊《疏》云："周公制盟載之法者，謂方岳及有疑會同，始爲之耳。不如《春秋》之世屢盟，故云'不及三王'也。"秦氏蕙田云："古者諸侯盟禮，皆因朝覲天子而後脩之，以獎王室、睦鄰好。春秋之世，諸侯不尊天子，而假此禮以行之。故荀卿、穀梁子有'盟詛不及三王'之論，非古無是禮也。"其說皆極有義。（惠氏《禮說》謂"《秋官》之盟，五帝用之，虞禋六宗、周祀方明，一也。"以六宗爲方明，恐非定論，不敢從。）然竊謂二書與《穀梁》本未嘗相違也。《周禮》《儀禮》皆周公所定，二書雖爲太平制作，而周公已逆知人心不古，必漸有疑貳，因制爲盟詛，以示要約。其時已在文、武後，此正"不及三王"之明徵，何反以爲難乎？《檀弓》"周人作會，而民始疑"，《注》："會謂盟也"。

（《淮南子・氾論訓》："殷人誓，周人盟。"鄭《注》似本此。）
《疏》："《穀梁傳》云'誥誓不及五帝，盟詛不及三王'者，五帝、三王身行德義，不專用誥誓、盟詛，故云'不及'，與此不同。"蓋亦以周人作盟，則不得云"不及三王"，因謂其不專用盟詛以釋"不及"之義，可謂曲費調停，不知此亦據周公制《禮》後言之，與文、武無涉也。至《水經・河水注》云："周武王與八百諸侯咸同此盟，《尚書》所謂'不謀同辭'也。故曰'孟津'，亦曰'盟津'。"按：此說殊附會。孟、盟古多通用，"孟豬"亦作"盟豬"，豈又因同盟得名耶？（《公羊》"古者不盟，結言而退"，蓋亦指三王時。）

交質子不及二伯。

證曰：《尚書・大禹謨》《疏》云："《穀梁傳》：'交質不及二伯。'《左傳》：'平王與鄭交質，二伯之前有質也。'"按：五帝、三王皆天子，則誥誓、盟詛不及，當統天下言。二伯僅諸侯，則交質不及，宜獨据其身，不得以周、鄭相難也。《荀子・大略篇》亦有《穀梁》此三語，"二伯"作"五伯"，當謂夏昆吾、商豕彭、大韋、周齊桓、晉文。若據春秋時五伯，則楚莊王伐鄭，潘尪入盟，子良出質，不得云"不及"矣。

《傳》："南，氏姓也。季，字也。"《注》："南季，天子之上大夫，氏以爲姓也。"

證曰：氏以爲姓，三代以下盡然，春秋時似未聞也。南季當是以姓爲氏，非以氏爲姓。《通志・氏族略》有"以姓爲氏"一條，所引證諸人在春秋時者，有姚句耳、子鉏商，雖無以必其出自虞舜、殷湯，然要爲持之有故。又《漢・藝文志》"儒家類"有《芉子》十八篇，七十子以後人，此以芉姓爲氏也。《潛夫論・志氏姓篇》謂晉祁奚爲黃帝子十二姓祁姓之後，此以祁姓爲氏也。鄭君駁《異義》云："《世本》之篇，言姓則在上，言氏則在下。"司馬貞釋之，謂《五帝本紀》云："禹，姓姒氏；契，姓子氏；棄，姓姬氏。"夫舉姓而下配以氏字，可知古人姓氏容有合而爲一者。然則"南，氏姓"，猶云"姓南氏"耳。古人名字上皆繫氏不繫姓，南雖本是姓，而其後既爲氏，則下可繫字曰"南季"矣。或曰：古人氏族謂之庶姓。《禮記·大傳》"其庶姓別于上"《注》云"始祖爲正姓，高祖爲庶姓"，《疏》云"庶姓，眾姓也，則氏族之謂也"。據此，是氏亦可儷姓，氏姓猶氏族，二字祇同一義，似亦可備一說也。（《大傳》《疏》又云："姓與氏，散亦得通。故《春秋》有姜氏、子氏，姜、子皆姓而云氏是也。"然則姓可儷氏，氏亦可儷姓。）

《傳》："聘，問也。聘諸侯，非正也。"《注》："《周禮》：'天子時聘，以結諸侯之好，殷頫以除邦國之慝，間問以諭諸侯之志，歸脤以交諸候之福，賀慶以贊諸侯之喜，致禬以補諸侯之災'。許慎曰：'《禮》：臣病，君親問之，天子有下聘之義。'《傳》曰'聘諸侯，非正'，寗所未詳。"

證曰：此范據《五經異義》文也。《異義》："《公羊》說'天子無下聘義'，《周禮》說'間問以諭諸侯之志'。"許慎從《周禮》說，鄭君無駁，意亦同許。然據此知《公羊》與《穀梁》合，而何邵公注"天王使凡伯來聘"云："古者諸侯有較德、殊風、異行，天子聘問之，當北面儷臣，受之于太廟"，則亦不從《公羊》說。（何《注》與《周禮》又微異，蓋《周禮》以下聘是常典，何《注》以下聘爲異數。）蓋義有未安，雖專家不能墨守也。秦氏蕙田云："《穀梁》說于禮無據，范氏證其非，可謂不易之諭矣。特以時聘、殷頫爲天子下聘于諸侯，則非。蓋《周官》之"間問"，即天子下聘之事。對文則大曰聘、小曰問；散文言之，則問即聘也。時聘、殷頫，自是諸侯聘于天子，不容混而一也。"按：此條疏別尤細，第范意，當亦以間問爲下聘，非以時聘、殷頫爲下聘。連引《禮》文，語偶未晰耳。

又曰：後人主《穀梁》之說者，若胡氏安國云："隱公即位九年于此，而史策不書'遣使如周'，則是未嘗聘也；亦不書'公如京師'，則是未嘗朝也。如隱公者，貶爵削地可也。刑則不舉，遣使聘焉，其斯以爲不正乎？"按：《傳》泛言聘諸侯非正，不專斥聘隱，則胡說非也。又萬氏斯大云："《穀梁傳》曰'聘諸侯，非正'，其良言是。《大行人》

'間問以諭諸侯之志'，不曰聘而曰問，尊卑之別也。東遷，王室既卑，害禮傷尊，聘問下同列國。《春秋》因事書之，以著其衰。"按：《傳》先釋聘爲問，而後言其非正，則非無聘有問可知。萬說亦非也。

天子無事，諸侯相朝，正也。

　　證曰：諸侯相朝之期，《周禮·大行人》以爲世相朝。"襄二年"《左傳》亦云"凡諸侯即位，小國朝之，大國聘焉"，與《周禮》合。然《周禮》第舉其大者言之，此外仍有五年一朝之法。"昭三年"《左傳》："昔文、襄之霸也，其務不煩諸侯，令諸侯三歲而聘，五歲而朝。"《王制》《注》謂此晉文霸時所制。然《魯語》曹劌曰："先王制諸侯，使五年四王、一相朝也。"曹劌在晉文前，且偁爲"先王制"，則非始自晉文。又"文十五年"，"曹伯來朝"，《左傳》云："諸侯五年再相朝，以脩王命，古之制也。"鄭君疑是夏、殷禮。意春秋之初，大國有援此禮，以徵朝于小國者。及晉文翔霸，以往來太數，因復周禮五年之舊，而子太叔遂專屬之文、襄耳。（曹伯朝魯在晉文後，而猶五年再朝者，彼《疏》謂或從時令，或率舊章是也。）至"成十二年"《左傳》："世之治也，諸侯間於天子之事，則相朝也。"不言朝期，而第云"間于天子之事"，蓋周公制禮，雖定爲世朝及五年一朝，而或王事靡鹽，則可俟他年，具見古人懷柔至意。此《傳》云"天子無事，諸侯相朝"，即"成十二年"《左傳》之說，其實朝期仍當有定也。但《穀梁》朝期于《傳》無徵，故祇據他《經》《傳》釋之，當亦不相遠耳。

《傳》："桓無王，其曰王，何也？謹始也。"《注》："諸侯無專立之道，必受國於王。"

　　證曰：《禮記·王制》："諸侯世子世國"，"未賜爵，視天子之元士，以君其國"。《詩·無衣》《傳》："諸候不命于天子，則不成爲君。"《白虎通·爵號篇》："《韓詩內傳》曰：'諸侯世子三年喪畢，上受爵命于天子。'所以名之爲'世子'何？言欲其世世不絕也。上受爵命于天子何？明爵者，天子之所有，臣無自爵之義。"是皆謂諸侯襲位，當受國于王也。

子既死，父不忍偁其名；臣既死，君不忍偁其名。

　　證曰：《五經異義》引《公羊》說：“臣子先死，君父猶名之。孔子云‘鯉也死’，是已死而偁名。”《左氏》《穀梁》說：“既沒，偁字而不言。‘桓二年’，宋督弒其君與夷及其大夫孔父。先君死，故偁其字。”許同《左氏》《穀梁》說，以爲《論語》偁“鯉也死”，時實未死，假言死耳。鄭康成亦同《左氏》《穀梁》之義，以《論語》云“鯉也死”，是實死未葬以前也。按：《玉藻》：“士於君所言大夫，沒矣，則偁謚若字。”此蓋因人君不忍偁名，故士亦以謚若字爲偁，是亦《穀梁》說之一證也。

《穀梁禮證》卷一　譚瑩玉生覆校

《穀梁禮證》卷二

《傳》：“孔，氏；父，字謚也。”《注》：“孔父有死難之勳，故其君以字爲謚。”

　　證曰：“隱八年”，《左傳》：“諸侯以字爲謚，因以爲族”，《杜注》從“字”字句絕。“哀十六年”《左傳》《疏》引鄭康成讀，則從“謚”字句絕。《儀禮·少牢饋食禮》《注》云：“大夫或因字爲謚。《春秋傳》曰‘魯無駭卒，請謚與族，公命之以字爲展氏’是也。”細審《傳》文及《禮》注，似“展”即無駭字。杜預謂“無駭，公子展孫”，未知所本。如其說，則“展”是名，非字。且是王父之名，《傳》當顯言之。今但云“公命以字爲展氏”，則是無駭字可知。無駭字展，即謚“展”，因以爲族。不然，羽父請謚與族，曷爲但賜族乎？此字謚之一證也。《禮記·檀弓上》：“魯哀公誄孔某曰：‘天不遺耆老，莫相予位

焉。嗚呼哀哉！尼父！’”《注》：“尼父，因其字以爲之謚。”“哀
十六年”《左傳》《疏》駮《鄭注》，謂《禮記》惟說誄辭，不言作謚。
然“誄”之訓“謚”，見于《說文》。《曾子問》注引《春秋公羊》說
“讀誄制謚于南郊”；《論衡·道虛篇》“誄生時所行，爲之謚”，是誄
必有謚甚明。孔子固以字爲謚者也。唯以字爲謚，故漢平帝元始元年追謚
孔子曰“褎成宣尼公”，後魏孝文太和十六年改謚“宣尼”曰“文聖尼
父”，皆不敢舍“尼”爲謚，此字謚之又一證也。孔氏廣森《經學卮言》
云：“古人訓謚，字與號同義。殷制：生有名，死則以其字爲號。若湯名
履，沒，號帝乙；文王之父名歷，沒，號公季。凡商之諸王以甲乙丙丁侢
者，皆其字也。措之廟，立之主，而配‘帝’言之，即其謚。周人始有大
名、細名之禮，然亦唯天子得司之。若侯國、卿大夫，既卑，不得請謚于
王，其君又未敢自爲論定，則仍殷之舊，以字易名而已。故眾仲曰‘諸侯
以字爲謚’，謂諸侯賜其臣謚之禮也。春秋以來，列國踰制，卿大夫亦以
行制謚。唯宋大夫孔父字謚，哀公誄先聖，以先聖每自侢殷人，故仍以宋
謚孔父之法謚之。嘗攷列國之臣見于《左傳》者，唯宋卿無謚。《世本》
敘大夫世系，皆云‘某子某生某子某’，獨宋則言‘某父’，悉以字謚者
也。足徵宋君雖請謚于周，而于其國中自秉殷禮。”按：此說甚翔而確，
蓋此正是殷尚質處。然則孔父字謚，亦沿宋國舊章。范氏謂因有死難之
勳，恐未必然。《傳》文“氏”字，當依段氏玉裁說，以爲衍文。

冕而親迎。

　　證曰：《儀禮·士昏禮》“主人爵弁，　裳。”《注》：“主人，壻
也。壻爲婦主。爵弁而裳，玄冕之次。大夫以上親迎冕服。冕服迎者，鬼
神之。鬼神之者，所以重之親之。”然則冕而親迎，天子、諸侯、大夫統
此矣。但冕服之差等，賈、孔二《疏》不同。《郊特牲》：“玄冕齋戒，
鬼神陰陽也。將以爲社稷主，爲先祖後，而可以不致敬乎？”《疏》云：
“士昏以爵弁，是士服之上者，則天子以下皆用上服，以五冕色俱玄，故
總侢玄冕也。”《哀公問》《疏》亦云：“冕而親迎，天子則袞冕，諸侯
以下各用助祭之服，故《士昏禮》‘主人爵弁’服是也。”以此二《疏》

言之，則上公親迎用袞冕，侯伯鷩冕，子、男毳冕，孤希冕，卿大夫玄冕，此一說也。賈氏《士昏禮》《疏》則謂"孤、卿、大夫、士爲臣卑，故攝盛，服助祭之服。天子、諸侯不須攝盛，宜用家祭之服。五等諸侯玄冕家祭，則親迎不過玄冕，惟天子服袞冕"，即引《郊特牲》"玄冕齋戒"句爲證，此又一說也。然如賈說，則自五等諸侯與卿、大夫皆無別，且賈先言"有孤之國，孤絺冕""無孤之國，卿絺冕"，後又云"孤、卿雖絺冕助祭，親迎亦用玄冕，臣不得過君故也"，是自相違背。如由前之說，諸侯玄冕親迎，而臣反絺冕，必無其理。由後之說，孤、卿既不用助祭之絺冕，又不用家祭之爵弁、元端，而用玄冕，亦殊進退無據。賈徒泥"玄冕齋戒"一語，致此轇轕。而孔氏已早爲釋之，則謂諸侯以下皆用助祭服，無可疑矣。若然，天子與上公同袞冕，仍復無別者，此亦窮于禮之不得不然，固勝于公、侯、卿、大夫全然無別者也。下"文八年"《楊疏》亦同孔義，而未取賈、孔二《疏》詳辨是非，故今具釋于此。

《經》："四年，春，正月，公狩于郎。"《注》："春而言狩，蓋用冬狩之禮。"

證曰：《左傳》云："書時，禮也"，《杜注》："周之春，夏之冬也。田狩從夏時。"孔氏廣森云："《夏小正》'十有一月，王狩'，《周禮》：'仲冬以狩田'，《經》書：'春，正月，公狩'，其實一耳。"《逸周書》曰："亦越我周王，致伐于商，改正異械，以垂三統。至于敬授民時，巡狩祭享，猶自夏焉。"據此諸說，是正月本當言狩，而云用冬狩之禮者，蓋范意以《穀梁》時田皆用周正，不用夏正。時田之例，《傳》無明文，而略見之于時祭。（說詳下"八年"）此《穀梁》之不同《左氏》者，雖其義視《左氏》爲短，而家法實如是，不可強合也。若《公羊注》亦譏此狩不時，而謂當用夏之孟冬，又別一義。

四時之田，皆爲宗廟之事也。

證曰：《尚書·大傳》云："已有三牲，必田狩者，孝子之意，以爲已之所養，不如天地自然之性逸豫肥美。"（《公羊注》用其說）《白虎通》云：“王者祭宗廟，親自取禽者何？尊重先祖，必欲自射，加功力也。”若然，《周禮》獨于夏苗、冬狩言享礿、享烝者，彼是因田而薦，非宗廟正祭。（春祭社，秋祀方，亦非方社正祭。）特以時當夏冬，仍蒙礿烝之名耳。若宗廟正祭，則四時皆取之于田，不獨冬夏，即下文“一爲乾豆”是也。

“春曰田、夏曰苗、秋曰蒐、冬曰狩。”《注》：“田，取獸於田。因爲苗除害，故曰苗。蒐，擇之，舍小取大。狩，圍狩也。冬物畢成，獲則取之，無所擇。”

　　證曰：《公羊》無“夏田”。《王制》云：“天子諸侯無事，則歲三田。”《注》：“三田者，夏不田，蓋夏時也。《周禮》：‘春曰蒐、夏曰苗、秋曰獮、冬曰狩。’”何氏《穀梁廢疾》云：“《運斗樞》曰‘夏不田’，《穀梁》有夏田，於義爲短。”鄭君釋之曰：“四時皆田，夏、殷之禮。（按：當作“殷、周之禮”）《詩》云‘之子于苗，選徒囂囂’，夏田明矣。孔子雖有聖德，不敢顯然改先王之法，以教授于世。若其所欲改，陰書于《緯》，藏之以傳後王。《穀梁》四時田者，近孔子故也。《公羊》正當六國之亡，讖緯見讀，而傳爲三時田。作《傳》有先後，雖異，不足以斷《穀梁》也。”按：《公羊》善于緯，故中多緯書說，不如《穀梁》爲時王正禮。《左傳》《爾雅》《太平御覽》引《韓詩內傳》皆四時田，但儷名與《穀梁》異耳。“隱五年”《左傳》《疏》云：“《白虎通義》因《穀梁》之文，爲之生說，曰：‘王者、諸侯所以田獵何？爲苗除害，上以共宗廟，下以簡集士眾也。春謂之田何？春，歲之本，舉本名而言之也。夏謂之苗何？擇其懷任者也。（盧氏文弨校本“擇”下有“去”字，以本《疏》下文觀之，作“擇去”者是。）秋謂之蒐何？蒐索肥者也。冬謂之狩何？守地而取之也。四時之田，總名爲田何？爲田除害也。’”攷《白虎通》，多《公羊》家言，而此獨從《穀梁》，以其義本勝耳。《周易》《解》二月卦曰“田獲三狐”，《巽》七月、八月卦曰“田獲三品”，《屯》十一月、十二月卦曰“即鹿无虞”，此著三時田也。《師》《比》皆四月卦，曰“田有禽”，曰“王用三毆”，此著苗田也。文王作爻辭，當用殷禮，而夏亦有田，知此制殷、周同矣。田、苗、蒐、狩之名義，宜從《白虎通》，蓋彼既述《穀梁》，則所傳者或《穀梁》師說。而“隱五年”《左傳》《疏》譏之，謂：“苗非懷任之名，何云‘擇去懷任’？秋獸盡皆不瘦，何云‘蒐索取肥’？”不知班固以“擇”訓“苗”，非以“懷任”訓“苗”。“苗”之爲“擇”，猶《關雎》《傳》訓“芼”爲“擇”。《說苑·修文篇》“苗者，毛取之”，何氏《公羊》《注》“苗，毛也”，明當毛物取未懷妊者。彼雖以苗屬春，與《穀梁》不同，而解“苗”字義則同。至“蒐”之爲“索”，亦是常訓。杜預注《左》、郭璞注《雅》，因《傳》文言“春蒐”，故謂索取不任。此《傳》言“秋蒐”，故謂蒐索取肥。皆因時立義，又安見秋獸之必盡肥乎？范《注》舍小取大，與班固略同。（《公羊》《注》亦云：“蒐，簡擇也。簡擇幼穉，取其大者。”）惟以“苗”爲“爲苗除害”，則本杜預、郭璞；若鄭康成、孫炎解“苗”謂“擇取不孕任者，若治苗去不秀實”，此又別一義。

又曰：《春秋繁露·深察名號篇》：“獵禽獸者號一曰田。田之散名：春苗、秋蒐、冬狩、夏獮。”此“夏獮”二字，當從凌氏曙以爲衍文。不然，何不依四時爲序，而序于冬狩之下？且徧稽經傳，夏不名獮，此明是淺人不曉《公羊》無夏田之例，而妄加之。又因“苗”已屬春，遂妄以“獮”屬夏，而不知於經義皆不合。孔氏廣森據此謂《公羊》師說亦有四時田，非也。又《說苑·修文篇》：“《春秋》曰‘正月，公狩于郎’，《傳》曰‘春曰蒐、夏曰苗、秋曰獮、冬曰狩’。苗者奈何？曰苗者，毛也。取之不圍澤，不揜羣，取禽不麛卵，不殺孕重者。春蒐者，不殺小麛及孕重者；冬狩皆取之。百姓皆出，不失其馳，不抵禽，不詭遇，逐不出防，此苗、獮、蒐、狩之義也。故苗者，毛取之；蒐者，搜索之；狩者，守留之。夏不田，何也？曰天地陰陽盛長之時，猛獸不攫，鷙鳥不搏，蝮蠆不蟄，鳥獸蟲蛇且知應天，而況人乎哉？”按：此文先言四時之田，而後言夏不田，殊相乖錯。盧氏《羣書拾補》據孫志祖校云：“此所引《傳》，乃《公羊》‘桓四年’‘春曰苗、秋曰蒐、冬曰狩’之文也，下文‘蒐’在‘苗’後，又云‘夏不田’，是用《公羊》之說。後人誤據

《周禮》《左傳》以改此文，不知其前後反成差互矣。春蒐者，‘春’字誤，當作‘秋’。”今攷孫、盧說是也。《說苑》解“苗”字，用《曲禮》“國君春田不圍澤，大夫不掩羣，士不取麛卵”三語，是以苗屬春不屬夏之明證。且全文亦祇釋苗、蒐、狩三名，而不及獮，後乃申以“夏不田”一段，此純用《公羊》說也。劉向曾治《公羊》（見《六藝論》），後乃治《穀梁》，故著書不專主一家。要知《繁露》《說苑》此兩條，皆公羊家言，而爲淺人臆改，反有類《穀梁》。愚懼後人不察，或引之以解《穀梁》，則適爲攻《穀梁》者所借口，故豫爲辯之如此焉。

四時之田用三焉。唯其所先得，一爲乾豆，二爲賓客，三爲充君之庖。

　　證曰：秦氏蕙田云：“四時用三，即夏不田之說，《傳》意謂有此禮，而不常用也。可與《月令》‘孟夏，毋大獵’相發明。”按：《傳》言四時之田，皆爲宗廟之事，則夏田豈不常用者哉？用三，即指乾豆三事。《周易》“王用三驅”馬融《注》：“三驅者，一曰乾豆，二曰賓客，三曰君庖。”《穀梁》之用三，猶《周易》之用三驅，與《王制》“歲三田”之文相似，而實不同。鄭君《釋廢疾》云：“歲三田，謂以三事爲田，即一曰乾豆之等。”此以解《王制》，似未盡合（《王制》《注》：“三田者，夏不田”，則非謂乾豆之等也，故《孔疏》謂《釋廢疾》是深塞何休之言，當以《王制》《注》爲正。），而以解《穀梁》則甚合。《月令》“孟夏”，“驅獸毋害五穀，毋大田獵”。既曰“驅獸”，非“田”而何？《周禮・大司馬》《注》：“夏田主用車，示取物希。”所謂“毋大田獵”者蓋如此，未可附會“夏不田”之說也。唯秦氏謂四時之田有詳略之別，此論甚善。《周語》“蒐于農隙，獮于既烝，狩于畢時”，獨不言夏，蓋因其禮略之故，不容執此一語，盡疑《穀梁》及《周禮》《左傳》《爾雅》矣。

《經》：“天王使宰渠伯糾來聘。”《注》：“宰，官也。渠，氏也。天子下大夫，老故偁字。”

　　證曰：《公羊》《注》意與此同。《白虎通》：“王者臣有不名者五：先王老臣不名。親與先王戮力共治國，同功于天下，故尊而不名也。《尚書》曰'咨，爾伯'，不言名也。"（孫氏志祖云："案《舜典》：帝之命官于伯夷，獨曰'俞咨伯'而不名，《注》《疏》皆無解。疑《白虎通》所云乃古《書》說，相傳如此。"）

七年，春，二月，己亥，焚咸邱。其不言邾咸邱，何也？疾其以火攻也。

　　證曰：《六韜》有《火戰》一篇，是其時已有火攻。然據篇中武王、太公問答，則祇防敵人之燔吾軍，而非己欲燔敵人之軍，可見王師所不用也。至《孫子·火攻篇》則云："凡火攻有五：一曰火人；二曰火積；三曰火輜；四曰火庫；五曰火隊。"其下論用火之道尤詳。蓋居然以此制勝，此衰世之法，非王者之兵矣。

八年，春，正月，己卯，烝。烝，冬事也。春興之，志不時也。

　　證曰：楊《疏》謂："烝合在夏之十月，故何休云：'祭必于夏之孟月者，取其見新物之月'是也。今正月爲之，違月隔年。故《傳》曰：'春興之，志不時也。'"按：如此解"不時"，于義自可通。蓋《晏子春秋》、董子《繁露》、鄭君《王制注》皆謂祭以孟月，與何邵公合；則此烝在夏之仲月，誠爲不時。然《穀梁》之義似不盡于此也。《穀梁》之義，以時祭當用周正，不用夏正，何者？若用夏正，則此年之烝在夏，時猶是冬，不過差一月耳。其爲不時小，而《傳》已有譏。下"十四年""秋，八月，乙亥，嘗"，則是夏正之六月，其爲不時大，而《傳》反無文。是《穀梁》義以周八月可嘗，而周正月不可烝，時祭用周正明矣。據上"四年，公狩于郎"注，則"時田"亦同。

　　又曰：晏子、董子、鄭康成、何邵公皆以爲時祭在孟月，服虔以爲在仲月。南師以爲得祭天者，祭宗廟用仲月；不得祭天者，用孟月。（見《王制》《疏》）杜預又分爲上、下限，以孟月中氣爲上限，仲月初氣爲下限，至仲月中氣乃過限而不時。諸說紛紜如此。《穀梁》未知云何，但謂《穀梁》時祭主夏正，則此《傳》僅可通于孟月之說；謂其主周正，則兼可通于仲月之說也。

《經》："祭公來，遂逆王后于紀。"《注》："《春秋左氏說》曰：
'王者至尊無敵，無親迎之禮。祭公逆王后，未致京師而偶后，知天子不
行而禮成也。'鄭君釋之曰：'大姒之家在洽之陽，在渭之涘。文王親迎
于渭，即天子親迎之明文矣。天子雖尊，其于后猶夫婦。夫婦胖合，禮同
一體，所謂無敵，豈施此哉！《禮記·哀公問》曰："'冕而親迎，不已
重乎？'孔子愀然作色而對曰：'合二姓之好，以繼先聖之後，以爲天地
宗廟社稷之主，君何謂已重焉？'"此言親迎，繼先聖之後，爲天地宗廟
社稷之主，非天子則誰乎？"

　　證曰：此《駁五經異義》文也。文王爲諸侯世子，而得證天子禮者，
其說已具楊《疏》。故《白虎通》云："天子下至士，必親迎授綏者何？
以陽下陰也。欲得其歡心，示親之心也。《詩》云：'文定厥祥，親迎于
渭。造舟爲梁，不顯其光。'"亦以此《詩》證天子親迎矣。《左傳》
'桓八年'《疏》又譏"鄭注《禮》以先聖爲周公，《駁異義》以爲天子
二三其德"，《哀公問》《疏》則謂"事含兩義，故彼此各舉一邊"。是
《左》《疏》所糾，亦不足疑也。周氏柄中云："天子親迎，《禮》無明
文。《士昏禮》：父醮子而命之迎；若宗子父母皆沒，則不親迎，以無命
之者也。由此推之，天子不親迎，可知諸侯即位而娶，無父命有王命，
則親迎宜也。若天子，則真無命之者也。"按元儒敖氏繼公已有"無父命
則不親迎"之說，爲盛世佐所譏。緣其立此論者，蓋因《士昏禮》記"子
無父"一段與"不親迎"一段文勢相連，遂疑不親迎之禮，即爲宗子無父
者設耳。不知二事文雖相承，義實不屬，觀賈《疏》自明，不得引爲"天
子不親迎"之證也。漢高祖時，皇太子納妃，叔孫通制禮，以爲天子無親
迎；平帝時，詔光祿大夫劉歆雜定昏禮，四輔、公卿、大夫、博士、郎、
吏家屬皆以禮娶，親迎亦不上及天子，蓋皆用《左氏》說。而參校經典，
終以鄭《駁》爲長，但其禮亦有可變通者。何邵公"桓八年"《注》言當
親迎，"襄十五年"《注》又言"禮：逆王后當使三公"，彼《疏》云
"蓋謂有故之時"。（《疏》載二解，當以此解爲定。）然則天子即不親
迎，亦未爲不可，但鄭《駁》言正禮，不言變禮耳。

《經》："王使榮叔來錫桓公命。"《注》："禮有九錫：一曰輿馬，二曰衣服，三曰樂則，四曰朱戶，五曰納陛，六曰虎賁，七曰弓矢，八曰斧鉞，九曰秬鬯：皆所以褒德賞功也。德有厚薄，功有輕重，故命有多少。"

證曰：范氏引"九錫"以解經，則意謂此即九錫中事。九錫與九命，先鄭合爲一，後鄭分爲二，說詳《曲禮上》《疏》。楊氏釋范氏此《注》，謂亦以九錫與九命異，其說良然。楊又謂"九錫亦是賜命之類，故引之"，則似謂范意不以錫命當九錫，而第牽連引之者，殆非也。楊氏此說，蓋因《曲禮》《疏》申鄭義，謂"八命作牧，九命作伯"之後，始加九錫。今魯未爲牧伯，不應受九錫耳。然此在鄭《注》無明文，而《旱麓》詩《疏》云："《禮緯·含文嘉》上列九賜之差，下云'四方所瞻，侯子所望'，宋均《注》云：'九賜者，乃四方所共見，公、侯、伯、子、男所希望。'由此言之，七命皆得賜。"按：《禮緯》既兼言侯、子，則非獨七命得賜，即五命亦得賜。《王制》："制：三公一命卷，若有加則賜也，不過九命；次國之君不過七命；小國之君不過五命。"又統承"有加則賜"之下，則此皆謂"賜衣"。賜衣雖不在命服之列，而仍視其本國命數爲差，故云"不過此"，即七命、五命皆得有加賜之明徵。孔穎達解"有加則賜"，引《雜記·裦衣》以釋之。攷《雜記上》"復，諸侯以裦衣，冕服，爵弁"，服《注》："冕服者，上公五，侯伯四，子男三。裦衣，亦始命爲諸侯及朝覲見加賜之衣也。裦，猶進也。"是諸侯皆有裦衣。（鄭《駁異義》引《王制》云："三公一命裦，若有功則加賜。裦衣之謂，與'一曰衣服'是也，按下'衰'字當作'裦'，不然文義不可解。"）裦衣視冕服稍尊，故諸侯相襚，不以裦衣而以冕服。然不必在裦冕之上，即未受裦冕之侯、伯、子、男俱有之。《雜記》《疏》疑裦衣是冕服之最上者，蓋泥于"牧伯始得加賜"之說也。《白虎通》又引《覲禮》"天子賜侯氏車服"，"路先設，路下四，亞之"，及《采菽》詩"路車乘馬""玄袞及黼"，以明車馬衣服之賜，則更舉尋常冕服皆歸之九錫，不獨裦衣矣。竊疑九錫中唯弓矢、斧鉞、秬鬯等爲異數，其餘祇是常典。凡經傳言"錫命"者，皆九錫中事。功德極隆者，全錫之，其餘原不必全錫。故范云："德有厚薄，功有輕重，故命有多少"。《白虎通》引《禮》說九錫"皆隨其德可行而賜",亦不必全錫之意。《曲禮》《疏》謂牧伯始加九錫者,徒見諸書言賜弓矢、斧鉞、秬鬯者,皆是牧伯,不知此固九錫之至尊者耳。若車馬、衣服等賜,則不必牧伯也。

《傳》:"禮有受命,無來錫命。錫命,非正也。"《注》:"賞人于朝,與士共之,當召而錫也。《周禮·大宗伯職》曰'王命諸侯則儐之',是來受命。"

　　證曰:《詩》《彤弓》《瞻彼洛矣》《采菽》《韓奕》皆言錫命諸侯之事。而其詩云"我有嘉賓""君子至止""君子來朝""韓侯入覲",則皆是往受命,非來錫命也。就諸《詩》所云錫命,其事亦殊。《瞻彼洛矣》則因諸侯初立來朝,故鄭《箋》云:"此諸侯世子除三年之喪,服士服而來。"《白虎通》云:"世子三年喪畢,上受爵命于天子何?明爵者天子之所有,臣無自爵之義","世子上受爵命,衣士服何?謙不敢自專也。故《詩》曰'韎韐有奭',謂世子始行也"。《采菽》詩則是尋常朝覲,而復有錫予。《儀禮·覲禮》"天子賜侯氏以車服","路先設,西上,路下四,亞之,重賜無數,在車南",即《詩》"路車乘馬""玄袞及黼"者也。《彤弓》《韓奕》則因有勳德,而或錫以弓矢,或命爲侯伯。《尚書·文侯之命》正兼此二事,而平王有"歸視爾師""父往哉"之言,則亦文侯往受之于周也。在春秋時,"王使召伯來錫文公命""王使虢公命曲沃伯以一軍爲晉侯""王使召武公、內史過賜晉惠公命""王使太宰文公、內史興賜晉文公命"(見《周語》),則初即位禮也。"王使召伯廖賜齊桓公命""王命尹氏及王子虎、內史叔興父策命晉文公爲侯伯",則命侯伯禮也。其因朝而錫命者,蔑有聞焉。"天子使召伯來賜成公命""王使劉定公賜齊靈公命",則文于三者皆無當,蓋春秋時不行受命之禮,而惟天子之所遣使,故靡有定期。《穀梁》于此年及文公元年、成公八年皆發《傳》言"非正也",其論甚偉。若《左氏》,則于諸來錫命者皆無譏辭。何邵公"文元年"《注》云:"古者三載攷績,三攷黜陟幽明。文公新即位,功未足施而錫之,非禮也",亦第譏其錫命之早,不譏其來錫之非,皆不如《穀梁》義正大。《無衣》詩《疏》謂:"王賜諸侯命，有召而賜之者，有遣使賜之者。《穀梁》之言，非禮意"，豈不舛哉？《瞻彼洛矣》詩《疏》又謂："諸侯踰年即位，天子遣使就國賜之命圭。如'文元年''天王使召伯來錫公命'者，是其正。""若不得命，則除喪，自見天子。"按：此說亦祇可施于《左氏》，不可施于《穀梁》。蓋《穀梁》之義，諸侯必親往受命；而未除喪，無朝天子之禮，即無踰年錫命之禮。（《曲禮》"既葬，見天子，曰類見"，《疏》："《春秋》之義，三年除喪之後乃見，而今云既葬者，謂天子或巡狩至竟，故得見也。"）故當以《白虎通》及《瞻彼洛矣》《箋》所云，爲得《穀梁》義也。至《白虎通》又謂"童子當受爵命者，使大夫就其國命之"，明王者不與童子爲禮。此義未知于《穀梁》云何，無文以證。

生服之，死行之，禮也。生不服，死追錫之，不正反矣。

　　證曰：《白虎通》："大夫功成，未封而死，不得追爵賜之者，以其未當股肱也。《春秋穀梁傳》曰：'追賜死者，非正也。'"《五經異義》："《春秋》《公羊》《穀梁》說，王使榮叔錫魯桓命，追錫死者，非禮也。死者功可追而錫，如有罪又可追而刑耶？《春秋左氏》譏其錫篡弒之君，無譏錫死者之文也。"按：此條未見許氏所從，亦未見鄭《駁》。何邵公謂"生有善行，死當加善謚，不當復加錫"，本《公羊》說也。杜元凱注引"昭七年""王追命衛襄"爲比，近人孔廣林亦謂："在古則高圉、亞圉死，爲追命，于禮無乖，當從《左氏》。"然二圉受命，雖見《竹書紀年》，而無以決其爲生前、爲死後。"追命"之說，出自杜《注》。彼《疏》云："今王追命襄公，而云不忘二圉，知其亦是受殷王追命。此杜以意言耳，二圉之追命無文也。"然則此特會意之詞，其實二圉或生時錫命，今引以爲言，于義亦得。又攷《王制》《疏》引"七年"《左傳》舊注，謂高圉、亞圉"周人不毀其廟，報祭之"；又引馬融說"周人所報而不立廟"。據此二文，是不忘二圉者，因上文言"叔父陟恪，在我先王之左右"，故不敢忘先王耳，非以其曾受追命之典也。《外傳》言報高圉，不言報亞圉，馬融及舊注兼言之，或別有所本。

《傳》：“以是爲尸女也。”《注》：“尸，主也。主爲女往而，以觀社爲辭。”

證曰：惠氏士奇《春秋說》云：“《墨子》曰：‘燕有祖，齊有社，宋有桑林，楚有雲夢，此男女之所屬而觀也。’蓋燕祖、齊社，國之男女皆聚族往觀，與楚、宋之雲夢、桑林同爲一時之盛；猶鄭之三月上巳，士與女合會于溱、洧之瀕。觀社者，志不在社也，志在女而已。《穀梁》以爲尸女，信哉。故曹劌謂之不法。以此，杜預《注》非。”按：杜據“襄二十四年”《左傳》“齊社，蒐軍實，使客觀之”，以注此經。韋昭、孔晁《國語注》並同，與《墨子》之文未嘗相背。蓋男女所以屬觀于社者，因其蒐軍實。而莊公觀之，則意不在軍實，而在女子，故曰尸女。此二義之可相兼者。惠氏本《墨子》以釋《穀梁》，精確不易，而杜《注》亦無容非也。

《經》：“秋，七月，禘於太廟，用致夫人。”《注》：“劉向曰：夫人，成風也。致之于太廟，立之以爲夫人。”《傳》：“言夫人，必以其氏姓。言夫人而不以氏姓，非夫人也，立妾之辭也，非正也。”《注》：“夫人者，正嫡之偶，謂非崇妾之嘉號。以妾體君，則上下無別。雖尊其母，是卑其父，故曰非正也。禮：有君之母，非夫人者，又庶子爲後，爲其母緦。是妾不爲夫（元缺）明矣。”

證曰：《五經異義》引《公羊》說“妾子立爲君，母得偶夫人”，《穀梁》說“魯僖公立妾母成風爲夫人，入宗廟，是子而爵母也。以妾爲妻，非正也”，古①《春秋左氏》說“成風得立爲夫人，母以子貴，禮也。”許君從《公羊》《左氏》義，鄭君駁云：“《禮·喪服》：‘父爲長子，三年’，以將傳重故也。眾子則爲之期，明無二適也。女君卒，貴妾繼室，攝其事耳，不得復立爲夫人。……妾子立，得尊其母，禮未之有也。”則鄭從《穀梁》義。范云“庶子爲後，爲其母緦”者，出《儀禮·喪服》“緦麻”章：“《傳》曰：‘何以緦也？與尊者爲一體，不敢

---

① “古”，據《通典》卷第七十二《禮》三十二，當作“故”。

服其私親也。'"范云"禮:有君之母,非夫人者",出《禮記·服問篇》,云:"君之母非夫人,則羣臣無服。唯近臣及僕驂乘從服,唯君所服服也。"彼《注》云:"妾,先君所不服也。禮:庶子爲後,爲其母緦。言'唯君所服',伸君也。《春秋》之義,有以小君服之者。時若小君在,則益不可。"蓋鄭以小君不在,則庶子王僅得爲母服緦;小君在,則爲母無服。《曾子問》所謂"古者天子練冠以燕居"是也。若服小君之服,失禮彌甚,故云"益不可"。古人嚴嫡、庶之辨如此。惟《穀梁》深得《禮》意,《公羊》《左氏》皆不及,故鄭《駁異義》從之。但鄭又謂僖公妾母得爲夫人者,緣莊公夫人哀姜有殺子般、閔公之罪,應貶,故則又爲變通之法。揆之《穀梁》,並無其說。

又曰:《通典》載:"晉孝武帝追尊生母李氏爲皇太妃。徐邈與范甯書,訪其事,甯答謂:'子不得以爵命母。'又曰:'禮:有君之母非夫人者,以此推之,王者之母亦何必皆后乎?所謂尊母,非使極尊號也。竝后匹嫡,譏存《春秋》。謂宜偁皇太夫人,下皇后一等,位比三公,此君母之極號也。偁夫人,則先后之臣也。加"皇太",則至尊之母也……《公羊傳》'母以子貴',當以此義爲允。'"按:范武子深明《穀梁》,故能援正典以定大事如此,惜當時不能用。至范引《公羊》"母以子貴",則欲爲兩家調人。宋庾蔚之云:"《公羊》'母以子貴'者,明妾貴賤。若無適子,則妾子爲先立。又:子既得立,則母隨子貴,豈謂可得與適同耶?成風稱'夫人',非禮之正。"徐邈云:"母以子貴,《穀梁》亦有其義。"此二說皆欲以《公》《穀》貫通爲一,與范意同。但據《五經異義》,則"母以子貴"實當如何休《注》"妾母得爲夫人"之說,不可強合于《穀梁》耳。

"秋,八月,大雩。雩,月,正也。雩,得雨曰雩,不得雨曰旱。"《注》:"禮:龍見而雩。常祀不書,書者皆以旱也。故得雨則喜,以月爲正也;不得雨則書旱,明旱災成。"

證曰:雩祭有二。《左傳》"龍見而雩",《月令》"大雩,帝用盛樂",此常雩也。《周禮·司巫》:"若國大旱,則帥巫而舞雩。"

《女巫》："旱暵則舞雩。"《稻人》："旱暵，共其雩斂。"此旱雩也。《穀梁》之義，以《春秋》常雩不書，旱雩乃書。此《傳》云"雩，月，正也"。"成七年"《傳》云"雩，不月而時，非之也"，"定元年"《傳》云"雩，月，雩之正也。秋，大雩，非正也。冬，大雩，非正也"。今以其例求之經：《春秋》書八月雩者四：僖十一年、襄二十八年、昭三年、二十四年是也；書九月雩者七：僖十三年、襄八年、十七年、昭六年、十六年、定元年、七年是也。此皆雩月，得禮之正者也。書秋雩者七：此年及成三年、襄五年、十六年、昭八年、定七年、十二年是也；書冬雩者一：成七年是也。此皆雩時，不得禮之正者也。書七月雩者二：昭二十五年"上辛，大雩。季辛，又雩"是也。《穀梁》以秋雩八、九月皆合禮，則不合禮者獨在七月，而仍書月者，為季辛又雩而書。若上文不系月，但云"秋，上辛，大雩"，有日無月，則不辭矣。故雖書月，仍不得為正，此《穀梁》禮例也。（《月令》《疏》云："《春秋》周七月、八月、九月皆書雩，《穀梁》不譏"，非也。如其說，則"定元年"《傳》"秋，大雩，非正"者，當屬何月乎？故知凡書"秋，大雩"，《穀梁》皆以為在七月，即皆以為譏。若"昭二十五年"書法，又變文見義耳。）旱雩必以八月始者，《禮記·玉藻》云："至于八月不雨，君不舉"，《注》謂此建子之月至建未之月。然則七月雖旱，人君尚未不舉，故亦不行雩祭。《穀梁》禮例與《玉藻》合。若鄭君注《月令》，謂"凡周之秋三月而旱，亦脩雩禮以求雨"，非《穀梁》義也。

《經》："夏，大旱。"《注》："《傳》例曰：得雨曰雩，不得雨曰旱。"

　　證曰：《注》所引"僖十一年"《傳》例，乃雩祭例也。據其文，似此年夏曾經雩而不得雨者。然"定元年"《傳》云："其時窮，人力盡，然後雩，雩之正也"，則八月、九月始可雩。（說詳"僖十一年"）夏非雩時。又據《春秋攷異郵》及《月令》《注》，冬及春夏雖旱，有禱無雩，是夏不得行雩禮審矣。然則此書大旱，未必雩不得雨，當是禱不得雨耳。《春秋》書"雩"不書"禱"，《傳》因即雩以見例。雩、禱禮雖小異，其為求雨則同，故禱不得雨，亦與雩不得雨同科。《傳》不復晰言之矣。

會葬之禮于鄗上。

證曰：《通典》載徐邈《答徐乾書》云：“母以子貴，《穀梁》亦有其義，故曰‘贈人之母則可’。又會成風葬，著言禮也。”按：徐邈亦注《穀梁》，此文復承《穀梁》之下，則似謂《穀梁》以會葬成風爲禮。然《穀梁》之義，妾母不得儷“夫人”；則其死也，羣臣尚且無服，王人豈合會葬？此《傳》但泛舉會葬之禮，非以是爲禮也。然且不明斥爲非者，以其義已見“禘于太廟”“秦人歸襚”，二《傳》無俟復言之耳。徐邈此說，蓋參用《左氏》，後儒不得以此誤說《穀梁》。范氏“莊公元年”《注》：“以天王之尊，會人妾祖母之葬，誠失禮矣”，此則《穀梁》義也。

冬無爲雩也。

證曰：《月令》《注》云：“冬及春夏雖旱，禮有禱無雩。”《疏》云：“雩之與禱所以異者，《玫異郵》說云：‘天子禱九州山川，諸侯禱封內，大夫禱所食邑。’又：‘僖公三時不雨，帥羣臣禱山川，以過自讓。’凡雩必先禱，故此經云乃‘命百縣祈祀山川、百源，始大雩帝’是也。禱者不雩。僖公二年冬十月及三年春正月、夏四月直爲禱祭，不爲雩，以爲雩月，故不雩。”（按：“僖二年、三年”皆書不雨，故知爲禱祭。）

因蒐狩以習用武事，禮之大者也。

證曰：《尚書大傳》云：“禽獸多則傷五穀，因習兵事。又不空設，故因以捕禽獸。所以共承宗廟，示不忘武備，又因以爲田除害。鮮者，何也？秋取嘗也。秋取嘗，何以也？習鬪也者，男子之事。戰鬪不可不習，故于搜狩以閑之也。閑之者，貫之也。貫之者，習之也。”

艾蘭以爲防，置旃以爲轅門，以葛覆質以爲槷，流旁握，御轚者不得入。

證曰：《車攻》詩《傳》云：“田者，大芟草以爲防，或舍其中。褐纏旃以爲門，裘纏質以爲樴。閒容握，驅而入，轚則不得入。左者之左，右者之右，然後焚而射焉。”與此《傳》大同。彼言夏苗，此言秋蒐，知四時皆無異制矣。又《周禮·山虞》“若大田獵，則萊山田之野”，《澤虞》"若大田獵，則萊澤野"，《大司馬》"虞人萊所田之野"，即此《傳》之"艾蘭以爲防"也。《大司馬》"以旌爲左右和之門"，即此《傳》之"置旃以爲轅門"也。據《詩》《禮》注疏，防中南北立四表，積二百五十步，東西之廣步數未聞，一偏當容三軍。（此據天子田獵言。若侯國，亦仍視其軍數以爲廣狹。）其門南向立開二門，則用四旃。

車軌塵，馬候蹄，揜禽旅，御者不失其馳，然後射者能中。過防弗逐，不從奔之道也。面傷不獻，不成禽不獻。

　　證曰：《車攻》詩《傳》云："戰不出頃，田不出防，不逐奔走，古之道也"，"面傷不獻，踐毛不獻，不成禽不獻。"《說苑·修文篇》："百姓皆出，不失其馳，不抵禽，不詭遇，逐不出防，此苗、獮、蒐、狩之義也。"《易·比卦》："王用三驅，失前禽。"鄭《注》云："禽在前來者，不逆而射之；旁去，又不射。惟背走者，順而射之，不中則已。是其所以失之。"按：以上三說皆與此《傳》同，唯毛《傳》又有"踐毛不獻"，鄭君亦言"禽在前來者，不逆射，旁去，又不射。"禽在前，即是面傷；旁去，即是踐毛。（《詩》《疏》云："面傷不獻者，謂當面傷之；翦毛不獻，謂在旁而逆射之。"以"踐"爲"翦"，古今字。）而此《傳》無"踐毛不獻"，文偶略耳。

禽雖多，天子取三十焉。其餘與士眾，以習射于射宮。射而中，田不得禽，則得禽。田得禽而射不中，則不得禽。是以知古之貴仁義，而賤勇力也。

　　證曰：《書傳》《詩傳》俱有其文。據《儀禮》《周禮》《注》，則此乃主皮之射也。《儀禮·鄉射禮》記云："禮射不主皮。主皮之射者，勝者又射，不勝者降。"《注》云："主皮者無侯，張獸皮而射之，主于獲也。《尚書傳》曰：'戰鬥不可不習，故于蒐、狩以閑之也。閑之者，貫之也。貫之者，習之也。凡祭，所餘獲陳于澤，然後卿大夫相與射也。中者，雖不中也取；不中者，雖中也不取。何以然？所以貴揖讓之取也，而賤勇力之取也。嚮之取也于圈中，勇力之取也。今之取也于澤宮，揖讓之取也。澤，習禮之處，非所以行禮。其射又主中，此主皮之射與？'"

《周禮》"鄉大夫"之職云"退而以鄉射之禮五物詢眾庶……三曰主皮",《注》云:"庶民無射禮,因田獵分禽,則有主皮。主皮者,張皮射之,無侯也。"按:據《詩》《書》二《傳》,則此射有卿、大夫、士在列,而鄭《注》言"庶民無射禮,則有主皮"者,蓋卿、大夫、士禮,射張侯,庶人不得與。惟田獵分禽之射,庶人則得與。故庶人無禮射而獨有主皮之射,非謂射于澤宮之時。崖有庶人,而無卿、大夫、士也。天子取禽三十者,《車攻》詩《箋》言"每禽三十",《疏》謂"以君之獵,不宜諸種止取三十,故以爲每禽焉,則宗廟、賓客、君庖各十也"。

《穀梁禮證》卷二　譚瑩玉生覆校

伍崇曜跋

　　右《穀梁禮證》二卷,國朝番禺侯康君謨撰。按《左傳》"發凡",杜預謂皆周公禮典。韓起見《易象》《春秋》,亦謂周禮在魯。孫復作《春秋尊王發微》,葉夢得譏其不深於禮學,故其言多自牴牾。蓋《禮》與《春秋》本相表裏,故自宋張大亨《春秋五禮例宗》、魏了翁《春秋左傳要義》、元吳澄《春秋纂言》、明石光霽《春秋鉤玄①》、國朝萬斯大《學春秋隨筆》、毛奇齡《春秋毛氏傳》、惠士奇半農《春秋說》,皆於典禮三致意焉。而三代之文章禮樂,猶可以攷見其大凡,然要皆詳於《左氏》而略於《公》《穀》。夫典制莫備於《左氏》,而義理莫精於《穀梁》。惟《公羊》雜出眾師,時多偏駁耳。是書據《穀梁》以證三《禮》,而排詆《公羊》者獨多,惜其未完而竟卒。此絕學也,爰與孝廉弟子琴大令假得叢稿,釐爲二卷,與《春秋古經說》並刊焉。

　　道光庚戌大暑日,南海伍崇曜謹跋。

---

① "玄",原刻避諱作"元"。

《後漢書補注續》一卷

番禺桂康撰

光緒辛卯十二月 廣雅書局栞

序

　　康旣作惠氏《後漢書補注跋》，穿穴之下，隱漏滋多，不忍棄捐，都爲一卷。康嘗謂注史與修史異，注古史與注近史又異，何者？史例貴嚴，史注宜博。注近史者，群書大備；注古史者，遺籍罕存。苟非博采兼收，何以離同合異哉？子元氏之譏劉昭也，比之吐果之核，棄藥之滓。蓋居巢持論，專尚謹嚴，故宣卿遺文，深見詆斥。以今攷之，劉《注》全帙已亡，而八《志》具在。舊儀逸典，深藉討論；碎事璅聞，罔非瑋寶。《史通》之說，殊非定評矣。東漢至今，二千餘年。前言往行，存者無幾。在當日爲唾棄之餘，在今日皆見聞之助。過而存之，又惡容已？昔洪稚存編修嘗取《水經》《國志》《班史》《宋書》，增益惠君，凡數十事。今未見其槀，竊倣其例，識同蠡測，誚比續貂。惟事涉神奇，及審知謬誤者，概從屏黜，不敢濫登。蓋于捃摭之中，仍寓別裁之義。極知淺陋，無足收覽，姑記別紙，以俟大雅採擇焉。

番禺桂康

"《光武帝紀》：身長七尺三寸。"

《金樓子·興王篇》："身長八尺七寸，脚下有文色如銀印，厚一分。"

"遂與定謀。"

《東觀記》："諸李遂與南陽府掾史張順等連謀。帝深念良久，天變已成，遂市兵弩，絳衣赤幘。"案：張順預起義之勳，而范《史》竟不載其人，得此可以補闕。

"更始元年，因復徇下潁陽。"

《東觀記》："帝降潁陽，雖得入，意不安。門下有繫馬著鼓者，馬驚硠磕。鄧晨起走出視之，乃馬也。"

"建武元年，今此誰賊而馳騖擊之乎？"《注》："'誰'謂未有主也。"《補注》："顧炎武曰：《注》非也。陳仁錫曰：'言何等賊？易與耳，不煩擊也。'"

案：章懷《注》極合神情。如陳說，是勸光武但卽尊位，不煩擊賊也，有是理乎？胡三省曰："'誰賊'者，蓋謂位號未正，指誰爲賊也。"與章懷《注》異，然亦可參也。

"時同舍生彊華自關中奉赤伏符。"

《宋書·符瑞志》："光武平定河北，還至中山。將軍萬修得赤伏符，言光武當受命。群臣上尊號，光武辭。前至鄗縣，諸生彊華又自長安詣鄗，上赤伏符，文與脩合。"

"車駕入洛陽，幸南宮却非殿，遂定都焉。"

《宋書·符瑞志》："光武都洛陽，營宮闕。一夕有門材自至。是時，琅邪開陽縣城門，一夕無故自亡，檢所得材，卽是也，遂名其門曰'開陽門'。"

《注》："洛陽宮閣名。"

當卽《經籍志》之《洛陽宮殿簿》也。《安紀》《靈紀》《獻紀》《楊賜傳注》又引《洛陽宮殿名》，大約皆一書，而名小異。《劉寬傳》注引則正作《洛陽宮殿簿》。

"七年，朔方太守田颯。"《補注》："颯後爲漁陽太守，見《斥彰長田君碑》。"

案：颯後又爲隴西長史。中元二年，與燒當羌戰，敗沒。見《西羌傳》。

"九年，復置護羌校尉官。"

錢氏大昕《三史拾遺》云《西羌傳》與此同。然《溫序傳》："建武六年，已爲護羌校尉"，似非"九年"始置。案：《通鑑攷異》從《本紀》及《西羌傳》，而于"建武六年"但稱溫序爲"校尉"，無"護羌"字。

"十三年，省并西京十三國：廣平屬鉅鹿，真定屬常山，河閒屬信都，城陽屬琅邪，泗水屬廣陵，淄川屬高密，膠東屬北海，六安屬廬江，廣陽屬上谷。"《注》："據此，惟有九國，云'十三'，誤也。"

《後漢書攷異》云："《續志·北海國》下云'建武十三年，省葘川、高密、膠東三國（原注："今本'省'譌作'有'"。），以其縣屬'，蓋其時以高密四縣封鄧禹，膠東六縣封賈復，故不立王國，而並屬之北海。高密與淄川同在省並之內，非以淄川屬高密也。《志》又稱世祖并省郡國十，今并高密計之，正合十國之數，乃知《紀》云'十三國'者，誤衍'三'字，而'淄川'下又衍'屬'字耳。"案：《成武孝矦順傳》："建武八年，拜爲六安太守"，則是時六安已非王國矣。史文亦大略言之。至六安既省屬廬江後，仍爲矦國。《融傳》有"六安矦劉旴"，卽其人也。

"十九年，始祠昭帝、元帝于太廟。"

　　《後漢書攷異》云："《祭祀志》：'是年，雒陽高廟四時加祭孝宣、孝元，凡五帝。'此云'昭帝'，誤。"案：錢說是也。《祭祀志》云："惠、景、昭三帝非殷祭時不祭"，則太廟無昭帝可知。光武雖上繼元帝，而成、哀、平三帝仍入親廟中。《張純傳》及《祭祀志》俱有明文。但成、哀、平則祭于長安，故高廟使有司行事。高帝、文、武、宣、元則祭于雒陽高廟，帝親奉祠，以此爲異耳。高、文、武不在親廟之列，而以有功德，稱祖宗，故不毀其廟。若惠、景、昭，既非親廟，又無功德，時祭所不及者也。《通鑑》亦沿此《紀》之誤。

"復南頓田租歲。"《補注》："《東觀記》：'復南頓田租一歲。'"劉貢父《臆說》云：'漏五字。'"

　　《金樓子·興王篇》："帝曰：'天下艱難，三年以外，豈能自保？'乃蠲三年。"此必本諸家《舊漢書》，與《東觀記》異。

"中元元年，其上薄太后尊號曰'高皇后'，配食地祇①。"

　　案：古來地祇之祭，皆以祖配，不以后配。惟王莽始以高后配地祇。馬貴與謂其臆說不經。莽將篡漢，故爲崇陰教以媚元后。而茲沿其失，自是魏晉南北朝多仍之。

"《光武紀》。""《論》：'其王者受命，信有符乎？'"

　　陶弘景《刀劍錄》："光武未貴時，在南陽鄂山得一劍，文曰'秀霸'，小篆書，帝服之。"

"《明帝紀》'永平八年。'"《注》："武帝拜范明友爲度遼將軍。"

　　《通鑑》注引章懷此文，"武帝"作"昭帝"，是也。今作"武"者，乃傳寫之誤，非李賢之誤。胡三省所見，猶是善本。

---

① 原刻爲"祇"，當作"祇"。

"十五年，郎從官二十歲已上，帛百匹。"

案：下文"十七年，詔曰：郎從官視事十歲已上者，帛十匹。"則此文亦應有"視事"二字，脫去便文義不明。

"《明帝紀》《論》：'法令分明。'"

《潛夫論·述赦篇》："昔孝明帝時，制舉茂才（汪繼培據《御覽》，當作"荆州舉茂才"），過闕謝恩，賜食事訖，問何異聞，對曰："巫有劇賊九人，刺史數以竊（汪繼培曰："竊"當作"察"）郡，訖不能得。"帝曰："汝非部南郡從事邪？"對曰："是。"帝乃振怒，曰："賊發部中而不能擒，才何以爲茂？"捶數百，便免官，而切讓州郡。十日之閒，賊卽伏誅。"又《御覽》卷二百六十七引《漢官儀》曰："明帝臨觀，見洛陽令車騎，意河南尹，及至而非，尤其太盛，敕去軒綏。時偃師長治有能名，以事詣臺，因取賜之"，皆其法令分明之事也。

"《章帝紀》：'建初三年，西域假司馬班超。'"

據《本傳》，當作"軍司馬"，此誤，下"五年"誤同。

"四年，南陽太守桓虞爲司徒。"

《東觀記》："南陽太守桓虞下車，葉縣雍霸及新野令皆不遵法，乃署趙勤爲督郵，到葉見霸，不問縣事，但高談清論，以激勵之，霸卽解印綬去。勤還入新野界，令聞霸已去，遣吏奏記陳罪，復還印綬去。虞乃歎曰：'善吏如良鷹矣，下韝卽中。'"

"元和二年，宗祀五帝于汶上明堂。"《補注》云："《水經注》：'帝東巡太山，立行宮于汶陽。執金吾耿恭屯城門于汶上，基塹存焉。'《恭傳》未嘗爲執金吾，或別有據。"

案：是時耿秉爲執金吾，"恭"字乃"秉"字之譌，非別有據也。

"《注》：'《公羊傳》曰："存二王之後，所以通三正也。"'"

　　《公羊傳》無此語，乃"隱二年"《注》文也。"三正"，《注》作"三統"。

"章和元年，八月，乙未，晦，日有食之。"

　　《三史拾遺》云："盧氏文弨曰：《五行志》作'元和'，誤也。攷是年七月九日，俱丙申朔，與八月乙未正合。若元和元年八月是甲寅朔，九月是甲申朔，安得八月乙未晦乎？"

"《章帝紀》《論》：'在位十三年，郡所上符瑞，合於圖書者，數百千所。'"

　　《東觀記》："章帝時，鳳凰見百三十九，麒麟五十二，白虎二十九，黃龍三十四，青龍、黃鵠、鸞鳥、神馬、神雀、九尾狐、三足烏、赤烏、白兔、白鹿、白燕、白鵲、甘露、嘉瓜、柜柸①、明珠、芝英、華苹、朱草、連理實，日月不絕，載於史官，不可勝紀。"

"《和帝紀》：'孝和皇帝皇帝諱肇。'"《注》："《伏侯古今注》曰：'肇之字曰始。肇音兆。'臣賢案：許慎《說文》：'肇音大可反，上諱也。'但伏侯、許慎並漢時人，而帝諱不同，蓋應別有所據。"

　　《通鑑》注引此文。帝諱不同，諱字下有音字，當從之。蓋許、伏同作"肇"，但音不同耳。今本《說文》"戈"部："'肇'字云上諱"，"攴"部："'肇'字云同'擊'也"，"戶"部："'肇'字云始開也。"依《古今注》"'肇'之字曰始"，則字當作"肇"。而經傳多叚"肇"爲"肇"，故和帝諱"肇"，而易其字曰"始"。然《後漢書》又作"肇"，不作"肇"。李賢引《說文》，又不引從"戈"之"肇"，而引從"攴"之"肇"，皆有可疑。段氏玉裁謂《說文》本無"肇"字，乃淺人竄入，其說似得之。《玉篇》云："'肇'，俗'肇'字。"《五經

_____
① 原刻爲"柜"，當作"柜柸"。

文字》云："'肇'作'肇'，譌。"是"肇"乃"肇"之別體。故和帝之諱，"肇""肇"互用。且據李賢《注》，知《說文》有"肇"無"肇"，故可混而爲一。否則，二字分隸二部，何容混邪？但"肇"字何以有"大可切"之音，此實不可解。又《說文》本無音切，章懷誤以後人之音屬之。許慎亦非。

"章和二年，二月，壬辰，即皇帝位。"

《十七史商榷》云："《章帝紀》以正月壬辰崩，而此《紀》和帝即位在二月壬辰，二者書日，必有一誤。"案：此非日誤，乃月誤也。"二月"當作"正月"。凡新君即位，皆在先帝崩日。如光武于中元二年二月戊戌崩，明帝即以二月戊戌即位；明帝于永平十八年八月壬子崩，章帝即以八月壬子即位是也。

"永元三年，詔曰：'高祖功臣，蕭、曹爲首，有傳世不絕之義。曹相國後容城疾無嗣。'"

案：此詔初以蕭、曹並舉，下獨云曹相國後無嗣，則紹封者獨在曹也。攷《前書·功臣表》平陽疾十世孫宏，光武建武二年以舉兵佐軍，紹封子曠嗣。又《韋彪傳》云"建初二年，封曹參後曹湛爲平陽疾"。據此二文，是曹相國後和帝前已經兩次續封：初封于建武二年，仍爲平陽國。宏傳子至曠，大約中絕，至建初二年，復封曹湛，則當改爲容城國，未幾，又絕。故此詔云"容城疾無嗣也"。必知建初二年改爲容城國者，永平三年已以平陽封世祖女平陽公主。此必是曹曠死後絕封之事。（《前書·功臣表》于"曹曠"下注云："'今見'。攷孟堅修史，自永平至建初，凡二十餘年。'今見'二字，或據初修史時事；若成書時，曹曠必不存矣。"）至建初八年，公主子馮奮襲爵，則建初時不得有兩"平陽疾"也。《韋彪傳》作"平陽"者，蓋因其舊名而誤。

"十三年，八月，己亥，北宮盛饌門閣火。"

胡三省曰："盛饌門閣，御廚門閣也。《晉書·天文志》曰：'紫

宫垣西南角外二星，内二星曰内廚，主六宫之内飲食，后妃夫人與太子
宴飲。東北維外六星曰天廚，主盛饌。'皇居則象于天極，故北宫有盛
饌門閣。"

《安帝紀》首注："《穀梁傳》曰：'大行受大名。'"

此《穀梁》"桓十八年"注文。"傳"下脱"注"字。然引《穀梁》
《注》，何不引戴《記》乎？

"元初二年，冬，十月，遣中郎將任尚屯三輔。"

《通鑑攷異》云："案：《西羌傳》：'司馬鈞抵罪後，尚乃代雄屯
三輔耳。'"

**"四年，戰于富平上河，大破之。"《補注》："《西羌傳》作'富平河
上。'"**

案：李賢引《水經注》云："河水于此有上河之名。"則作"上河"
者是。胡三省又引《前漢》"馮參爲上河典農都尉"，尤爲確證。故薛
瓚、顏師古注《漢書》，皆云"上河，在西河富平"。（胡氏說亦本《水
經注》）

"永寧元年。"

王泊厚曰《文選·放歌行》注引崔元《始正論》："永寧詔曰：鐘鳴
漏盡，洛陽城中不得有行者。"《後漢》《紀》不載此詔。

"延光三年，春，二曰，戊子，濟南上言，鳳凰集臺縣丞霍收舍樹上。"

張衡《東巡誥》云："惟二月初吉，帝將狩于岱嶽。展義省方，觀民
設教。丙寅朏，率群賓，備法駕，以祖于東門，屆于靈宫。是日也。有鳳
雙集于臺。壬辰，祀上帝于明堂。"案：此文不繫何年，以此《紀》上下
文攷之，則在是年也。

"初復右校令、左校丞官。"

《十七史商榷》云："案：《志》：左右校皆有令丞。劉昭《注》並云'安帝復'。此當作'右校''左校'令丞官。"

《順帝紀》："司空劉授免。"《注》："《東觀記》曰：'以阿附惡逆，辟召非其人，策罷。'"

案：《楊震傳》："帝舅大鴻臚耿寶薦中常侍李閏兄于震，震不從。皇后兄執金吾閻顯亦薦所親厚于震，震又不從。司空劉授聞之，即辟此二人，旬日中皆見拔擢。"所謂"辟召非其人"者也。

"永建元年，九江朱倀爲司徒。"

《風俗通》："司徒九江朱倀，以年老爲司隸虞詡所奏'耳目不聰'。明見椽屬，大怒曰：'顚而不扶焉，焉用彼相？君勞臣辱，何用爲？'于是東閣祭酒周舉曰：'昔聖帝明王，莫不厤象日月星辰，以爲鏡戒。熒惑比有變異，豈能手書密以上聞？'倀曰：'可自力也。'舉爲創草，手書密上。上覽倀表，嘉其忠謨。倀目數病，手能細書。詡案大臣，苟肆私意。詡坐上謝，倀蒙慰勞。"

"六年。《注》：'撣國王雍田。'"

以《西南夷傳》攷之，當作"雍由調"。

"陽嘉元年，攻會稽東部都尉。"

《宋書·州郡志》："會稽東部都尉。前漢治鄞，後漢分會稽爲吳郡，疑都尉徙治章安也。"《三國志·虞翻傳》注引《會稽典錄》朱育之言曰："元鼎五年，除東越，因以其地爲冶，而立東部都尉，後徙章安。陽朔元年，又徙治鄞；或有寇害，復徙句章。"案：二書載會稽東部都尉所治不同，朱育言陽朔以前徙章安，其説未可信。"陽朔"，成帝年號；"章安"，則光武所置縣，何得陽朔時已徙于此？且章安即治，更名都尉；既治冶矣，奚容更徙？當以沈《志》爲正。至朱育謂"初治冶，又徙句章”，或亦可與沈《志》參觀也。（《隸釋》引李宗諤《圖經》，亦謂元鼎中立東部都尉治冶，即本朱育説）“東部都尉”，兩《漢·志》皆不載。然據此《紀》及朱育、沈約之言，兩《漢》有此“都尉”甚明。又《揚雄傳》“東南一尉”，孟康《注》：“會稽東部都尉也”。杜篤《論都賦》“部尉東南”，劉昭《律厤志》注引袁山松《書》：劉洪“于延熹中拜會稽東部都尉”，《三國志·張紘傳》載紘于建安中爲“會稽東部都尉”，《全琮①傳》載琮父柔于靈帝時拜“會稽東部都尉”，《衛尉卿衡方碑》稱方由膠東令遷“會稽東部都尉”，《金石錄》有“漢會稽東部都尉路君闕銘”，《論衡·遭虎篇》有“會稽東部都尉禮文伯……王子鳳”，皆可爲此《記》證者也。

“靡神不禜。”

《後漢書攷異》云：案：《雲漢詩》‘上下奠瘞，靡神不宗’，《毛》訓“宗”爲“尊”。漢時三家《詩》必有作‘禜’字者。《祭法》：‘雩宗，祭水旱也。’鄭讀‘宗’爲‘禜’，是‘宗’與‘禜’通。《注》以“靡神不舉②”釋之，似未然。

“若顔淵、子奇，不拘年齒。”

案：武斑年廿五舉孝廉（見武氏《石闕銘》），武榮年三十六舉孝廉（見《執金吾丞武榮碑》），鄭益恩年廿三舉孝廉（《御覽》三百六十二引《鄭玄別傳》），鄭炎卒年才二十八，而遺令有察孝廉之語，皆所謂不拘年齒者也。

“二年，夏四月，復置隴西南部都尉官。”

《三史拾遺》曰：《馬防傳》“建初二年，羌豪布橋等圍南部都尉于臨洮”，則肅宗時有此官也。此云“復置”，不知廢于何時。案：《西羌傳》亦云：“馬防築索西城，徙隴西南部都尉戍之”，則前時有是官，審矣。

---

① “全琮”，原刻誤作“全綜”。
② “禜”，原刻作“舉”。

"三年，黃尚爲司徒。"《注》："黃尚字伯，河南郡邙人也。"

　　《周舉傳》作"字河伯"，此脫一字。

"永和二年。"

　　是年八月，敦煌太守裴岑將郡兵三千人，誅匈奴呼衍王等，有紀功碑，今在巴爾庫爾，而《本紀》及《南匈奴傳》俱不載。

"三年，長沙劉壽爲司徒。"

　　《御覽》三百六十四引《長沙耆舊傳》曰："劉壽少時遇相師曰：君腦有玉枕，必至公也。"又《三百六十六》引《長沙耆舊傳》曰："劉壽少遇相師，相師曰：'耳爲天柱。今君耳有城郭，必興家邦。'"

"漢安元年。"

　　《刀劍錄》：順帝永建元年鑄一劍，長三尺四寸，銘曰"安漢"，小篆書，後遂爲年號。

《質帝紀》："九江賊徐鳳等攻殺曲陽、東城長。"《注》："曲陽縣屬九江郡，在淮曲之陽，故城在今豪州定遠縣西北。東城縣故城在定遠縣東南也。"

　　《十七史商榷》云："曲陽縣，《前志》九江、東海二郡皆有之。《續志》東海、曲陽改屬下邳，九江、曲陽加'西'字，此處不知是范氏誤脫去'西'字邪？抑李賢誤以爲九江屬也？"案：此是范氏誤脫"西"字。觀李《注》"曲陽東城"同在唐之定遠縣，其地毗連，故令、長同時爲徐鳳所殺。若下邳之曲陽，則去東城遠矣。又下邳、曲陽爲侯國，亦不得稱長。《十七史商榷》又云："東城縣，《前志》屬九江，《續志》無此縣。今據此《紀》及《志》，則似後漢實有此縣矣。"

"其令中郎官繫囚。"

　　"郎"當作"都"。

《桓帝紀》：“建和二年，封帝弟顧爲平原王。”

　　《孝崇匽皇后傳》作“帝弟石”，《河間王開傳》作“帝兄碩”。竊謂作“碩”者是，“顧”則形近之誤，“石”則聲近之誤也。作“帝弟”者是，《東觀記》稱桓帝爲蠡吾矦長子，則帝不得有兄也。

“三年，監寐痡歎。”

　　《後漢書攷異》云：“監寐猶假寐也。監、假聲相近。《劉陶傳》：‘屛營彷徨，不能監寐。’《袁紹傳》：‘我州君臣，監寐悲歎。’”

“永興元年，光祿勳房植爲司空。”

　　蔡中郎《司空房植（今本誤作“楨”）碑》云：“公言非法度不出于口，行非至公不萌于心。治身則伯夷之潔也，儉嗇則季文之約也，盡忠則史魚之直也，剛平則山甫之勵也。總茲四德，式是百辟。夙夜匪懈，以事一人。枉絲髮樹，私恩不爲也。討無禮，當彊禦，弗避也。是以功隆名顯，在世孤特，不獲愷悌寬厚之譽。享年垂老，至于積世，門無立車，堂無宴客，衣不變裁，食不兼味。雖《易》之“貞厲”，《詩》之《羔羊》，無以加也。”

“延熹元年，分中山，置博陵郡。”

　　《後漢書攷異》曰：“《隸釋·靈臺碑》有博陵、蠡吾、管遵。又《孔彪碑陰》：‘故吏有博陵安平六人、博陵安國三人、博陵高陽一人、博陵南深澤二人。’安國、蠡吾，故屬中山。安平、南深澤、高陽，故屬河間。然則博陵一郡，兼得中山、安平、河間之地，不獨分中山也。（原注：《黨錮傳》：“劉佑，中山安國人。”安國後別屬博陵。）

“二年，光祿大夫中山祝恬爲司徒。”

　　據《風俗通》，恬曾爲侍中、尚書僕射令、豫章太守、大將軍從事、中郎司隸校尉也。（《百官志》注引應劭稱：“中山祝恬踐周、劭之列，當軸處中，忘謇諤之節，憚首尾之譏。”又：恬諂事梁冀，見《黃瓊傳》。）

"大鴻臚梁國盛允爲司空。"《注》："允字伯代。"

　　錢氏《後漢書補表》云："《風俗通義》：'允字子翩。'"案：《風俗通義》云："司徒梁國盛允字子翩，爲議郎，慕范孟博之德，貪樹于有位。謂孟博家公區區欲辟大臣云云。"審其文義，子翩似是盛允之子之字，其時官爲議郎。所謂"家公"者，卽指盛允子稱其父之辭也。偶脫子字，遂令上下文義皆不可通。錢氏因其誤本而疑史《注》，非也。《司徒盛允碑》亦字"伯世"，與史《注》同，宜可信。

"三年，五月，甲戌。"

　　《預覽》卷二百一引《魯國先賢志》曰："鮑吉字利主。桓帝初爲蠡吾矦，吉爲書師。及桓帝立，歷位至河南尹。詔曰：'吉與朕有龍潛之舊，其封西鄉矦。'宗族以吉勢力至刺史二千石者五。"案：據袁弘《紀》，吉卽以是年五月甲戌封也。時同封者，又有張彪，亦以與帝有舊。矦彪[①]名見《楊秉傳》。

"太山賊叔孫無忌攻殺都尉矦章。"

　　章見殺後，當是孔宙代之泰山都尉。《孔宙碑》云："是時，東嶽黔首猾夏，遺畔未盡，乃擢君典戎"，正其時也。

"八年，春正月，丙申，晦，日有食之。詔公卿校尉舉賢良方正。"

　　《後漢紀》載："是時，劉淑對策曰：'臣聞立天之道曰陰與陽，立人之道曰仁與義。故夫婦正則父子親，父子親則君臣通，君臣通則仁義立，仁義立則陰陽和，而風雨時矣。夫吉凶在人，水旱由政。故勢在臣下，則地震坤裂；下情不通，則日月失明；百姓怨恨，則水旱暴興；人主驕淫，則澤不下流。由此觀之，君其綱也，臣其紀也。綱紀正則萬目張，君臣正則萬國理。故能父慈子孝、夫信婦貞、兄愛弟順。如此，則陰陽和，風雨時，萬物得所矣。'"

---

① "矦彪"，當作"張彪"。范曄《後漢書・楊秉傳》有"張彪"，無"矦彪"。

"五月，壬申，罷太山都尉官。"《注》："永壽元年置。"《補注》："泰山都尉實不始于永壽，光武時曾置之。見《文苑傳》。"

案：惠氏謂見《文苑傳》者，《夏恭傳》也。《傳》云："光武初卽位，召拜郎中，再遷太山都尉。"攷西京舊制，諸郡皆有都尉，光武建武六年始省。夏恭之拜官，當在未省以前，與《桓紀》原不相背耳。

"丙戌，太尉楊秉薨。"

《後漢書攷異》曰："《風俗通》云：'六月九日未明，太尉楊秉暴薨。'應劭與秉同時，其記月日當可信。"案：《蔡中郎集·太尉楊公碑》云："延熹八年五月丙戌，薨。"范《史》蓋本諸此。蔡亦與秉同時，而渺石之文，似較之私家著述尤可信，不得以《風俗通》疑《史》文也。

《靈帝紀》："桓帝崩，無子。"

《御覽》卷六引《豫章列士傳》曰："周騰字叔達，爲御史。桓帝欲南郊，平明出。叔達仰首曰：'王者象星，今宮中宿①、策馬星不出動，帝何出焉？'四更，皇子卒，遂止。"據此，則桓帝亦有子，但早殤耳。其生何名，卒何年，則不可攷矣。

"建寕元年，太僕沛國聞人襲爲太尉。"

《御覽》三百五十三引謝承《書》曰："聞人襲爲郡督郵，行則負擔，臥則無被，連麕皮以自覆，不受人一飧之費。"

"熹平六年，武庫東垣屋自壞。"

《御覽》卷一百九十一引謝承《書》曰："靈帝光和中，武庫屋自壞。司隸許冰上書曰：'武庫，禁兵所在，國司之禁，爲災深矣。'"案范《史》繫之熹平六年，與謝《書》不符。攷《續漢志》亦作"光和元年"，則范《史》疑誤。（謝承諸家《書》，姚氏之駰已有《後漢書補

---

① "宿"，《史記·天官書第五》作"星"。

逸》，然皆不注出典，又遺美實多，故今概不用其書，別著所出。）

"太常河南孟𫘝爲太尉。"《補注》："何焯曰：'《蜀志·孟光傳》注引《續漢書》云"郁中常侍孟賁之弟棟"'。案：《蜀志》誤以'郁'爲'𫘝'。郁字敬達，河南偃師人，爲濟陰太守。見《隸釋》。"

　　案：《後漢書攷異》及《補表》皆以孟𫘝、孟郁爲一人；惠氏分之，是也。《蜀志·孟光傳》云："河南洛陽人，漢太尉孟郁之族。"若濟陰太守，則偃師人，是縣不同也。章懷《注》："𫘝字叔達"，《濟陰太守碑》："字敬達"，是字不同也。"𫘝""郁"雖可相通，而實分二字，故《說文》兩收之，是名不同也。《蜀志》之誤無疑。

"光和元年，始置鴻都門學生。"《注》："舉召能爲尺牘辭賦及工書鳥篆者。"

　　《後魏書·江式傳》："開鴻都時，諸方獻篆，無出蔡邕者。"張懷瓘《書斷》云："師宜官，南陽人。靈帝好書，徵天下工書於鴻都門，至數百人。八分稱宜官爲最，大則一字徑丈，小乃方寸千言。"張彥遠《歷代名畫記》云："劉旦、楊魯並光和中畫手，待詔尚方，畫于洪都學。"（原注：二人並見謝承《後漢書》。）

"太常常山張顥爲太尉。"

　　據《蔡邕傳》，顥爲永樂門史，霍玉所進也。

《獻帝紀》："初平元年三月乙巳，車駕入長安。"

　　蔡邕《宗廟祝嘏辭》云："嗣曾孫皇帝某敢昭告于皇祖、高皇帝，各以后配。昔受命京師，都於長安，享國十有一世，歷年二百一十載。遭王莽之亂，宗廟隳壞。世祖復帝祚，遷都洛陽，以服土中，享國一十一世，歷年一百六十五載。予末小子，遭家不造，早統洪業，奉嗣無疆。關東吏民敢云稱亂，總連州縣擁兵聚眾，以圖叛逆，震驚王師。命將征服，股肱大臣，推皇天之命以己行之事，遷都舊京。昔周德缺而斯干作，應運變通，自古有之。於是乃以二月丁亥，來自雒越；三月丁巳，至于長安。飭躬不慎，寢疾旬日。賴祖宗之靈，以獲有瘳。吉旦齋宿，敢用潔牲，一元大武、柔毛、剛鬣、商祭、明視、薌合、嘉蔬、香萁、鹹醝、豐本、明粢、醴酒，用告遷來。尚饗。”

“三年，春正月，袁術遣將孫堅攻劉表于襄陽。堅戰沒。”

《吳志·孫破虜傳》載堅死年亦同。裴松之辨之曰：“《本傳》云孫堅以初平三年卒，策以建安五年卒。策死時年二十六，計堅之亡，策應十八。而《吳錄》載策表云十七，則爲不符。張璠《漢記》及《吳厤》並以堅初平二年死，此爲是，而《本傳》誤也。”

“四年，春正月，甲寅，朔，日有食之。”

《南齊書·禮志》：“初平四年，士孫瑞議以日蝕廢社，而不廢郊。”《通典》載此文，“廢社”作“廢冠”，是也。蓋獻帝本于是年行冠禮，以日蝕故，改至次年興平元年。《通典》載：“士孫瑞議曰：‘案八座書，以爲正月之日，太陽虧曜，謫見于天，而冠者必有裸享之儀，金石之樂，飲燕之娛，獻醻之報。是爲聞哭不祗肅，見異不怵惕。’”

《注》：“袁宏《紀》曰：‘時未晡八刻，太史令王立奏曰：“晷過度，無變也。”朝臣皆賀，帝令候焉，未晡一刻而食。’”

《魏志·武帝紀》注引張璠《漢紀》曰：“初，天子敗于曹陽，欲浮河東。下侍中太史令王立曰：‘自去春太白犯鎮星于牛斗，過天津，熒惑又逆行守河北，不可犯也。’由是天子遂不北渡河，將自軹關東出。立又謂宗正劉艾曰：‘前太白守天關，與熒惑、金火交會，革命之象也。漢祚終矣，晉、魏必有興者。’”是王立占驗本精，此偶失之耳。立又嘗說《孝經》六隱，令朝廷行之，消姦邪。見《東觀記》及《袁紀》。

“袁術殺揚州刺史陳溫，據淮南。”

裴松之曰：“案《英雄記》：‘陳溫字元悌，汝南人，先爲揚州刺史，自病死。袁紹遣袁遺領州，敗，散奔沛國，爲兵所殺。袁術更用陳瑀爲揚州。瑀既領州，而術敗于封邱，南向壽春，瑀拒術不納。術退保陰陵，更合軍攻瑀，瑀懼走，歸下邳。'如此，則溫不爲術所殺。"《通鑒攷異》又據《九州春秋》曰："初平三年，揚州刺史陳禕死，術以瑀領揚州。葢陳禕當爲陳溫，實以三年卒。"

"建安十年，曹操攻袁譚于青州，斬之。"

《御覽》三百五引《英雄記》曰："建安中，曹操于南皮攻袁譚，斬之。操作鼓吹，自稱萬歲，于馬上舞也。"

"十一年，雍州刺史邯鄲商。"《注》："袁宏《漢紀》'雍州'作'涼州'。"

案：《通鑒》："興平元年，河西四郡以去涼州治遠，隔以河寇，上書求別置州。六月丙子，詔以陳留邯鄲商爲雍州刺史，典治之"，則作"涼州"者，非。

"濟北、北海、阜陵、下邳、常山、甘陵、濟陰、平原八國皆除。"

胡三省曰："濟陰，明帝子悼王長薨而無子，國除久矣。據范《史》，當是濟北章帝子惠王壽之後，亦以是年國除。"案：今范《史》亦作"濟陰"，而上文復有"濟北"，與胡三省所言殊乖。葢范《史》原文，"濟北"二字原是"齊"字，"濟陰"原是"濟北"二字，胡氏所見本如此。《通鑒》上作"齊"，不誤；而下作"濟陰"，則誤，故據史以正之。若今本范《史》"濟北"既譌爲"濟陰"，"齊"復譌爲"濟北"，則其誤更甚于《通鑒》。幸賴有胡氏此注，足知蔚宗原文不如是也。

"十七年，敦爲東海王。"

《後漢書攷異》曰："東海王祇以建安五年薨，子羨嗣，魏受禪始除，不應別封皇子，當是'北海'之譌。"案：錢氏說非也。《孔融傳》："建安五年，南陽王馮、東海王祇薨（注：並獻帝子。），帝傷其早沒，欲爲修四時之祭，以訪于融。融對曰：'臣愚以爲諸在沖亂，聖慈哀悼，禮同成人，加以號謚者，宜稱上意，祭祀禮畢，而後絕之。'"是東海王祗薨時，尚屬沖齡。又攷獻帝以九歲卽位，至建安五年，年才二十，不得有孫。然則東海之封，建安五年已絕，故今以封敦，無容改爲"北海"也。

"二十二年，夏六月，丞相軍師華歆爲御史大夫。"

《後漢書攷異》曰："案《魏志·華歆傳》云：'魏國初建，爲御史大夫。'是歆爲魏國之御史大夫，非漢廷之御史大夫也。劉昭注《百官志》云：'建安十三年，罷司空，置御史大夫。御史大夫郗慮免，不得補。'"攷建安十九年，廢皇后伏氏，慮尚在職。至二十一年，封魏王操，則宗正劉艾行御史大夫事。廿五年禪位，則太常張愔行御史大夫事。然則郗慮以後，漢廷無真御史大夫，其說信矣。《魏志·太祖紀》書華歆爲御史大夫，而不書郗慮，慮爲漢臣，歆爲魏臣故也。歆之除授，不當書于《漢紀》。"

《明德馬皇后紀》："每于侍執之際，輒言及政事，多所毗補。"

《陳思王畫讚序》曰："昔明馬后美于色，厚于德，帝用嘉之。嘗從觀畫《虞舜見娥皇、女英》，帝指之，戲后曰：'恨不如此爲妃。'又前見《陶唐之象》，后指堯曰：'嗟乎，羣臣百僚恨不戴君如是。'帝顧而笑。"

"寵敬日隆。"

《東觀記》："后嘗有不安，時在敬法殿東箱，上令太夫人及兄弟得入見。"

"帝遂封三舅廖防光爲列矦，並辭讓，願就關內矦。太后聞之云云。廖等不得已，受封爵而退位歸第焉。"

《通鑑攷異》云："太后之辭，皆不欲封廖等之意。而史家文勢，反似太后欲令廖等受封。今輒移'廖等辭讓'于太后語下，使勢有序。"

"賈貴人。"

　　《御覽》一百三十七引《續漢書》曰："明德馬后之姨女。"

《章德竇皇后紀》："入見長樂宮，進止有序，風容甚盛。"

　　《御覽》一百三十七引《續漢書》曰："奉事長樂宮，下至侍御貢獻遺，皆得其忻心。"

"俱葬西陵，儀比敬園。"《注》："敬園，安帝祖母宋貴人之園也。"

　　《後漢書攷異》曰："《注》說非也。章帝葬敬陵，史稱'儀比敬園'者，謂置令丞守衛，如敬陵之制。《百官志》：每陵園令各一人，掌守陵園，案行掃除，故稱敬陵曰'敬園'，猶西京之高園、文園也。若清河王慶之母宋貴人別葬樊濯聚，和帝時，慶欲求作祠堂，恐有自同恭懷梁后之嫌，遂不敢言，安得有敬園之稱乎？其後安帝嗣立，追尊祖母爲敬隱皇后，距恭懷改葬二十餘年矣。《祭祀志》：安帝建光元年，追尊祖母陵曰敬，北陵亦就陵寢，祭太常領如西陵。此則敬北陵之儀比西陵耳。章懷何不攷其年代，而妄爲之說乎？"

《和熹鄧皇后紀》："輕薄諞詞。"

　　《一切經音義八》引《通俗文》曰："言過謂之諞詞。"又引《纂文》曰："諞詞，急也。"

"合葬順陵。"

　　《蔡中郎集》："和熹鄧后謚議曰：伏惟大行皇后，規乾則坤，兼包日月；厥初作合，允有休烈。貫魚之次，加於小腰；中饋之敘，昭於帷幄。遭家不造，三元之厄；孝殤幼沖，國祚中絕；海內紛然，羣臣累息。加以洪流爲災，扎荒爲害；西戎蠢動武威，侵侮幷、涼；猾夏作寇，振驚渤、碣。家有採薇之思，人懷殿叩之聲。皇太后參圖攷表，求人之瘼；度越平原，建立聖主；垂疇咨之問，遵六事之求；勞謙克躬，菲薄爲務。是以尚官損服，衣不粲英；饔人徹羞，膳不過擇；黃門闕樂，魚龍不作；織室絕伎，纂組不經；尚方抑巧，雕鏤不爲；離宮罕幸，儲峙不施；遐方斷箎，侏離不貢；罷出宮妾，免遣宗室沒入者六百餘人，以紓鬱滯。奉率舊禮，交饗祖廟，以展孝子承歡之敬；蠲正憲法六千餘事，以順漢氏三百之期。經藝乖舛，恐史闕文，命眾儒攷校東觀閣學。博士一缺，廣選十人，何有伐檀；茅茹不拔，屢舉方直，顯擢孝子。遵忠孝之紀，啟大臣喪親之哀；疾貪吏受取爲姦，糾增舊科之罰。惡長吏虛僞，錮之十年，追崇世祖功臣，國土或有斷絕，封植遺苗，以奉其祀。爵高蘭諸國胤子，以紹三王之後。事不稽古，不以爲政；政不惠和，不圖於策；猶不自專，傳謀遠暨，允求厥中。刑之所加，不阿近戚；賞之所及，不遺側陋。終朝反側，明發不寢。徒以百姓爲憂，不以天下爲樂。聖誠著於禁闈，而德教被於萬國。故自昏墊，迄於康乂。叛虜蜂集，賊害邊陲。永元之世，以爲遺誅，今畏服威靈，稽顙即斃。徼外絕國，慕義重譯，來獻其琛。史官咸賀，請作主頌，卻而不聽；郡國咸上瑞應，寢而不宣。允恭抑損，密勿在勤。遭疾不豫，垂念臣子，御輦在殿，顧命羣司，流恩布澤，大赦天下。有始有卒，同符先聖。昔書契所載，虞帝二妃，夏后塗山，高陽有辛，姬氏任母，徒以正身率內，思媚周京爲高，未有如大行皇后勤精勞思，篤繼國之祚，正三元之衡，康百六之會，消無妄之運者也。功德巍巍，誠不可及。漢世后氏無謚，至於明帝，始建光烈之稱。是後轉因帝號，加之以謚，高下優劣，混而爲一，違《禮》'大行受大名，小行受小名'之制。《謚法》'有功安居曰熹'。帝、后謚禮亦宜同。大行皇太后宜謚爲'和熹皇后'，上稽典訓之正，下協先帝之稱。"

《桓思竇皇后紀》："熹平元年，太后卒于比，景后感疾而崩。"

　　《十七史商榷》云："'太后'之下脫'母'字，'后'之上脫'太'字。"

《孝仁董皇后紀》："初，后自養皇子協。"

　　《御覽》卷一百三十七引《續漢書》曰："暴室嗇夫朱直擁養，獨擇乳母。歲餘，永樂后自將護。"

《靈帝宋皇后紀》：“羽林左監許永。”《補注》引謝承《書》：“永字游光。”

姚氏《補逸》引謝《書》云：“永爲司隸校尉，舉法無所迴避，京師號曰‘許游光’。”案：馬融《廣成頌》云：“捎罔兩拂游光。”張平子《東京賦》云：“殪野仲而殲游光”，《注》：“野仲、游光，惡鬼也。”然則許永不當取以爲字，當是時人畏其舉法，避之如鬼魅，因舉以相目耳。《魏志·夏矦太初傳》注引《魏略》云：“李豐兄弟如游光”，亦以鬼目人也。宜從姚本。（《五行志一》稱“許永與管霸、蘇康等代作脣齒”，疑非一人。）

《靈思何皇后紀》：“卓乃置宏農王于閣上。”

《御覽》卷九十二引《英雄記》曰：“置王閣上，薦之以棘，召王太傅，責問之，曰：‘宏農王病困，何故不白？’遂遣兵迫守，太醫致藥。卽日，宏農王及妃唐氏皆薨。”

“唐姬，潁川人也。王薨，歸鄉里。”

案：《英雄記》以爲妃與宏農王同日薨，據此知其誤。

“儀比敬恭二陵。”《注》：“敬章帝陵、恭安帝陵。”

陳氏景雲曰：“謂如‘恭懷皇后葬敬西陵，恭愍李后葬恭北陵’之禮。不言西、北者，省文耳，《注》非。”

《獻帝伏皇后紀》：“父完襲爵不其矦。”

《通典》：“後漢獻帝皇后父伏完朝賀公廷，完拜如眾臣；及皇后在離宮，后拜如子禮。三公八座議：或以爲，皇后天下之母也；完雖后父，不可令后獨拜於朝。或以爲，當交拜，令后存人子之道，完不廢人臣之義。又：子尊不加於父母，‘雖曰天王后，猶曰吾季姜’，欲令完猶行父法，后專奉子禮；公私之朝，后當獨拜。或以爲，皇后至尊，父亦至親，交拜則父子無別，完拜則傷子道，后拜則損至尊；欲令公朝者，完拜如眾臣；於私宮，后拜如子。不知四者，何是正禮？鄭玄議曰：'四者不同，抑有由焉。天子所不臣三：其一，后之父母也。天子尚有不臣者，況於后乎！《春秋》：'魯隱公二年''紀履緰來逆女；冬，伯姬歸於紀'。又'桓九年''祭公來，遂逆王后於紀'。'九年''紀季姜歸於京師'。或言逆女，或言逆王后，蓋義有所見也。女雖嫁爲鄰國夫人，其尊無以加於父母；嫁於天子者，此雖己女，成言曰王后，明當時之尊，得加父母也。紀季姜歸於京師，更稱其字者，得行禮而戒之，其尊安可加父母耳。今不其亭疾在京師，禮事出入，宜從臣禮。若后適離宮，及歸盍父母，從子禮。'丞相微事邴原駁曰：'《孝經》云："父子之道，天性也。"明王之章，先陳事父之孝。女子子出嫁，降其父母，婦人外成，不能二統耳。《春秋左氏傳》曰："紀履緰來逆女。"列國尊同，逆者謙不敢自成。故以在父母之辭言之，禮敵必三讓之義也。祭公逆王后於紀者，至尊以無外，辭無所屈，成言曰王后。紀季姜歸于京師，尊已成，稱季姜，從紀，子尊不加於父母之明文也。如皇后於公庭官僚之中，令父獨拜，違古之道，斯義何施？漢高五日一朝太上皇，家令譏子道不盡，欲微感之，令太上皇擁篲卻行稱臣。雖去聖久遠，禮文闕然，父子之義，五品之常，不易之道，盍爲公私易節？公庭則爲臣，在家則爲父，是違禮而無常也。言子事父無貴賤，又云子不爵父。'"

"漢制：皇女皆封縣公主云云。"

　　《御覽》卷三百八十九引《三輔決錄》曰："竇叔高名元，爲上郡計吏。朝會數百人，儀狀絕眾。天子異之，詔以公主妻之。出，同輩調笑焉。叔高時已自有妻，不敢以聞。方欲迎婦與訣，未發，而詔召叔高就第成婚。"又《蓺文類聚》卷三十云："後漢竇元形貌絕異，天子以公主妻之。舊妻與元書別曰：'棄妻斥女，敬白竇生：卑賤鄙陋，不如貴人。妾日以遠，彼日已親。何所告訴，仰呼蒼天！'悲哉！竇生衣不厭新，人不厭故，悲不可忍，怨不自去，彼獨何人，而居我處。"據此，是後漢時尚主者有竇元其人，而范《史》不載。至元尚何帝公主，則不可攷矣。

《劉盆子傳》："祠城陽景王。"《注》："盆子承其後，故軍中祠之。"

案：是時盆子未立，非因盆子而祠景王也。

《張步傳》："令閎關掌郡事。"

《御覽》三百六十八引王閎《本事》曰："閎爲瑯琊太守，張步欲誅之。閎出東武城門，馬奔墮車，折齒。閎心惡，移病歸府，遂得免。"

"王閎者，王莽叔父平阿矦譚之子也。哀帝時爲中常侍。時倖臣董賢爲大司馬，寵愛貴盛，閎屢諫忤旨。"

《前書·董賢傳》："上置酒麒麟殿，賢父子親屬宴飲。王閎兄弟侍中、中常侍皆在側。上有酒所，從容視賢，笑曰：'吾欲法堯禪舜，何如？'閎進曰：'天下乃高皇帝天下，非陛下之有也。陛下承宗廟，當傳子孫于無窮，統業至重。天子亡戲言。'上默然不說，左右皆恐。于是遣閎出，後不得復侍宴。"閎又有《諫尊寵董賢疏》，見《漢紀》。

"閎獨完全東郡三十餘萬戶，歸降更始。"

《董賢傳》："王閎，王莽時爲牧守，所居見紀。莽敗，乃去官。世祖下詔曰：'武王克殷，表商容之閭。閎修善謹敕，兵起，吏民獨不爭其頭首。今以閎子補吏，至墨綬。'"

《盧芳傳》："安定屬國胡。"

《郡國志》不載安定屬國，錢氏晦之。據《光武紀》《張奐傳》證東京有安定，屬國都尉。今更玫《蓋勳傳》注引《續漢書》曰："父字思齊，官至安定屬國都尉。"又一證也。都尉治三水縣西南，去安定郡三百四十里。見《水經·河水注》。

《隗囂傳》："庶無負子之責。"

王伯厚曰："《書》：'若爾三王，是有丕子之責于天。'《史記》以'丕'爲'負'，《索隱》引鄭玄曰：'丕讀曰負。'隗囂《移檄》

曰：‘庶無負子之責’，蓋本此。”

《公孫述傳》：“帝患之，乃與述書。”

《華陽國志》載書詞較詳，今並存之：“世祖報曰：‘《西狩麟讖》
曰：“乙子卯金”，卽乙未歲授劉氏，非西方之守也。“光廢昌帝，立子
公孫”，卽霍光廢昌邑王，立孝宣帝也。黃帝姓公孫，自以土德，君所知
也。“漢家九百二十歲，以蒙孫亡，受以承相，其名當塗高”，高豈君身
邪？吾自繼祖而興，不稱受命。求漢之斷，莫過王莽。近張滿作惡，兵圍
得之，歎曰：“爲天文所誤，恐君復誤也。”’”

《李通傳》：“字次元。”

《東觀記》《光武紀》有宛大姓李伯玉，據其事蹟推之，卽通也。疑
通有二字。

“光武初殊不意，未敢當之。”

《東觀記》：“帝殊不意，獨內念李氏富厚，父爲宗卿師，語言譎
詭，殊非次第。嘗疾毒諸家子數犯法令，李氏家富厚，何爲如是，不然諸
其言。”

《王常傳》：“與光武共擊破王尋、王邑。”

《東觀記》：“尋、邑兵盛，諸將各欲散歸，帝與諸將議云云（其文
與范《史》《帝紀》同，故不錄。），諸將怒，惟王常是帝計。”

《來歷傳》：“符節令張敬。”《補注》云：“敬後封山陽西鄉矦，見
《劉瑜傳》。”

敬名見《劉瑜傳》，而封矦事則在《桓帝紀》，不載《瑜傳》也。敬
又嘗爲幽州刺史，見《寇榮傳》。

《鄧騭傳》："京、悝、宏、閶皆黃門侍郎。"

《東觀記》："閶遷黃門侍郎。于時，國家每有災異水旱，閶側身暴露，憂懼憔悴形于顏色，公卿以下咸高尚焉。漢興以來，爲外戚儀表。"

"儀同三司，始自騭也。"《補注》云："《東觀記》曰：儀同三司，有開府之號，始自騭也。"李涪曰："騭爲開府儀同三司，得別開一府，得比一公。"

《晉志》云："殤帝延平元年，鄧騭爲車騎將軍，儀同三司。'儀同'之名始自此也。及魏黃權以車騎將軍開府，'儀同三司開府'之名起于此也。"則鄧騭但稱"儀同"，不稱"開府"。《東觀記》本無有"開府之號"句，惠誤引。

"其餘侍中、將、大夫、郎、謁者，不可勝數。"《補注》云："何氏焯曰：'"將"字上下有脫誤。'棟案：《東觀漢記》無'將'字。"

《三史拾遺》曰："《竇憲傳》亦云'其爲侍中、將、大夫、郎、吏十餘人'，班史《百官表》：'侍中加官，所加或列侯、將軍、卿、大夫、將、都尉至郎中，亡員。如淳曰：將，謂郎將以下也。'《金日磾傳》亦有'侍中、諸曹、將、大夫'之文，或疑'將'上有脫文，非是。"案：錢說是也。范書《章帝紀》："建初四年，下太常、將、大夫、博士、議郎、郎官。"《和帝紀》："永元三年，賜將、大夫、郎吏、從官帛。七年，令將、大夫、御史、謁者各言封事。"《桓帝紀》："建和元年，命列侯、將、大夫、御史、謁者各上封事。二年，賜將、大夫、郎吏、從官以下帛各有差。"《翟酺傳》："詔：將、大夫、六百石以上。"《藝文類聚》卷四十六引《李郃別傳》云："博士著兩梁冠，朝會隨將、大夫例。"是"將、大夫"之文，史傳屢見。章懷于《和帝紀》注云："將謂五官及左右郎將也。"于《桓帝紀》注云："將謂五官、左右虎賁、羽林中郎將也。"胡三省注《通鑑》，同是前人注解，亦甚明何氏偶然失檢。遽爾獻疑，惠氏反引誤本《東觀記》爲證，失之矣。《御覽》卷二百十二引謝承《書·翟酺傳》作"將軍、大夫、六百石"，視范書多一"軍"字，乃後人妄增，亦如《東觀記》之無"將"字，乃後人妄刪，皆由讀《後漢書》不熟故耳。

《馮異傳》："王莽搆難，大臣乖離。"《注》："時更始大臣張卬、申屠建、隗囂等以赤眉入關，謀刼更始歸南陽，是大臣乖離也。"

案：謀刼更始事在後，此注非也。《劉聖公傳》云："時李軼、朱鮪擅命山東；王匡、張卬，橫暴三輔。"所謂"搆難、乖離"者，當指此。

"公孫述遣將趙匡等。"

此與上文南陽趙匡非一人。

《耿弇傳》："居二城之閒。"《補注》："臨菑卽劇也。"

劇屬北海，臨菑屬齊，非一地。"卽"字當是"與"字之誤，否則衍字。

《銚期傳》："督盜賊李熊。"

此與《公孫述傳》之李熊同時同姓名。

《朱佑傳》："吳漢劾奏祐廢詔受降。"

《御覽》六百四十五引《漢雜事》曰："吳漢劾奏祐知豐狡猾，圍守連年，上親至城下，而遂悖逆，天下所聞，當伏夷滅之誅。不時斬截，而聽受降，失將帥任，大不敬。"

《王梁傳》："擊肥城、文陽，拔之。"《注》："文音'汶'。"

案：《孔廟禮器碑》有"文陽蔣元道"，"文陽"，王逸皆假"文"爲"汶"，與此同。

《竇融傳》："六安矦劉盱。"

熊《表》闕，錢氏《補表》亦不得封年，又不詳其何功。攷《光武紀》中元元年，有隴西太守劉盱討叛羌，破之，或卽以是時戰功封乎？
《西羌傳》又載盱中元二年擊羌于抱罕，不能克；又戰于允衝，爲羌所
敗，則盱亦非終有成勞者也。

"封勳弟嘉爲安豐矦，和帝初爲少府。"

《魏志·杜恕傳》："昔漢安帝時，少府竇嘉辟廷尉，郭躬無罪之兄
子猶見舉，奏章劾紛紛。"案：彼文"安帝"當作"和帝"。

《馬援傳》："皆散走入竹林中。"

《東觀記》曰："馬援擊尋陽山賊，上書：'除其竹林，譬如嬰兒
頭多蟣蝨，而剃之蕩蕩，蟣蝨無所復依。'書奏，上大悅，出尚書，盡數
日，敕黃門取頭蝨章特入。"（竹林，今本作"竹木"，茲從《御覽》
五百九十四改。至《御覽》九百五十一引，仍作"竹木"。）

"由此擢拜零陵太守。"

《御覽》二百五十九引《三輔決錄》曰："世祖見援書，卽擢爲零陵
太守。在郡四年，甚有治化。"

《魯丕傳》："時對策者百有餘人，唯丕在高第。"

袁宏《後漢紀》載魯丕對策曰："政莫先于從民之所欲，除民之所
惡，先教後刑，先近後遠。君爲陽，臣爲陰；君子爲陽，小人爲陰；京師
爲陽，諸夏爲陰；男爲陽，女爲陰；樂和爲陽，憂苦爲陰。各得其所，
則和調。精誠之所發，無不感浹。吏多不良，在於賤德而貴功欲速，莫
能修長久之道。古者貢士，得其人者有慶，不得其人者有讓。是以舉者務
力行，選舉不實，咎在刺史二千石。《書》曰：'天工，人其代之。'觀
人之道，幼則觀其孝順而好學，長則觀其慈愛而能教。設難以觀其謀，煩
事以觀其治。窮則觀其所守，達則觀其所施，此所以核之也。民多貧困者
急，急則致寒，寒則萬物多不成，去本就末，奢所致也。制度明則民用
足，刑罰不中則於名不正。正名之道，所以明上下之稱，班爵號之制，定

卿大夫之位也。獄訟不息，在爭奪之心不絕。法者，民之儀表也，法正則民慤。吏民凋弊，所從久矣。不求其本，浸以益甚。吏政多欲速，又州官秩卑而任重，競爲小功以求進取。生凋弊之俗，救弊莫若忠。故孔子曰：'孝慈則忠。'治姦詭之道，必明慎刑罰。孔子曰[①]：'導之以禮樂，而民和睦。'说以犯难，民忘其死。死且忘之，况使爲禮義乎？"案：劉勰《文心雕龍》云後漢魯丕，辭氣質素，以儒雅中策，獨入高第。

《伏湛傳》："九世祖勝，字子賤，所謂濟南伏生者也。"

王觀國《學林》曰："名勝者，濟南伏生也。字子賤者，宓不齊也。范蔚宗誤矣。"案：《顏氏家訓·書證篇》云："單父東門有子賤碑，漢世所立"，云濟南伏生卽子賤之後。據此，知伏生之字必不與遠祖同，蔚宗誠誤。

《宋宏傳》："以清行致稱。"

《東觀記》："嘗受俸得鹽，令諸生糶。諸生以賤，不糶。宏怒，悉賤糶，不與民爭利。"

《杜林傳》："漢業特起，功不緣堯。"

案：《東觀記》載建武二年議者曰："昔周公郊祀后稷以配天，宗祀文王以配上帝，圖讖著伊堯赤帝之子，俱與后稷並受命而爲王。漢劉祖堯，宜令郊祀帝堯以配天，宗祀高祖以配上帝。有司奏議曰：'追跡先代，無郊其五運之祖者，故禹不郊白帝，周不郊帝嚳。漢雖唐之苗，堯以曆數命舜。高祖赤龍，火德，承運而起，當以高祖配。'"案：《杜林傳》載此議于建武七年，《祭祀志》亦同，而《東觀記》則二年已先有此議。據《祭祀志》載杜林《疏》云，且可如元年郊祀故事。是元年郊祭，本以高祖配；至二年，議配堯，而爲有司所駁；七年，議配堯，復爲杜林所駁也。二年時，杜林尚在隴，未歸朝，駁議之有司未詳何人，其學識亦杜

---

① "孔子"，當作"荀子"。

林之流亞也。

《桓譚傳》："能文章。"

　　《藝文類聚》卷五十六引桓子《新論》曰："余少時，見揚子雲麗文高論，不量年少，猥欲逮及。常作小賦，用精思大劇，而立感動發病。余素好文，見子雲工爲賦，欲從之學。子雲曰：'能讀千賦，則善爲之矣。'"

"譚獨自守，默然無言。莽時爲掌樂大夫。"

　　《十七史商榷》云："《前書·翟義傳》：'莽依《周書》，作《大誥》，遣大夫桓譚等班行諭告，當反位孺子之意。還，封譚爲告里附城。'是譚黨于莽，曾受其封爵，非揚雄素不與事可比。"

"出爲六安郡丞。"

　　史不載何歲。《通鑑》繫之中元元年，蓋譚以議靈臺被遣，而靈臺之立在中元元年也。然建武十三年已省六安屬廬江，何得復有郡丞？且《本傳》云：世祖卽位，徵待詔，上書言事失旨；後大司空宋宏薦譚，拜議郎、給事中，因上疏陳時政，不省。是時帝方信讖，又醻賞少薄，譚復上疏云云，是皆建武初年事也。卽繼以其後，有詔會議靈臺所處云云，必其時相去不遠，當在六安未省以前矣。議靈臺，不必與立靈臺同歲。

《鮑永傳》："時攻懷，未拔。"

　　《通鑑攷異》云："光武未都洛陽以前，屢幸懷，又祠高祖于懷宮，並無更始河內太守據懷事，《本紀》亦無攻懷一節。《鮑永傳》稱降懷等事，當是史誤。"案：《東觀記》亦載永說降河內太守，恐未可以爲誤也。

《鮑昱傳》："子德累官爲南陽太守。時郡學久廢，迺修起橫舍，備俎豆、黼黻，行禮、奏樂，又尊饗國老，宴會諸儒。"

　　張平子《大司農鮑德誄》云："昔我南都，惟帝舊鄉。同于郡國，殊于表章。命親如公，弁冕鳴璜。若惟允之，實耀其光。導以仁惠，教以義方。習射蹙相，饗老虞庠。羌髦作虐，艱我西鄰。君斯整旅，耀武月頻。蠢蠢戎虜，是慴是震。"據誄文，則德嘗有拒羌戎之功，而史不載。又德嘗爲黃門侍郎，見《陳寵傳》，而《本傳》亦不載。

《郅惲傳》注："新遷都尉。"

案：都尉爲高懿。見《御覽》十二引《汝南先賢傳》。

"琴書自娛。"

《御覽》卷七十二引《汝南先賢傳》曰："鄭敬去吏，隱居于蟻陂之陽，以魚釣自娛，彈琴詠詩，常兀坐于陂側，隨杞柳之蔭，鋪茅靡爲席。"

《郅壽傳》："家屬得歸鄉里。"

《風俗通》："北部督郵西平郅（今本譌作"到"。盧召弓學士據《續搜神記》改。）伯夷，大有才決，長沙太守郅君章孫也。舉孝廉，益陽長。"

《郎顗傳》："正月三日至乎九日，三公卦。"《注》："凡卦法，一爲元士云云。"

《後漢書攷異》曰："《注》說非也。京氏卦氣直日之法：坎、離、震、兌用事，分至之首，得八十分日之七十三，餘卦皆主六日八十分日之七。郎宗父子世傳六日七分，即其術也。今以《四分術》推：陽嘉二年，年前十一月甲戌朔，二十九日壬寅冬至，坎卦用事。次日癸卯，十二月朔也。自癸卯至戊申中，孚卦用事；己酉至甲寅，復卦用事；乙卯至庚申，屯卦用事；辛酉至丙寅，謙卦用事；丁卯至壬申，睽卦用事；癸酉至戊寅，升卦用事。癸酉，閏十二月朔日也；己卯至甲申，臨卦用事；乙酉至庚寅，小過卦用事；辛卯至丙申，蒙卦用事；丁酉至癸卯，益卦用事（丁酉至壬寅六日，又歲前冬至，小餘三十二分之八，即八十分之二十也，則坎卦用事，已侵次日十三分。而自中孚用事以來，餘分所積，又七十分，故益卦用事，盡癸卯日，而尚有贏分也。）；甲辰至己酉，漸卦用事。漸主正月，三公之卦也。是歲正月壬寅朔，甲辰爲月之三日。甲辰至己酉，盡六日而尚有餘分，故云正月三日至九日，三公卦也。自正月九日至二月九日，泰、需、隨、晉、解五卦，更代用事，而及于壯[①]。故顗再上書，言今月九日至十四日，大壯用事，今月謂二月也。"

《廉范傳》："平生無襦，今五絝。"

　　《華陽國志》作"來時我單衣，去時重五綺。"

《王堂傳》："曾孫商，益州牧劉焉以爲蜀郡太守，有治聲。"

　　《蜀志·許靖傳》注引《益州耆舊傳》曰："商字文表，廣漢人，以才學稱，聲聞著于州里。劉璋辟爲治中從事。是時，王塗隔絕，州之牧伯，猶七國之諸侯也。而璋懦弱多疑，不能黨信大臣。商奏記諫璋，璋頗感悟。初，韓遂與馬騰作亂關中，數與璋父爲交通信。至騰子超，復與璋相聞，有連蜀之意。商謂璋曰：'超勇而不仁，見得不思義，不可以爲唇齒。《老子》曰："國之利器，不可以示人。"今之益部，土美民豐，寶物所出，斯乃狡夫所欲傾覆、超等所以西望也。若引而近之，則由養虎將自遺患矣。'璋從其言，乃拒絕之。荆州牧劉表及儒者宋忠咸聞其名，遺書與商，敘致殷勤。許靖號爲臧否，至蜀，見商，而稱之曰：'設使商生於華夏，雖王景興無以加也。'璋以商爲蜀郡太守。成都禽堅有至孝之行，商表其墓，追贈孝廉。又與嚴君平、李宏立祠作銘，以旌先賢；修學廣農，百姓便之。在郡十載，卒於官。"

《羊續傳》："祖父侵。"《補注》："一作'浸'。"

　　案：一作"浸"。《鄧騭傳》"推進天下賢士何熙、祋諷、羊浸、李郃、陶敦等"，即其人也。《御覽》卷二百五十二引《李郃別傳》，亦作"浸"。

————————
① "壯"，錢氏原文作"大壯"。

"舉緼袍以示之。"《補注》："范泰《古今善言》曰：'續出黃紙補袍，以示使者。時人謠曰：天下清苦羊續祖。'"

案：惠所引，出《御覽》六百九十三。然羊續字興祖，非字續祖也。《三君八俊錄》又云："天下清苦羊嗣祖"，則以此言屬之羊陟，疑《古今善言》誤也。

《樊宏傳》："二十七年卒。遺敕薄葬。"

金樓子曰："樊靡卿言葬禮惟約：沐浴並終，制令掘塪。氣絕，令兩人舉尸，卽塪，止婦人之送，禁弔祭之賓。後亡者不得入藏，不得封樹。"

《陰興傳》："封興子慶爲鮦陽矦。"《注》："鮦音紂。"

此音本孟康《漢書·地理志》注。攷《說文》，"鮦"讀若"绔襱"。洪氏《漢魏音》云："鮦無'紂'音，當屬後人以'康'音反作'紂紅'，後傳寫又脫'紅'字也。"錢少詹大昕校亦同。然《玉篇》《廣韻》"鮦"字已有"紅""紂"二音，則其誤已在唐前，故章懷、小顏俱音"紂"也。

《鄭宏傳》："代鄧彪爲太尉。"

《御覽》十一引謝承《書》曰："元和元年（今本"元和"誤"章和"），有詔以鄭宏爲太尉。時旱，朝廷百僚皆暴請雨。夏炎熱，小雨，羣官卽還舍。宏彌日不旋，大雨如注，稼穡遂豐。"

《梁統傳》："拜騰酒泉典農都尉。"

《前漢·志》："農都尉，武帝初置。"《續漢志》："邊郡置農都尉，主屯田殖穀。"又劉昭注引《魏志》曰："曹公置典農中郎將，秩二千石；典農都尉，秩六百石或四百石；典農校尉，秩比二千石。"據此諸文，是漢官本無"典"字，曹操始加之耳。《水經·河水注》："上河在西河富平縣，馮參爲上河典農都尉所治也。"似"典農"之名，早始于此。然攷之《前漢書·參傳》，則但云"農都尉"，酈道元葢誤以後世官名稱之。此《傳》之誤亦同。

《梁冀傳》："迺推疑于放之怨仇。"《補注》引胡三省云云。

案：李《注》不誤，而胡氏謬甚，何乃取之？趙氏紹祖《通鑑注商》曰："放之宗親，孰有親于其弟者乎？禹滅其兄之宗親賓客，是自滅其宗親賓客也。葢放怨仇之宗親賓客，使禹誣以刺放之罪，而盡滅之耳。"

"而實崇孫氏宗親。"

《御覽》二百四十二引《梁冀別傳》曰："冀妻孫壽、從弟安，以童幼拜黃門侍郎、羽林監。"

"冀及妻壽卽日皆自殺。"

常璩《犍爲士女讚》："趙敦字建矦，武陽人也。初爲新都令，德禮宣流三司。及大將軍梁冀累辟，終不詣。冀辟書不絕。後冀自殺，使者監守，不使人弔問。敦獨往弔祭，訖，自拘有司，天子赦之。"

《梁冀傳》："無長少，皆棄市。"

《水經·河水注》載："梁暉字始娥，漢大將軍梁冀後。冀誅，入羌。暉祖父爲羌所推，爲渠師。"

《鄭玄傳》："常詣學官，不樂爲吏。"

《世說·文學篇》注引《玄別傳》曰："玄少好學書數，十三，誦五經，好天文占筮、風角隱術。年十七，見大風起，詣縣曰：'某時當有火災。'至時果然，智者異之。"《御覽》八百三十九引《玄別傳》曰："玄年十六，號曰神童。民有獻嘉禾者，欲表府，文辭鄙略，玄爲改作，又著頌一篇。矦相高其才，爲修冠禮。"

"弟子河內趙商等。"

《御覽》卷六百七引《趙子聲書詣鄭康成學》曰："夫學之于人，猶土地之山川也，珍寶于是乎出；猶樹木之有枝葉根本，于是乎庇也。"案：子聲，趙商字。

"不爲父母、羣弟所容。"

唐史承節《鄭公碑》作"爲父母、羣弟所容"。《御覽》四百五十九引《玄別傳》亦云"爲父母，郡所容"（"郡"蓋"羣"字誤，而下又脫"弟"字。），皆無"不"字。阮儀徵《師相》曰："父數怒之而已。"云爲所容，此儒者言也。范《書》因爲父怒而妄加"不"字，與司農本意相反。

"任嘏。"

嘏事詳見《魏志·王昶傳》注引《嘏別傳》。

"其餘亦多所鑒拔。"

《御覽》五百四十一引《玄別傳》曰："同縣張逸，年十三，爲縣小吏。君謂之曰：'爾有贊道之質，玉雖美，須雕琢而成器，能爲書生不？'對曰：'願之。'乃遂拔于其輩，妻以弟女。"案：逸姓名見鄭《志》。

《范升傳》："升聞：子以人不間于其父母爲孝，臣以下不非其君上爲忠。"

《後漢書攷異》曰："《漢書》：杜鄴對策，言孔子善閔子騫，守禮不苟；從親所行，無非禮者，故無可間也。范升說與鄴略同，蓋漢儒相承古義。"

《賈逵傳》："以大夏侯《尚書》教授。"

《拾遺記》："門徒來學，不遠萬里，贈獻者積粟盈倉。或云賈逵非力耕所得，誦經口倦，世所謂舌耕也。"

"《古文尚書》與經傳《爾雅》詁訓相應。"

《前漢・藝文志》曰："書者，古之號令。號令于眾，其言不立具，則聽受施行者弗曉。古文讀應《爾雅》，故解古今語而可知也。"

"連珠。"

《類聚》卷五十七引傅元①《敘連珠》曰："所謂連珠者，興于漢章帝之世，班固、賈逵、傅毅三子，受詔作之。"又云："賈逵儒而不豔。"《文心雕龍》："揚雄覃思文閣，業深綜述，碎文璅語，肇爲《連珠》。以下擬者閒出。杜篤、賈逵之曹，劉珍、潘勗之輩，欲穿明珠，多貫魚目。"據此，則連珠不始于賈、班三子也。

《桓曄傳》（附《桓榮傳》）：**"爲凶人所誣，遂死于合浦獄。"**

《御覽》四百四十七引張輔《名士優劣論》云："若楊德祖之徒，多見賊害；孔文舉、桓文林等，以宿恨見殺。"（皆指曹操事）據此，則文林之死由曹操，而《傳》不載。又攷《魏志》注引《曹瞞傳》："沛國桓劭輕太祖，後避難交州。太祖遣太守士燮族之。"張輔豈誤以桓劭爲桓曄邪？

《桓彬傳》："所著《七說》及《書》，凡三篇。"

案：《本傳》注引摯虞《文章志》稱："彬父麟著《七說》一首。"《藝文類聚》卷五十七亦載桓麟《七說》，則爲麟所著無疑，其子不應蹈襲其名。《類聚》引傅玄《七謨・序》有桓麟，無桓彬；而《御覽》五百九十引《七謨・序》，則有麟又有彬，名在劉梁之下。《類聚》引《七謨・序》有《七激》《七興》《七依》《七疑》《七說》《七蠲》《七舉》諸篇。以後文觀之，則《七激》傅毅作，《七興》劉廣世作，

---

① "傅元"，當作"傅玄"，避康熙諱，以下徑改。

《七依》崔駰作，《七疑》李尤作，《七說》桓麟作，《七蠲》崔琦作，《七舉》劉梁作。《御覽》引《七謨·序》，無《七興》《七疑》，蓋傳寫者脱漏，而《七舉》之下乃多《七誤》，則《七誤》必桓彬所著，而《本傳》譌爲《七說》也。

《趙孝傳》："以有長者客。"《注》云："素聞孝高名，故以爲長者客也。"

《意林》引《風俗通》曰："《禮》云：'羣居五人，長者必異席。'今呼權貴作長者，非也。"據此，知漢時以長者爲貴人之稱。長者客，猶云貴客耳。《御覽》一百九十四引《續漢書》正作"貴客"。又《馬援傳》云"但畏長者家兒"，又云"而反游京師長者"，此二文亦指權貴。章懷于前注不誤，于後注云"長者謂豪俠"，則誤矣。胡三省已辨之，而未知爲漢人之常譚，故復引《風俗通》以正其失。

《班彪傳》《注》："好事者謂揚雄、劉歆、陽城衡①、褚少孫、史孝山之徒也。"

《史通·正史篇》尚有馮商、衛衡、梁審、肆仁、晉馮、段肅、金丹、馮衍、韋融、蕭奮、劉恂諸人，皆在叔皮以前撰《續史記》者也。

《班固傳下》《注》："吾爲範我馳驅。"

"範我"當作"范氏"。章懷引此，正以注"范氏施御句"也。孫宣公《孟子音義》云："'範我'或作'范氏'。"《宋書·樂志四》："君馬篇：'願爲范氏驅，詎容步中畿。豈效詭遇子，馳騁趣危機。'"與班固《賦》皆用《孟子》（《賦》上云"范氏施御"，下云"彎不詭遇"，其用《孟子》明甚。）故章懷引《孟子》以證之。何義門所見《後漢書》，猶作"范氏"（見《困學紀聞箋》）。《補注》譏章懷誤引《孟子》，實不誤也。惟章懷以范氏爲趙之御人，以王良當之，此則誠誤。

---

① "陽城衡"，《後漢書》作"陽城衡"。

"每行巡狩，輒獻上賦、頌。"

固《集》有《東巡頌》《南巡頌》，文皆不全。

《第五倫傳》："此聖主也，一見決矣。"

《東觀漢記》作"當何由一，得見快矣"（今本"快"作"決"，此據《御覽》五百六十三改。），文義較勝。蓋倫欲得見光武，故同輩笑其不能動萬乘也。如范《史》所云，則是見詔書而決爲聖主耳，與下文"等輩笑之"之言，不甚相應。

《鐘離意傳》："遂任以縣事。"

《御覽》二百六十四引《意別傳》曰："太守竇翔召意，署功曹史。意乃爲府立條式，威儀嚴肅，莫不靖恭。後日，竇君與意相見，曰：'功曹頃立嚴科，太守觀察朝晡'，吏無大小，莫不畏威。"

《朱穆傳》："穆素剛。"

《世說·賞譽篇》注引《李氏家傳》曰："華夏稱曰：南陽朱公叔，飂飂如行松柏之下。"

"延熹六年卒。"

蔡中郎《朱公叔墳前石碑》載："穆顧命曰：'古者，不崇墳，不對墓，祭服雖三年，無不于寢。今則易之，吾不敢也。'"

"追贈益州太守。"

《經籍志·亡書》内有益州刺史《朱穆集》二卷本，《傳》作"太守"。玫《朱公叔鼎銘》亦稱贈"益州刺史"，則《本傳》誤以益州爲益州郡也。（《文選·廣絕交論》注引范《書》，亦作"贈益州刺史"，意今本乃校刊之誤也。）

"謚爲文忠先生。"

　　《蔡中郎集》有《朱公叔謚議》云："本議曰忠文子。案：古之以子配謚者，皆諸侯之臣也。至于王室之卿大夫，其尊與諸侯並，故以公配府君，王室亞卿也。曰公猶可，若稱子，則降等多矣。懼禮廢日久，將詭時聽。周有仲山甫、伯陽嘉父，優老之稱也。宋有正考父，魯有尼父，配謚之稱也。可于'公''父'之中，擇一處焉。"案：中郎別有《朱公叔碑首》云："忠文公益州太守朱君"，後云："歆惟忠文，時惟朱父。"蓋稱"父"而不稱"子"，猶前議也。而《木①傳》則稱"先生"，豈當時以"公""父"俱駭聽聞，故廢邕議不用，而但作泛詞邪？《本傳》以"忠文"爲"文忠"，亦誤導。

《徐防傳》："發明章句，始于子夏。"《補注》引洪邁云云。

　　張揖《進廣雅表》曰："今俗所傳三篇《爾雅》，或言仲尼所增，或言子夏所益。則子夏又有功于《爾雅》，《容齋續筆》所未引也。"

《胡廣傳》："後拜太中大夫。太常九年，復拜司徒。"

　　案：《蔡中郎集》胡公第一碑云："徵拜太中大夫、尚書令、太僕、太常司徒。"第三碑云："徵拜太中大夫。延和末年，引公爲尚書令，以二千石居官，委以闕外之事，釐改度量，以新國家。弘綱旣整，袞闕以補，乃拜太僕，車正馬閑，六驪習馴，遷太常、司徒。"是廣于拜太中大夫之後、太常之前，曾爲尚書令、太僕，而《本傳》不載。第一碑云"五蹈九列"，第二碑云"五作卿士"，胡夫人黃氏神誥云"廣歷五卿七公"。蓋廣曾三任太常，一任太僕、司農，故云"五"也。錢大昭《後漢書補表》失載廣爲太僕，蓋祇據范《書》，而未攷蔡《集》。

"其所辟命，皆天下名士與故吏。陳蕃、李咸並爲三司。"

　　據《胡公碑》，則司徒祝恬、許栩，皆廣故吏也。

---

① "木"，當作"本"。

《注》："謝承《書》曰：'咸字元卓。司徒胡廣舉茂才，除高密令。'"

《蔡中郎集》："《太尉汝南李公碑》云：'舉孝廉，除郎中，光祿茂才，遷衛國公相，受高密令，勤恤民隱，政成功簡。遷徐州刺史，百司震肅，饕餮風靡，惡直醜正，恭事法宮。帝念其勤，屢被榮命。漁陽太守，還遷度遼將軍。協德魏絳，和戎綏邊。徵河南尹，母憂，乞行，服闋奔命。孝和皇帝時，機密久缺，百僚僉允，詔拜尚書。歷僕射令納言，危行不紲，以公事去。民神憤怒，羣公薦之，帝曰俞哉。徵拜將作大匠、大司農、大鴻臚、太僕。'"

"使五官中郎將。"

據《胡公碑》，爲任崇。

"謁者護喪。"

據《胡公碑》，爲董詡。

《袁安傳》："彭字伯楚，行至清，爲吏，麤袍糲食。"

《風俗通》："彭清擬夷、叔，政則冉、季，歷典三郡，致位上列。賀（彭之子）早失母，不復繼室，云：'曾子失妻而不娶，曰："吾不及尹吉甫，子不如伯奇，以吉甫之賢，伯奇之孝，尚有放逐之敗，我何人哉？"'及臨病困，敕使：'畐葬，侍衛先公。慎無迎取汝母喪柩。如亡者有知，往來不難。如其無知，祇爲煩耳。虞舜葬于蒼梧，二妃不從。經典明文，勿違吾志。'"清高舉動，皆此類也。

"成子紹，逢子術。"

史獨不載袁隗子。蔡中郎有《袁滿來墓碑》，卽隗子也，慧而早夭。又據《司徒袁公夫人馬氏靈表》：隗有子懿達、仁達，而行事皆不著，疑死于董卓之難矣。

《袁閡傳》：“徵爲衛尉，未到，卒。”

《魏志·武帝紀》注引《曹瞞傳》曰：“初，袁忠爲沛相，嘗欲以法治太祖，沛國桓邵亦輕之。及在兗州，陳留邊讓言議頗侵太祖，太祖殺讓，族其家。忠、邵俱避難交州。太祖遣使就太守士燮，盡族之。”是則忠爲曹操所殺也，而史無文，豈《曹瞞傳》之誤邪？抑史闕文邪？

《郭躬傳》：“父宏。”

《御覽》四百六十三引謝承《書》曰：“郭宏爲郡上計吏，正月朝覲。宏進殿下，謝祖宗受恩，言辭辯麗，專對移時。天子曰：‘穎川乃有此辯士邪？子貢、晏嬰何以加之？’羣公屬目，卿士歎伏。”又曰：“郭宏爲郡上計吏，朝廷問宏穎川風俗所尚，土地所出先賢、將相、儒林、文學之士。宏援經以對，陳事苔問，出言如浮，引義如流。”

《陳寵傳》：“是時，承永平故事，吏政尚嚴。”

《晉書·刑法志》：“明帝卽位，常臨聽訟，觀錄洛陽諸獄。帝性旣明察，能得下姦，故尚書奏決罰，近于苛碎。”

《李法傳》：“卒于家。”

本書《列女傳》云：“漢中陳文矩妻者，同郡李法之姊也。臨終敕諸子曰：‘吾弟伯度，智達士也。所論薄葬，其義至矣。’”

《翟酺傳》：“杜真。”

《御覽》七百十七引《益部耆舊傳》曰：“杜真、孟宗、周覽求師，經歷齊、魯，資用將乏，磨鏡自給。”

《應奉傳》：“曾祖父順，字華仲，和帝時爲河南尹，將作大匠。”

《御覽》二百三十六引《汝南先賢傳》曰：“應仲華遷大匠，除藻飾之無用，割有損之浮費，凡所省息七億萬餘。”

“疊生彬，武陵太守。”

彬曾爲汲令，見《風俗通》。

《應劭傳》：“六年，拜太山太守。”

《意林》引《風俗通》曰：“余爲營陵令，五月，遷太山守。”

《王充傳》：“仕郡爲功曹。”

《論衡·自紀篇》：“在縣，位至掾功曹；在都尉府，位亦掾功曹；在太守，爲列掾五官功曹行事。”

《陳敬王羨傳》《注》：“高慎。”《補注》引《陳畱耆舊傳》云云。

案：此引《陳畱耆舊傳》，語未詳。《魏志·高柔傳》注引之，云：“慎敦厚少華，有沈深之量，撫育孤兄子五人，恩義甚篤。琅邪相何英嘉其行履，以女妻焉。英卽車騎將軍熙之父也。慎歷二縣令、東萊太守，老病歸家，草屋蓬戶，甕缶無儲。其妻謂之曰：‘君累經宰守，積有年歲，何能不少爲儲蓄，以遺子孫乎？’慎曰：‘我以勤身清名爲之基，以二千石遺之，不亦可乎？’”又《御覽》三百六十五引《陳畱耆舊傳》曰：“高慎口不能劇談，嘿而好深沈之謀。爲從事，號曰‘臥虎’，故人謂之‘嶷然不語，名高孝甫。’”

《注》：“謝承《書》曰：‘俊字孝遠，烏桓人。’”

《傳》言“會稽駱駿”，則不得爲烏桓人，“桓”乃“傷”字之譌。《吳志》：“駱統，會稽烏傷人。”統卽俊之子。又《統傳》注引謝承《書》，與此不盡同，可參觀也。

《龐參傳》：“與洛陽令祝良不平。”

《東觀記》云：“祝良爲雒陽令。常侍樊豐妻殺侍婢，置井中。良收其妻，殺之。”與案治龐參事相類。良又曾爲涼州刺史，功效卓然，見《陳龜傳》。又爲并州刺史、九眞太守，見《南蠻傳》。

《橋玄傳》："再遷上谷太守。"

蔡中郎《橋公廟碑》："蕃縣有帝舜廟，以故事齋祠。戶曹史張機有懲罰，貨祠巫自託，以舜命約公，云不得譴。公覺其奸態，收考首服，卽日伏辜。"

"玄以光和六年卒。"《補注》云："橋公二《碑》皆云光和七年，疑《傳》誤也。"

玄卒時，年七十五，而蔡伯喈《西鼎銘》載"玄于光和元年，有犬馬齒七十"之語，則實卒于六年，《傳》不誤。

"子弟親宗，無在大官者。"

《橋公廟碑》："性謙克，不吝于利欲。雖眾子羣孫，並在仕次，曾無順媚一言之求。身沒之日，無獲大位。在百里者，莫能好縣；北方公孫，未有若茲者也。"

"喪無所殯。"

《橋公廟碑》："初，公爲舍于舊里。弟卒，推與其孤。至于卽世，柩殯無所。"又案：《橋公廟碑》足補《本傳》者甚多，惠《注》已采之，而仍略。今備錄于後。碑云："辟司徒，舉高第，補侍御史。在職旬月，羌戎匪茹，震驚隴漢。四①府舉公，拜涼州刺史。威名克宣，凶虜革心。清風席卷，至則無事。車師後部阿羅多卑君②相與爭國，興兵作亂。公遣從事牛稱、何傅舉，輕騎奉辭責罪，收阿羅多卑君，繫敦煌，正處以聞。阿羅多爲王，卑君疢。稱以奉使副指，除疢部，不動干戈，揮鞭而定西域之事，人以爲美談。又值饑荒，諸郡飢餒。公開倉廩，以貸救其命。主者以舊典宜先請，公曰：'若先請，民已死。'廩訖乃上之，詔報曰：'邊穀不得妄出。玄擅出，於是玄有汲黯憂民之心，後不以爲常。'公達于事情，剖斷不疑，皆此類也。"案：定車師事，惠《注》載《西域傳》

———————

① "四"，嚴可均輯《全後漢文》作"西"。

② "君"，嚴可均輯《全後漢文》作"居"。

中，而此《傳》不載。

"玄子羽，官至任城相。"

　　玄又有子名"載"，見《水經注》云："睢城南有《漢太傳掾橋載墓碑》，載字元賓，梁國睢陽人也，睢陽公子。"

《崔駰傳》《注》："非熊非羆。"

　　今《史記》作"非虎非羆"，《文選·荅賓戲》注引《史記》，亦作"非熊"。故周方叔《厄林》疑宋來《史記》非復唐世之舊（見四卷）。但《東京賦》注引《史記》，又與今本同。

"駰上《四巡頌》。"

　　駰上《四巡頌》，表曰："臣聞陽氣發而鶬鶊鳴，秋風厲而蟋蟀吟，氣之動也。唐虞之世，樵夫牧豎，擊轅中韶，感于和也。臣不知手足之動音聲，敢獻頌云。"

"《七依》"。

　　曹子建《七啟》序曰："昔枚乘作《七發》，傅毅作《七激》，張衡作《七辯》，崔駰作《七依》，辭各美麗。"《文心雕龍》曰："崔駰《七依》，入博雅之巧。"《御覽》五百九十引傅玄《七謨·序》曰："《七依》卓犖一致。"

"《婚禮結言》"。

　　《藝文類聚》卷四十引崔駰《婚禮結言》曰："乾坤其德，恆久不已。爰定天綱，夫婦作始。乃降英媛，有淑其儀。姬姜是侔，比則姚嬀。載納嘉贄，申結鑾縞。"

《崔瑗傳》："《七蘇》。"《補注》："一作《七屬》，見《文心雕龍》。"

　　案：《文心雕龍》曰："崔瑗《七屬》，植義純正。"又曰："《七屬》敘賢，歸于儒道。雖文非拔羣，而意實卓爾矣。"則"屬"字乃"厲"字之誤。又傅玄《七謨·序》稱馬季長作《七厲》，則劉勰所云，恐誤以馬季長爲崔瑗也。瑗所著，當仍從《本傳》，稱《七蘇》爲是。

《崔寔傳》："少沈靜，好典籍。父卒，隱居墓側。服竟，三公竝辟，皆不就。"

　　《藝文類聚》卷二十五引崔寔《荅譏》曰："客有譏夫人之享天爵而應睿哲也，必將振民毓德，弭難濟時。故或階塍以納說，或桎梏而不辭，或擊角以自衒，或養老以待期。及其規合策從，勳積克章；撥亂夷險，九合一匡；聖人大寶，唯斯爲光。今子遊精太清，潛思九玄，勵節縹霄，抗志浮雲。口願甘而嘗苦，身樂逸而長勤；志求貴而永卑，情好富而困貧；慕容名而失厚，思慮勞乎形神。荅曰：'子徒休彼繡衣，不如嘉遁之獨肥也。且麟隱於遐荒，不紆機穽之路；鳳皇翔于寥廓，故節高而可慕。李斯奮激，果失其度；胥、種遂功，身乃無處。觀夫人之進趍也，不揣已而干祿；不揆時而要會，或遭否而不遇，或智小而謀大。纖芒毫末，禍亟無外；榮速激電，辱必彌世。故曰：愛餌銜鉤，悔在鶩刀。披文食蒙，乃啟其毛。若夫守恬履靜，澹爾無求。沈緼濬壑，棲息高邱。雖無炎炎之樂，亦無灼灼之憂。余竊嘉茲，庶遵厥猷。'"

"母有母儀淑德，博覽書傳。初，寔在五原，常訓以臨民之政。寔之善績，母有其助焉。"

　　《蔡中郎集》有《濟北相崔君夫人誄》，卽寔母也。其文云："仰覽篇籍，俯鬖絲枲。多才多藝，于何不有？"又云："堂堂其允，惟世之良。于其令母，受茲義方。訓以柔和，董以嚴剛。怒不傷愛，喜不亂莊。納之軌度，終然允臧。"蓋實錄也。

《徐穉傳》："旣謁而退。"

　　《御覽》四百三引《海內先賢行狀》曰："徐孺子徵聘，未嘗出門。陳仲舉爲豫章太守，召之則到，饋之則受，但不服事，以成其節。"

《楊賜傳》："七在卿校。"

　　據《本傳》，賜再爲少府、光祿勳，一爲太常、一爲越騎校尉，凡六在卿校，不得有七也。玫蔡中郎《司空文烈矦楊公碑》云："巖巖大理，惟制民命，命公作廷尉。"以此補《本傳》之闕，其數適合。蔡又有《文烈矦第三碑》云："六在九卿。"蓋不數越騎校尉，故云"六"也。（《第三碑》則云："三作六卿"，"三"字乃"六"字之誤。）錢《表》失載楊賜爲廷尉。

《楊修傳》："操怪其速，使廉之知狀。"

　　《類聚》卷五十八引《文士傳》曰："楊修爲魏武主簿，嘗白事，知必有反覆，教豫爲荅數紙，以次牒之而行，告其守者曰：'向白事，每有教出，相反覆。若案此，弟連荅之。'已而有風吹紙亂，遂錯誤。公怒推問，修慚懼，以實對。"與此微異。《魏志》注引《世語》與此同。

"遂因事殺之。"

　　《類聚》卷六十引《文士傳》曰："魏文帝愛楊修才。修誅後，追憶修。修曾以寶劍與文帝，文帝後佩之，告左右曰：'此楊修劍也。'"

《注》："時年四十五矣。"

　　楊太尉夫人袁氏《答曹公卞夫人書》云："小兒違越，分應至此。憐其始立之年，畢命埃土。"據此，則修卒時似未至四十五也。

《清河孝王慶傳》："母宋貴人。"

　　《東觀記》曰："敬隱宋后，以王莽末年生，遭世倉卒，其母不舉，棄之南山下。時天寒，冬十一月，再宿不死。外家出過于道南，聞有兒啼聲，憐之，因往就視，有飛鳥紆翼覆之，沙石滿其口鼻，能喘，心怪偉之，以有神靈，遂取而持歸養。長至年十三歲，乃以歸宋氏。"

"左姬，犍爲人也。初，伯父聖坐妖言伏誅。"

《御覽》一百三十七引《續漢書》曰："孝德左皇后，父伸躬，犍爲武陽人。后兄聖伯，爲妖言伏誅，父母財產皆沒官。"與范《書》異。

"葬于京師。"

《御覽》一百三十七引《續漢書》曰："葬當利庭。"

《張綱傳》："綱在郡一年。"

《御覽》卷七十五引楊子《楊子圖經》曰："六合縣東三十里，從岱石湖入四里，至溝中心，與陵分界。"案：《後漢書》：張綱爲廣陵太守，濟惠于百姓，勸課農桑，於東陵村東開此溝，引湖水灌田，以此號爲"張綱溝"。

《劉瑜傳》："勳字伯元，河南人。從祖睦爲太尉，睦孫頌爲司徒。"

尹勳在《黨錮傳中》別有傳。此處附傳，宜刪。《黨錮傳》云："伯父睦爲司徒，兄頌爲太尉。"與此異。攷《本紀》，和帝永元四年，大司農尹睦爲太尉；五年，薨于位。桓帝永興二年，光祿勳尹頌爲司徒；永壽三年，薨于位。則此《傳》是也。頌字公孫，疑因其祖爲三公而取此字，當亦此《傳》是也。至尹睦，或爲勳之從祖，或爲伯父，則無以辨之矣。

《張衡傳》："衡不慕當世所居之官，輒積年不徙。"

平子《歸田賦》云："遊都邑以永久，無明略以佐時。徒臨川以羨魚，俟河清乎未期"，當卽作于是時也。李周翰謂："衡遊京師，四十不仕。順帝時，閹官用事，欲歸田里，故作是賦。"案：衡在順帝初，已再轉爲太史令，則非不仕矣。

"永和初，出爲河間相。"

平子《四愁詩·序》云："張衡不樂久處機密，陽嘉中，爲河間相。"呂向曰："陽嘉元年，出爲河間相。"李善曰："范曄《後漢書》：順帝初，衡復爲太史令。陽嘉元年，造候風地動儀。永和初，出爲河間相。而此云‘陽嘉中’，誤也。"案：《本傳》言"永和初"，則必在永和元年，卽陽嘉五年也。或衡出相時，尚未改元，故仍稱"陽嘉"。詩序與《本傳》未始不可兼通，獨呂向繫之陽嘉元年，則大誤耳。《五臣》疏謬，多此類。

"《七辯》。"

傅玄《七謨·序》曰："《七辯》似也，非張氏至思；比之《七激》，未爲劣也。"又云："《七辯》之纏縣精巧。"《文心雕龍》曰："張衡《七辯》，結采縣靡。"

"宜爲《元后本紀》。"

劉邠深譏其謬，以爲宜立《孺子嬰紀》，然似皆不如班《史》之當。更始居位，人無異望。光武初爲其將，然後卽真，宜以"更始"之號。

"建于光武之初。"

《史通》祖其說曰："當漢氏之中興也，更始升壇改元，寒暑三易。世祖稱臣北面，誠節不虧。旣而兵敗長安，祚歸高邑，兄亡弟及，麻數相承。作者乃抑聖公于《傳》內，登文叔于《紀》首，事等躋僖，位先不窋。然此論實不可從。史以紀實者也，後漢諸帝不以天子禮尊更始，安得爲之立紀，冠于建武之前？劉氏謂兄亡弟及，尤從而爲之辭。"《光武紀》書"更始元年、二年"者，是時光武未卽位，不可無年號以紀事，故系之。"更始"非謂聖公，當先于光武也。《補注》謂范氏用平子之說，亦誤。

《馬融傳》："融上《東巡頌》。"

《融集》載《東巡頌》曰："允迪在昔，紹烈陶唐。殷天衷，克搖光。若時則，運瓊衡，敷六典，經八成。肆類乎上帝，實柴乎三辰，禋祀乎六宗，祗燎乎羣神。遂發號羣司，申戒百工，卜筮稱吉，菁龜襲從。南征有時，馮相告祥。清夷道而後行，曜四國而揚光。展聖義於巡狩，喜圻時而詠八荒。指宗嶽以爲期，固岱神之所望。散齋既畢，越翼良辰。械櫺增構，烈火燔然。暉光四煬，炎爛薄天。蕭香肆升，青煙冒雲。珪璋峩峩，犧牲潔純。鬱邑宗彝，明水元樽。空桑孤竹，咸池雲門。六八匝變，神祇竝存。"（張溥曰："《太平御覽》'經八成'下有'變和萬殊，總領神明'二句。"）

"《七言》《七辯》。"

傅玄《七謨·序》曰："昔枚乘作《七發》，通儒大才。馬季長、張平子亦引其源而廣之。馬作《七厲》，張造《七辯》。"案：《文心雕龍》以《七厲》爲崔瑗作，疑誤。《本傳》于《七言》之外別出《七辯》，與平子作同名，疑亦誤。

《蔡邕傳》："有兔馴擾其室傍，又木生連理。"

《邕集》有《祖德頌·序》云："昔我烈祖，暨于予考，世載孝友，重以明德，率禮莫違。是以靈祇降之休瑞，兔擾馴以昭其仁，木連理以象其義。斯乃祖禰之遺靈，盛德之所貺也，豈我童蒙孤穉所克任哉？"

"出補河平長。"

洪穉存曰："《郡國志》無河平縣。玫兩漢河南郡，皆有平縣，疑此'河'字下脫一'南'字。"

"奏求正定六經文字，靈帝許之。"

《高陽令楊著碑》："詔書敕罳，定經東觀。順玄邱之指，蠲歷世之疑，天子異焉。"碑無年月，《漢隸字源》以碑文，稱遭從兄沛相憂，去官，繼之以"不惠愁遺"之語，定爲建寧元年卒（沛相別有碑），則定經東觀，乃桓帝時事，在蔡邕前。而范《史》無文，可補其闕。（楊著，震之孫。《震傳》亦不載其事。）

“北禺災異，及消，改變故所，宜施行。”

據《邕集》，則詔問者七事：一天投蜺；二白衣人入德陽殿；三雌雞化雄；四月蝕地動，諸災眚；五星辰錯繆；六蝗蟲冬出；七平城門及武庫屋壞。

“邕遂死獄中，時年六十一。”

王少司寇昶曰：“光和元年，尚書詰狀，邕自陳書有‘臣年四十有六’之語。計至死年，止六十歲。《本傳》誤矣。”

“《連珠》。”

《類聚》卷五十七引傅玄《敘連珠》曰：“蔡邕似論，言質而辭碎，然旨篤矣。”

《左雄傳》：“褒豔用權。”《注》：“褒豔，謂褒姒也；豔，色美也。”

《後漢書攷異》曰：“章懷《注》用毛氏說，鄭康成則以豔妻爲屬王后。謂正月，惡褒姒滅周；十月之交，疾豔妻煽方處。則‘褒’‘豔’非一人。此疏上言‘幽、厲昏亂’，下言‘褒、豔用權’，則亦與鄭氏說同。《魯詩》‘豔’作‘閻’，《尚書·中候》作‘剡’。閻、剡、豔，文異實同，葢其女族姓，非訓美色也。”漢成帝時，谷永對策云：“昔褒姒用國，宗周以喪；閻妻驕扇，日以不臧。”兩漢經師皆主此說，故康成從之。

《周舉傳》：“有龍忌之禁。”

王伯厚曰：“《淮南要略》云：‘操舍開塞，各有龍忌。’《注》：‘中國以鬼神之亡日忌，北胡、南越皆謂之請龍。’”

《注》：“其事見桓譚《新論》。”

《藝文類聚》卷三引桓譚《新論》曰：“太原郡民以隆冬不火食五日，雖有病緩急，猶不敢犯，爲介子推故也。”

"於是眾惑稍解，風俗頗革。"

《初學記四》引魏武帝《明罰令》曰："聞太原、上黨、西河、雁門，冬至後百有五日，皆絕火寒食，云爲介子推。且北方沍寒之地，老少羸弱，將有不堪之患。令到，人不得寒食。若犯者，家長半歲刑，主吏百日刑，令長奪一月俸。"是此風漢末猶存，故史但言"頗革"。頗者，未盡之辭也。

"尚字河伯，少歷顯位，亦以政事稱。"

《御覽》四百九十六引《楚國先賢傳》云："諺曰：'黃尚爲司隸，姦慝自弭。'"（尚曾救李固，見固《傳》。）

《周䢴傳》："後太守舉孝廉，復以疾去。"

蔡中郎《周巨勝碑》云："察孝廉。是時郡守梁氏，外戚貴寵，非其好也，遂以病辭。太守復察孝廉，乃俯而就之，以明可否。然猶私存衡門講誨之樂，不屑已也，又委之而旋。"

《黃瓊傳》："永興元年，遷司徒，轉太尉。"

《御覽》卷二百九及四百二十八引《汝南先賢傳》曰："李宣字公休，爲太尉黃瓊所辟。是時寒暑不和，羌夷數起。瓊見掾屬曰：'是太尉無德，願諸掾有以匡之。'掾東平王象對曰：'昔堯遭洪水之變，湯有六年之旱。自上聖之君，誰能無此？明公日昃恪勤，袞職修理，小掾等無以加增。'如此至數人，瓊欣笑。次及宣，宣乃仰曰：'明公被日月之衣，居上司之位，輔弼天子。處諫諍之職，未有對揚謇謇之言。其所旌命，不授巖谷之士，小掾私以於邑。小掾聞之：三台不明，責在三公。願明公深思，消復災異，進納忠良。'眾人默然慙愧。"

《荀淑傳》："有子八人：儉、緄、靖、燾。"《注》："汪、爽、肅、專。"

《御覽》二百十二謝承《書》曰："荀緄拜尚書，性明亮，敏於眾職，以晶羣僚，秉機平正，直而行之。是時，內外公卿大夫莫不敬憚焉。"案：緄爲尚書，見《竇武傳》。

《荀爽傳》："司空袁逢舉有道，不應。及逢卒，爽制服三年。當世往往化以爲俗。"

《風俗通》："司空袁周陽舉荀慈明有道，太尉鄧伯條舉訾孟直方正。二公薨，皆制齊衰。"

《荀悅傳》："又言尚主之制非古。"

案：荀悅《漢紀》論"王吉請改正尚主之禮"一條云："尚公主之制，人道之大倫也。昔堯降釐二女於嬀汭，嬪于虞。《易》曰：'帝乙歸妹，以祉元吉。'《春秋》稱：'王姬歸于齊，古之達禮也。'男替女凌，則淫暴之變生矣。禮自上降，則昏亂于下者眾矣。三綱之首，可不慎乎？夫成大化者，必稽古立中，務以正其本也。"凡吉所言古之道也，與此奏正同。

《韓韶傳》："子融字元長，五府並辟。"

孔融《汝潁優劣論》曰："汝南府許掾，教太守鄧晨圖開稻陂，灌數萬頃，累世獲其功。韓元長雖好地理，未有成功見效如許掾者也。"案此，則元長宦績，必有興治水利之事，然不可攷矣。

"獻帝初，至太僕。"

融曾爲大鴻臚，安集關東，見《獻紀》及《袁紹傳》。爲太僕時，又曾奉命與李傕、郭汜連和，見《董卓傳》。

《陳寔傳》："補聞喜長，旬月，以蕡喪去官。"

蔡中郎《陳仲弓碑》云："遷聞喜長郡政有錯，爭之不從，卽解綬去。"與《本傳》異。蓋去官，寔兼此二事也。

"除太邱長。"

《世說·政事篇》云："陳仲弓爲太邱長。時吏有詐稱母病求假，事覺，收之，令吏殺之。主簿請付獄，考眾姦。仲弓曰：'欺君不忠，病母不孝。不忠不孝，其罪莫大。攷求眾姦，豈復過此！'有劫賊殺財主，主者捕之。未至發所，道聞民有在草不起子者，回車往治之。主簿曰：'賊大，宜先案討。'仲弓曰：'盜殺財主，何如骨肉相殘！'"又云："陳元方年十一時，候袁公。袁公問曰：'賢家君在太邱，遠近稱之，何所履行？'元方曰：'老父在太邱，彊者綏之以德，弱者撫之以仁，恣其所安，久而益敬。'"

《陳紀傳》："遭父憂，每哀至，輒歐血絕氣。"

《世說·箴規篇》云："陳元方遭父喪，哭泣哀慟，軀體骨立。其母愍之，竊以錦被蒙上。郭林宗弔而見之，謂曰：'卿海內之雋才，四方是則，如何當喪，錦被蒙上？孔子曰："衣夫錦也，食夫稻也，于汝安乎？"吾不取也！'奮衣而去。自後賓客絕百餘日。"

"卽時之郡。"

邯鄲淳《鴻臚陳君碑》云："出相平原。會孝靈宴駕，賊臣秉政，肆其兇虐，剝亂宇內，州郡幅裂，戎興並戒。君冒犯鋒矢，勤恤民隱，馴之以禮教，示之以知恥。視事未朞，士女向方。"

《李固傳》："上奏南陽太守高賜等。"

據《華陽國志》，時與高賜同見劾者，有孔疇、爲昆。《廣韻》引《風俗通》云："南陽太守爲昆"，卽其人也。

"臣聞君不稽古，無以承天。"《注》："《書》曰：'粵若稽古帝堯。'鄭玄《注》曰：'稽，同也；古，天也。'"

案：《吳祐傳》稱此文出于馬融，融訓"曰若稽古"爲"順攷古道"，與鄭君殊，則此不宜以鄭義釋之。且下文云："臣不述舊，無以奉君。”“舊”非指君，則“古”亦非指天。蓋“承天”，不過言“稽古”之效耳。嘗謂“稽古”之訓，康成實不如季長。《尚書》曰：“若稽古皋陶。”皋陶，人臣，不得稱同天。《逸周書·武穆解》：“曰若稽古，曰昭天之道。”“古”既訓“天”，則下不必復言昭天之道。又《前漢書·董賢傳》：“朕承天序，惟稽古建爾于公。”《後漢書·章帝紀》：“建初八年詔曰：‘五經剖判，去聖彌遠。章句遺辭，乖疑難正。恐先師微言，將遂廢絕。非所以重稽古、求道真也。’”此皆不能以“同天”解之者可知。康成以前，俱解作“稽攷古道”也。（《范升傳》亦有“君不稽古”四語，疑此乃舊文，但今不知所出。）

《吳祐傳》：“以光禄四行，遷膠東矦相。”

《御覽》四百六十五引《陳畱耆舊傳》曰：“吳祐爲恆農令，勸善懲惡，貪濁出境。甘露降，年穀豐。童謠曰：‘君不我憂，人何以休？不行略著，焉知人處？’”則祐嘗爲恆農令，而《本傳》不載。

“卒成儒宗。”

宏傳《公羊春秋》，何休《公羊序》云：“恨先師觀聽不決。”徐彥曰：“此先師戴宏等也。戴宏作《解疑論》而難《左氏》，不得《左氏》之理，不能以《正義》決之。”《疏》又引戴宏《序》。

《延篤傳》：“又徙京兆尹。”

《御覽》二百五十二引袁山松書曰：“爲京兆尹，正身率下，民不忍欺。”

《史弼傳》：“父敞，順帝時以佞辯，至尚書、郡守。”

敞與胡廣同上疏諫，探籌立后；又與廣同駁左雄限年之制，又薦廣守陳畱郡，皆見《廣傳》，蓋伯始之黨也。

《趙歧傳》：“歧及從兄襲。”

襲仕至敦煌太守，見《藝文類聚》卷七十四引《三輔決錄》。

"圖季札、子產、晏嬰、叔向四像。"

漢人多于墟墓間圖寫古聖賢形像。《水經注》所載司隷校尉魯恭冢、荊州史李剛墓皆是也。今濟宼州嘉祥縣尚存武氏墓前石室畫像，故邠卿亦傚而行之。

《皇甫規傳》："三公舉規爲中郎將，持節監關西兵。"

據蔡中郎《薦皇甫規表》，規曾官護羌校尉，當在此時，而《本傳》失載。

"屬國都尉李翕。"

胡身之曰："李翕蓋安定屬國都尉，然《志》無安定屬國。"趙氏紹祖《通鑑注商》曰："皇甫規本討幷、涼二州叛羌。上文云涼州復通，《郡國志》涼州有張掖屬國，又有張掖居延屬國。李翕蓋爲其廷尉耳。"案：尋繹史文，胡說是，趙說非。安定自有屬國，說詳《盧芳傳》。

"而皆倚恃權貴，不遵法度。"

案：李翕治績見于《西狹頌》"黽池五瑞碑"、析里橋《郙閣頌》，屢致嘉祥，吏民頌德。而此《傳》云云，豈石刻盡諛詞邪？

"會赦，歸家。"

蔡中郎《薦規表》云："伏見護羌校尉皇甫規，少明經術，道爲儒宗。修身力行，忠亮闡著。出處抱義，皦然不污。藏器林藪之中，以辭徵召之寵。先帝嘉之，羣公歸德。盜發東岳，莫能攖討。卽起家拜爲太山太守，屠斬桀黠，綏撫煢弱。青、兗之郊，迄用康乂。自是以來，方外有事，戎狄猾華，進簡前勳。連見委任，仗節舉麾。威靈盛行，演化凶悍，使爲愨愿，愛財省穡。每有餘資，養士御眾，悅以忘死。論其武勞，則漢室之干城；課其文德，則皇家之腹心。誠宜試用，以廣振鷺西雝之美。"案：中郎此表未詳年月，以時事攷之，當在此年。

《張奐傳》："奐壁唯有二百許人。"

　　《御覽》三百五十七引張奐《與崔子眞書》曰："僕以元年到任，有見兵二百，馬如㸬羊，矛如錐鈠，楯如榆葉。"

"芝及弟昶，字文舒，並善草書。"

　　王僧虔《能書人名錄》云："昶，黃門郎，亦能草。"庾肩吾《書品云》："文舒聲劣于兄，時云亞聖。"

《陳蕃傳》："郡人周璆，高潔之士。前後郡守招命，莫肯至，惟蕃能致焉。"

　　《藝文類聚》卷二十二引《青州先賢傳》曰："京師號曰：陳仲舉昂昂如千里驥，周孟玉瀏瀏如松下風。"

"蕃與司徒劉矩。"《補注》云："《攷異》曰：'時胡廣爲司徒，非矩也。'棟案：《劉愷傳攷異》非也。"

　　案：此是劉愷、陳蕃兩《傳》之誤，當從《桓紀》。及胡廣、劉矩《傳》，是時司徒實是胡廣，矩自延熹四年爲太尉，五年罷。靈帝建盦元年復爲太尉，旋卽罷。（《本紀》《本傳》並同。）無論延熹九年，矩不在三公之位，并終身未嘗爲司徒，《攷異》之說甚磽。

《王允傳》："王生一日千里，王佐才也。"

　　虞荔《鼎錄》："王允自鑄一鼎，曰'千里八分書'，蓋卽取諸林宗語。"

"刺史鄧盛。"

　　《御覽》二百九引《廣州先賢傳》曰："鄧盛字伯眞，蒼梧人，爲太尉諸曹掾。彭城相左尚以贓罪，三府掾屬攷驗，踰科不竟，更選盛覆攷。盛到獄，洗沐尚，解械賜席，乃謂尚曰：'君受國重恩，而所坐事理如此。今遇君子，不可以小人道相待。'尚感盛至意，對曰：'今使君相於如此，尚獨何心，敢不以死相歸乎？’卽引筆具對。”又云：“盛爲秭歸令，聞母病，解印綬，決去。太尉馬公嘉其所履，服竟辟之。初入府，爲主薄。”

“王宏字長文。”

《御覽》二百五十四引謝承《後漢書》曰：“王宏遷冀州刺史。宏性刻，不發私書，不交豪族，賓客號曰‘王獨坐’。”

“爲亂兵所殺。”

《文選》二十三注引《三輔決錄》曰：“初，董卓之誅也，瑞知王允必敗，京師不可居，乃命萌（瑞子也）將家屬至荆州，依據劉表。去無幾，果爲李傕等所殺。”

“論曰：士雖以正立云云。”

此論全本華嶠，見《魏志·董卓傳》注。

《黨錮傳·序》：“汝南太守宗資。”《注》：“謝承《書》曰：‘宗資字叔都云云。’”

案：資子承，字世林，亦有名德。《世說·方正篇》云：“南陽宗世林，魏武同時，而甚薄其爲人，不與之交。及魏武作司空，總朝政，從容問宗曰：‘可以交未？’荅曰：‘松柏之志猶存。’世林旣以忤旨見疏，位不配德。文帝兄弟每造其門，皆獨拜牀下。其見禮如此。”《注》引《楚國先賢傳》曰：“宗承字世林，南陽安眾人。父資，有美譽。承少而修德雅正，确然不羣。徵聘不就，問德而至者如林。魏武弱冠，屢造其門。值賓客猥積，不能得言，乃伺承起，往要之，促手請交，承拒而不納。帝後爲司空，輔漢朝，乃謂承曰：‘卿昔不顧吾，今可爲交未？’承曰：‘松柏之志猶存。’帝不說，以其名賢，猶敬禮之，敕文帝修子弟禮，就家拜漢中太守。武帝平冀州，從至鄴，陳羣等皆爲之拜。帝猶以舊情介意，薄其位而優其禮，就家訪以朝政，居賓客之右。文帝徵爲直諫大夫。明帝欲引以爲相，以老固辭。”《御覽》卷三十七引宋躬《孝子傳》曰：“宗承字世林。父資喪，葬舊塋，負土作墳，不役童僕。一夕聞土壤高五尺，松①生焉。”

“不畏強禦陳仲舉。”

《羣輔錄》作“天下義府陳仲舉”。《御覽》四百六十五引袁山松《書》曰：“不畏強禦陳仲舉，九卿直言有陳蕃。”

“李膺爲河南尹。”《補注》：“《攷異》曰：‘膺時爲司隸，非尹也。’”

案：《通鑑》繫張成事于延熹九年。《靈紀》于是年，載司隸校尉李膺等下獄，故云“膺時爲司隸”。然本《紀》九年無赦，惟八年三月大赦天下，則張成推占，當赦命，其子殺人實在八年三月前。八年二月，河南尹鄧萬世下獄死，膺即代之。其治張成，必在是時。《通鑑》序此事于九年，爲黨禍緣起，則可竟謂爲九年事。而改“尹”爲“司隸”，則誤矣。《補注》從之，非是。

“指天下名士，爲之稱號。”

《補注》引《三君八俊錄》未備，不知其去取之意安在也。今取惠氏未收者，以《羣輔錄》之文詳錄于後：“天下忠誠竇游平（竇武），天下德宏劉仲承（劉淑），天下和雍郭林宗（郭泰），天下慕恃夏子治（夏馥），天下英藩尹伯元（尹勳），天下清苦羊嗣祖（羊陟），天下琺金劉叔林（劉儒），天下雅志蔡孟喜（蔡衍），天下臥虎巴恭祖（巴肅），天下通儒宗孝初（宗慈），海內貴珍陳子鱗（陳翔），海內忠實張元節（張儉），海內謇諤范孟傳（范滂），海內才珍孔梁人（孔昱），海內彬彬范仲眞（范康），海內珍好岑公孝（岑旺），海內所稱劉景升（劉表），海內珍奇胡母季皮（胡母班）。”

---

① “松”，《世説新語·方正第五》作“松竹”。

“竇武、劉叔、陳蕃爲三君，李膺、荀昱、杜密、王暢、劉祐、魏朗、趙典、朱寓爲八後。”

《世說·品藻篇》：“汝南陳仲舉、潁川李元禮二人，共論其功德，不能定先後。蔡伯喈評之曰：‘陳仲舉彊于犯上，李元禮嚴于攝下。犯上難，攝下易。’仲舉遂在三君之下，元禮居八後之上。”

“王章。”

《羣輔錄》作“王商”。

《李膺傳》：“膺性簡亢。”

《世說·賞譽篇》：“世目李元禮，謖謖如勁松下風。”注引《李氏家傳》曰：“膺岳峙淵清，峻貌貴重，華夏稱曰：‘潁川李府君，頽頹如玉山。’”

“其見慕如此。”

《御覽》四百四十七引袁子正《書》曰：“李膺言出於口，人莫得違也。有難李君之言者，則鄉黨非之。李君與人同輿載，則名聞天下。”

“還居綸氏，教授常千人。”《注》：“今陽城縣也。”

《太平廣記》卷一百六十四引殷芸《小說》曰：“膺居陽城，時門生在門下者，恆有四五百人。膺每作一文出手，門下共爭之。”

《魏朗傳》：“少爲縣吏。”

《御覽》六百九十四引《會稽典略》曰：“魏朗字少英，爲郡功曹佐。正旦，掾史顧龕被裘以加朝服，朗以裘非臣服，龕不敬，敕卒撤去。龕恚而不聽。朗右手鳴鼓，左手撤裘，以簡府君。喜朗，遂退龕，以朗代之，朗辭病不就。”

《范滂傳》："滂以非其人，寢而不召。"

　　《御覽》二百六十四引謝承《書》曰："資召功曹書佐朱零，問不召頌意。零以告滂，滂荅曰：'荅教當言：頌則滂之姊子，豈不樂其昇進？但頌洿穢小人，不宜染污朝廷，不敢以位私人，是以不召。'"

"今日甯受笞死，而滂不可違。"

　　謝承又載朱零語曰："今日之死，當受忠名。爲滂所廢，永成惡人。"

《注》："謝承《書》曰：'滂父顯，故龍舒矦相也。'"

　　《風俗通》："滂父字叔矩，遭母憂，旣葬之後，饘粥不贍。叔矩謂其兄弟：'禮不言事，辯杖而起。今俱匍匐號咷，上闕奠酹，下困餬口，非孝道也。'因將人客於九江，田種畜牧，多所收獲，以解債；負土成冢，立祀。三年服闋，二兄仕進。叔矩以自缺於喪紀，獨寢壙側，服制如初，哀猶未歇。郡舉至孝，拜中司、句章長，病去官。博士徵，兄憂不行。"

《張儉傳》："儉舉劾覽及其母罪惡，請誅之。"《補注》："儉先殺覽母，然後奏其罪惡。"

　　案：《矦覽傳》云："建甯二年，喪母還家，大起塋冢。督郵張儉因舉奏覽貪侈奢縱……又奏覽母生時，交通賓客，干亂郡國。"則是覽母已死，張儉始舉奏覽也。儉雖風裁峻屬，然覽位中常侍，其母有罪，自當請而誅之，安得擅殺？袁宏《紀》及《范康傳》皆云儉殺覽母，未可信也。《通鑒攷異》已譏其誤，《補注》從之，非是。孔北海《衞尉張儉碑》云："中常侍同郡矦覽，專權王命，豺虎肆虐，威震天下。君以東部督郵（"東部"原本譌作"西部"，今訂正。），上覽禍亂凶國之罪，鞫沒贓姦，以巨萬計。"亦祇言其劾覽，不言其殺覽母。

《何顒傳》：“以它事爲卓所繫，憂憤而卒。”

　　《魏志·荀攸傳》：“事垂就而覺，收顒繫獄，顒憂懼自殺。”與此微異。（《鄭太傳》：“與何顒、荀攸共謀殺卓，事洩，顒等被執。”又自相矛盾也。）

《郭太傳》：“身長八尺，容貌魁偉。”

　　《御覽》三百八十八引《郭子別傳》曰：“林宗秀立高跱，澹然淵停。”

“周遊郡國。”

　　《御覽》一百九十五引《林宗別傳》曰：“林宗每行宿逆旅，輒躬洒掃。及明去後，人至見之曰：‘此必郭有道昨宿處也。’”

“後遭母憂。”

　　《御覽》五百六十一引《續漢書》曰：“郭泰喪母，友人或千里來弔之。”

“矛容字季偉。”

　　《風俗通》有“黃瓊門生茅季瑋”，卽其人也。

《符融傳》：“郭林宗始入京師，時人莫識，融一見嗟服。”

　　袁宏《紀》曰：“泰始至京師，符融見而歎曰：‘高雅奇偉，達見清理，行不苟合，言不夸毗，此異士也。’”

《許劭傳》：“少俊名節。”

　　《世說·賞譽篇》注引《海內先賢傳》曰：“許劭山峙淵停，行應規表。邵陵謝子微高才遠識，見劭十歲時，歎曰：‘此乃希世之偉人也。’”

“劭從祖敬。”

《御覽》四百七引謝承《書》曰：“許敬字鴻卿，汝南人，與同郡周伯靈爲交友。伯靈早亡，鴻卿育食其子。”

“時議以此少之。”

《蜀志·許靖傳》注引《萬機論》云：“許文休者，大較廊廟器也，而子將貶之。若實不貴之，是不明也；誠令知之，葢善人也。”又《法正傳》注裴氏《自爲論》云：“友于不穆，失由子將。尋蔣濟之論，知非文休之尤。”二人所論，猶當時之議也。

“兄虔亦知名。”

《世說·賞譽篇》：“謝子微見許子政弱冠之時，歎曰：‘許子政者，有幹國之器。正色忠謇，則陳仲舉之匹；伐惡退不肖，范孟博之風。’”

“汝南人稱平輿淵有二龍焉。”

《御覽》四百四十四引《汝南先賢》曰：“謝甄稟氣聰爽，明識達理。見許子將兄弟弱冠之歲，曰：‘平輿之淵，有二龍出焉。察其盼睞，則賞其心；覯其顧步，則知其道’。”《世說》亦以此爲謝子微語。

《孔融傳》：“幼有異才。”

《御覽》四百九引《會稽典錄》曰：“盛憲，字孝章。初爲臺郎，常出遊，逢一童子，容貌非常。憲怪而問之，是魯國孔融，年十餘歲。憲下車，執融手，載以歸舍，與融談宴，結爲兄弟。”

“年十三，喪父。”

融卒于建安十三年，年五十六，當生于永興元年。《泰山都尉碑》：宙卒于延熹六年，則融祇十一歲。“三”字誤。

"時融年十六。"

詔捕張儉事，在建寧二年，融年十七矣。

"同舉融爲北海相。"

《類聚》卷八十五引《秦子》曰："孔文舉爲北海相，有遭父喪，哭泣墓側，色無憔悴，文舉殺之。又有母病瘥，思食新麥，家無，乃盜鄰麥，熟而進之。文舉聞之，特賞曰：'無有，來討，勿復盜也。'盜而不罪者，以爲勤于母飢；哭而見殺者，以爲形慈而實否。"按：盜麥事，《補注》引之，而前事不引，豈以其用刑過苛，不可爲訓邪？然北海此舉，與陳蕃罪趙宣相類。意當時必有欺世盜名之行，故特誅之。《秦子》所云，但舉其大略耳。

"論者多欲復肉刑。"

《晉書·刑法志》："是時天下將亂，百姓有土崩之勢，刑罰不足以懲惡。于是名儒大才：故遼東太守崔寔、大司農鄭玄、大鴻臚陳紀之徒，咸以爲宜復行肉刑。漢朝既不議其事，故無所用矣。及魏武帝匡輔漢室，尚書令荀彧博訪百官，復欲申之，而少府孔融議云云。"

"是時，荆州牧劉表郊祀天地。"

《魏志·表傳》引《先賢行狀》曰："表郊祀天地，韓嵩正諫，不從。"

"郗慮。"《補注》云："王幼學曰：'案史炤：《釋文》：郗音綺戟反。至晉元帝郗鑒，乃音丑之反。'"

此史炤之誤，胡三省已辯之。郗鑒卽慮之玄孫，豈有祖孫一姓而二音者邪？（《融傳》本作"郗"，《補注》作"郄"，誤。《晉書·郗鑒傳》亦誤"郄"。）

"魏文帝深好融文辭，歎曰：揚、班儔也。"

《典論·論文》："孔融體氣高妙，有過人者。然不能持論，理不勝詞。至于雜以嘲戲，及其所善，揚、班儔也。"

"六言。"

《四庫提要》"孔北海集"條下云："六言詩之名，見于《本傳》。今所存三章，詞多凡近，又皆盛稱曹操功德。斷以融之生平，可信其義不出此。卽使舊本有之，亦必黃初閒，購求遺文，贋託融作，以頌曹操，未可定爲眞本也。"案：此三詩《古文苑》已載，故云舊本有之。

"書記。"

《御覽》五百八十五引李充《翰林論》曰："或問曰：'何如，斯可謂之文？'答曰：'孔文舉之書、陸士衡之議，斯可謂之文也。'"

《荀彧傳》："軍國之事，皆與彧籌焉。"

《魏志·荀彧傳》注引《彧別傳》載鍾繇之言曰："夫明君師臣，其次友之。以太祖之聰明，每有大事，常先諮之荀君，是則古師友之義也。吾等受命而行，猶或不盡，相去顧不遠邪。"

"韋康爲涼州。"

《御覽》二百六十五引《三輔決錄》曰："韋元將年十五，身長八尺五寸，辟爲郡主簿。楊彪稱曰：'韋主簿年雖少，有老成之風，昂昂千里之駒。'"又孔融《與康父端書》曰："前日元將來，淵才亮茂，雅度宏毅，偉世之器也。"則康固早有令名，故彧舉之。

"九年，操拔鄴。"

《御覽》一百八十一引《荀氏家傳》曰："太祖卽定冀州，爲公（卽指彧也）起大第于鄴；諸將各以功，次受居第。太祖親游之，笑曰：'此亦《周禮》六勳之差。'"

《朱雋傳》："更封錢塘矦。"《注》："《錢塘記》云云。"

趙氏紹祖曰："《史記·秦始皇本記》已有'錢塘'之名，此《記》
葢野說也。"

《董卓傳》："伍瓊。"

蔡中郎《京兆樊惠渠頌》有伍瓊，光和時爲京兆縣令。

"有人書'呂'字于布上，負而行于市，歌曰布乎。"

《御覽》七百三十五引《幽明錄》曰："董卓信巫，軍中常有巫都言
禱求福利。言從卓求布，倉卒無布，有手巾，言曰：'可用耳。'取便書
巾上，如作兩口，一口大、一口小，相累以舉，謂卓曰：'慎此也！'卓
後爲呂布所殺，後人乃知況呂布也。"

"于是大赦天下。"

《御覽》六百五十二引《海內先賢傳》曰："王允更赦書曰：'射帝
營宮闕，不從此令。'是日遂及于難。"

《公孫瓚傳》："紹與故虎牙都尉劉勳首共造兵。"

此與孫策所破之廬江太守劉勳，別是一人。

"是時，旱蝗，穀貴，民相食。"

《御覽》卷三十五引《英雄記》曰："幽州歲歲不登，人相食，有
蝗、旱之災。民人始知採稆，以棗椹爲糧，穀一石十萬錢。"

"袁氏之攻，狀若鬼神。"

陳琳《武軍賦序》曰："迴天軍于易水之陽，以討瓚焉。鴻溝參周，
鹿菰十里，薦之以棘。迺建修櫓，干青霄；竄深隧，下三泉。飛梯雲、衝
神鉤之具，不在吳、孫之篇、"三略""六韜"之術者，凡數十事，秘莫
得聞也。"

《陶謙傳》："下邳闕宣自稱天子。謙始與合從，後遂殺之而幷其眾。"

《通鑑攷異》曰："謙據有徐州，託義勤王，何藉宣數千之眾而與之合從？蓋謙別將與宣共襲曹嵩，故曹操以此爲謙罪而伐之耳。"

《袁紹傳》："治中劉惠。"

《御覽》卷八百六十三引《英雄記》曰："冀州刺史韓馥問諸從事曰：'牧有何長？何短？'治中劉子曰：'前勞賜，有餘肉百斤，賣之，一州調度，奢儉不復在。是猶可勞賜勤勞之吏，賣之示狹。'"案：此劉子當卽劉惠也。

《劉表傳》："二子琮。"

表尚有子名修，字季緒，官至東安太守，見《魏志·陳思王傳》注引摯虞《文章志》：子建所謂"劉季緒，才不能逮於作者，而好詆訶文章，掎摭利病"，卽其人也。

《劉焉傳》："遂造作乘輿車重千餘乘。"

《華陽國志》：前、後、左、右部司馬，擬四軍統兵，位皆二千石。

"故以羲爲巴郡太守。"

《華陽國志》："以羲爲巴郡太守，屯閬中禦魯。羲以宜須兵衛，輒召漢昌賨民爲兵。或構羲于璋，璋與之情好攜隙。羲懼，遣吏程郁宣旨于郁父、漢昌令畿，索益賨兵。畿曰：'郡合部曲，本不爲亂。縱有讒諛，要在盡誠。遂懷異志，非所聞也。'羲令郁重往，畿曰：'我受牧恩，當爲盡節。汝自郡吏，宜念効力。不義之事，莫有二意。'羲恨之，使人告曰：'不從太守，家將及禍。'畿曰：'昔樂羊食子，非無父子之恩，大義然也。今雖羹子，畿飲之矣。'羲乃厚謝于璋。"

"張松勸備于會襲璋，備不忍。"

《華陽國志》："松復令法正白劉主曰：'今因此會，便可執璋，則將軍無用兵之勞，坐定一州也。'軍師、中郎將、襄陽龐統亦言之。劉主曰：'此大事也。初入他國，恩信未著，不可倉卒。'"案：此事亦見《蜀志·龐統傳》。然但載龐統進策，不載張松獻謀，惟常璩此文可與范《史》相證也。

《袁術傳》："遂果僭號。"

魏武《述志令》曰："袁術僭號于九江，下皆稱臣，名門曰建號門，衣被皆爲天子之制，兩婦預爭爲皇后。"

《呂布傳》《注》："《水經注》曰：'南門謂之白門，魏武禽陳宮于此。'"

《厄林》曰："白門所擒者乃奉先，非公臺也。唐太子賢葢未知善長之誤。"

《任延傳》："拜會稽都尉。"

《東觀記》作"會稽西部都尉"，當從之。葢會稽有東、西、南三部都尉，今但稱"都尉"，其文不明也。《前漢志》云："會稽郡，錢唐西部都尉治。"《宋書·州郡志》云："東陽太守本會稽西部都尉。"是兩漢都尉所治不同。宋之東陽郡，即漢之太末縣。此《傳》下文載"吳有龍邱萇者，隱居太末。延遣功曹奉謁，修書記，致醫藥，吏使相望于道。萇乃乘輦詣府門云云"。是更始時，西部已徙治太末矣。（《藝文類聚》卷六引《續漢書》云"爲會稽南部都尉"，非也。南部與太末無涉。）

《王渙傳》："每食，輒絃歌而薦之。"《注》："古樂府歌云云。"
《宋書·樂志三》載歌辭較詳。

《童恢傳》《注》："謝承《書》'童'作'僮'，'恢'作'种'。"
案：《類聚》卷九十九引謝承《書》云："瑯邪董种爲不其令，赤雀乳廳前桑上，民爲作歌頌"，其字又不作"僮"。《補注》據不其令董

侯康集

一三二

君闕，董字從艸從童。又據《南陽正街碑》《集韻》《漢隸》《字源》，皆以“蕫”爲“董”，謂“恢”當姓“董”。今以《類聚》證之，良然。“赤雀乳廳前”事，范《書》亦未載。

《蔡倫傳》：“故天下咸稱蔡矦紙。”

漢人能爲紙者，蔡倫之外又有左伯。《書斷》云：“伯字子邑，東萊人。漢興，用紙代簡。至和帝時，蔡倫工爲之，而子邑尤得其妙。故蕭子良《荅王僧虔書》：云‘子邑之紙，妍妙輝光。’”案：韋誕亦謂：“工欲善其事，必先利其器。用張芝筆、左伯紙、及臣墨，兼此三具，然後可以逞徑丈之勢。”其爲時所貴重如此。

《孫程傳》：“陽嘉中，詔九卿舉武猛，賀獨無所薦。”

案：陽嘉中無此詔，永和三年有之。《通鑑攷異》謂此《傳》誤以“永和”爲“陽嘉”，是也。

《曹騰傳》：“字季興，沛國譙人也。”

《魏志·武帝紀》注引《續漢書》曰：“騰父節，字元偉，素以仁厚稱。鄰人有亡豕者，與節豕相類，詣門認之，節不與爭。後所亡豕自還其家，豕主人大慚，送所認豕，幷辭謝節，節笑而受之。由是鄉黨貴歎焉。”案：《類聚》卷九十四引《續漢書》“騰父名萌”，與《魏志》注異。

《張讓傳》：“父兄子弟布列州郡，所在貪殘，爲人蠹害。”

《御覽》卷四百九十七引《典論》曰：“中常侍張讓子奉爲太醫令，與人飲酒，輒繫引衣裳，發露形體，以爲戲樂。將罷，又亂其履舄，使小大差跱，無不傾倒僵仆，蹉跌手足，因隨而笑之。”

“又遷河閒，買田宅，起第觀。”

《御覽》卷九十二引《續漢書》作“還河閒”，當從之。

《後漢書補注續》一卷

一三三

《儒林傳·序》："凡十四博士，太常差次總領焉。"

　　馬貴與曰："西京博士但以名流爲之，無選試之法。中興以來，始試而後用，蓋既欲其爲人之師範，則不容不先試其能否也。"

《任安傳》："教授諸生，自遠而至。"

　　《華陽國志》："任安母姚氏也。雍穆閨門，早寡，立義資安，遂事大儒。安教授，每爲賑邮其弟子，以慰勉其志。于是安之門生益盈門。"

"州牧劉焉表薦之。"

　　先是，秦宓薦安于劉焉；至是，焉又薦于朝。宓薦安事見《蜀志》。

《楊政傳》："字子行，京兆人也。"

　　《東觀記》："楊正爲京兆功曹。光武崩，京兆尹出西域，賈胡共起帷帳設祭。尹車過帳，賈率車令拜，尹疑止車。正在前導，曰：'《禮》：天子不食支庶，況夷乎！' 勑壞祭乃去。"正，政字相近，時代既同，爲京兆功曹、郡望亦合，其剛正之氣與《本傳》所載又相類，疑卽一人也。今本《東觀記》分政、正爲兩《傳》，乃出自掇拾之餘，恐非原本如是。

《包咸傳》："太守黃讜署戶曹史。"

　　《御覽》卷二百五十三引《鐘離意別傳》曰："汝南黃讜拜會稽太守，召意署北部督郵，轉中部督郵。"又卷二百六十四引謝承《書》曰："李壽聰明智達，有俊才。太守黃讜高其名德，召署功曹。每進見，常薦達郡中善人有異行者，讜輒序用。"是黃讜爲郡掾，史號稱得人，其政績必可觀，而范《史》無傳。李壽亦不見于范《史》。據《御覽》二百五十四引謝《書》，壽曾爲青州刺史，亦以風裁著者也。

《丁恭傳》："太常樓望、侍中承宮、長水校尉樊儵等皆受業于恭。"

　　恭弟子又有華松，亦知名。松年十五，師事丁子然學《春秋》，見

《御覽》三百九十八引謝《書》。後爲司隸校尉，見《御覽》二百五十引謝《書》。

"《文苑傳》。"

《隋書·經籍志》以爲別集之名，東京所刱，葢文滋多于是矣，故刱立《文苑傳》。又案：六朝以有韻爲文，無韻爲筆。兩漢文章，惟詔策章奏等無韻，其密爾自娛者，則皆有韻。文苑諸子不與漢廷大事，故文多筆少，蔚宗因以"文苑"名篇。後人沿其稱，而幾昧其義矣，特爲論之。

《王隆傳》《注》："岑，一字孝山。"

惠氏以此注爲誤，是也，而其說未詳。案：《文選注》云："范曄《後漢書》：'王莽末，沛國史岑字孝山（當作字"子孝"）以文章顯。'《文章志》及《集林》、《今書七志》並同，皆載岑《出師頌》。而《流別集》及《集林》，又載《和熹鄧后頌並序》。計莽之末，以迄和熹，百有餘年。又《東觀漢記》：東平王蒼上《光武中興頌》，明帝問校書郎：'此與誰等？'對曰：'前世史岑之比。'斯則莽家之史岑，明帝之時，己云'前世'，不得爲和熹之頌明矣。然葢有二史岑：字子孝者，仕王莽之末；字孝山者，當和熹之際。但書典散亡，未詳孝山爵里。諸家以孝山之文，載于子孝之集，非也。"康又攷《史通》云："孟堅勒成《漢書》，亦云備矣。其間若薄昭、楊僕、顏駟、史岑之徒，其事所以見遺者，葢略小而存大耳"，則子孝竟是前漢人。故范《史》亦云王莽末，不云建武初，特以《前書》無傳，故附著之耳。

《劉珍傳》："《連珠》。"

珍之《連珠》，劉勰稱爲"欲穿明珠，多貫魚目"，葢非傑構也。

《崔琦傳》："《七言》。"

《類聚》卷五十七引崔琦《七蠲》曰："寒門邱子有疾，玄野子謂之曰：藍沼清池，素波朱瀾。金鉤芳餌，纖繳華竿。緡沈魚浮，薦以香蘭。

幽室洞房，絕檻垂軒。紫閣青臺，綺錯相連。結實布葉，與波邪傾。從風離合，澹淡交並。紫蔕黃葩，翳水吐榮。紅顏溢坐，美目盈堂。姿喻春華，操越秋霜。從容微眄，流曜吐芳。巧笑在側，顧眄傾城。玄野子曰：爰有梧桐，產乎玄谿。傅根朽壤，託陰生危。激水藻其下，孤烏集其枝。罔雙偶而特立，獨飄飄而單離。匠石擁肩，公輸折首。目眩肌戰，制以為琴。子野調操，鐘期聽音。子能聽之乎？"

《趙壹傳》："是時司徒袁逢。"

逢未嘗爲司徒，當作"司空"。

《邊讓傳》："議郎蔡邕深敬之，迺薦于何進。"

《御覽》六百九十一引《邊讓別傳》曰："讓才辯俊逸，孔融薦讓于武帝，曰：'邊讓爲九州之被則不足，爲單襜褕則有餘。'"是薦讓者，非獨伯喈也。

"操告郡，就殺之。"

《魏志·武帝紀》注引《曹瞞傳》曰："族其家。"

《酈炎傳》："性至孝。"

炎《遺令書》云："白老母：無懷憂，懷憂何爲？無增悲，增悲何施？寒必厚衣，無炎，誰爲母厚衣？暑必輕服，無炎，誰爲母輕服？棄炎無念，此常厚衣；不尤不怨，此常輕服矣。"案：數語哀切動人，由其發于至性故也。

《矦瑾傳》："並稱疾不到。"

《御覽》九百二十二引《敦煌實錄》曰："矦瑾字子瑜，解鳥語。常出門，見白雀與黑雀同行，慨然歎曰：'今天下大亂，君子、小人相與雜。'"

《張超傳》："超又善于草書，妙絕時人。

庾肩吾《書品》列于中之上，論曰："子迤崔寔，州里頗相倣傚，可謂醬鹹于鹽，冰寒于水。"

《禰衡傳》："迺召爲鼓吏。"

《世說·言語篇》："禰衡被魏武謫爲鼓吏。正月半試鼓，衡揚枹爲《漁陽摻檛》，淵淵有金石聲，四座爲之改容。孔融曰：'禰衡罪同胥靡，不能發明王之夢。'魏武慚而赦之。"

"容貌有異，聲節悲壯。"

《抱樸子·彈禰篇》："衡縛角於柱，口就吹之，乃有異聲。竝搖巍擊鼓，聞者不知其一人也。"

"須臾立成，辭義可觀。"

《抱樸子·彈禰篇》："劉表欲作書與孫權（當作"策"。下文稱"討逆"，乃策官也。《吳志·張昭傳》注引《典略》載此事，亦作孫伯符。）。討逆於時已全據江東，帶甲百萬，欲結輔車之援，與共距中國。使諸文士立草，盡思而不得表意。乃示衡，衡省之，曰：'但欲使孫左右持刀兒視之者，此可用爾。儻令張子布見，此大辱人也。'卽摧壞投地。表悵然有怪色，謂衡曰：'爲子不中芸鋤乎？惜之也。'衡索紙、筆，便更書之。眾所作有十餘通，衡凡一歷視之，而已暗記。書之畢，以還表，表以還主。或有錄所作之本也，以比校之，無一字錯，乃各大驚。表乃請衡更作，衡卽作成，手不停輟，表甚以爲佳而施用焉。"

"後復侮慢于表。"

《傅子》曰："衡辯于言而剋于論。見荊州牧劉表日，所以自結于表者甚至，表悅之，以爲上賓。衡稱表之美盈口，而論表左右不廢繩墨。于是左右因形而譖之，曰：'衡稱將軍之仁，西伯不過也。唯以爲不能斷，終不濟者，必由此也。'是言實指劉表智短，而非衡之言也。表不詳察，遂疏衡而逐之。衡之交絕于劉表，智窮于黃祖，身死名滅，爲天下笑者，譖之者有形也。”（今本不載，見《魏志·荀彧傳》注引。）

《獨行傳·序》：“庶備諸闕文，紀、志漏脱云爾。”

　　案：東京節義復出古今，茲就耳目所及、義烈尤著者，尚可得二十餘人，如謝承《書》之車章（見《御覽》三百七十）、李鴻（《御覽》四百十六），《華陽國志》之朱普、李磐、韓揆、燕邠、趙嵩、陳調，《汝南先賢傳》之李宣（《御覽》二百六十九）、王恢（《御覽》四百二十一），《會稽典錄》之伍隆、任光、黃他（並《吳志·虞翻傳》注），《會稽先賢傳》之陳業（《初學記》五、《御覽》四百二十一），《楚國先賢傳》之應余（《魏志·三少帝紀》注），《論衡》之許君叔、孟英、孟章（並《齊世篇》），《風俗通》之但望、陳公思（陳公思事今本不載，見《御覽》四百八十二。），《繁欽集》之丘儁（《御覽》四百二十一），皆《紀》《志》漏脱者也。

《譙玄傳》：“時亦有犍爲費貽，不肯仕述，乃漆身爲厲，陽狂以避之。”

　　常璩《犍爲士女讚》：“趙松字君橋，武陽人，爲童子，數資問費貽。及知其避世，密與周旋，終不露之也。”

《范丹傳》：“爲激詭之行。”

　　《御覽》四百十六引《海內先賢傳》曰：“范丹字史雲，清高亮直，讓財十萬與三弟。”

《李郃傳》：“數陳得失，有忠臣節。”

　　《藝文類聚》卷四十六引《李郃別傳》曰：“郃上書太后，數陳忠言，其辭不能盡施用，輒有策詔襃贊焉。博士著兩梁冠，朝會隨將大夫例。時賤經學，博士乃在市長下。公奏以爲非所以敬儒德、明國體也。上善公言，正月大朝，引博士公府長史前。”又《御覽》三百五十二引《郃別傳》：“不肯舉鄧豹爲河南尹，皆所謂數陳得失也。”鄧豹事已見《補注·鄧騭傳》，故不錄。

《樊英傳》：“所言多驗。”

　　《世說·文學篇》注引《樊英別傳》曰：“漢順帝時，殿下鐘鳴。問英，對曰：‘蜀岷山崩，山于銅爲母，母崩子鳴，非聖朝災。’後蜀果上山崩，日月相應。”

《公沙穆傳》：“學者自遠而至。”

　　金樓子《全德志·序》曰：“北海公沙，門人成市。”

“趙彦。”

　　陳琳《檄豫州文》稱：“議郎趙彦，忠諫直言，義有可納。”未知卽其人否。

《解奴辜傳》：“初，章帝時，有壽光侯者。”《注》：“壽，姓也。”

　　《後漢書攷異》曰：“壽光，國名，光武封更始子鯉爲壽光侯。又北海王普初封壽光侯是也。此侯失其姓名，故舉其爵；下云‘侯爲劾之’‘侯復劾之’，可證《注》以壽爲姓之誤。”

“《列女傳》。”

　　《史通》云：“觀東漢一代賢明婦人，如秦嘉妻徐氏，動合禮儀，言成規矩，毀形不嫁，哀慟傷生，此則才德兼美者也；董祀妻蔡氏，載誕胡子，受辱虜廷，文詞有餘，節概不足，此則言行相乖者也。至蔚宗《後漢傳》標‘列女’，徐淑不齒，而蔡琰見書，欲使彤管所載，將安準的？”案：《華陽國志》“士女讚”及《藝文類聚》“人部二”、《太平御覽》“人事部八十一/二”所載，後漢烈女尚多。蔚宗之遺美，不獨徐淑一人也。

《曹世叔妻傳》："昭女妹曹豐生。"

　　《御覽》五百二十一引《三輔決錄》曰："周季貞，班固姊之子也"，則昭又有姊適周氏。

《孝女曹娥傳》："迎婆娑神。"《補注》："何焯曰：'厚齋云：《曹娥碑》："盱能拊節按歌，婆娑樂神"，以五月時迎。《伍君傳》云"婆娑神"，誤也。'棟案：范《書》本虞預《會稽典錄》，或別有據也。"

　　惠所稱《典錄》，葢本《御覽》四百十五。然《世說·捷悟篇》注引《會稽典錄》，正作"婆娑樂神"。《御覽》所引，恐是後人以范《書》改之者耳。（《藝文類聚》卷四引《典錄》又作"迎波神"。）

《注》："'衣'字或作'瓜'。"

　　《世說》注引《會稽典錄》作"瓜"。

《董祀妻傳》："曹操素與邕善，痛其無嗣。"

　　《世說·輕詆篇》注引《蔡充別傳》曰："充祖睦，蔡邕孫也。"則邕似非無嗣。然《晉書·蔡謨傳》云（謨卽充子）："世爲著姓，曾祖睦，魏尚書；祖德，樂平太守"，不言系出伯喈。《蔡豹傳》則云："高祖質，漢衛尉，左中郎將邕之叔父也。祖睦，魏尚書"，則睦于邕爲從子行，非邕孫也，《別傳》殊未足據。至羊祐爲邕外孫，其討吳有功，將進爵土，乞以賜舅子蔡襲。所謂舅子者，非必卽邕之孫；雖從孫，亦得蒙此稱也。

"乃遣使者以金帛贖之。"

　　魏文帝《蔡伯喈女賦·序》曰："家公與蔡伯喈有管、鮑之好，乃命使者周近，持元玉璧于匈奴，贖其女還。"

《哀牢夷傳》："純自爲都尉太守，十年，卒官。"

　　《華陽國志》："太守著名績者，自鄭純後，有蜀郡張化、常員，巴郡沈稚、黎彪，然顯者猶鮮。"

《西南夷傳》："廣漢馮顥。"

    《御覽》九百二十六引《益部耆舊傳》曰："廣漢馮顥爲謁者，逐單于至雲中。大將軍梁冀遣人求鷹，止晉陽。舍人不避顥，收之，使人擊鷹而亡也。顥追捕甚急，冀辭乃止。"

《西羌傳》："封其子毅爲明進矦。"

    此又一傅毅，與《文苑傳》之傅毅同姓名而又同時人也。

"隃麋相曹鳳。"

    鳳舉孝廉，歷張掖屬國都尉丞、右扶風隃麋矦相、金城西部都尉、北地太守，見《曹全碑》也。

"侍御史唐喜，領諸郡兵討破之。"

    《華陽國志》云："唐喜進討羌，經年不下，詔賜死。"案：唐喜得罪，當在此次破羌之後。

《南匈奴傳》："元初元年，鄧遵爲度遼將軍。"

    《東觀記》云："鄧遵元初中爲度遼將軍，討擊羌虜，斬首八百餘級，得鎧、弩、刀、矛、戟、楯、匕首二三千枚。破匈奴，得釜鑊二三枚，得匕首三千枚。詔賜駮犀劍。"

《禮儀志上》："凡齋天地七日；宗廟山川五日；小祠三日。"

    《通典》："後漢仲長統論散齋可宴樂。御史大夫郗慮奏改國家齋日，從古制：諸祭祀皆十日，致齋七日，散齋三日。致齋、散齋之日內，有嘉慶之事，或言可賀會宴樂，或言不可。尚書令荀彧與臺郎董遇議曰：'《禮志》云："三日齋，一日用之，猶恐不敬。二日伐鼓，何居？"又云："君致齋于外，夫人致齋于內。"'散齋則是事之漸，然則散齋未絕外內與宴樂之事也。今一歲之內，大小祭祀，齋將三百日。如此，無復用樂之時。古今之制，當各從所宜。若外張多日，而內寔犯禮，乃所以廢齋也。散齋宜從得賀會宴樂。"

"正月始耕，晝漏上水初納，執事告祠先農，已享。"

《南齊書·禮志上》："祠先農，親耕。宋元嘉、大明以來，並用立春後亥日。何佟之議：'漢文用此日耕籍，祠先農，故後王相承用之。'顧嵩之議：'昭帝癸亥耕于鉤盾弄田，明帝癸亥耕下邳，章帝乙亥耕定陶，又辛丑耕懷（《章帝本紀》"乙亥"作"乙丑"。以上下文攷之，作"乙丑"者是。此與"辛丑耕懷"，皆不用亥，故顧嵩之同引之。），酌舊用丑，實兼有據。'"案：觀此，知漢耕籍田，多用亥日，閒或參用丑耳。用亥丑之義，亦見《南齊志》，文繁不錄。又《南齊書·樂志》："籍田歌辭。漢章帝元和元年，玄武司馬班固奏用《商頌·載芟》，祠先農。"

《注》："《漢舊儀》曰：'春，始東耕于籍田。'"

《祭統》："天子親耕于南郊，諸矦耕于東郊。"《注》："東郊少陽，諸矦象也。"是東耕非天子禮。惟《白虎通》云："耕于東方者何？東方少陽，農事始起。"故《曾子問》曰："天子耕東田而三反之。"（今《曾子問》無此文）《公羊》"桓十四年"《注》云："《禮》：'天子親耕東田千畝，諸矦百畝。'"案：《白虎通》多公羊家言，故與邵公《注》合。據此二說，則漢用《公羊》禮也。

《禮儀志中》："自立春，至立夏，盡立秋。郡國上雨澤若少，府郡縣各掃除社稷。"

案：此當以"郡國上雨澤若少"爲句，"府"字衍。《通典》及《通志·禮略》載此文，正無"府"字。《晉書·禮志上》云："漢儀：自立春，至立夏，盡立秋，郡國尚旱，郡縣各掃除社稷。"彼之"尚旱"，卽此之"上雨澤若少"也，彼借"尚"爲"上"耳。盧召弓校《晉志》云：

"少府亦有田租、山澤、陂池之稅，故有所屬之郡縣。"校《續志》云："少府所領山澤之稅，世祖已歸司農，無所謂少府郡縣也。"二說自相矛盾，當從後說。然後說并刪《續志》"郡縣"二字，則亦非也。

《注》："宗正祖。"《補注》："劉祖字奉先，南陽人。見《風俗通》。"

《御覽》二百五十三引《漢魏先賢行狀》曰："故宗正南陽劉伯字奉先，少履清節，忠亮正直，研精文學，無不綜覽。嘗爲督郵。時豫章太守虞績以饕餮穢污，徵至郡界，當就法車，不肯就坐。伯乃拔刀毆績，績恐，就車。乃徑上尚書，以肅王道。"案：伯之官職、郡望、表字，與祖俱同，則"伯"字必"祖"字之誤。祖事除《風俗通》外，他無攷，故錄此以存梗概。

"百二十人爲侲子。"

劉勰曰："漢之羣祀，肅其旨禮。既總碩儒之儀，亦參方士之術。所以祕祝移過，異于成湯之心；侲子毆疫，同乎越巫之祝：禮失之漸也。"

"每月朔，歲首，爲大朝，受賀。其儀：夜漏未盡七刻，鐘鳴，受賀。"

《南齊書·禮志》："東京以後，正旦夜漏未盡七刻，鳴鐘受賀。張衡賦云：'皇輿夙駕，登天光于扶桑。'然則雖云'夙駕'，必辨色而行事矣。"

《祭祀志上》："何事汙七十二代之編錄。"

詔又云："以羊皮雜貂裘，何彊顏邪？"見《御覽》五百三十六引《典略》。

《祭祀志下》："國家亦有五祀之祭。"

《白虎通》："祭五祀，天子、諸侯以牛，卿、大夫以羊，因四時祭牲也。一說：戶以羊，竈以雞，中霤以豚，門以犬，井以豕。或曰：中雷用牛，不得用牛者用豚，井以魚。"案：《月令》五祀有行無井。《通典》引秦靜曰："今《月令》謂行爲井，是以時俗或廢行而祀井。"又《禮記·祭法》注："今時民家，或春秋祠司命、行神、山神，門、戶、竈在旁，是必春祠司命，秋祠爌也。或者合而祠之。山卽爌也。"是漢法于五祀之外，又有司命、山神二祀，蓋本《祭法》七祀之義。然鄭《注》但云"民家"，則非國制矣。

《天文志中》："後太尉張敏免官。"

敏未嘗爲太尉。盧氏《羣書拾補》據《御覽》八百七十五補五字云："後太尉張禹、司空張敏皆免官。"

《五行志一》《注》："方儲。"

《御覽》屢引謝承《書》方儲事，今略條次于後："方儲字聖明，丹陽歙人。幼喪父，事母。母終，自負土成墳，種奇樹千株，白兔遊其下。"（卷四百十一）"儲負笈到三輔，無術不覽。"（卷七百十一）"儲爲郎中。章帝使文郎居左，武郎居右。儲正位中曰：'臣文武兼備，在所用施。'上嘉其才，以繁亂絲付儲，使理。儲拔佩刀三斷之，對曰：'反經任勢，臨事宜然。'"（二百十五，又三百四十五）"曉風角占侯，爲句章長。時人田還，置餘粟一石及刀鋤于田陌，明日求，亡去，疑其旁家。儲曰：'此人非偷。'自呼縣功曹，謂曰：'君何取人粟置家後積茭中？'功曹款服。後爲洛陽令。功曹是憲客（"憲"字上疑脫"竇"字），爲憲所諷，夜殺人，斷頭著盂中，置廄門下，欲令儲去官。儲摩死者耳邊問：'誰所殺？'有頃，曰：'死人言爲功曹所殺。'收功曹，攷竟具服。"（二百六十七）"儲聰明，善天文，爲洛陽令。章帝欲出南郊，儲上言：當有疾雨暴風，乘輿不可以出。上疑其妄，令儲飲酖而死。果有大風暴雨，洛陽晝暝。"（五百二十七）謝記儲事之詳如此，當有專傳，而范《史》闕如，故備錄之。但儲已卒于章帝時，而劉昭《注》尚稱其安帝時對策，蓋泛引之辭。觀《注》于光武建武五年夏旱，質帝本初元年海水溢，俱引儲對策，必非謂儲當時事也。《注》屢引養奮對策亦然。

《五行志三》《注》：“臣昭案：《尹敏傳》。”

　　案：此事載《孔僖傳》，“尹敏”二字誤。

《五行志四》：“陽嘉二年，四月己亥，京都地震。”

　　《後漢紀》載：“是時，馬融對策曰：‘今從政者變忽法度，以殺戮威刑爲能賢。問其國守、相及令、長何如？其稱之也曰大急，其毀之也曰大緩。夫急致寒，緩致燠，二者罪同，而論者許急，此陰陽所以不和也。復之之道，審察緩急之謗譽，鈞同寒燠之罪罰，以崇王政，則陰陽和也。好惡既明，則宰官之吏，知所避就。又正身以先之，嚴以涖之，不變則刑罰之。夫知爲善之必利，爲惡之必害，孰能不化？則官良矣。臣聞《洪範》八政，以食爲首；《周禮》九職，以農爲本。民失耕桑，饑寒並至，盜賊之原所由起也。古之足民，仰足以養父母，俯足以畜妻子。然後敦五教，宣三德，則休嘉之化可致也。夫足者，非能家給而人足，量其財用，爲其制度。故嫁娶之禮儉，則昏姻以時矣；喪制之禮約，則終者掩藏矣；不奪其時，則農夫不失矣。夫妻子以累其心，產業以重其志。舍此而爲非者，雖有，必不多矣。今則不然，此盜賊所以不息。誠使制度必行，禁令必止，則士者不濫法式之外，百工不作無用之器，商賈不通難得之貨，農夫不失三時之務，各安所業，則盜賊消除，災害不起矣。’又張衡對策曰：‘閒者京都地震，雷電赫怒。夫動靜無常，變改正道，則有奔雷土裂之異。自初舉孝廉，迄今二百歲矣，皆先孝行；行有餘力，始及文法。辛卯詔，以能宣章句奏案爲限。雖有至孝，猶不應科。此棄本而就末。曾子長于孝，然實魯鈍，文學不若游、夏，政事不若冉、季。今欲使一人兼之，苟外可觀，内必有闕，則違選舉孝廉之制矣。且郡國守相，割符寵境爲大臣，一旦免黜十有餘人，吏民罷于送迎之役。新故交際，公私放濫。或臨政涖民，爲百姓取便，而以小過免之。是爲奪人父母，使讋號也。又察選舉，一任三府，臺閣秘密，振暴于外，貨賄多行，人事流通，令真僞渾淆，昏亂清朝。此爲下陵上替，分威共德。災異之興，不亦宜乎？’”

《郡國志一》《注》："永壽二年，戶（今本誤作"二"）千六百七萬九百六，口五千六萬六千八百五十六人。"

馬貴與曰："《通典》以爲戶千六十七萬七千九百六十，口五千六百四十八萬六千八百五十六。戶少于《漢書》五百三十八萬有奇，口多于《漢書》六百四十二萬有奇，未知孰是。"

"'河南尹'：滎陽有虢亭、虢叔國。'陝'：本虢仲國。"

賈逵云："虢仲封東，虢叔封西。"案：滎陽者東虢，陝西者西虢，與此《志》正相背。蓋本《帝王世紀》云："周興，封虢仲于西虢，封虢叔于東虢。"（見《太平寰宇記》"河南道·虢州下"）然《世紀》一書，多不足信。小顏注《漢書》，頗斥之。此故與賈景伯違，恐亦難信。且原士安之意，當見春秋時，東虢之君字叔（《左傳》"虢叔死焉"，此東虢也。），西虢之君字仲（《左傳》"桓八年、九年、十年"皆有虢仲，此西虢也。），遂疑其因始封之君以爲稱（吳斗南亦有此說）。不知"莊二十年"鄭伯見虢叔，"二十一年"虢叔自北門入，此"虢叔"正西虢之後。若以西虢爲仲，則仲之子孫亦有"字叔"者矣。士安之說無據，《志》從之，誤。

"'河東郡'：安邑。"《注》："楊佺期《雒陽記》。"

《隋志》作《洛城圖》。章懷前注《儒林傳》引楊龍驤《洛陽記》，卽一書也。佺期曾進號龍驤將軍，見《晉書》《本傳》。《御覽》引用書目，亦稱"楊龍驤《洛陽記》"。但佺期武人，豈能著書？蓋命其僚屬所爲耳。（章懷《注》引《洛陽記》凡三本：一華延儁撰，一陸機撰，一則楊佺期撰也。）

"'宏農郡'：'華陰'：故屬京兆，有太華山。"

樊毅《復華下民租田口算碑》云："華陰令（《古文苑》作"華陽"，非是，今從《隸釋》。）先讜書言：縣當孔道，加奉尊嶽，一歲四祠，養牲百日，常當充肥。用穀薁三千餘斛。或有請雨齋禱，役費兼倍。

每被詔書，調發無差。山高聽下，恐近廟小民，不堪役賦，有饑寒之窘，違宗神之敬，乞差諸賦。復華下十里以內民租田口算，以寵神靈，廣祈多福，隆中興之祚。臣輒聽行，盡力奉宣詔書。”

《郡國志二》：“‘常山國’：‘都鄉’：矦國。”

　　《後漢書攷異》曰：“東京人封都鄉矦者甚多。都鄉矦者，近郭之鄉，班在鄉矦之上，非皆常山之都鄉也。熊方《年表》于‘都鄉矦’，皆注云‘常山’，非是。”

《郡國志三》：“泰山郡。”

　　案：《桓帝紀》：“永壽元年置都尉。”《志》不書，豈以延熹八年卽罷，建置不久故邪？然琅邪都尉亦于永壽元年置，延熹五年罷，而見書于《志》，是體例不一也。

《郡國志四》：“‘樂安國’（高帝西平昌置，爲千乘）。”

　　《後漢書攷異》曰：“案：文當云‘高帝置’，不應有‘西平昌’三字，其爲衍字無疑。後讀《宦者傳》“彭愷爲西平昌矦”，《注》云：“西平昌縣屬平原郡。”乃悟此三字當屬上文‘平原郡’，而平原郡‘九城’當爲‘十城’。因此三字錯入‘樂安’《注》中，校書者遂改十爲九，以合見存之數耳。北海有平昌縣，故稱‘西’以別之。《晉志》‘平原國’亦有‘西平昌縣’。又《三史拾遺》云：“《魯峻碑陰》有‘門生平原西平昌王端’一人，此以漢人述漢郡縣，尤可信。”（據《通鑑》“後漢永平三年”注，則胡身之所見本已誤。）

“‘南陽郡’：‘桐柏大復山，淮水出。’”《注》：“山南有淮源廟。”

　　《桐柏淮源廟碑》云：“淮出平氏，始于大復，潛行地中，見于陽口，立廟桐柏。春秋宗奉，災異告譴，水旱請求，位比諸矦。”

"'南陽郡':'順陽':'侯國,故博山。'"《補注》:"案《前志》,哀帝置,明帝復舊。"

案:此本應劭說也。然《鄧禹傳》:"建武四年,延岑復寇順陽",是不待明帝時,早稱'順陽'矣,豈史官因其舊名而稱之邪?

"'廬江郡'本。"《注》:"建武十年。"

"十"下脫"三"字,事見《光武本記①》。

"'會稽郡':'山陰。'"

《御覽》卷六十六引《會稽記》曰:"漢順帝永和五年,會稽太守馬臻創立鏡湖,在會稽、山陰兩縣界,築塘蓄水,高丈餘;田又高海丈餘。若水少,則洩湖灌田;如水多,則開湖泄田中水入海:所以無凶年。堤塘週迴五百一十里,溉田九千餘頃。"

"'會稽郡':'章安':'故冶,閩越地,光武更名'。'永甯':'永和三年,以章安縣東甌鄉爲縣。'"

案:漢武帝既平兩越,增置冶、回浦二縣,同屬會稽。顏師古于"冶縣"下注云:"本閩越地。"然則回浦本甌越地矣。據此《志》,是後漢改"冶"爲"章安",改"回浦"爲"永甯"。而未置永甯以前,則冶、回浦皆并入章安,所以縣中有東甌鄉名(東甌卽甌越)。而後來見其地遼闊,復析置永甯縣也。後世輿地諸書,或謂光武改"回浦"爲"章安",或謂光武改"冶"爲"章安",似相背戾,而實不殊。此《志》據章安後分置永甯,故但云"故冶,閩越地"。若據光武初更名時,當云"故冶、回浦"。洪景伯、全謝山、錢辛楣皆疑《續志》以"章安"爲"冶"之誤,似未瞭此。

又劉昭于"章安縣"下注引晉《元康記》曰(當作"太康"):"本鄞縣南之迴浦鄉,章帝章和元年立。"案:《太康記》敘章安置縣年月,

---

① "記",當作"紀"。

誠與《續志》不符。至謂“本迴浦鄉故地”，則於《續志》非甚相違，蓋章安初時原兼有迴浦地也。迴浦在西京已爲縣，而今稱“鄉”者，疑中興以前，已省入鄞縣。（全謝山、錢辛楣俱有此說。）至光武時，復就鄞縣中析出之，而與冶同爲章安。《續志》及《太康記》皆祇就其一偏言之，故有不合耳。若夫置縣年月，《後漢攷異》據《鄭巨君傳》云：“舊交阯七郡貢獻傳運者，從東冶泛海而至。巨君以章帝建初八年爲大司農，其時尚稱‘東冶’，則非光武更名云云。”案：東冶本閩粵舊名，《漢書·兩粵傳》“立無諸爲閩粵王，都冶”，是時未有冶縣也。然則冶縣既更名，後泛稱其地爲“東冶”，固無不可。《吳志·賀齊傳》云：“王朗奔東冶”，漢末無冶縣明矣。故知二字本泛辭，未可據此疑《續志》而信《太康記》。

“‘會稽郡’：‘東部矦國。’”《補注》：“都尉治。《晉志》曰：‘後漢改東冶爲矦官都尉。“矦國”當作“矦官”也。’又案：謝承《書》：‘鄭宏理劇東部候。’則‘矦’當作‘候’，衍‘國’字也。”

　案：“東部候”似官名，非地名，後說非也。（爲東部候者，亦非鄭宏，乃鄭宏從祖吉之弟。）前說引《晉志》得之，而猶有未盡。《後漢攷異》云：“《宋書·州郡志》：候官，前漢無，後漢曰東候官，屬會稽。此‘東部矦國’，當卽‘東候官’之譌。《鄭巨君傳》注引《太康地志》云：‘漢武帝名爲東冶，後改爲東候官。’”（以上《攷異》說）然則《晉志·矦官上》省“東”字，又誤“候”作“矦”也。（此乃刊本之誤，《通鑑》六十二卷引《晉志》本作“候”，諸書中矦官、候官，亦往往互見。）後漢上郡本有候官縣，故此加“東”字以別之。據《續志》：章安爲冶縣故地，而東候官亦從冶縣分置者。《太平寰宇記》“建州”條下引《福州圖經》云：“會稽郡冶縣之北鄉，後漢建武中爲東候官。蓋冶縣地大，故僅割北鄉一帶，卽可置縣，而餘地則仍屬章安耳。”《晉志》于“矦官”下繫“都尉”二字，語意未明。惠氏遂指爲“東部都尉治”，歷引後漢人爲東部都尉者以證之，不知此實南部都尉治也。《宋志》引張勃《吳錄》云：“後分冶地爲會稽東、南二部都尉，東部臨海是也，南部建安是也。"案：臨海卽章安，吳時立。建安，卽分東候官置，漢末建安初年立，卽以年號爲名。張勃此文據後來地名稱之。在後漢時，則東部治章安，南郡治東候官也。《吳志·賀齊傳》："王朗奔東冶。候官長商升爲朗起兵，策遣永寧長韓晏，領南部都尉，將兵討升，以齊爲永寧長。晏爲升所敗，齊又代晏領都尉事。"案：韓晏、賀齊因討候官長，而領南部都尉，此卽南部在候官之明證。《賀齊傳》又云："候官卽平，而建安、漢興、南平復亂。齊進兵建安，立都尉府，是歲八年也。"據此，知前時南部雖治東候官，非卽後來立建安縣之地，故賀齊至是始立都尉府。參觀諸書，南部治所凡三易：前漢治回浦（見《前志》），後漢治東候官；建安初，分東候官，立建安縣，又移治建安：其可攷見者如此。（《吳志·虞翻傳》："王朗亡走浮海，翻追隨營護，到東部候官。""部"字衍。此卽《賀齊傳》所稱"王朗奔東冶"一事。稱"東冶"則可，候官本東冶地也；稱"東部"則不可，候官非東部地也。）《補注》又云："後漢劉洪爲東部都尉，任延爲西部都尉。西漢分東、西部，東京止有東部。"案：任延卽漢人，旣稱其爲西部都尉，而又言東京止有東部者，蓋任延爲西部，在更始時，非光武時也。然東京實兼有西部，《彭修傳》有"會稽西部都尉宰晷行太守事"，是其明證。又《宋書·州郡志》："東陽太守本會稽西部都尉。"《環宇記》"婺州條"下引鄭輯之《東陽記》云"此境爲會稽西部，嘗置都尉理于此"，皆據後漢言也。若前漢，西部治錢唐，《志》有明文。

《郡國志五》："巴郡。"《注》："初平六年，趙穎分巴爲二郡。"

　　《華陽國志》云："孝桓帝以并州刺史、泰山但望字伯闓爲巴郡太守，愍邨民隱。永興二年三月甲午，望上疏，欲分爲二郡。朝議未詳，遂不分郡。分郡之議始于是矣。"

"犍爲郡。"《注》："昔唐蒙所進。"

　　段大令《經韻樓集》云："唐蒙所鑿之道在僰道，不在南安。《水經注·江水篇》云：'漢武帝感相如之言，使縣令南通僰道，費功無成。唐蒙南入，斬之，乃鑿石開閣，以通南中，迄于建寧，二千餘里。山道廣丈餘，深三四丈，其鑿之迹猶存'是也。劉昭《注》誤。"

《注》："沖帝永嘉元年，戶九百九十三萬七千六百八十，口四千九百五十二萬四千一百八十三。質帝本初元年，戶九百三十四萬八千二百二十七，口四千七百五十六萬六千七百七十二。"

馬貴與曰："沖、質二帝享國各止一年、二年之閒，史所載，無大兵革、飢饉，而永嘉戶數損于建安一萬，本初戶數損于永嘉五十八萬，有奇殊，不可曉，豈紀錄之誤邪？"

《百官志一》："太尉，公一人。大喪，則告諡南郊。"

《曾子問》："惟天子稱'天'以誄之。"《注》："《春秋公羊》說，以爲讀誄、制諡於南郊，若云受之於天。"然《白虎通》："天子崩，大臣至南郊諡之者何？以爲人臣之義，莫不欲褒稱其君，掩惡揚善者也。故之南郊，明不得欺天也。"《釋名》："古者，諸侯薨時，天子論行以賜諡。唯王者無上，故于南郊稱'天'以諡之。"

《百官志三》："中黃門、冗從、僕射一人。"

洪景伯曰："《漢故中常侍騎都尉樊君之碑》：'歷中黃門、冗從、假史、小黃門、小黃門右史、臧府令、中常侍。'《漢志》有中黃門、冗從、僕射，而無假史；有小黃門，而無右史。蓋闕文也。"

《輿服志上》《注》："郭賀。"《補注》云："郭賀疑是賈琮。"

案：郭賀事見《蔡茂傳》，不必改爲賈琮。惠氏于《茂傳》引劉昭《注》爲證，而此反獻疑，何也？惟《注》誤以荊州爲冀州，此則當改。（《注》蓋涉賈琮事而誤。然琮自命御者褰去帳裳，非敕去也。）

山陰史悠咸初校
會稽陶濬宣覆校

《三國志補注續》一卷

矦康撰

清光緒二十八年上海文瀾書局石印史學叢書本

自敘

　　陳承祚《三國志》，世稱良史；裴《注》尤博贍可觀。杭氏掇拾補苴，亦廣聞見。而遺文逸事，出裴、杭二《注》外者尚多。爰就耳目所及，錄爲一卷。至於箋注名物，訓釋文義，裴《注》閒有之而不詳，蓋非其宗旨所存。今亦略傚斯例，不復多及焉。番禺矦康。

《武帝紀》《注》："司馬彪《續漢書》曰：'騰父節，字元偉。'"
　　案：《後漢書·皇後紀》曰："獻穆曹皇后諱節，魏公曹操之中女也。"此書《三少帝紀》曰："景元元年六月，故漢獻帝夫人節薨。"若騰父名"節"，操不應復以名其女。陳少章謂《藝文類聚》引《續漢書》"曹騰父萌"（案：在九十四卷），與裴《注》異，恐當以裴爲正文。攷《御覽》一百三十七卷引《續漢書》曰："孝獻皇后名'憲'"，則是本不與騰父同名。（《後漢書》以憲爲崔長女，節次女）諸説差互，未知孰是。

“徵拜議郎”。《注》：“《魏書》曰：‘是歲以災異博問得失，因此復上書切諫。’”

　　《後漢書·劉陶傳》：“光和五年……陳耽與議郎曹操上言”云云。《通鑑攷異》曰：“耽時已爲司徒，不應與議郎同上言。”王沈《魏書》曰：“太祖上書切諫”，不云“與耽同”，是溫公不取范史而取《魏書》也。

“建安元年二月，斬辟、邵等。”

　　錢大昕《三國志攷異》曰：“建安五年，汝南降賊劉辟等叛應袁紹，見下文及《蜀先主傳》，則此時無斬辟之事。《紀》文有誤。”

“夏，六月，遷鎮東將軍，封費亭矦。”

　　《藝文類聚》卷五十一：“後漢獻帝詔書拜鎮東將軍，襲費亭矦。曹操業履忠貞，輔幹王室。頃遭凶暴，海內離析。操執義討截黃巾，爲國出命。夫禄以賞功，罰以絀否。今以操爲鎮東將軍，領兗州牧，襲父費亭矦嵩爵并印綬符策。”

“四年，備之未東也，陰與董承等謀反。至下邳，遂殺徐州刺史車冑。”

　　《蜀志》繫此事於董承死後，此則在承死前。《袁紀》同，故《通鑑攷異》謂《蜀志》誤。《關羽傳》亦敘先主殺車冑於建安五年前，與此《紀》及《袁紀》合。然竊意先主本與董承等密謀誅曹操，假使其謀未洩，必不先背曹操殺車冑。恐當以《先主傳》爲是，而餘皆誤。

“十四年，春，三月，軍至譙，作輕舟，治水軍。秋，七月，自渦入淮，出肥水，軍合肥。”

　　魏文帝《浮淮賦序》曰：“建安十四年，王師自譙東征，大興水軍，汎舟萬艘。時予從行。始入淮口，行泊東山，覿師徒，觀旌帆，赫哉盛矣。雖孝武盛唐之狩，舳艫千里，殆不過也。”

"十七年，廣平之任城。"

《攷異》曰："光武并廣平國入鉅鹿郡，此後未見復置。""廣平"下衍一"之"字。任城屬兗州，不當以益魏郡，蓋亦衍一"城"字。

"十八年。"《注》："前後三讓。"

《操集》僅載其一表曰："臣功小德薄，忝寵已過，進爵益土，非臣所宜。九錫大禮，臣所不稱。惶悸怔營，心如炎灼，歸情寫實，冀蒙聽省。不悟陛下復詔褒誘，喻以伊、周，未見哀許。臣聞事君之道，犯而勿欺；量能處位，計功受爵。苟所不堪，有殞無從。加臣待罪上相，民所具瞻，而自過謬，其謂臣何！"

"秋，七月，始建魏社稷宗廟。"

《宋書·禮志三》："自以諸侯禮立五廟也。後雖進爵爲王，無所改易。"

"二十五年，春，正月，庚子，王崩于洛陽。"

《晉·五行志中》："漢獻帝建安二十三年，禿鶖集鄴宮文昌殿後池。明年，魏武王薨。"

陸士衡《弔魏武帝文》載其遺令曰："'吾在軍中，持法是也。至於小忿怒、大過失，不當效也。'持姬女而指季豹以示四子曰：'以累汝！'因泣下。……又曰：'吾婕好妓人，皆著銅雀台，於臺堂上施八尺牀，繐帳，朝晡上脯糒之屬。月朝十五日，輒向帳作伎。汝等時登銅雀臺，望吾西陵墓田。'又云：'餘香可分與諸夫人。諸舍中無所爲，學作履組賣也。吾歷官所得綬，皆著藏中。吾餘衣裘，可別爲一藏。不能者，兄弟可共分之。'"

"斂以時服，無藏金玉珍寶。"

《宋·禮志二》："魏武以送終制衣服四篋，題識其上，春秋冬夏，日有不諱，隨時以斂。金珥珠玉銅鐵之物，一不得送。文帝遵奉，無所增加。及受禪，刻金璽，追加尊號。不敢開埏，乃爲石室，藏璽埏首，示陵中無金銀諸物也。”

《注》引《曹瞞傳》曰：“初，袁忠爲沛相，嘗欲以法治太祖，沛國桓邵亦輕之。……忠、邵俱避難交州。太祖遣使就太守士燮，盡族之。桓邵得出首，拜謝於庭中，太祖謂曰：‘跪可解死邪！’遂殺之。”

　　《御覽》四百四十七引張輔《名士優劣論》曰：“魏武安忍無親，若楊德祖之徒，多見賊害；孔文舉、桓文林等，以宿恨見殺。”案：桓文林者，桓曄之字。《後漢書·桓曄傳》：“客交阯……爲凶人所誣，遂死於合浦獄”，不云“死於曹操”也。疑張輔誤以“桓邵”作“桓曄”，當從《曹瞞傳》爲正。袁忠事附見《後漢書·袁閎傳》，但云“浮海南，投交阯。獻帝都許，徵爲衛尉，未到，卒”，亦不言爲曹操所殺。或范《書》略之也。

《文帝紀》：“延康元年，五月，戊寅，天子命王，追尊王祖太尉曰太王。”

　　《通典》：“魏文帝卽王位，尚書令桓階等奏：‘臣聞尊祖敬宗，古之大義。故六代之君，未嘗不追崇始祖，顯彰所出。先王應期撥亂，啟魏大業，然禰廟未有異號，非崇孝敬、示無窮之義也。太尉公猷，宜有尊號，所以表功崇德、發事顯名者也。故《易》言‘乾坤’，皆曰‘大德’，言大人與天地合。臣等以爲，太尉公猷，誕育聖哲，以濟群品，可謂資始，其功德之號，莫過於‘太王’。’詔曰：‘前奏以朝車迎中常侍大長秋特進君猷神主，然君猷不宜但依故爵乘朝車也。禮有尊親之義，爲可依諸王比，更議。’博士祭酒孫欽等議：‘按《春秋》之義，五等諸侯卒，葬皆稱“公”，與王者之後宋公同號，然臣子襃崇其君父。以此言之，中常侍大長秋特進君猷，誕育太皇，篤生武王，奄有四方，其功德之號，莫過太王。今迎神主，宜乘王車，又宜先遣使者上謚號爲“太王”。於是漢帝追謚爲“太王”’”。

"秋，七月，甲午，軍次於譙，大饗六軍及譙父老百姓于邑東。"

《金石錄》曰："以《魏大饗碑》攷之，乃八月辛未，《魏志》誤。"

"乃爲壇於繁陽。庚午，王升壇卽阼。"《注》曰："《獻帝傳》曰：'辛未，魏王登壇受禪。'"

《集古錄·漢獻帝紀》："延康元年十月乙卯，皇帝遜位，魏王稱'天子'"。又案：《魏志》：是歲十一月，葬士卒死亡者，猶稱"令"。是月丙午，漢帝使張愔奉璽綬。庚午，王升壇受禪。又：是月癸酉，奉漢帝爲山陽公。而此碑云十月辛未受禪于漢，三家之説皆不同。今據裴松之注《魏志》，備列漢魏禪代詔冊書合群臣奏議其詳。蓋漢實以十月乙卯策詔魏王，使張愔奉璽綬，而魏王辭讓，往返三四，而後受也。又據侍中劉廙奏："問太史令許芝，今月十七日己未，可治壇場。"又據尚書令桓階等奏曰："輒下太史擇元辰，今月二十九日，可登壇受命。"蓋自十七日己未至二十九日，正得辛未。以此推之，《漢》《魏》二紀皆謬，而獨此碑爲是也。《漢紀》"乙卯遜位"者，書其初命，而略其辭讓往反，遂失其實爾。《魏志》十一月癸卯猶稱"令"者，當是十月，衍"一"字爾。"丙午，張愔奉璽綬"者，辭讓往反，容有之也。惟"庚午升壇"最爲謬爾。癸卯去癸酉三十一日，不得同爲十一月，此尤謬也。《御覽》卷十一引《魏略·五行志》曰："延康元年，大霖雨五十餘日。魏有天下，乃霽，魏將受祚之應也。"

"黃初元年。"

《藝文類聚》卷十引魏傅遐《皇初頌》曰："天子乃登彫輦，戴羽蓋，佩玉鏘鏘，鑾聲噦噦，拜上皇，告受位，兆休祚，導神氣。於是建皇初之上元，發曠盪之明詔，眚災肆赦，盪滌瑕穢。"是當時"黃初"亦通作"皇初"。

"奉漢帝爲山陽公，行漢正朔。"

　　《文帝集》中載詔曰："朕承符運，受中革命，其敬事山陽公，如舜之宗堯，有始有卒，傳之無窮。前群司奏處正朔，欲使一皆從魏制，意所不安。其令山陽公於其國中，正朔、服色、祭祀、禮樂自如漢典。又爲武、昭、宣、明帝，置守冢各三百家。"

《注》："《魏書》曰：以夏數爲得天，故卽用夏正，而服色尚黃。"

　　《宋‧禮志一》："黃初元年詔曰：'孔子稱"行夏之時，乘殷之輅，服周之冕，樂則韶舞。"'此聖人集帝代之美事，爲後王制法也。《傳》曰：'夏數爲得天。'朕承唐、虞之美，至於正朔，當依虞、夏故事。若殊徽號，異器械，制禮樂，易服色，用牲幣，自當隨土德之數。每四時之季月，服黃十八日，臘以丑，牲用白；其飾節旄，自當赤，但節幡黃耳。其餘郊祀天地、朝會四時之服，宜如漢制。宗廟所服，一如周禮。尚書令桓階等奏：'據三正周復之義，國家承漢氏人正之後，當受之以地正，犧牲宜用白。今從漢十三月正，則犧牲不得獨改。今新建皇統，宜稽古典先代，以從天命，而告朔犧牲，壹皆不改，非所以明革命之義也。'詔曰：'服色如所奏。其餘宜如虞承唐，但臘日用丑耳，此亦聖人之制也。'"

"二年，春，正月，乙亥，朝日于東郊。"

　　《南齊書‧禮志上》："魏文帝詔曰：'《覲禮》：天子拜日東門之外，反禮方明。朝事議曰：天子冕而執鎮圭，率諸矦朝日於東郊。以此言之，蓋諸矦朝，天子祀方明，因率朝日也。漢改周法，群公無四朝之事，故不復朝於東郊，得禮之變矣。然旦夕常於殿下東向拜日，其禮太煩。今采周春分之禮，損漢日拜之儀，又無諸矦之事，無所出東郊。今正殿卽亦朝會行禮之庭也，宜常以春分于正殿之庭拜日。其夕月文不分明，其議奏。'魏祕書監薛循請（《魏書》《通典》俱作"薛靖"，"循""請"二字並衍誤）論云：'舊事：朝日以春分，夕月以秋分。案：周禮朝日無常日，鄭玄云用二分，故遂施行。秋分之夕，月多東升，而西向拜之，背實遠矣。謂朝日宜用仲春之朔，夕月宜用仲秋之朔。'淳于睿駁之，引《禮記》云：'"祭日于東，祭月于西，以端其位。"周禮秋分夕月，並行于上世。西向拜月，雖如背實，亦猶月在天而祭之于坎，不復言背月也。'"案：文帝此詔采周春分之禮，不用正月；又拜于正殿，不在東郊，非此年所下詔書也。今以其言拜日之禮，故附此。

《注》："臣松之以爲《禮》：'天子以春分朝日，秋分夕月。'尋此年正月郊祀，有月無日，乙亥朝日，則有日無月，蓋文之脫也。案明帝朝日夕月，皆如《禮》文，故知此紀爲誤者也。"

錢儀吉給諫《記事纂》曰："裴氏疑此'乙亥朝日'上當有'二月'字也。然證以此《紀》之文，黃初元年十一月有癸酉，十二月有戊戌；《獻帝傳》述魏文之禪，許芝擇以十月十七日己未壇墠，以二十九日辛未登壇受禪。"劉義叟推黃初二年正月壬申朔校測前後，悉與史合。是乙亥爲正月四日，非二月也。更以四分術推之：自黃初元年庚子入己卯蔀，至辛丑二年算外日餘乘之，得大餘五，小餘八。十一月十二日甲申冬至遞推至春分，爲二月十五日乙卯，非乙亥也。《晉書·禮志》稱黃初正月朝日"違禮二分之義"，《隋志》亦言魏文正月朝日，前史以爲非時。及明帝太和元年二月朝日，八月夕月，始合於古。是文帝雖有采周春分之詔，其實未嘗施行。是歲祭日，實以正月。至太和，乃用二分。後先殊制，不可強同。裴氏不攷當代禮制，遂謂史有闕文，疏已。《尚書大傳》云："古者，帝王以正月朝迎日於東郊，辭曰：'維某年某月上日。明光於上下，勤施於四方，旁作穆穆，維予一人。某敬拜迎日東郊。'"又焉知魏初之制，非有取於伏氏之義與？然不可得詳矣。

《注》："《魏略》曰：'改長安、譙、許昌、鄴、洛陽爲五都。'"

《十七史商榷》曰：長安久不爲都，譙特因太祖故鄉，聊目爲都，皆非都也。真爲都者，許、洛、鄴三處耳。自建安元年，操始自洛陽迎天子，遷都許；至九年，滅袁氏後，又遷都鄴；至二十四年，書還洛陽；二十五年，又書至洛陽；其下卽書"王崩于洛陽"。至丕受禪，皆在洛，蓋操之末年，又自鄴遷洛矣。

"其以議郎孔羨爲宗聖矣，邑百戶，奉孔子祀。"

　　洪适《隸釋》曰："《魯孔子廟碑》云'元年'，而史作'二年'，誤也。"《金石錄》曰："以《孔子廟碑》攷之，乃黃初元年，當以碑爲正。"朱氏彝尊曰："洪氏以是碑文稱'黃初元年'，而《魏志》作'二年'，謂誤在史。攷魏王受禪在漢延康元年十一月，既升壇卽阼，事訖，改延康爲黃初。而碑辭敍黃初元年，大魏受命，應歷數以改物，秩帀祀于無文。既乃緝熙聖緒，昭顯上世，則詔三公云云。原受禪之始，歲且將終。碑有'既乃'之文，則下詔在明年二月，史未必誤。"

"置百戶吏卒，以守衛之。"

　　案：當作"百石卒史"。漢有《孔廟置守廟百石卒史碑》。此蓋仍漢制也。《金石文字記》曰："百石卒史者，秩百石之卒史也。"《漢書·儒林傳》："郡國置五經百石卒史"、《倪寬傳》："補廷尉文學卒史"、臣瓚曰"漢注卒史秩百石"是也。若三輔卒史則二百石，《黃霸傳》："補左馮翊二百石卒史"是也。因其秩有不同，故舉石之多寡以別之。案：《晉書》及《通典》皆譌爲"百戶吏卒"，誤與此同。（《續漢書·百官志》注引《漢官》曰："河南尹百石卒史二百五十人"。）

《注》："《魏書》曰：'甲辰，以京師宗廟未成，帝親祠武皇帝于建始殿，躬執饋奠，如家人之禮。'"

　　《宋·禮志三》："何承天曰：'案：《禮》："將營宮室，宗廟爲先。庶人無廟，故祭於寢。"帝者行之，非禮甚矣。'"

"三年，春，正月，庚午，行幸許昌宮。"

　　《宋·禮志一》："魏黃初三年，始奉璧朝賀。何承天云：'魏元會儀無存者。'案：何楨《許都賦》曰：'元正大饗，壇彼西南。旗幕峨峨，橝宇宏深。'王沈《正會賦》又曰：'華幄映於飛雲，朱幕張于前庭。綑青帷於兩階，象紫極之崢嶸。延百辟于和門，等尊卑而奉璋。'此則大饗悉在城外，不在宮內也。臣案：魏司空王朗奏事曰：'故事，正月朔，賀。殿下設兩百華鐙，對於二階之間。端門設庭燎火炬，端門外設五尺、三尺鐙。月照星明，雖夜猶晝矣。'如此，則不在城外也。何、王二賦，本不在洛京，何云《許都賦》時在許昌也？王賦又云'朝四國於東巡'，亦賦許昌正會也。"

《南齊書·禮志上》："魏武都鄴，正會文昌殿，用漢儀；又設百華燈。後魏文脩洛陽宮室，權都許昌，宮殿狹小。元日于城南立氈殿，青帷以爲門，設樂饗會。後還洛陽，依漢舊事。"

"帝自許昌南征。"

《文館詞林》載魏文帝《伐吳詔》曰："昔軒轅不爲涿鹿之師，則蚩尤之妖不滅；唐堯不興丹水之陳，則南蠻之難不平；漢武不行呂嘉之罰，則橫浦之表不附；光武不加囂述之誅，則隴蜀之亂不清。故曰：非威不福①，非兵不定。孫權小醜，憑江悖暴。故奮武銳，順天行誅。驍騎龍驤，猛將武步。征南進圍江陵，多獲舟船，斬首執俘，降者盈路，牛酒日至。大司馬及征東諸將，卷甲長驅。今車駕自東，爲之瞻鎮。雲行天步，乘釁而進。賊進退道迫，首尾有難。不爲楚靈乾谿之潰，將有彭寵蕭牆之變。必自魚爛，不復血刃，宜慎終節，動靜以聞。"案：此詔《文帝集》不載。

"四年，春，正月，詔曰"云云。

《文帝集》載詔，視此爲詳，今錄於後。詔曰："喪亂以來，兵革縱橫②，天下之人，多相殘害者。昔田橫殺酈商之兄，張步害伏湛之子，漢氏二祖，下詔使不得相讎。今兵戎始息，宇內初定，民之存者，非流亡之孤，則鋒刃之餘。當相親愛，養老長幼。自今以後，宿有讎冤者，皆不得相讎。"

---

① "福"，當作"服"。
② "縱橫"，《魏志》作"未戢"。

"六月，大雨，伊、洛溢流，殺人民，壞廬宅。"

《晉·五行志上》："魏文帝黃初四年六月，大雨霖，伊洛溢，至津陽城門，漂數千家，殺人。初，帝即位，自鄴遷洛，營造宮室，而不起宗廟。太祖神主猶在鄴，嘗於建始殿饗祭，如家人禮。終黃初，不復還鄴。又郊社神祇，未有定位。此簡宗廟、祭祀之罰也。"

"五年，夏，四月，立太學，制五經課試之法。"

《通典》："魏文帝黃初五年，立太學于洛陽。時慕學者，始詣太學爲門人。滿二歲，試通一經者，稱弟子；不通一經，罷遣。弟子滿二歲，試通二經者，補文學掌故；不通經者，聽須後輩試，試通二經，亦得補掌故。掌故滿二歲，試通三經者，擢高第爲太子舍人；不第者，隨後輩復試，試通亦爲太子舍人。舍人滿二歲，試通四經者，擢其高第爲郎中；不通者，隨後輩復試，試通亦爲郎中。郎中滿二歲，能通五經者，擢高第，隨才敍用；不通者，隨後輩復試，試通亦敍用。"案：黃初此法全本漢桓帝時舊制。（漢桓之制亦載《通典·選舉門》，此條則載"吉禮門"。）蓋漢末法廢不行，至是始復立之也。

"其敢設非祀之祭，巫祝之言，皆以執左道論。"

《通典》："魏祀五郊、六宗及厲殃。何晏議：'《月令》季春磔禳大儺，非所以祀皇天也。夫天道不謟，不貳其命，若之何禳之？國有大故，可祈于南郊。至於祈禳，自宜止於山川百物而已。王肅云："厲殃，漢之淫祠耳"。日月有常位，五帝有常典，師曠自是樂祖，無事于厲殃……漢文除秘祝，所以稱仁明也。'"案：二議不系年月，或卽在是時乎？

"是歲，穿天淵池。"

《水經·穀水注》曰："池中有魏文帝九華臺殿基，悉是洛中故碑累……池南，直魏文帝茅茨堂，前有茅茨碑，是黃初中所立也。"《宋書·禮志二》："魏明帝天淵池，南設流杯石溝，燕群臣。"案：《洛陽伽藍記》以碑爲魏明帝立，堂爲元魏高祖立，疑非。

"六年，五月，壬戌，熒惑入太微。"

　　《宋書·天文志一》："黃初六年五月十六日壬戌，熒惑入太微。至二十六日壬申，與歲星相及，俱犯右執法。至二十七日癸酉，乃出。占曰：從後入（《晉志》作"從右入"。），三十日以上，人主有大憂。又日月五星犯左右執法，大臣有憂。一曰執法者誅，金、火猶甚。十一月，皇子東陽武王鑒薨。七年正月，驃騎將軍曹洪免爲庶人。四月，征南大將軍夏侯尚薨。五月，文帝崩。"

"冬，十月，行幸廣陵故城，臨江觀兵。"

　　《藝文類聚》卷十三引《江表傳》曰："魏文帝出廣陵，欲伐吳，臨大江歎曰：'吳據洪流，且多糧穀；魏雖武騎千隊，無所用之。'乃還。"

"黃初七年，春，正月。"

　　《晉·禮志上》："魏文帝黃初七年正月，命中宮蠶於北郊，依周典也。"《藝文類聚》卷十五引魏韋誕《皇后親蠶頌》曰："於時明庶扇物，鳥帑昏正，躬耕帝籍，邁德班令。嘉柔桑之肇敷，思郊廟之至敬，命皇后以親蠶，俾躬桑於郊垌。考時日於巫咸，詔太卜以獻禎；御坤德之大略[①]，翳翠葆以揚旌。爾乃皇、英參乘，塗山奉輿；總姜、任於後陳，載樊、衛於貳車。千乘隱其雷動，萬騎粲以星敷；啟前路於三官，命蚩尤而清衢；遊青蚪於左角，步素螭於右隅；登崇壇而正位，覵休氣於朝陽；步雕輦而下降，手柔條於公桑。嬪妾肅以蒞事，職蠶植而承筐；供副褘之六服，昭孝敬於烝嘗；盛華禮於中宇，神化馳於八方。乃延群妾，宴賜於前。降至貴以逮下，布愷悌之渥恩。禮儀備序，巾車回轅；班中黃之禁財，散束帛之戔戔。神澤沛以雨施，洪恩布於膴原。同碩慶於生民，發三靈之永歡。苞繁祜於萬國，卷福釐以言旋。美休祚於億載，豈百世之曾元[②]。"

―――――――――

① "略"，《全三國文》卷三十二作"輅"。
② "元"，《全三國文》卷三十二作"玄"。

"夏，五月，丁巳，帝崩。"

《晉·五行志中》："魏文帝黃初三年，禿鶩集雒陽芳林園池。七年又集。其夏，文帝崩。"

《明帝紀》："太和元年。"

《宋·禮志一》："魏明帝初，司空王朗議：'古者有年數，無年號，漢初猶然。或有世而改，有中元、後元。元改彌數，中、後之號不足，故更假取美名，非古也。述春秋之事，曰"隱公元年"，則簡而易知。載漢世之事，曰"建元元年"，則後不見。宜若古稱"元"而已。'明帝不從，乃詔曰：'先帝卽位之元，則有元康之號；受禪之初，亦有黃初之稱。今名"年"可也。'於是尚書奏：'《易》曰："乾道變化，各正性命。保合大和，乃利貞。首出庶物，萬國咸寧。"宜爲太和元年。'"

"春，正月，郊祀武皇帝以配天，宗祀文皇帝于明堂，以配上帝。"

《通典》："太和元年正月丁未，宗祀明堂，祝稱天子臣某。"案：《明紀》有月無日，晉、宋《禮志》及《通典》則皆作"丁未"。漢制：郊、堂不同日舉行，同日自此始。《南齊書·禮志上》載魏高堂隆表："九日南郊，十日北郊，十一日明堂，十二日宗廟。"蔡仲熊據此以爲魏郊、堂不同日之證。然是年則實同日。或隆此議不見用，或用在太和以後，皆未可知也。

《注》："《魏略》曰：'諸葛亮陰欲誘達，數書招之。達與相報荅。魏興太守申儀與達有隙，密表達與蜀潛通。'"

《華陽國志》："諸葛亮將北伐，招達爲外援，故貽書曰：'嗟乎！孟子度！邇者劉封侵凌足下，以傷先帝待士之望，慨然永歎！每存天下平素之志，豈虛託名載策者哉？'都護李嚴亦與書曰：'吾與孔明並受遺詔，思得良伴。'吳王孫權亦招之，達遂背魏通吳、蜀，表請馬弩於文帝。撫軍司馬宣王以爲不可許，帝曰：'吾爲天下主，義不先負人。當使

吳、蜀知吾心。’乃多與之，過其所求。”《晉書·宣帝紀》：“達連吳
固蜀，潛圖中國。蜀相諸葛亮惡其反覆，又慮其爲患。達與魏興太守申儀
有隙，亮欲促其事，乃遣郭模詐降，過儀，因漏泄其謀。達聞其謀漏泄，
將舉兵。帝恐達速發，以書喻之曰：‘將軍昔棄劉備，託身國家，國家委
將軍以疆場之任，任將軍以圖蜀之事，可謂心貫白日。蜀人愚智，莫不切
齒於將軍。諸葛亮欲相破，惟苦無路耳。模之所言，非小事也，亮豈輕
之？而令宣露，此殆易知耳。’達得書大喜，猶與不決。”

“二年，春，正月。宣王攻破新城，斬達，傳其首。”

《晉書·宣帝紀》：“帝潛軍進討。諸將言達與二賊交構，宜觀望
而後動。帝曰：‘達無信義，此其相疑之時也。當及其未定，促決之。’
乃倍道兼行，八日到其城下。吳、蜀各遣其將，向西城安橋、木闌塞以救
達。帝分諸將以距之。初，達與亮書曰：‘宛去洛八百里，去吾一千二百
里，聞吾舉事，當表上天子，比相反覆，一月間也，則吾城已固，諸軍足
辦。則吾所在深險，司馬公必不自來。諸將來，吾無患矣。’及兵到，達
又告亮曰：‘吾舉事八日，而兵至城下，何其神速也？’上庸城三面阻
水，達于城外爲木欄以自固。帝渡水，破其柵，直造城下，八道攻之。旬
又六日，達甥鄧賢、將李輔等，開門出降。斬達首，傳京師，俘獲萬餘
人。”

“三年，六月。戊申，追尊高祖大長秋曰‘高皇帝’，夫人吳氏曰‘高皇
后。’”

《通典》：“明帝泰和三年六月，司空陳羣等議，以爲：‘周武追
尊太王、王季、文王皆爲王，是時周天子以王爲號，追尊卽同，故謂“不
以卑臨尊”也。魏以皇帝爲號，今追號皇高祖、中常侍、大長秋、特進
君爲王，乃“以卑臨尊”也。故漢高祖尊其父爲太皇。自是以後，諸矦
爲帝者，皆尊其父爲皇也。大長秋、特進君，宜追號“高皇”，載主宜以
金根車。可遣大鴻臚持節，乘大使車，從驍騎，奉印綬，卽鄴廟，以太牢
告祠。’從之。又詔曰：‘蓋聞尊嚴祖考，所以成湯、文、武，實造商、

周，克昌王業。而《詩》《書》之義，追尊稷、禹①。自我魏室之承天序，既發跡於高皇，高皇之父處士君，精神幽遠，號稱罔記，非所以崇孝重本也。其令公卿以下會議號謚。’侍中劉奕②議：‘周王所以后稷爲祖者，以其唐之諸侯，佐堯有大功，名在祀典故也。至於漢氏之初，追謚之義，不過其父。上比周室，則大魏發跡自高皇而始；下論漢氏，則追謚之禮不及其祖。奕私以爲追尊之義，宜齊高皇而已。’侍中繆襲以爲：‘元者，一也，首也，氣之初也。是以周文演《易》，以冠四德，仲尼作《春秋》，以統三正。又《謚法》曰：“行義悅人曰元，尊仁貴德曰元。”處士君宜追加謚號曰“元皇”。’太傅鍾繇議：‘案《禮·小記》曰：“親親以三爲五，以五爲九，上殺下殺旁殺而親畢矣。”乃唐堯之所以敦敘于九族也。其禮上殺於五，非不孝敬於祖也；下殺於五，非不慈愛於其孫也；旁殺於五，非不篤友於昆弟也。故爲族屬，以禮殺之。處士君其數在六，於屬已盡，其廟當毀，其主當遷。今若追崇帝王之號，天下素不聞其受命之符，則是武皇帝櫛風沐雨、勤勞天下爲非功也。推以人情，普天率土不襲此議，處士君明神不安此禮。今諸博士以禮斷之，其議可從。’詔從之。”

《注》：“此則魏初惟立親廟，祀四室而已。”

　　《隋·禮儀志二》：“魏初，高堂隆爲鄭學，議立親廟四。太祖武帝猶在四親之內，乃虛置太祖及二祧以待後代。”據此，則是時廟制，出高堂隆所定也。親廟四之說，本《禮緯·稽命徵》，而鄭注《禮》用之。

“五年，春，正月，帝耕於籍田。”

　　《御覽》五百三十七卷引繆襲《許昌宮賦》曰：“太和六年春，上既躬耕帝籍”，則是時，魏帝頻歲耕籍也。然《陳志》但書于太和五年，而六年不書，豈略之邪？抑《御覽》“六年”爲“五年”之誤邪？又《晉書·禮志》稱魏之三祖亦皆親耕，據《陳志》則武帝、明帝有耕籍事，文

① “禹”，《通典》卷七十二“礼三十二沿革三十二嘉礼十七”作“契”。
② “奕”，《通典》卷七十二“礼三十二沿革三十二嘉礼十七”作“曄”。

帝獨無，疑亦史略也。

"秋，七年，乙酉，皇子殷生，大赦。"

《藝文類聚》卷四十五引魏夏侯玄《皇胤賦》曰："在太和之五載，肇皇胤之盛始。時惟孟秋，和氣淑清。良辰既啟，皇子誕生。"

"六年，三月。"

《通典》："武宣皇后太和四年六月崩，至六年三月，有司以今年四月禘告。王肅議曰：'今宜以崩年數。案《春秋》魯閔公二年夏，禘於莊公。是時縗絰之中，至二十五月大祥便禘，不復禫，故譏其速也。去四年六月，武宣皇后崩，二十六日晚葬，除服即吉，四時之祭，皆親行事。今當計始除服日數，如此禮須到禫月乃禘。'趙怡等以爲：皇帝崩二十七月之後，乃得禘祫。王肅又奏：'如鄭玄言，各於其廟，則無以異四時常祀，不得謂之殷祭。以粢盛百物，豐衍備具，爲殷祭者，夫孝子盡心於事親，致敬於四時，比時具物，不可以不備。無緣儉祭其親，累年而後，一豐其饌。夫謂殷者，因以祖宗並陳，昭穆皆列故也。設以爲毀廟之主皆祭謂殷者，夫毀廟祭於太祖，而六廟獨在其前，所不合宜，非事之理。近尚書難臣以"《曾子問》唯祫于太祖，帬主皆從，而不言禘，知禘不合食"。臣答以爲"禘祫殷祭，帬主皆合，舉祫則禘可知也"。《論語》孔子曰："禘自既灌而往者，吾不欲觀之矣。"所以特禘者，以禘大祭，故欲觀其盛觀也。禘祫大祭，獨舉禘，則祫亦可知也。'"（原注："太和八年，用王肅議。"）

"夏，四月，甲子，初進新果于廟。"

《通典》："高堂隆云：'案舊典：天子諸侯月有祭事，其孟月則四時之祭也，三牲、黍稷，時物咸備。其仲月、季月，皆薦新之祭也。大夫以上將之以羔，或加以犬而已，不備三牲也。士以豚。庶人則唯其時宜，魚、雁可也。皆有黍稷。《禮器》曰："羔、豚而祭，百官皆足；太牢而祭，不必有餘。"羔、豚則薦新之禮也，太牢則時祭之禮也。《詩》云：

"四月其蚤，獻羔祭韭。"周之四月則夏之二月也。《月令》："仲春，天子乃獻羔開冰。"季春之月，天子始乘舟薦鮪；仲夏之月，天子乃嘗魚，咸薦之寢廟。此則仲月季月薦新之禮也。'"

"青龍元年，春，正月，甲申。青龍見郟之摩陂井中。二月，丁酉，幸摩陂觀龍。"

《晉·五行志下》："干寶曰：'自明帝終魏世，青龍黃龍見者，皆其主廢興之應也。魏土運，青木色，而不勝于金，黃得位青失位之象也。青龍多見者，君德國運內相剋伐也。故高貴鄉公卒敗于兵。'"案：劉向說龍貴象而困井中，諸侯將有執幽之禍也。魏世龍莫不在井，此居上者逼制之應。高貴鄉公著《潛龍詩》，卽此旨也。《藝文類聚》卷九十八引劉劭《龍瑞賦》。

"夏，五月，壬申，詔祀故大將軍夏矦惇、大司馬曹仁、車騎將軍程昱于太祖廟庭。"

《通典》："魏高堂隆議曰：'案先典：祭祀之禮皆依生時尊卑之敘，以爲位次。功臣配享于先王，像生時侍讌。燕禮，大夫以上皆升堂，以下則位于庭，其餘則與君同牢。至於俎豆薦羞，唯君備。公降于君，卿大夫降于公，士降于大夫，使功臣配食于烝祭，所以尊崇其德、明其勳，以勸嗣臣也。議者欲從漢氏，祭之于庭。此爲貶損，非寵異之謂。以其人之貴[①]，賤者取賤骨。今使配食者因君之牢，以貴賤爲俎，庶合事宜。《周志》曰："勇則害上，不登于明堂"。共用謂之勇，言有勇而無義，死不登堂而配食，此卽配食之義，位在堂之明審也。下爲北面，三公朝立之位耳。燕則脫履升堂，不在庭也。凡獻爵，有十二、九、七、五、三之差。君禮大夫三獻，太祝令進三爵于配食者，可也。'"

"二年。"《注》："《獻帝傳》曰：'適孫杜氏鄉矦康，嗣立爲山陽公。'"

《通典》："魏尚書奏以故漢獻帝嫡孫杜氏鄉矦劉康襲爵，假授使者

---

① "以其人之貴"，《通典》卷第五十"禮十·沿革十·吉禮九"作"貴者取貴骨"。

拜授，康素服奪情議。案：'漢氏承秦，改六冕之制，玄冠绛衣，一服而已。有喪凶之事，則變吉服，以從簡易。故諸王薨，遣使者拜嗣子爲王，則玄冠繰絰，服素以承詔命。事訖，然後反喪服。攷之前典，則差《周書》；論之漢室，則合常制。王肅議：'尊者臨卑，不制繰麻，故爲之素服。康處三年喪，在繰絰之中。若因喪以命之，則無復素服。若以尊崇王命，則吉服以拜受。'案：'《尚書》，康王受策命，吉服而受之。事畢，又以吉服出應門內，以命諸侯。皆出，然後王釋冕，反喪服。'故臣以爲諸侯受天子之命，宜以吉服。又《禮》：'處三年之喪，而當除父兄之喪服。除服卒事，然後反喪服。'則受天子命者，亦宜服其命服，使者出，反喪服，卽位而哭，既合于禮，又合人情。'詔從之。"

"三年，是時，大治洛陽宮，起昭陽太極殿。"

《水經·穀水注》曰："魏明帝上法太極于洛陽南宮，起太極殿于漢崇德殿之故處。改雉門爲閶闔門。"

"景初元年，春，正月，壬辰。山茌縣言黃龍見，于是有司奏以爲魏得地統，宜以建丑之月爲正。三月定麻，改年爲孟夏四月，服色尚黃，犧牲用白，戎事乘黑首白馬，建大赤之旂；朝會建大白之旗。"

《宋·禮志一》："明帝卽位，便有改正朔之意，朝議多異同，故持疑不決。乃下詔曰：'黃初以來，諸儒共論正朔，或以改之爲宜，或以不改爲是，意取駁異，于今未決。朕在東宮時聞之，意常以爲夫子作《春秋》，通三統，爲後王法。正朔各從色，不同因襲。自五帝、三王以下，或父子相繼，同體異德；或納大麓，受終文祖；或尋干戈，從天行誅。雖遭遇異時，步驟不同，然未有不改正朔，用服色，表明文物，以章受命之符也。由此言之，何必以不改爲是邪？'於是公卿以下博議。侍中高堂隆議曰：'案：自古有文章以來，帝王之興，受禪之與干戈，皆改正朔，所以明天道、定民心也。《易》曰："《革》，元亨利貞"，"有孚，改命，吉"，"湯武革命，應乎天，從乎人。"其義曰：水火更用事，猶王者必改正朔、易服色也。《易通卦驗》曰："王者必改正朔、易服色，以應天地三氣三色。"《書》曰："若稽古帝舜曰重華，建皇授政改朔。"初，"高陽氏以十一月爲正，薦玉以赤繒。高辛氏以十三月爲正，薦玉以白繒。"《尚書傳》曰："舜定鐘石，論人聲，乃及鳥獸，咸變於前。故更四時，改堯正。"《詩》曰："一之日觱發，二之日栗烈，三之日于耜。"《傳》曰："一之日，周正月；二之日，殷正月；三之日，夏正月。"《詩推度災》曰："如有繼周而王者，雖百世可知。以前檢後，文質相因，法度相改。三而復者，正色也；二而復者，文質也。"以前檢後，謂軒轅、高辛、夏后氏、漢皆以十三月爲正；少昊、有唐、有殷皆以十二月爲正；高陽、有虞、有周皆以十一月爲正。後雖百世，皆以前代三而復也。《禮大傳》曰："聖人南面而治天下，必正度量、攷文章、改正朔、易服色、殊徽號。"《樂稽曜嘉》曰："禹將受位，天意大變，迅風雷雨，以明將去虞而適夏也。是以舜、禹雖繼平受禪，猶制禮樂，改正朔，以應天從民。夏以十三月爲正，法物之始，其色尚黑。殷以十二月爲正，法物之牙，其色尚白。周以十一月爲正，法物之萌，其色尚赤。能察其類，能正其本，則嶽瀆致雲雨，四時和，五稼成，麟鳳翔集。"《春秋》："十七年，夏六月，甲子朔，日有蝕之。"《傳》曰："當夏四月，是謂孟夏。"《春秋元命苞》曰："王者受命，昭然明於天地之理，故必移居處、更稱號、改正朔、易服色，以明天命聖人之寶，質文再而改，窮明相承，周則復始，正朔改則天命顯。"凡典籍所記，不盡於此，略舉大較，亦足以明也。太尉司馬懿、尚書僕射衛臻、尚書薛悌、中書監劉放、中書侍郎刁幹、博士秦靜、趙怡、中庶中詔李岐以爲宜改；侍中繆襲、散騎常侍王肅、尚書郎魏衡、太子舍人黃（缺）以爲不宜改。青龍五年，山茌縣言黃龍見。帝乃詔三公曰：'昔在庖犧，繼天而王，始據木德，爲帝代首。自茲以降，服物氏號，開元著統者，既膺受命曆數之期，握皇靈遷興之運，承天改物，序其綱紀。雖炎、黃、少昊、顓頊、高辛、唐、虞、夏后，世系相襲，同氣共祖，猶豫昭顯所受之運，著明天人去就之符，無不革易制度，更定禮樂，延帝后，班瑞信，使之煥炳可述于後也。至于正朔之事，當明示變改，以彰異代，曷疑其不然哉？文皇帝踐阼之初，庶事草創，遂襲漢正，不革其統。朕在東宮，及臻在位，每覽書籍之林，總公卿之議。夫言三統相變者，有明文；云虞、夏相因者，無其言也。《厤志》曰："天統之正在子，物萌而赤；地統之正在丑，物化而白；人統之正在寅，物成而黑。"但含生氣，以微成著。故太極運三辰五星於上，元氣轉三統五行於下，登降周旋，終則又始，言天地與人所以相通也。仲尼以大聖之才，祖述堯、舜，範章文、武，制作《春秋》，論究人事，以貫百王之則。故於三微之月，每月稱王，以明三正迭相爲首。夫祖述堯、舜，以論三正，則其明義，豈使近在殷、周而已乎？朕以眇身，繼承洪緒，既不能紹上聖之遺風，揚先帝之休德；又使王教之弛者不張，帝典之闕者未補，亹亹之德不著，亦惡可已乎？今推三統之次，魏得地統，當以建丑之月爲正。攷之羣藝，厥義彰矣。改青龍五年春三月爲景初元年孟夏四月。服色尚黃，犧牲用白，戎事乘黑首之白馬，建大赤之旗，朝會建大白之旗。春秋冬孟仲季月，雖與歲不同，至於郊祀迎氣，祠、祀、烝、嘗，巡狩、蒐田，分至啟閉，班宣時令，中氣晚早，敬授民事，諸若此者，皆以正歲斗建爲節。此厤數之序，乃上與先聖合符同契，重規疊矩者也。今遵其義，庶可以顯祖考大造之基，崇有魏維新之命。於戲！王公羣后，百辟卿士，靖恭厥職，帥意無怠，以承天休。司徒露布，咸使聞知，稱朕意焉。'又詔曰：'以建寅之月爲正者，其牲用玄；以建丑之月爲正者，其牲用白；以建子之月爲正者，其牲用騂。此爲牲色各從其正，不隨所祀之陰陽也。祭天不嫌於用玄，則祭地不得獨疑於用白也。天地用牲，得無不宜異邪？更議。'於是議者各有引據，無適可從。又詔曰：'諸議所依據各參錯，若陽祀用騂，陰祀用黝，復云祭天用玄，祭地用黃，如此，用牲之義，未爲通也。天地至尊，用牲當同以所尚之色，不得專以陰陽爲別也。今祭皇皇帝天，皇皇后地，天地郊、明堂、宗廟，皆宜同。其別祭五郊，各隨方色；祭日月星辰之類用騂，社稷山川之屬用玄：此則尊卑方色，陰陽眾義暢矣。'"

"有司奏：'武皇帝撥亂反正，爲魏太祖，樂用武始之舞；文皇帝應天受命，爲魏高祖，樂用咸熙之舞；帝制作興治，爲魏烈祖，樂用章武之舞。'"

《宋書·樂志一》："明帝太和（當作景初）初，詔曰：'禮樂之作，所以類物表庸而不忘其本者也。凡音樂以舞爲主，自黃帝《雲門》以下，至於周《大武》，皆太廟舞名也。然則其所司之官，皆曰太樂，所以總領諸物，不可以一物名。武皇帝廟樂未稱，其議定廟樂及舞，舞者所執，綴兆之制，聲哥之詩，務令詳備。樂官自如故爲太樂。'太樂，漢舊名，後漢依讖改太予樂官，至是改復舊。于是公卿奏曰：'太祖武皇帝樂，宜曰《武始之樂》。武，神武也。武，又迹也。言神武之始，又王迹所起也；高祖文皇帝樂，宜曰《咸熙之舞》。咸，皆也；熙，興也。言應受命之運，天下由之皆興也。至於帮臣述德論功，建定烈祖之稱，而未制樂舞，非所以昭德紀功。夫哥以詠德，舞以象事。於文，文武爲斌，兼秉文武，聖德所以章明也。臣等謹制樂舞，名《章斌之舞》……三舞宜有總名，可名《大鈞之樂》。鈞，平也。言大魏三世同功，以至隆平也。于名爲美，于義爲當。'帝初不許制《章斌之樂》。三請，乃許之。”

“三祖之廟，萬世不毀；其餘四廟，親盡迭毀，如周后稷、文、武廟祧之制。”

　　《隋・禮儀志二》：魏初，高堂隆爲鄭學，議立親廟四。至景初間，乃依王肅，更立五世、六世祖，就四親而爲六廟。案：景初廟制，仍是鄭義。蓋以武帝擬后稷，以文、明二帝擬文、武二祧，即鄭君注《王制》“天子七廟”之說也。若王義，則加二祧爲九廟，不立七廟矣。是時王學尚未行，故郊丘明堂宗廟之大禮，皆從鄭義。《隋志》非也。

“九月，冀、兗、徐、豫四州民遇水。”

　　《晉・五行志上》：“帝自初即位，便淫奢極慾，多占幼女，或奪士妻，崇飾宮室，妨害農戰，觸情恣慾，至是彌甚。號令逆時，飢不損役，此水不潤下之應也。”

“營洛陽南委粟山爲圜丘。十二月，壬子，冬至始祀。”

　　《宋書・樂志一》：尚書奏：“祀圜丘以下，《武始舞》者，平冕，黑介幘，玄衣裳，白領袖，絳領袖中衣，絳合幅袴，絳襪，黑韋鞮。《咸熙舞》者，冠委貌，其餘服如前。《章斌舞》者，與《武始》《咸熙舞》者同服。”又散騎常侍王肅議曰：“王者各以其禮制事天地。今說者據《周官》單文爲經國大體，懼其局而不知宏也。漢武帝東巡封禪，還祠太一于甘泉，祭后土于汾陰，皆盡用其樂。言‘盡用’者，爲盡用宮縣之樂也。天地之性貴質者，蓋謂其器之不文爾，不謂庶物當復減之也。禮，天子宮縣，舞八佾。今祀圓丘方澤，宜以天子制，設宮縣之樂，八佾之舞。”衛臻、繆襲、左延年等咸同肅議。奏可。《禮記·郊特牲》《正義》：“魏氏之有天下，營委粟山爲圓丘，在洛陽南二十里。”

《注》：“《魏書》載：‘詔曰：今祀圓丘，以始祖帝舜配，號圓丘曰皇皇帝天。方丘所祭曰皇皇后地，以舜妃伊氏配；天郊所祭曰皇天之神，以太祖武皇帝配；地郊所祭曰皇地之祇，以武宣后配。’”

《通典》：“時高堂隆上表云：‘古來娥英姜姒，盛德之妃，未聞配食于郊者也。漢文初，祭地祇于渭陽，以高帝配。孝武立后土于汾陰，亦以高帝配。惟王莽引《周禮》“享先妣”爲配地①郊，夏至以高后配地，自此始也。臣謂宜依古典，以武皇配天地。’”《晉書·禮志一》載是年：“通事白曰：‘前後但見讀春夏秋冬四時令，至於服黃之時，獨闕不讀，今不解其故。’散騎常侍領太史令高堂隆以爲‘黃於五行，中央土也，王四季各十八日。土生於火，故用事之，末服黃，三季則否。其令則隨四時，不以五行爲令也，是以服黃無令。’斯則魏氏不讀大暑令也。”案：此十二月二十一日事，見《宋書·禮志》，故附于此年之末。

“丁巳，分襄陽、臨沮、宜城、旍陽、邔四縣，置襄陽南部都尉。”

《補三國疆域志》曰：“沈《志》：‘南郡太守下有旍陽，云二漢無。’旍陽見《晉太康地志》，疑是吳立。今攷《魏志》景初元年‘分襄陽、臨沮、宜城、旍陽、邔四縣，置襄陽南部都尉’，《廣韻》‘旍同旌’，則屬一縣無疑。蓋魏屬襄陽，晉受禪後移屬南郡也。沈《志》疑吳

---

① “地”，《通典》卷第四十五“禮五·沿革五·吉禮四”作“北”。

所立，攷《樂進傳》‘討劉備，臨沮長杜普、旌陽長梁太皆大破之’，則旌陽或係建安十三年南郡初入吳時所分置。”

《注》：“河東董尋。”
尋字文奧，見《御覽》二百四十九引《魏志》。（“志”當作“略”。）

“承露盤。”
陳思王《承露盤頌》曰：“皇帝鑄承露盤，莖長十二丈、大十圍，上盤徑四尺，下盤徑五尺。銅龍繞其根，龍身長一丈。背負兩子，自立于芳林園，甘露乃降。”

“景初二年。”
《晉書·禮志上》：“景初二年，大議六宗之神，朝士紛紜，各有所執。惟散騎常侍劉邵以爲‘萬物負陰而抱陽，沖氣以爲和’。六宗者，太極沖和之氣，爲六氣之宗者也。《虞書》謂之六宗，《周書》謂之天宗。是時，攷論異同，而從其議。”案：《禮志》此條上文云：王莽以易六子立六宗祠；魏明帝以問王肅，亦以爲易六子，故不廢。據此，是魏初主六子之說，後改用劉邵議，第書《舜典》《周禮·大宗伯》二《疏》，皆謂魏明帝令王肅議六宗。肅取《家語》“六宗”爲說，《祭法》《疏》引《聖證論》亦同。而《晉志》謂其取易六子，攷《北堂書鈔·禮儀部》引《聖證論》云：“魏明帝問王肅六宗竟幾，對曰：‘坎爲水、離爲火、震爲雷、巽爲風、艮爲山、兌爲澤，乾坤六甲（疑衍）子也。’”與《祭法》《疏》引《聖證論》不同。《御覽·禮儀部》亦引此文，又不作《聖證論》，而作《魏書》，乃王沈《魏書》也。蓋王肅本主《家語》說，特因明帝以六子問，姑述其義以對耳。但終魏之世，不聞用僞《家語》文。

“景初二年，秋，八月丙寅。司馬宣王圍公孫淵于襄平，大破之。傳淵首于京都，海東諸郡平。”
《晉·五行志上》：“魏明帝景初二年，廷尉府中雌雞化爲雄，不鳴不將。干寶曰：'是歲宣帝平遼東，百姓始有與能之義，此其象也。'然晉三后並以人臣終，不鳴不終，又天意也。"

"三年，春正月丁亥，太尉宣王還至河內。"

《晉·五行志中》："景初初，童謠曰：'阿公阿公駕馬車，不意阿公東渡河，阿公來還當奈何？'及宣帝遼東歸，至白屋，當還鎮長安。會帝疾篤，急召之。乃乘追鋒車東渡河，終如童謠之言。"

"帝崩于嘉福殿。"

《晉·五行志中》：景初末，禿鶖集芳林園池。"已前再至，輒有大喪，帝惡之。其年，明帝崩。"又《五行志下》："魏明帝景初中，洛陽城東橋、城西洛水浮橋、桓楗同日三處俱時震。尋又震西城上候風木飛鳥。時勞役大起，帝尋晏駕。"《通典》："景初中，明帝崩於建始殿，殯于九龍殿，尚書訪曰：'當以明皇帝謚告四祖，祝文於高皇帝稱"玄孫之子"，云何？"王肅曰：'禮稱"曾孫某"，謂國家也。荀爽、鄭玄說皆云"天子諸侯事曾祖以上，皆稱'曾孫'""。又訪：'案：漢既葬，容衣還，儒者以爲宜如文皇帝故事，以存時所服。'王肅曰：'禮雖無容衣之制，今須容衣還而後虞祭，宜依尸服卒者上服之制。生時褻服，可隨所存；至於制度，則不如禮。孔子曰"祭之以禮"，亦爲此也。諸侯之上服，則今服也。天子不爲命服，然亦所以命服之上也。案：漢氏西京故事，月游衣冠，則容衣也。言冠以正服，不以褻衣也。'尚書又訪：'容衣還，群臣故當在帳中，常填衛見？'王肅曰：'禮不墓祭，而漢氏正月上陵。神座在西序，東向，百辟計吏前告郡之穀價，人之疾苦，欲先帝魂靈聞知。時蔡邕以爲"禮有煩而不可去，事亡如存"，況今無填衛之禁，而合於如事存之意。可見於門內，拜訖入帳，臨乃除服。'"

"時年三十六。"《補注》引《卮言》云云。

案：裴《注》不誤。明帝實生于建安十年，至建安二十四年，年十五，次年改元延康，又改元黃初。黃初凡七年、太和六年、青龍四年、景初三年，年恰三十五。周方叔謂：若建安十年生，則可三十六者，誤分延康元年、黃初元年爲二年也。惟其譏《陳·志》，謂十年生，不得言十五封武德。此說則是，"十五"當改"十六"。

《齊王紀》："十二月，詔曰：'烈祖明皇帝以正月棄背天下，臣子永惟忌日之哀，其復用夏正，雖違先帝通三統之義，斯亦禮制所由變改也。又夏正于數得天正，其以建寅之月爲正始元年正月，以建丑月爲後十二月。'"

《宋·禮志一》："景初三年正月，帝崩，齊王卽位。是年十二月，尚書盧毓奏：'烈祖明皇帝以今年正日棄離萬國。禮：忌日不樂，甲乙之謂也。烈祖明皇帝建丑之月棄天下，臣妾之情，于此正日，有甚甲乙。今若以建丑正，朝四方，會群臣，設盛樂，不合於禮。'博士樂詳議：'正日旦受朝貢，群臣奉贊；後五日，乃大宴會作樂。'太尉屬朱誕議：'今因宜改之際，還修舊則，元首建寅，於制爲便。'大將軍屬劉肇議：'宜過正一日，乃朝賀大會，明令天下，知崩亡之日不朝也。'詔曰：'省奏事，五內斷絕，奈何奈何！烈祖明帝以正日棄天下，每與皇太后念此日至，心有剝裂。不可以此日朝羣辟，受慶賀也。月二日會，又非故也。聽當還夏正月。雖違先帝通三統之義，斯亦子孫哀慘永懷。又夏正朔得天數者，其以建寅之月爲歲首。'"

"正始元年。"《補注》引《魏略》曰"正始元年，商風大起"云云。

案：此正始九年事。《藝文類聚》及《御覽》引《魏略》作"元年"，當是傅寫之譌，此誤采。

"二年，春，二月。"

《魏書·禮志二》："魏明帝以景初三年正月崩，至五年（景初無五年，此蓋承上文三年言之，實則正始二年也。）正月，積二十五晦爲大祥。太常孔美、博士趙怡等以爲禪在二十七月，到其年四月，依禮應祫。散騎常侍王肅、博士樂詳等以爲禪在祥月，至其年三月，宜應祫祭。"

"四年，春，正月，帝加元服。"

《宋·禮志一》："魏天子以^①一加，其說曰：士禮三加，加有成也。至於天子諸侯，無加數之文者，將以踐阼臨民，尊極德備，豈得復與士同？此言非也。夫以聖人之才，猶三十而立；況十二之年，未及志學，便謂德成，無所勸勉，非理實也。魏氏太子再加，皇子、王公世子乃三加。孫毓以爲一加、再加，皆非也。《禮》：冠於廟，魏以來不復在廟。"

"夏四月，乙卯，立皇后甄氏。"

《宋·禮志一》："案：魏氏故事，王娶妃、公主嫁之禮，天子諸侯以皮馬爲庭實，天子加以穀珪，諸侯加以大璋。魏聘后，王娶妃，公主嫁之禮，用絹百九十匹。"

"六年，春，二月，丁卯，南安郡地震。"

《晉·五行志下》："是時曹爽專政，遷太后于永寧宮，太后與帝相泣而別。連年地震，是其應也。"

《高貴鄉公紀》："正元二年三月。"

《宋·禮志一》："魏高貴鄉公正元二年三月朔，太史奏：'日蝕而不蝕'。晉文王時爲大將軍，大推史官不驗之負。史官荅曰：'合朔之時，或有日掩月，或有月掩日。月掩日，則蔽障日體，使光景有虧，故謂之日蝕；日掩月，則日於月上過，謂之陰不侵陽，雖交無變。日月相掩必食之理，無術以知，是以嘗禘郊社，日蝕則接祭，是亦前代史官不能審蝕也。自漢故事，以爲日蝕必當於交。每至其時，申警百官，以備日變。故甲寅詔有備蝕之制，無攷負之法。古來黃帝、顓頊、夏、殷、周、魯六厤，皆無推日蝕法，但有攷課疏密而已。負坐之條，由本無術可課，非司事之罪。'乃止。"

---

① "以"，《宋書》卷十四"志第四·禮一"作"冠"。

"甘露元年，博士庾峻。"

《晉書》："庾峻字山甫，穎川鄢陵人也……少好學，有才思，歷部功曹，舉計掾。州辟從事，太常鄭袤見峻，大奇之，舉爲博士。時重莊老而輕經史，峻懼雅道陵遲，乃潛心儒典。屬高貴鄉公幸太學，問《尚書》義于峻，峻援引師說，發明經旨，申暢疑滯，對荅詳悉，遷祕書丞。"

《陳畱王紀》："大赦改年。"

《文館詞林》載：魏文帝改元大赦，詔曰："昔三祖神武聖德，應天受祚。齊王嗣位，肆行非度，顚覆厥德。皇太后深惟社稷之重，延納宰輔之謀，用替厥位，集大命予一人。以眇眇之身，託于王公之上，夙夜祇畏，懼不能嗣守祖宗之大訓，恢中興之宏業，戰戰兢兢，如臨于谷。今幕公卿士，股肱之輔，四方征鎭，宣力之佐，皆積德累功，忠懃帝室。庶憑先祖父有德之臣，左右小子，用保乂皇家，俾朕蒙聞，垂拱而化。蓋聞人君之道，德厚侔天地，潤澤施四海，先之以慈愛，示之以好惡，然後教化行于上，兆民聽于下。朕雖不德，昧于大道，思與宇內，共臻茲路。《書》不云乎'安民則惠，黎人懷之'？其大赦改年，減乘輿服御、後宮用度，及罷尚方御府百工伎巧，靡麗無益之物。"

"咸熙元年辛未，詔曰：'孫休遣使鄧句，敕交阯太守鎖送其民，發以爲兵。'"

《晉書·陶璜傳》："孫皓時（當作"孫休時"），交阯太守孫諝貪暴，爲百姓所患。會察戰鄧荀至，擅調孔雀三千頭，遣送秣陵。"案："句"與"荀"字形相近，未知孰是。至謂"發民爲兵"，則敵國傳聞之訛也。《吳志》亦云"察戰到交阯，調孔爵、大豬"，與《陶璜傳》同。

"案：命未至，與爲下人所殺。"

《陶璜傳》云："爲其功曹李統所殺。"

"《后妃傳》序：'太祖建國，始命王后其下五等，有婕妤。'"

魏武《遺令》曰"吾婕妤妓人，皆著銅雀臺"，此有婕妤之證也。魏國旣建丞相、御史大夫等官，皆與漢廷無異，故内官亦得置夫人、昭儀以下五等。《御覽》卷三十一引陸雲《與兄書》，疑魏武不得有婕妤。周方叔《巵言》又據《遺令》，謂曹公當時頗奪漢宮嬪御，皆未知當日制度者也。（案：陸雲不應不諳制度至此，此恐非雲語，當是後人因雲書中有"婕妤"字，而附識其下，《御覽》並引之，遂與雲書相連耳。張溥輯《陸雲集》，將此數語別爲小字，甚是。）

"《武宣卞皇后傳》。"《注》："《魏略》曰：'蘭獻賦，贊述太子德美。'"

《藝文類聚》卷十六載："魏卞蘭贊述太子賦一首、表一首。"

"五月，后崩。"

《魏書·禮志二》："魏武宣后以太和四年六月崩，其月旣葬，除服卽吉。四時行事，而猶未禘。王肅、韋誕並以爲今除卽吉，故特時祭。至于禘祫，宜存古禮。高堂隆亦如肅議，于是停不殷祭。"

"《文昭甄皇后傳》：'是月，后母薨。帝制緦服臨喪，百僚陪位。'"

《通典》："魏太和六年（案：當作"元年"）四月，明帝有外祖母安成鄉敬疾夫人之喪。太常韓暨奏：'天子降周，爲外祖母無服。'尚書奏：'漢舊事亡闕，無外祖制儀。三代異禮，可臨畢，御還寢，明日反吉便膳。'尚書趙咨等奏：'哭敬疾夫人，張帷幕端門外之左。群臣位如朝。皇帝黑介幘，進賢冠，皂服。十五舉聲則罷。'詔問漢舊儀云何？散騎常侍繆襲奏：'後漢鄧太后新野君薨時，安帝服緦，百官素服。安帝繼和帝後，鄧太后母卽爲外祖母也。但太后臨朝，安帝自藩見援立故也。又案：後漢壽張恭疾樊宏以光祿大夫薨，宏卽光武之舅也，親臨喪葬。準前代，宜尚書、侍中以下弔祭送葬。'博士樂祥議：'《周禮》：王弁，弁絰，錫縗，禮有損益。今進賢冠，練單衣。'又詔：'當依《周禮》，無事更造。’”

“名其里曰‘渭陽里’，以追思母氏也。”

《世說》曰：“魏明帝爲外祖母築館于甄氏，既成，自行視，謂左右曰：‘館當以何爲名？’侍中繆襲曰：‘陛下聖恩齊于哲王，罔極過于曾、閔，此館之興，情鐘舅氏，宜以“渭陽”爲名。’”案：此說與史小異，故劉孝標譏之，然其名起于繆襲，則正可補史之遺也。

“太和六年，明帝愛女淑薨，追封謚淑爲‘平原懿公主’，爲之立廟，取后亡從孫黃與合葬，追封黃列矦。”

曹植《平原懿公主誄》曰：“憐爾早沒，不逮陰光，改封大郡，惟帝舊疆。建土開家，邑移蕃王。縄佩惟鮮，朱紱斯煌。國號既崇，哀爾孤獨。配爾君子，華宗貴族。爵以列矦，銀艾優渥。成禮于宮，靈輀交戟。生雖異室，沒同山岳。”

“毅數上疏陳時政，官至越騎校尉。”

《御覽》卷二百十五引《魏名臣奏·駙馬都尉甄毅奏》曰：“漢時選尚書郎，試，然後得爲之。其在職，自齎所發書，詣天子前發省便處當，事輕重口自決定；或天子難問，據案處正，乃見郎之割斷材伎。魏則不然：今尚書郎皆天下之選，材伎鋒出，亦欲騁其能於萬乘之前，宜如故事，令郎口自奏事，自處當。”

“《明悼毛皇后傳》：‘賜后死，然猶加謚。’”

《晉書·安平王孚傳》：“魏明悼皇后崩，議書銘旌，或欲去姓而書魏，或欲兩書。孚以爲：‘經典正義，皆不應書。凡帝王皆因本國之名以爲天下之號，而與往代相別耳，非爲擇美名以自光也。天稱皇天，則帝稱皇帝；地稱后土，則后稱皇后。此乃所以同天地之大號，流無二之尊名，不待稱國號以自表，不俟稱氏族以自彰。是以《春秋》“隱公三年”《經》曰“三月庚戌，天王崩”，尊以稱天，不曰周王者，所以殊乎列國之君也。"八月庚辰，宋公和卒"，書國稱名，所以異乎天王也。
"襄公十五年"《經》曰"劉夏逆王后于齊"，不云逆周王后姜氏者，所
以異乎列國之夫人也。至乎列國，則曰"夫人姜氏至自齊"，又曰"紀伯
姬卒"，書國稱姓，此所以異乎天王后也。由此攷之，尊稱皇帝，赫赫無
二，何待於魏乎？尊稱皇后，彰以諡號，何待於姓乎？議者欲書魏者，此
以爲天皇之尊，同於往古列國之君也。或欲書姓者，此以爲天皇之后，同
於往古之夫人也。乖經典之大義，異乎聖人之明制，非所以垂訓將來，爲
萬世不易之式者也。'遂從孚議。"《通典》："魏明帝時，毛皇后崩，
未葬，詔'宜稱大行'。尚書孫毓奏：'武宣皇后崩，未葬，時稱太后。
文德皇后崩，侍中蘇林議："皇后皆有諡，未葬宜稱大行。"臣以爲古禮
無稱大行之文。案：漢天子稱行在所，言不常居。崩曰大行者，不返之稱
也。未葬未有諡，不言大行，則嫌與嗣天子同號。至于后崩未葬，禮未立
后，宜無所嫌。故漢氏諸后不稱大行。謂未葬，宜直稱皇后。'詔曰：
'稱大行者，所以別存亡之號。故事已然，今當如林議，稱大行。'"

**"《董卓傳》。"《注》："《靈帝紀》曰：'中平五年，徵卓爲少府，
卓上言'"云云。**

《後漢書》："中平六年，徵卓爲少府，不肯就，上書言：'所將
湟中義從及秦胡兵，皆詣臣曰："牢直不畢，稟賜斷絕，妻子饑凍。"牽
挽臣車，使不得行。羌胡敝腸狗態，臣不能禁止，輒將順安慰。增異復
上。'"其言跋扈，與此《靈帝紀》絕殊。又范《書》以徵卓爲少府，及
拜幷州牧，同在六年。此則徵少府先一年，亦小有參差也。

"《袁紹傳》：'紹旣斬宦者所署司隸校尉許相。'"

《後漢書·靈帝紀》："中平六年，司隸校尉袁紹勒兵收僞司隸校
尉樊陵、河南尹許相及諸閹人，無少長，皆斬之。"《袁紹傳》同。此云
"司隸校尉許相"，誤也。許相以諂事宦官，致位台司，封矦，見范書
《許劭傳》。

"卓遣執金吾胡母班、將作大匠胡修，齎詔書喻紹，紹使河內太守王匡殺之。"《注》："謝承《後漢書》曰：班與匡書，云：'僕與太傅馬公、太僕趙岐、少府陰修，俱受詔命。'"

《通鑑攷異》曰："范《書》：初平元年六月，'遣韓融等安集關東，袁術、王匡，各執而殺之。三年八月，遣馬日磾及趙岐慰撫天下。'袁《紀》遣馬、趙亦在三年八月，時董卓已死。而此書云與馬、趙俱受詔，又云恚卓遷怒，自相乖逆，疑非班《書》。"案：溫公之疑是也。馬日磾爲太傅，在董卓誅後。趙岐爲太僕，《本傳》雖未明繫何年，而《本紀》"初平元年"，有太僕王允、太僕袁基；"二年"，有太僕魯旭，其下乃稱"太僕趙岐"，則岐必代魯旭爲太僕者，亦在董卓伏誅後。今胡母班奉卓命撫集關東，而稱馬、趙爲太傅、太僕，豈非妄哉？

"《袁紹傳》。"《注》："《傳》言'旝動而鼓'，《說》曰：'旝，發石也。'"

《左傳》"莊五年"《正義》："賈逵以旝爲發石，一曰飛石。"引《范蠡兵法》作飛石之事以證之。《說文》亦云："建大木，置石其上，發其機以追敵"，與賈同也。

"《劉表傳》。"《注》："摯虞《文章志》曰：'周不疑死時，年十七，著《文論》四首。'"

《藝文類聚》卷九十九引《零陵先賢傳》曰："周不疑，曹公欲以爲議郎，不就。時有白雀瑞，儒林並已作頌，援紙筆，立令復作，操奇異之。"案：此即《文論》四首之一也。

"《公孫度傳》。"《注》："《晉陽秋》曰：'敏子追求敏，出塞。'"

據《晉書·李宣伯傳》："敏子名信。"《補注》引王隱《晉書》，以宣伯爲即敏子，非也，乃敏孫耳。王隱《書》，蓋出傳寫之訛。

"始，度以中平六年據遼東，至淵三世，凡五十年而滅。"

　　《史通·雜說上》引魚豢《魏略》議曰："當青龍、景初之際，有彗星出于基而上徹，是爲掃除遼東而更置也。苟其如此，人不能違，則德教不設，而淫濫首施，以取族滅，殆天意也。"

《張魯傳》："'與別部司馬張修，將兵擊漢中太守蘇固。'"

　　《華陽國志》："扶風蘇固爲漢中太守。魯遣其黨張修攻固城。固人陳調，素遊俠，學兵法，固以爲門下掾，說固守扞御寇之術。固不能用，踰墻走，投南鄭趙嵩。嵩將俱逃，賊盛，固遣嵩求隱避處。嵩未還，固又令鈴下偵賊，賊得鈴下，遂得殺固。嵩痛憤，仗劍直入。調亦聚其賓客百餘人攻修，戰死。魯遂有漢中。"

"不如依杜濩，赴樸胡。"

　　《華陽國志》敘魯事，有巴夷杜濩、樸胡、袁約三人。此作"杜濩"，與彼異。《武帝紀》《黃權傳》亦作"杜濩"，則此乃筆誤耳。

"魯盡將家出，太祖逆，拜魯鎮南將軍，待以客禮，封閬中矦。"

　　《華陽國志》："魯走巴中，先主將迎之。而魯功曹、巴西閻圃說魯北降，歸魏武，贊以大事，宜附託。不然，西結劉備以歸之。魯勃然曰：'寧爲曹公作奴，不爲劉備上客。'遂委質魏武。武帝拜魯鎮南將軍，封襄平矦。"

《夏矦淵傳》："霸弟威，官至兗州刺史。"

　　《陳思王集》曰："鄉人有夏矦威者，少有成人之風。余尚其爲人，與之昵好。"

《曹休傳》："封肇弟纂爲列矦。"

　　《御覽》三百八十六引《曹肇別傳》曰："肇之弟纂，字德思，力舉千鈞，明帝寵之，寢止恒同。嘗與戲，賭衣物，有所獲，輒入御帳取而出之。”案：杭《注》引之，以爲肇事，誤。（杭《注》之誤，本《御覽》六百八十九。彼文略，不及此之詳也。）

《曹爽傳》：“於是收爽、羲、訓、晏、颺、謐、軌、勝、範、當等，皆伏誅，夷三族。”

　　《晉·五行志中》：“魏明帝太和中，京師歌《兜鈴曹子》，其唱曰‘其奈汝曹何’，此詩妖也。其後，曹爽見誅，曹氏遂廢。”

“《夏侯玄傳》。”《注》：“《魏略》曰：玄自從西還，不交人事，不畜華妍。”

　　《藝文類聚》卷五十八“筆部”引《魏末傳》曰：“夏侯太初見召，還洛陽，絕人道，不畜筆硯。”“筆研”“華妍”字形相似，未詳孰是。（《世說》三卷注引《魏氏春秋》，亦作“不畜筆研”。）

《田疇傳》：“字子泰，右北平無終人也。”

　　《十七史商榷》曰：“陶潛《擬古詩》云：‘辭家夙嚴駕，當往志無終……聞有田子春，節義爲士雄。’‘春’字之下注云：‘一作“泰”’。予所據者，宋紹興壬子冬贛川曾集刻本。觀此，則知或作‘子泰’，或作‘子春’，宋人已不能定。然畢竟以‘春’爲正也。”

《邴原傳》：“原因以政付之。”

　　《藝文類聚》八十三引《邴原別傳》，“劉正”作“劉攀”，云：“攀臨去，以其手所杖劍金三餅與原。原受金，辭劍。還謂度曰：‘將軍平日與攀無郄，而欲殺之者，但恐其爲蜂蠆耳。今攀已去，而尚拘閑其家，以情推之，其念爲毒螫必滋甚矣。’度從之，卽出攀家。原以金還之。”（《御覽》八百十一引《原別傳》，又作“劉犖”。）

“後得歸太祖，辟爲司空掾。”

　　《御覽》卷二百九引《邴吉（當作“原”）別傳》曰：“原字根矩，

魏武皇帝初爲司空，辟署議曹掾，請見。禮畢，上送至門中。原辭，直去不顧。上還語左右：'孤甚敬此人。與其辭，遠送之，謂其尚顧，而終不顧。此人誠高士也。'人謂曰：'君宜謝公，公望君一日辭，不顧揖。'原勃然曰：'夫何謝哉？夫揖讓者，謂其敵耳。吾，人臣也；公，人君也。君尊臣卑，揖讓何施？且孔子反命曰："賓不顧矣"，吾何謝哉？'人以語上，上曰：'快乎，斯言也！夫有其名而豈徒哉？'"

《管甯傳》："與平原華歆、同縣邴原相友。"

《世說》曰："管甯、華歆共園中鋤菜，見地有片金。管揮鋤與瓦石不異，華捉而擲去之。又嘗同席讀書，有乘軒冕過門者，甯讀如故，歆廢書看。甯割席分坐，曰：'子非吾友也！'"

"司徒華歆薦甯。"

《世說》卷一注引《魏略》曰："甯少恬靜，常笑邴原、華子魚有仕宦意。及歆爲司徒，上書讓甯。甯聞之，笑曰：'子魚本欲作老吏，故榮之耳。'"

《注》："傅子曰：'甯之歸也，海中遇暴風，船皆沒，惟甯乘船自若。'"

《御覽》卷六十引周景式《孝子傳》曰："管甯避地遼東，遇風，船人危懼，皆叩頭悔過。甯思惟譽咎，念常如廁不冠而已；向天叩頭，風亦尋靜。"

"太僕陶邱一、永甯衛尉孟觀、侍中孫邕、中書侍郎王基薦甯。"

《藝文類聚》卷三十七又載桓範《薦管甯表》曰："臣聞殷湯聘伊尹於畎畝之中，周文進呂尚於渭水之濱。竊見東莞管甯束脩著行，少有令稱。州閭之名，亞故太尉華歆。遭亂浮海，遠客遼東。於混濁之中，履潔清之節。篤行足以厲俗，清風足以矯世。以簞食瓢飲過於顏子，漏屋敝衣踰於原憲。臣聞唐堯寵許由，虞舜禮支父，夏禹優伯成，文王養夷、齊。及漢祖高四皓之名，屈命於商洛之野，史籍歎述，以爲美談。陛下紹五帝之鴻烈，立三王之逸軌，膺期受命，光昭百代，仍有優崇之禮於大夫。管寧寵以上卿之位，榮以安車之稱，斯之爲美，當在《魏典》，流之無窮，明世之高士也。臣以爲既加其大，不受其細，可重之以玄，聘之殊禮矣。"

"昭往應命。既至，自陳一介野生，無軍國之用。"

《抱朴子·逸民篇》："魏武帝乃心欲用乎孔明，孔明自陳不樂出身。武帝謝遣之，曰：'義不使高世之士，辱于污君之朝也。'"

"弘農太守何楨等。"《注》引《文士傳》云云。

《藝文類聚》卷五十六引《文士傳》曰："何楨字元幹。青龍元年，天子特詔曰：'揚州別駕何楨，有文章才識，使作《許都賦》，成，封上，不得令人見。'楨遂造賦表上。"《御覽》三百八十五引《何楨別傳》曰："楨盧江潛人，父他字，文奇，有雋才，早卒。楨在孕而孤，生遇荒亂，歸依舅氏。韶齔乃追行喪，哀泣合禮，鄉邑稱焉。十餘歲，耽志博覽，研精羣籍，名馳淮泗。"

《崔琰傳》："至年二十九，乃結公孫方等，就鄭玄受學。"

《藝文類聚》卷二十七引崔琰《述初賦》曰："琰性頑，口訥。至二十九，粗闚書傳。聞北海有鄭徵君者，當世名儒，遂往造焉。道由齊都，而作《述初賦》曰：'有鄭氏之高訓，吾將往乎發矇。灑余髮于蘭池，振余珮于清風。望高密以亟征，戾衡門而造止。覿遊、夏之峩峩，聽大猷之篇記。'"

《何夔傳》："所領六縣。"

《補三國疆域志》曰："《晉起居注》云：'咸寧三年，以齊東部縣爲長廣郡，領縣四：不其、長廣、昌陽、挺。'《晉·地理志》亦同，惟無昌陽。而《何夔傳》云'領六縣'，有：長廣、牟平、東牟、昌陽，其二縣當即不其、挺也。魏末郡或旋廢，至晉咸寧三年復置。"

《鐘繇傳》："議者百餘人，與朗同者多。帝以吳、蜀未平，且寢。"

《博物志》曰："肉刑，明王之制，荀卿每論之。至漢文帝感太倉公女之言而廢之。班固著論宜復。迄漢末魏初，陳紀又論宜申古制，孔融云不可復。魏武帝輔漢（二語據《御覽》六百四十八卷引《博物志》補正），欲申之，鐘繇、王朗不同，遂寢。夏侯玄、李勝、曹羲、丁謐建私議，各有彼此，多云時未可復，故遂寢焉。"案：曹羲《肉刑論》載《藝文類聚》，夏侯玄、李勝、丁謐諸論載《通典》。《類聚》又載魏傅幹《肉刑議》，疑亦是時預議者也。又案：魏議復肉刑凡三次，《鐘繇傳》所載甚明。此云"議者百餘人，與朗同者多"，則最後一次，明帝時事也。至夏侯玄、李勝、曹羲、丁謐諸議，據《晉志》，則當正始時，又不在此三次之內。蓋是諸人私自著論，非相朝議也。《博物志》繫之武帝時，語偶未晰耳。傅幹爲傅燮子，在漢末已爲扶風太守，則其議當在前。

"《華歆傳》。"《注》引華嶠《譜敘》曰"歆少以高行顯名"云云。

《世說》曰："華歆、王朗俱乘船避難，有一人欲依附，歆輒難之。朗曰：'幸尚寬，何爲不可？'後賊追至，王欲舍所攜人。歆曰：'本所以疑，正爲此耳。既已納其自託，寧可以急相棄邪？'遂攜拯如初。世以此定華、王之優劣。"案：此與《譜敘》所載即一事，而傳聞少異。

"歆稱病乞退。"

《藝文類聚》卷四十六引《齊職儀》曰："太尉華歆以疾，依田千秋故事，乘輿上殿。"

"《王肅傳》。"《注》："《魏略》曰：'賈洪，字叔業'"云云。

《御覽》卷四百九十五引《魏略》曰："賈洪與馮翊敬危，才學最高，故眾人爲語曰：'州中曄曄賈叔業，辯論洶洶敬文通。'"今裴《注》所引無此文，蓋有所刪節。

《蔣濟傳》：“弊劲之民。”

《顏氏家訓》卷六：“有人訪吾曰：‘《魏志》蔣濟上書云“弊劲之民”，是何字也？’余應之曰：意爲劲，卽是皴倦之皴耳。（元注《要用字苑》云“皴，音九僞反”，字亦見《廣雅》及《陳思王集》也。）張揖、呂忱並云支傍，作刀劍之‘刀’，亦是剖字。不知蔣氏自造支傍，作筋力之‘力’？或借剖字終當，音九僞反。”

“初，侍中高堂隆論郊祀事，以魏爲舜後，推舜配天。”

《通典》：“高堂隆表曰：‘案古典，可以武帝配天。’魚豢議：‘昔后稷以功配天。漢出自堯，不以堯配天，明不紹也。且舜已越數代，武皇肇創洪業，宜以配天。’”

秦蕙田曰：“《通典》言高堂隆表與《蔣濟傳》不合，不知何據。豈‘武帝’二字本作‘虞舜’，而刻本誤歟？魚豢議亦不見正史。豢作《魏略》，恐是著撰私議，非當官議禮之詞也。”

《劉靖傳》（附其父馥傳中）：“修廣戾渠陵①大塌，水灌溉薊南北，三更種稻，邊民利之。”

《水經》“鮑邱水”《注》載：“《劉靖碑文》曰：‘魏使持節都督河北道諸軍事、征北將軍、建城鄉矦、沛國劉靖，字文恭，登梁山以觀源流，相漯水以度形勢，嘉武安之通渠，羨秦民之殷富。乃使帳下丁鴻督軍士千人，以嘉平二年，立遏于水，道高梁河，造戾陵遏，開車箱渠。其遏表云：“高梁河水者，出自並州，潞河之別源也。長岸峻固，直截中流，積石籠以爲主遏，高一丈，東西長三十丈，南北廣七十餘步。依北岸立水門，門廣四丈，立水十丈②。山水暴發，則乘遏東下；平流守常，則自門北入，灌田歲二千頃。凡所封地，百餘萬畮。至景元三年辛酉，詔書以民食轉廣，陸廢不贍，遣謁者樊晨，更制水門，限田千頃，刻地四千三百一十六頃，出給郡縣，改定田五千九百三十頃。水流乘車箱渠，

①　“渠陵”，《三國志》卷十五“魏書十五”“劉司馬梁張溫賈傳第十五”作“陵渠”。
②　“立水十丈”，《水經注》卷十四作“立水遏，長十丈”。

自薊西北迤昌平，東盡漁陽潞縣，凡所潤含，四五百里，所灌田萬有餘頃。高下孔齊，原隰底平，疏之斯溉，決之斯散。導渠口以爲濤門，灑滮池以爲甘澤；施加于當時，敷被于後世。'"

《賈逵傳》："吏民追思之，爲刻石立祠。"

《太平廣記》卷二百九十二引《賈逵碑》曰："賈逵在豫郡亡，家迎喪去，去後恆見形於項城。吏民以其戀慕彼境，因以立廟。廟前有柏樹，有人竊來斫伐，始投斧刃，仍著于樹中，所著處尋而更生。項城左右人莫不振怖。"

《杜恕傳》："昔漢安帝時，少府竇嘉辟廷尉郭躬無罪之兄子。"

"安帝"當作"和帝"，見《後漢書·竇融傳》。郭躬爲廷尉，卒于和帝永元六年，亦不及安帝時也。

"起家爲河東太守。"

《晉書·劉毅傳》："僑居平陽，太守杜恕請爲功曹，沙汰郡吏百餘人，三魏稱焉，爲之語①曰：但聞劉功曹，不聞杜府君。"案：平陽縣屬河東，正始八年始別置郡，是時尚未也。

《張遼傳》："斬蘭成首，盡虜其眾。"

《本傳》不載此事年月，《通鑑》繫之建安十四年。《攷異》曰："繁欽《征天山賦》云：'建安十四年十二月甲辰，丞相武平矦曹公東征臨川，未濟，羣舒蠢動，割有灊六，乃俾上將盪寇將軍張遼治兵南岳之陽。又云陟天柱而南徂，故置于此。'"

《臧霸傳》："泰山華人也。"

《潛研堂金石文跋尾》曰："《漢志》'泰山郡'有華縣，《續漢

---

① "語"，《晉書》本作"詔"。

志》無之。《方輿紀要》以爲並入費縣。"案：《三國志》稱臧霸太山華人，《泰山都尉孔宙碑》亦有題"泰山華"者。然則後漢元有華縣，殆自並未久而復置耳。（據范書《瑯琊王京傳》，泰山原有華縣。）

《呂虔傳》："請瑯琊王祥爲別駕，民事一以委之，世多其能任賢。討利城叛賊，斬獲有功。"

　　《晉書・王祥傳》："于時寇盜充斥。祥率勵兵士，頻討破之。州略[1]清靜，政化大行。時人歌之曰：'海沂之康，實賴王祥。邦國不空，別駕之功。'"案：《晉書》所謂"寇盜"，即此《傳》"利城叛賊"是也，事在黃初六年。劉知幾疑爲建安中事，非。

《陳思王植傳》："時鄴銅爵臺成，太祖悉將諸子登臺，使各爲賦。"

　　魏文帝《登臺賦》："建安十七年春，遊西園，登銅雀臺，命余兄弟並作。其詞曰：登高臺以騁望，好靈雀之麗嫺。飛閣崛其特起，層樓儼以承天。步逍遙以容與，聊遊目于西山。溪谷紆以交錯，草木鬱其相連。風飄飄而吹衣，鳥飛鳴而過前。申躊躇以周覽，臨城隅之通川。"

"六年，帝東征還，過雍邱，幸植宮，增戶五百。"

　　《文館詞林》載曹植《自試令》曰（孫氏《續古文苑》改"試"字爲"誡"，當從之。）："吾昔以信人之心，無忌於左右，深爲東郡太守王機、防輔吏倉輯等枉所誣白[2]，獲罪聖朝，身輕於鴻毛，而謗重於太山。賴蒙帝主天地之仁，違百寮之典議，捨三千之首戾，反我舊居，襲我初服。雲雨之施，焉有量哉！及旋在國[3]，揵門退掃，形影相守，出入二載。機等吹毛求瑕，千端萬緒，然終無可言者。及到雍，又爲監官所舉，亦以紛若，于今復三年矣。然卒歸，不能有病於孤者，信心足以貫於神明也。昔雄渠李廣，武發石開；鄒子囚燕，中夏霜下；杞妻哭梁，山爲之

---

① "略"，《晉書》作"界"。
② "枉"，《藝文類聚》本作"任"。
③ "及"，《藝文類聚》本作"反"。

崩。固精誠可以動天地金石，何況於人乎！今皇帝遙過鄙國，曠然大赦，與孤更始，欣笑和樂以歡孤，隕涕咨嗟以悼孤，豐賜光厚，訾重千金。損乘輿之副，竭中黃之府，名馬充廄，驅牛塞路，孤以何德而當斯惠？孤以何功以納斯□？①富而不吝，寵至不驕者，則周公其人也。孤，小人耳，深更以榮爲感，何者？將恐簡易之尤，出於細微；脫爾之愆，一朝復覆也。②故欲循吾往業，守吾初志，欲使皇帝恩摩天，使孤心常存地③；將以全陛下厚德，窮孤犬馬之年④，此難能也。然孤固欲行眾人之所難。《詩》曰：‘德輶如毛，人鮮克舉⑤’，此之謂也。故爲此令，著于宮門，欲使左右共觀志焉。”案：此文本集不載。

“帝輒優文報荅。”

《文館詞林》載魏明帝《荅東阿王論邊事詔》曰：“覽省來書，至于再三。朕以不德，夙遭旻凶。聖祖皇考，復見孤弃。武宣皇后，復卽玄宮。重此哀煢，五内傷剝。又以眇身，闇於從政。是故二寇未誅，黔首元元，各不得所。雖復兢兢，坐而待旦，懼無云益。王俠輔帝室，朕深賴焉，何乃謙卑，自同三監？知吳、蜀未梟，而海内虛耗爲憂；又慮邊將，或非其人。諸所開喻，朕敬聽之；高謀良策，思聞其次。”案：植《集》無《論邊事表》。

“子志嗣。”

植《集》有《封二子爲公謝恩章》曰：“詔書封臣息南⑥苗爲高陽鄉公，志爲穆鄉公。”

---

① “□”，《藝文類聚》本作“貺”。

② “覆”，《藝文類聚》本作“露”。

③ 據《藝文類聚》，“恩”下脫“在”字，“存”下脫“人”字。

④ “窮”，《藝文類聚》作“究”。

⑤ 《詩經》“人”作“民”，《藝文類聚》“舉”下有“之”字。

⑥ “南”，《藝文類聚》作“男”。

"《趙王幹傳》"。《注》："《魏略》曰：'太祖疾困，遺令語太子，言"此兒三歲亡母，五歲失父，以累汝也。'"

　　陸士衡《弔魏武帝文》曰："持姬女而指季豹以示四子曰：'以累汝'，因泣下。"與此文合，則"季豹"疑卽幹之小名也。而李善注引《魏略》云太祖杜夫人生沛王豹。攷《魏志》：沛穆王林，建安十六年封饒陽矦，本不名豹；且建安十六年已受封，則曹公薨時，年非甚幼，"累汝"之言似亦未合，《魏略》誤也。《武紀》注引《魏書》封豹爲饒陽矦，誤與《魏略》同，當以陸士衡之文正之。《後漢書攷異》疑林一名"豹"，恐非。

《王粲傳》："陳畱阮瑀。"

　　《御覽》三百八十五引《文士傳》曰："阮瑀少有雋才，應機捷麗，就蔡邕學。歎曰：'童子奇才，朗朗無雙。'"

"東平劉楨。"

　　《御覽》三百八十五引《文士傳》曰："劉楨，字公幹，少以才學知名。年八九歲，能誦《論語》、詩論及詞賦數萬言。警悟辨捷，所問應聲而荅。當其辭氣鋒烈，莫有折者。"

"楨以不敬，被刑。刑竟，署吏。"

　　《御覽》四百六十四引《文士傳》曰："劉楨性辨捷。文帝常請同好爲主人，使甄夫人出拜，坐者皆伏，而楨獨平視如故。武帝使人觀之，見楨，大怒，命收之。主者案楨大不恭，應死，減一等輸作部，使磨石。武帝嘗輦至尚方，觀作者。見楨故環坐，正色磨石不仰。武帝問曰：'石何如？'楨因得喻己自理，跪對曰[1]：'石出自荊山元巖之下，外有五色之章，內含卞氏之珍，磨之不加瑩，雕之不增文；稟氣堅貞，受性自然。顧理枉屈紆繞，獨不得申。'武帝顧左右大笑，卽日還宮，赦楨，復署吏。"

---

① "自"，《太平御覽》本作"有"。

《注》："《典論》曰：'幹之《玄猨》《漏卮》《圓扇》《橘賦》，雖張、蔡不能過也。'"

《御覽》七百二十引徐幹《團扇賦》。

"潁川邯鄲淳。"《注》："《魏略》曰：'淳博學有才章，又善倉、雅、蟲篆，許氏《字指》。'"

《後魏書·江式傳》："陳畱邯鄲淳與張揖同時，博古開藝，特善倉、雅，許氏《字指》；八體六書，精究閑理，有名于揖。以書教諸皇子。又建《三字石經》于漢碑之西，其文蔚炳，三體復宣。校之《說文》，篆、隸大同，而古字少異。"

《注》："淳作《投壺賦》千餘言奏之，文帝以爲工。"

淳《賦》載《藝文類聚》卷七十四，其文曰："古者諸矦閒於天子之事，則相朝也，以正班爵，講禮獻功。於是乃崇其威儀，恪其容貌。繁登降之節，盛揖拜之數。機設而弗倚，酒澄而弗舉。肅肅濟濟，其性敬焉。敬不可久，禮成於飫。乃設大射，否則投壺。植兹華壺，髳氏所鑄。厥高二尺，盤腹修頸。飾以金銀，文以雕鏤。象物必具，距筵七尺，傑焉植駐。矢維二四，或柘或棘。豐本纖末，調勁且直。執笄奉中，司射是職。曾孫矦氏，與之乎皆得。然後觀夫投者，閒習察妙，巧之所極。駱驛聯翩，爰爰兔發，翻翻隼集，不盈不縮，應壺順入，何其善也。每投不空，四矢退效。既入躍出，茬苒偃仰，僶俛趨下，餘勢振掉，又足樂也。擬議於此，命中於彼，動之如志，靡有違也。譬諸爲政，羣職罔弛。左右畢投，效奇數鈞。列置功笄，稱善告賢。三載攷績，幽明始分也。比投不釋，增是自遂。雖往有功，義所不貴。《春秋》貶翬，亦猶是類也。若乃撮矢作驕，累掇聯取。一往納二，巧無與耦。斯乃絕倫之才，尤異之者也。柯列范布，匪牢匪綢。雖就置猶弗然，矧迴絕之所投。惟兹巧之妙麗，亦希世之寡儔。調心術於混冥，適容體於便安。紛縱奇於施舍，顯必中以微觀。悦舉坐之耳目，樂眾心而不倦。瓌瑋百變，惡可窮讚。"

"繁欽。"

《文選》卷四十注引《文章志》曰："繁欽，字休伯，潁川人。少以文辯知名，以豫州從事稍遷至丞相主簿，病卒。《文帝集》序云：'上西征，余守譙，繁欽從。時薛訪車子能喉轉，與笳同音。欽牋還與余，而盛歎之。雖過其實，而其文甚麗。'"

"瑒弟璩，官至侍中。"

《宋書·五行志二》："魏侍中應璩在直盧，欻見一白狗，問眾人，無見者，踰年卒，近犬禍也。"

《注》："璩字休璉，博學好屬文。曹爽秉政，多違法度，璩為詩以諷焉。其言雖頗諧合，多切時要，世共傳之。"

《文選·百一詩》《注》："張方賢《楚國先賢傳》曰：'汝南應休璉作百一篇詩，譏切時事，徧以示在事者，咸皆怪愕，或以為應焚棄之。何晏獨無怪也。然方賢之意，以有百一篇，故曰《百一》。'李充《翰林論》曰：'應休璉五言詩百數十篇，以風規治道，蓋有詩人之旨焉。'又孫盛《晉陽秋》曰：'應璩作五言詩百三十篇，言時事，頗有補益，世多傳之。'據此二文，不得以一百一篇而稱"百一"也。《今書七志》曰：'《應璩集》謂之新詩，以百言為一篇，或謂之《百一詩》。'然以字名詩，義無所取。據《百一詩·序》云：'時謂曹爽曰："公今聞周公巍巍之稱，安知百慮有一失乎？"''百一'之名，蓋興於此。"

《注》："拜北中郎將，太和中入朝。"

《藝文類聚》卷六十八引《吳質別傳》曰："質為北中郎將，朝京師。上歡喜其到，比至家，問訊相續，詔將軍列鹵簿，作鼓吹，望闕而止。"

《衛覬傳》："請置律博士，轉相教授，事遂施行。"

《晉書·刑法志》："衛覬奏：請置律博士，轉相教授，事遂施行。

然而律文煩廣，事比眾多，離本依末，決獄之吏如廷尉。獄吏範洪，受囚絹二丈，附輕法論之；獄吏劉象，受屬偏攷囚張茂，物故，附重法論之。洪、象雖皆棄市，而輕枉者相繼。"

"覲歷漢、魏，時獻忠言，率如此。"

《古文苑》載："《魏衛（此字依顧廣圻校補）敬侯碑陰文》曰：'詔令雜駁議上封事一百餘條。'"

"凡所撰述數十篇，好古文、鳥、篆、隸、草，無所不善。"

《魏衛敬侯碑陰文》曰："所著述渥（字有誤）解、故訓及文筆等甚多，皆已失墜。所注《孝經》《固而》（二字有誤）《倉頡冢碑》大篆書，在左馮翊利陽亭南道旁。及《華山下亭碑增算狀》《殷叔時碑》《魏大饗碑》《羣臣上尊號奏》及《受禪石表》文，並在許繁昌。《尊號奏》，鐘元常書；《受禪表》，覬並（二字亦有誤。"覬"卽敬侯名，碑文上稱"敬侯"，不應此處直斥其名，與下"並"字義亦不貫）金鍼八分書也。"王僧虔《能書人名錄》曰："衛覬善草及古文，略盡其妙；草體微瘦，而筆迹精熟。"

"尚書右丞河南潘勗。"

《御覽》四百七十六引王隱《晉書》曰："潘勗，字元茂。值年荒，部曲之家、健兒渠帥，皆素服重名，共相率送迎。道路所在爲儲，以供行資。勗隨主人多少，口率均分，無有尊卑優劣。若所賦已盡，偶有不足，則推己之分以周未徧。父老有頌之曰：'且貴且富，有南山之壽，吾仍得與潘元茂。'又曰：'恩不可忘，無如我潘郎。'"

"《劉廙傳》："與丁儀共議刑禮，皆傳于世。""

《藝文類聚》卷五十四引魏丁儀《刑禮論》曰："天垂象，聖人則之。天之爲歲也，先春而後秋；君之爲治也，先禮而後刑。春以生長爲德，秋以殺戮爲功；禮以教訓爲美，刑以威嚴爲用。故先生而後殺，天之爲歲；先教而後罰，君之爲治也。天不以久遠更其春冬，而人也得以古今改其禮刑哉！太古之世，民故質樸。質樸之民，宜其易化。是以中古之君子，或結繩以治，或象刑惟明。夏后肉辟，民轉姦詐，刑彌滋繁，禮亦如之。由斯言之，古之刑省，禮亦宜略。今所論辨，雖出傳記之前，夫流東，源不得西；景正，形不得傾；自然之勢也。後世禮刑俱失於前，先後之宜，故自有常。今夫先刑者，用其末也。由禮禁未然之前，謂難明之禮，古人不能行也。案如所云禮，嫂叔不親之屬也，非太古之禮也。所云禮者，豈此也哉？古者民少而獸多，未有所爭，民無患則無所思，故未有君焉。後民禍多，強暴弱，于是有賢人焉，平其多少，均其有無，推逸取勞，以身先之。民獲其利，歸而樂之，樂之得爲君焉。夫刑之記君也，精具筋力，民畏其強而不敢校，得爲君也。恐上古未具刑罪之品，設逋亡之法，懼彼爲我，而以勇力侵暴。于已能，與則校；不能，歸奉之，明矣。且上古之時，賊耳，非所謂君也。上古雖質，宜所以爲君，會當先別男女，定夫婦，分土地，班食物，此先以禮也。夫婦定而後禁淫焉，貨物正而後止竊焉，此後刑也。”

《劉劭傳》：“劭嘗作《趙都賦》，明帝美之。”

　　《藝文類聚》卷六十一載劉劭《趙都賦》。

“輒作《都官攷課》七十二條，又作《說略》一篇。”

　　《通典》：“劉劭作《都官攷課》之法七十二條，攷覈百官。其略欲使州郡攷士，必由四科，皆有效，然後察舉；或辟公府爲親人長吏，轉以功次補郡守者，或就秩而加賜爵焉。至于公卿及內職大臣，率攷之。”

《注》：“《先賢行狀》曰：‘繆斐字文雅。’”

　　《御覽》卷四百九十六引皇甫謐《達士傳》曰（當是“《逸士傳》”之譌）：“繆斐字文雅，代修儒學，繼踵六博士，以經行修明學士稱之。故時人爲之語曰：‘素車白馬繆文雅。’”又五百一十引梁蕭繹《孝德傳》曰：“斐將家避地濱海，不以避世爲悶，不以窮居爲傷。浣衣濯冠，以俟絕氣。"

《注》："《文章敘錄》曰：'摯字德魯，初上《笴賦》。'"

　　《藝文類聚》卷四十四引杜摯《笴賦》。又《御覽》五百八十一引杜摯《笴賦·序》。

《傅嘏傳》："起家，拜滎陽太守。"

　　《補三國疆域志》曰："《水經注》：'正始三年，歲在甲子，被癸丑詔書，割河南郡縣自鞏關以東，創建滎陽郡，以李勝爲郡守。'（《曹真傳》注："李勝爲滎陽太守。"）今攷《傅嘏傳》，爲滎陽守亦在正始時，則《水經注》之言信也。又《孫禮傳》：'太祖時，遷滎陽都尉。'蓋河南郡大漢末已別建都尉，至正始三年，乃升作郡耳。沈《志》《晉·地里志》等皆以爲晉泰始元年置，豈魏末暫廢，晉復立邪？"

"嘏常論才性同異，鍾會集而論之。"

　　《晉書·阮裕傳》："嘗問謝萬云：'未見《四本論》，君試爲言之。'萬敘說既畢，裕以傅嘏爲長。"案：《四本論》卽才性同異也，說又詳《鍾會傳》條下。

《陳羣傳》："制九品官人之法，羣所建也。"

　　《通典》："魏文帝時，尚書陳羣以天朝選用不盡人才，乃立九品官人之法。州郡皆置中正，以定其選，擇州郡之賢有識鑒者爲之，區別人物，定其高下。"又曰："九品之制，州郡縣俱置大小中正，各取本處人任諸府公卿及臺省郎吏，有德充才盛者爲之，區別所管人物，定爲九等。其有言行修著，則升進之，或以五升四，以六升五；倘或道義虧闕，則降下之，或自五退六，自六退七矣。是以吏部不能審定核天下人才士庶，故委中正銓第等級，憑之授受，謂免乖戾。"

"頃之，爲司空。"

《藝文類聚》卷四十引摯虞《決疑要》《注》曰："魏司空陳羣喪母，使者弔祭如故事，又使黃門侍郎杜恕奉詔慰問。"《通典》："魏明帝弔陳羣詔曰：'司空今遭母憂，當遣使者弔祭如故事。'尚書司馬孚奏：尋故事，自魏興，無三公喪母弔祭。輒訪韋誕、王肅、高堂隆、秦靜等云：'漢太傅胡廣喪[①]，天子使謁者以中牢弔祭送葬。'王肅議禮：臣有父母之喪，訃君弔之，弔諸臣之母，當從夫爵。"

"人民至少，比漢文、景之時，不過一大郡。"

劉昭注《郡國志》曰："魏武皇帝剋平天下，文帝授禪，人眾之損，萬有一存。景元四年與蜀通，計民戶九十四萬三千四百二十三，口五百三十七萬二千八百九十一人。又案：正始五年，揚威將軍朱照日所上吳之所領兵戶九十三萬二千，推其民數，不能多蜀矣。昔漢永和五年，南陽戶五十餘萬，汝南戶四十餘萬。方之於今，三帝鼎足，不踰二郡，加有食祿，復除之。民凶年飢疾之難，見可供役，裁若一郡。以一郡之人，供三帝之用，斯亦勤矣。又《通典》云：'魏氏有戶六十六萬三千四百二十三，口有四百四十三萬二千八百八十一。'"

《趙儼傳》："太祖征荊州，以儼領章陵太守。"

章陵本南陽屬縣。洪亮吉曰："章陵，漢末曾升作郡。《後漢書·劉表傳》'荊州八郡'《注》稱《漢官儀》一爲章陵。"《趙儼傳》"儼爲章陵太守"，疑魏平荊州後方省也。

《陳矯傳》："景初元年薨。"

《通典》："司徒、廣陵陳矯本劉氏，養于陳氏。及其薨，劉氏弟子疑所服，以問王肅。荅曰：'昔陳司徒喪母，諸儒陳其子無服，甚失禮矣。爲外祖父母小功，此以異姓而有服者。豈不以母之所生，反重于父之

---

① "喪"後脫"母"字。

所生？不亦左乎？爲人後者，其婦爲舅姑大功。婦，他人也，猶爲夫故，父母降一等；祖，至親也，而可以無服乎？推婦降一等，則子孫宜依本親而降一等。’”

“《裴潛傳》。”《注》：“《魏略》曰：‘潛父茂，討李傕有功，封列矦。’”

　　《唐書·宰相世系表》：“敦煌太守裴遵自雲中從光武平隴、蜀，徙居河東安邑，安、順之際徙聞喜。曾孫曄，並州刺史、度遼將軍。子茂，字巨光，靈帝時歷郡守、尚書，率諸將討李傕有功，封陽吉平矦。三子：潛、徽、輯。”案：《武帝紀》注引《獻帝起居注》作“陽宣亭矦”。

“徽字文季，冀州刺史。”

　　《宰相世系表》作“字文秀，魏冀州刺史、蘭陵武公”。

《崔林傳》：“魯相上言：漢舊立孔子廟云云。”

　　案：後漢孔廟置百石卒，《史碑》稱春秋饗禮，出王家錢，給大酒直。《魯相史晨祀孔廟奏銘》稱：“出王家穀，春秋行禮，以共煙祀。”是漢祀孔子，原有官給錢穀之例，蓋是時久廢不行矣。

《高柔傳》：“四年，遷爲廷尉。”

　　《御覽》卷七百六十三引《廷尉決事》曰：“廷尉高文惠上民傅晦詣民籍牛場上盜黍，爲牛所覺，以斧擲折晦腳，物故；依律，牛應棄市。監棗超議：‘晦既夜盜，牛本無殺意，宜減死一等。’”

《孫禮傳》：“歷山陽、平原、平昌、瑯邪太守。”

　　《補三國疆域志》曰：“沈《志》：‘魏文帝分城陽，置平昌郡。’《晉·地里志》：‘惠帝元康十年，又置平昌郡。’蓋魏文立郡後，旋廢，至晉惠帝復置也。”

《高堂隆傳》："社稷神位未定。"

《通典》："魏明帝景初中，立帝社。博士孔晁議：漢氏及魏初；皆立一社一稷。至景初之時，更立太社、太稷，又特立帝社。云：'《禮記·祭法》云"王爲羣姓立社曰太社"，言爲羣姓下及士庶，皆使立社，非自立也。今並立二社，一神二位，同時俱祭，於事爲重，於禮爲黷。宜省除一社，以從舊典。'劉喜難曰：'《祭法》"爲羣姓立社"，若如晁議，當言"王使"，不得言"爲"。下云"王爲羣姓立七祀""諸侯自爲立五祀"，若是使羣姓私立，何得逾於諸侯而祭七祀乎？知爲羣姓立七祀，乃王之祀也。夫人取法于天，取財于地，普天率土，無不奉祀，而何言乎一神二位以爲煩黷？'"案：據此，知魏初祇一社，景初時始立帝社也。隆是疏上于青龍四年，故云"神位未定"。

"初，太和中，中護軍蔣濟上疏曰：'宜遵古封禪。'詔曰：'聞濟斯言，使吾汗出流足。'事寢歷歲，後遂議修之，使隆撰其禮儀。帝聞隆沒，歎息曰：'天不欲成吾事，高堂生舍我亡也。'"

《宋·禮志三》："魏明帝世，中護軍蔣濟奏曰：'夫帝王大禮，巡狩爲先；昭祖揚禰，封禪爲首。是以自古革命受符，未有不蹈梁父、登泰山，刊無竟之名，紀天人之際者也。故司馬相如謂有文以來七十二君，或從所繇于前，謹遺跡于後。太史公曰："主上有聖明而不宣布，有司之過也。"然則元功懿德，不刊山、梁之石，無以顯帝王之功，布生民不朽之觀也。語曰："當君而歎堯、舜之美，譬猶人子對厥所生，譽他人之父。"今大魏振前王之弊亂，拯流遁之艱危，接千載之衰緒，繼百世之廢始①。自武、文至于聖躬，所以參成天地之道，綱維人神之化，上天報應，嘉瑞顯祥，以比往古，其優衍豐隆，無所取喻。至于歷世迄今，未發大禮。雖志在埽盡殘盜，蕩滌餘穢，未遑斯事。若爾，三苗堀彊于江海，大舜當廢東巡之儀；徐夷跳梁于淮、泗，周、成當止岱嶽之禮也。且昔歲破吳虜于江、漢，今茲屠蜀賊于隴右。其震蕩內潰，在不復淹，就當探其

---

① "始"，《宋書》作"治"。

窟穴，無累於封禪之事也。此儀久廢，非倉卒所定。宜下公卿，廣纂其禮，卜年玫時[1]，昭告上帝，以副天下之望。臣待罪軍旅，不勝大願，冒死以聞。'詔曰：'聞濟斯言，使吾汗出流足。自開闢以來，封禪者七十餘君爾。故太史公曰："雖有受命之君，而功有不洽，是以中閒曠遠者，千有餘年。近數百載，其儀闕不可得記。"吾何德之修，敢庶茲乎！濟豈謂世無管仲，以吾有桓公登泰山之志乎？吾不敢欺天也。濟之所言，華則華矣，非助我者也。公卿、侍中、尚書、常侍省之而已，勿復有所議，亦不須苔詔也。'帝雖拒濟議，而實使高堂隆草封禪之儀。以天下未一，不欲便行大禮。會隆卒，故不行。"

《滿寵傳》："尚書趙咨。"

此與黃初中自吳使魏之趙咨別一人，胡身之合爲一，非是。

"子偉嗣。"

寵尚有子名炳，字公琰，爲別部司馬，見《文選》四十二卷注引賈弼之《山公表》注："應休璉有《與滿公琰書》"，卽其人也。

《牽招傳》："太祖領冀州，辟爲從事。"

《御覽》四百九引孫楚《牽招碑》曰："初，君與劉備，少長河朔，英雄同契，爲刎頸之交，有橫波絕流、拊翼橫飛之志。俄而委質于太祖，備遂鼎足于蜀漢。所交非常，爲時所忌，每自酌損于季孟之閒。"

《郭淮傳》："其後因置西川都尉。"

《三國志辨誤》曰："川當作州。晉泰始中，中丞傅休奕上疏措置秦隴事，請更置一郡于高平，因安定西州都尉徙民充之，以通北道，是其證也。"

---

① "卜"，《宋書》作"十"。

《徐邈傳》："遂固辭不受。"

《晉書·鄭袤傳》："袤曰：'魏以徐景山爲司空，吾時爲侍中，受詔譬旨。徐公語吾曰："三公當上應天心，苟非其人，實傷和氣，不敢以垂死之年，累辱朝廷也。"終不就。'"

"舉善而教，仲尼所美。"

《攷異》曰："魏晉人引《論語》，多于'教'字斷句。如《倉慈傳》注：'舉善而教，恕以待人。'（《魏略·令狐邵傳》）《顧邵傳》：'舉善以教，風化大行。'《陸績傳》注：'臣聞唐虞之政，舉善而教。'《晉書·衛瓘傳》：'聖王崇賢，舉善而教'，皆是也。《劉馥傳》：'舉善而教，不能則勸。'雖引成文，亦似以四字爲句。攷《風俗通》載汝南太守歐陽歙下教云："蓋舉善以教，則不能者勸"，是漢時經師句讀已然矣。"

《王基傳》："入瑯邪界游學。"

王昶曰："《後漢書·鄭康成傳》：'其門人東萊王基。'據《基碑》，卒于景元二年，年七十二，則當生于初平元年庚午。康成以建安五年庚辰卒，其時基僅十一歲，不得在弟子之列。《後漢書攷異》曰：'基治經，常申鄭而駁王肅，故蔚宗疑爲康成弟子。要是私淑鄭學，非親受業者也。'汪中《述學補遺》亦曰：'《後漢書》特以基據持鄭義，與王肅抗衡，遂列基于門人，不若《魏志》但言入"入瑯邪界游學"爲得實。'"

"擢爲中書侍郎。"

《晉書·職官志》："黃初初，中書既置監、令，又置通事郎。及晉，改曰中書侍郎。"胡身之曰："案此，則魏已改'通事郎'爲'中書侍郎'矣。"

“出爲荆州刺史，加揚烈將軍，隨征南王昶擊吳，虜安北將軍譚正，納降數千口。賜爵關內矣。”

《王基斷碑》：“帝命遷荆州刺史、揚武將軍，又遷使持節鎮南。（下缺）朱旗所麾，前無交兵，克敵獲儁，斬首萬計。賜爵關內。（下缺）”

“是歲，基薨。”

《王基斷碑》：“七十二，景元二年四月辛丑薨。”

《毌邱儉傳》：“大將軍督中外軍討之。”

《晉書·鄭袤傳》：“毌邱儉作亂，景帝自出征之，與袤共載，曰：‘計將何先？’袤曰：‘昔與儉俱爲臺郎，特所知悉。其人好謀而不達事情。自昔建勳幽州，志望無限。文欽勇而無算。今大軍出其不意，江淮之卒，銳而不能固。深溝高壘，以挫其氣，此亞夫之長也。’帝稱善。”

“《鐘會傳》。”《注》：“孫氏由是得罪，出。”

《御覽》四百五十七引王景興《與鐘元常書》諫其室人大歸事曰：“朗白：近聞室人孫氏歸，或曰大歸也。共經憂樂既久矣，曷爲一旦離析，以至于歸而不反乎？不得面談，裁書叙心。”

《注》：“虞松字叔茂，陳雷人也，遷中書郎，遂至太守。”

竇臮《述書賦》注曰：“叔茂終魏中書令、大司農。”案：松事又見《齊王芳紀》“嘉平五年”《注》。

“會嘗論易無互體、才性同異。”

《世說·文學篇》“鐘會撰《四本論》始畢，甚欲使嵇公一見，置懷中。既定，畏其難，懷不敢出，于戶外遙擲，便回急走”注引《魏志》曰：“會論才性同異，傳于世。四本者，言才性同、才性異、才性合、才性離也。尚書傅嘏論同，中書令李豐論異，侍郎鐘會論合，屯騎校尉王廣論離。”

《杜夔傳》："又嘗會夔與左願等。"

《三國志辨誤》曰："左願當作左騏，見繁欽《與魏文帝牋》。《文選》李善、呂向注引《夔傳》並與牋合。善又云'騏'與'顛'同音。由善《注》觀之，《夔傳》此字本作'騏'，當是後來傳錄者易爲'顛'而作'願'者，又'顛'之轉譌也。"

"自左延年等，雖妙于音，咸善鄭聲，其好古存正，莫及夔。"

《晉書·樂志上》："杜夔傳舊雅樂四曲：一曰《鹿鳴》，二曰《騶虞》，三曰《伐檀》，四曰《文王》，皆古聲辭。及太和中，左延年改夔《騶虞》《伐檀》《文王》三曲，更自作聲節，其名雖存，而聲實異。唯因夔《鹿鳴》，全不改易。每正旦大會，太尉奉璧，羣后行禮，東廂雅樂常作者是也。後又改三篇之行禮詩：第一曰《於赫篇》，詠武帝，聲節與古《鹿鳴》同；第二曰《巍巍篇》，詠文帝，用延年所改《騶虞》聲；第三曰《洋洋篇》，詠明帝，用延年所改（一作"作"）《文王》聲；第四曰復用《鹿鳴》，《鹿鳴》之聲重用，而除古《伐檀》。"

《管輅傳》："歲朝西北，大風，塵埃蔽天十餘日。"

《晉·五行志下》："嘉平元年正月壬辰朔，西北大風，發屋，折樹木，昏塵蔽天。案管輅說，此爲時刑大臣，執政之憂也。是時，曹爽區霿自專，驕僭過度，天戒數見，終不改革。此思心不睿，恒風之罰也。後逾旬而爽等誅滅。"

《劉焉傳》："攻益州，殺儉。"

《華陽國志》：馬相、趙祇等殺刺史儉。儉從事史燕邠、宋元疾，使在葭萌，與從事董馥、張胤同行，聞故哀痛，說馥、胤赴難，不可。邠歎曰："使君已死，何用生爲？"獨死之。焉嘉之，爲圖象學宮，誅馥等。

"焉遣魯爲督義司馬。"

洪适曰："劉焉在蜀，創置督義司馬、助義、襃金校尉。劉表在荊，亦置綏民校尉。漢衰，諸侯擅命，率意各置官屬。"

《先主傳》："楊奉、韓暹寇徐、揚間，先主邀擊，盡斬之。"

　　《通鑑攷異》曰："暹、奉後與呂布同破袁術，于時未死也。"

"建安十六年。"《注》："《吳書》曰：備前見張松，後見法正。"

　　《通鑑攷異》曰："劉璋、劉備《傳》：松未嘗先見備，《吳書》誤也。"

"一十五年，光祿勳黃權。"

　　《攷異》曰："上文已有偏將軍黃權，不應重見。攷《楊戲輔》臣贊注：'先主爲漢中王，用零陵賴恭爲太常，南陽王柱①爲光祿勳，漢嘉王謀爲少府。'此《傳》三人連名，必是王柱，非黃權也。《黃權傳》亦無除光祿勳事。"

"評曰：'機權幹略，不逮魏武，是以基宇亦狹。'"

　　《蓺文類聚》卷二十二、《太平御覽》卷四百四十七引張輔《名士優劣論》曰："世人見魏武皇帝處（當作'據'）有中土，莫不謂勝劉玄德也。余以玄德爲勝。夫撥亂之主，當先以能收相獲將爲本；一身善戰，不足恃也。世人以玄德爲呂布所襲，爲武帝所走，舉軍東下，爲陸遜所覆。雖曰爲呂布所襲，未若武帝爲徐榮所敗，失馬被創之危也。玄德還據徐州，形勢未合。在荆州，劉景升父子不能用其計，舉州降魏。手下步騎，不滿數千，爲武帝大眾所走，未若武帝爲呂布北騎所擒，突火之急也。玄德爲陸遜所覆，未若武帝爲張繡所困，挺身逃遁，以喪二子也。若令高祖死于彭城，世人方之，不及項羽遠矣。武帝獲于宛下，將復謂不及張繡矣。而其安忍無親，荀文若、楊德祖之徒，多見賊害；孔文舉、桓文林等，以宿恨見殺；董公仁、賈文和，恒以佯愚自免。良將不能任，行兵

────────────────

① "王柱"，《三國志卷》三十二"蜀書二"《先主傳》作"黃柱"。

三十餘年，無不親征。功臣謀士，曾無列土之封。仁愛不加親戚，惠澤不流百姓，豈若玄德威而有恩、勇而有義，寬宏而大略乎？諸葛孔明，達治知變，殆王佐之才。玄德無強盛之勢，而令委質。張飛、關羽，皆人傑也，服而使之。夫明闇不相爲用，臧否不相爲使。武帝雖處安強，不爲之用也；況在危急之閒，勢弱之地乎？若令玄德據有中州，將與周室比隆，豈徒三傑而已哉？"

《後主傳》："建興元年夏，牂柯太守朱褒擁郡反。"《注》："《魏氏春秋》曰：'初，益州從事常房行部云云。'"

《華陽國志》："牂柯郡丞朱提、朱褒領太守，恣睢。丞相諸葛亮以初遭大喪，未便加兵，遣從事蜀郡常頎行部。頎至牂柯，收郡主簿，攷訊姦□，褒因殺頎爲亂。"案：此作"常房"，與《華陽志》異。

"先是，益州郡有大姓雍闓反。"

《華陽國志》："益州夷不從闓，闓使建寧孟獲說夷叟曰：'官欲得烏狗三百頭，膺前盡黑蟎腦三斗，斲木搆三丈者三千枚，汝能得不？'夷以爲然，皆從闓。斲木堅剛，性委曲，高不至二丈，故獲以欺夷。"

"越嶲夷王高定亦背叛。"

《華陽國志》作"高定元"。

"三年，春三月，丞相亮南征四郡，四郡皆平。"

《華陽國志》："建興三年春，亮南征，自安上由水路入越嶲，別遣馬忠伐牂柯，李恢向益州，以犍爲太守廣漢王士爲益州太守。高定元自旄牛、定筰、卑水，多爲壘守。亮欲俟定元軍眾集合，並討之，軍卑水。定元部曲殺雍闓及士庶等，孟獲代闓爲主。亮既斬定元，而馬忠破牂柯，李恢敗于南中。夏五月，亮渡瀘，進征益州，生虜孟獲。秋，遂平四郡。移南中勁卒青羌萬餘家於蜀，爲五部，所當無前，號爲飛軍。分其羸弱，配大姓焦、雍、婁、爨、孟、量、毛、李爲部曲；置五部都尉，號"五子”，故南人言“四姓五子”也。以夷多剛狠，不賓大姓富豪，乃勸令出金帛，聘策惡夷爲家部曲，得多者奕世襲官。于是夷人貪貨物，以漸服屬于漢，成夷、漢部曲。亮收其俊傑建寗爨習、朱提孟琰及獲爲官屬，習官至領軍，琰輔漢將軍，獲御史中丞。出其金、銀、丹、漆、耕牛、戰馬，給軍國之用。”

《諸葛亮傳》：“好爲《梁父吟》。”

何焯《讀書記》：“蔡中郎《琴頌》曰：‘梁父悲吟，周公越裳。武鄉之志，其有取于此乎？今所傳之詞，蓋非其作。’”

“故五月渡瀘，深入不毛。”

《水經·若水注》：“瀘津東去朱提縣八十里，水廣六七百步，深十數丈，多瘴氣，鮮有行者。三月、四月逕之必死。非此時，猶令人悶吐。五月以後，行者差得無害。故諸葛亮表言‘五月渡瀘，並日而食’。《益州記》曰：‘瀘水源出曲羅，嶲下三百里曰瀘水，兩峯有殺氣，暑月舊不行，故武矦以夏渡爲艱。’”

“推演兵法，作八陣圖。”

《學林》曰：“《後漢·竇憲傳》：班固作《燕然山銘》曰：‘勒以八陣，涖以威神。’章懷太子《注》曰：‘兵法有八陣圖。’由此觀之，則八陣圖蓋古法也，非亮創爲之也，亮能得古法之意而推行之耳。”

“景耀六年春，詔爲亮立廟于沔陽。”《注》：“《襄陽記》云云。”

《宋·禮志四》：“何承天曰：‘《周礼》：“凡有功者，祭于大烝。”故後代遵之，以元勳配饗。允等曾不是式，禪又從之，並非禮也。’”

《關羽傳》：“或遙受羽印號，爲之支黨。”

《魏橫海將軍呂君碑》曰：“關羽蕩搖邊鄙，虜劉民人。而洪水播溢，氾沒樊城。平源十刃，外潰潛通。猛將驍騎，載沈載浮。于是不逞作慝，羣凶鼎沸。或保城而叛，或率眾負旌，自卽敵門。中人以下，竝生異心。君威懷之信，臨難益著，故能傑然攘除姦逆，獨存社稷，連城十三，民無虺蝪。帝加其庸，轉拜橫海將軍，徙封西鄂都鄉矦，食邑並七百戶。"

《馬超傳》注引《典略》曰："建安十五年，徵騰爲衛尉。"

《通鑑攷異》曰："《張旣傳》：'曹公將征荆州，令旣說騰入朝。蓋"三"字誤爲"五"耳。'"

《李嚴傳》："爲犍爲太守。"

《華陽國志》曰："犍爲郡去成都百五十里，渡大江。昔人作大橋曰漢安橋，廣一里半，每秋、夏水盛，斷絕，歲歲修理，百姓苦之。建安二十一年，太守南陽李嚴乃鑿天社山，尋江通車道，省橋，梁三津，吏民悅之。嚴因更造起府寺，觀①壯麗，爲一州勝宇。"

"雷護軍陳到駐永安。"

到，汝南人，官征西將軍，見《華陽國志》。

"表嚴子豐爲江州都督。"

《華陽國志》曰："嚴子農，代爲都督。"與此異名。

《霍峻傳》："乃分廣漢爲梓潼郡。"

《華陽國志》曰："屬縣六：梓潼縣、涪縣、漢壽縣、白水縣、廣漢縣、德陽縣。"

"後爲參軍，庲降屯副貳都督，又轉護軍，遷監軍。"

《華陽國志》："南郡閻宇爲都督，南郡霍弋爲參軍。弋甚善參毗之

---

① "觀"，《華陽國志》卷三作"城觀"。

禮①，遂代宇爲監軍、安南將軍，撫和異俗，爲之立法施教，輕重允當，夷晉安之。"

《杜微傳》："王元泰、李伯仁、王文儀、楊季休、丁君幹、李永南兄弟、文仲寶等。"

　　《攷異》曰："伯仁、君幹、仲寶三人，不見于本《志》。常璩《華陽國志》有'丞相參軍文恭字仲寶，梓潼人'；君幹，疑卽《出師表》所稱'丁立'也。"

《李譔傳》："又有漢中陳術，字申伯，位歷三郡太守。"

　　《華陽國志》："歷新城、魏興、上庸三郡太守。"

"《黃權傳》。"《注》："《蜀記》曰：'往者熒惑守心，而文皇帝崩。'"

　　《宋書·天文志一》："案：三國史並無熒惑守心之文，疑是入太微。"

《李恢傳》："雍闓跋扈于建寧。"

　　案：建寧本益州郡。建興三年，丞相亮南征後，始改此名。今敘雍闓事，不宜先書建寧也。《馬忠傳》"建寧郡殺太守正昂"，失與此同。

《張嶷傳》："住安定縣，去郡八百餘里。"

　　《攷異》曰："兩漢、晉、宋諸《志》，益州部無安定縣。以《華陽國志》攷之，蓋安上縣也。安上縣屬越巂，《晉志》亦不載。案：《嶷傳》下文稱'郡有舊道，經牦牛中至成都，旣平且近。自牦牛絕道，更由安上，旣險且遠'，卽此地也。"

---

① "禮"，《華陽國志》卷四作"體"。

《鄧芝傳》："十一年，涪陵國人殺都尉，反叛。芝率軍征討，卽梟其渠帥，百姓安堵。"

《華陽國志》："延熙十三年，涪陵大姓徐巨反，車騎將軍鄧芝討平之，乃移其豪徐、藺、謝、危五千家於蜀，爲獵射官；分羸弱配督將韓、蔣，名爲助郡軍。"

《宗預傳》："就拜征西大將軍。"

《華陽國志》作"征北大將軍"。

《楊戲傳》原注："鄧孔山名方，爲安遠將軍、庲降都督，住南昌縣。"

《攷異》曰："南昌縣不見于《兩漢志》，《華陽國志》"朱提郡"有"'南昌縣'，故都督治，有鄧安遠城"，此縣蓋先主所置矣。《宋書·州郡志》：'南秦縣本名南昌，晉太康元年更名。'據常璩書，朱提屬縣五，有南昌，又有南秦。璩，蜀人，所言當不誤。《宋志》未可信。"

《孫破虜傳》："會稽妖賊許昌，起于句章，自稱陽明皇帝，與其子韶，扇動諸縣。"

《後漢書·靈帝紀》"許昌"作"許生"，"韶"作"昭"。惠定宇徵君曰："《天文志》及《臧洪傳》皆作'許生'。晉諱'昭'，故作'韶'，當從《靈帝本紀》。"

"堅以郡司馬，募召精勇。"

胡三省曰："《百官志》：'郡有丞、長史'，而無'司馬'。蓋是時以盜起，置司馬以主兵也。"

"溫表請堅與參軍事。"

胡三省曰："參軍事之官，始見于此。"杜佑曰："漢靈帝時，陶謙幽州刺史、參司空車騎將軍張溫軍事，時孫堅亦爲參軍。晉時，軍府乃置爲官員。"

"乃以堅爲長沙太守。"

《御覽》卷六十九引《吳錄·地理志》曰："吳富春縣有沙漲。武烈爲郡吏，赴府，鄉人餞之，會于沙上。父老曰：'此沙狹而長，君後當爲長沙太守。'後果然，因名孫洲。"

"周朝、郭石亦帥徒眾起于零、桂。"

《後漢書·靈帝紀》："中平四年，零陵人觀鵠自稱平天將軍，寇桂陽。長沙太守孫堅擊斬之。"

"謚堅曰'武烈皇帝。'"《注》："《吳錄》曰：'尊堅廟曰"始祖"。'"

《宋·禮志三》："孫權不立七廟，以父堅嘗爲長沙太守，長沙臨湘縣立堅廟而已。權既不親祠，直是依後漢奉南頓故事，使太守祠也。堅廟又見尊曰'始祖廟'，而不在京師。又以民人所發吳芮冢材爲屋，未之前聞也。"

《吳主傳》："建安八年，使呂範平鄱陽、會稽。"

胡三省曰："《呂範傳》止云'鄱陽'，《孫權傳》則有'會稽'二字。以地理攷之，'會稽'二字衍。"

"十五年，分長沙爲漢昌郡。"

《攷異》曰："《宋書·州郡志》：'長沙郡有吳昌矦國。後漢立曰漢昌，吳更名。'攷兩漢《志》無漢昌縣，蓋漢末所立也。余弟晦之曰：'《周憬碑陰》有"長沙漢昌謇衹，字宣節"，碑立于靈帝熹平時，此縣必桓、靈時置也。'"

"黃武五年，分三郡惡地十縣，置東安郡。"《注》："《吳錄》曰：'郡治富春也。'"

《攷異》曰："其九縣無攷。《太平寰宇記》'建德、桐廬二縣，俱黃武四年分富春置'，當是東安屬縣也。"

"嘉禾三年，九月朔，隕霜，殺^①穀。"

《晉·五行志下》："是時，校事呂壹專作威福，與漢元帝時石顯用事隕霜同應。班固書'九月二日'，陳壽言'朔'，皆明未可以傷穀也。壹後亦伏誅。"

"四年秋七月，有雹。"

《晉·五行志下》："吳孫權嘉禾四年七月，雨雹，又隕霜。是時，呂壹作威用事，詆毀重臣，排陷無辜。自太子登以下，咸患毒之，而壹反獲封矦寵異。"

"赤烏四年春正月，大雪，平地深三尺，鳥獸死者大半。"

《晉·五行志下》："是年夏，全琮等四將軍攻略淮南、襄陽，戰死者千餘人。其後，權以讒邪，數責讓陸議，議憤恚致卒。"

"五年春正月，百官奏立皇后及四王。秋七月，有司又奏立后及諸王。"

《藝文類聚》卷五十一引吳胡綜《請立諸王表》曰："受命之主，繫天而王，建化垂統，爲一代制。雖禮有損益，事有質文，至於崇建懿親，列土封爵，內蕃國朝，外鎮天下，古今同契，其揆一也。周室之興，寵秩子弟，姬姓之國，五十有五，諸王子受國者漸多。光武中興，四海擾攘，衆諸制度未徧。而九子受國，明、章卽位，男則封王，女爲公主，故《詩》曰：'旣受帝祉，施于子孫。'陛下踐阼以來，十有二載，皇后無號，公主無邑，臣下歎息，遠近失望。是以屢獻愚懷，依據典禮，庶請具陳，足寤聖心。深辭固拒，不蒙進納，恐天下有識之士，將謂吳臣闇于禮制，不知陛下謙以失之也。加今仰夏，盛德在上，大吳之慶，于是乎始。開國建號，吉莫大焉。唯陛下割謙謙之德，副兆民之望，畾臣祐許，天下幸甚。"案：胡綜《表》中有"踐阼十二載"之語，則當在赤烏三年，上距黃龍元年權稱尊號，實十二載也。蓋胡綜《表》不見納，故是年有司復有此奏。

---

① "殺"，《三國志》卷四十七《吳書二》《吳主傳》第二、《晉書》卷二十九《志》第十九"五行下"皆作"傷"。

"十一年夏四月，雨雹。"

《晉·五行志下》："是時，權聽讒，將危太子。其後，朱據、屈晃以近意黜辱，陳正、陳象以忠諫族誅，而太子終廢。此有德遭險，誅罰過深之應也。"

"十二年，四月，有兩烏銜鵲墮東館。丙寅，驃騎將軍朱據領丞相，燎鵲以祭。"

《晉·五行志中》："是時，權意溢德衰，信讒好殺，二子將危，將相俱殆，覿妖不悟，加之以燎，昧道之甚者也。明年，太子和廢，魯王霸賜死，朱據左遷，陸議憂卒，是其應也。東館，典教之府；鵲墮東館，又天意乎？"

"十三年，八月，丹陽、句容及故鄣、寧國諸山崩，鴻水溢。"

《晉·五行志上》："權稱帝三十年，竟不于建鄴創七廟。惟父堅一廟，遠在長沙，而郊祀禮闕。嘉禾初，羣臣奏宜郊祀，又不許。末年雖一南郊，而北郊遂無聞焉。吳楚之廟亦不見秩，反祀羅陽妖神，以求福助。天戒若曰：權簡宗廟，不禱祠，廢祭祀，故示此罰，欲其感悟也。"

"太元元年。"

《藝文類聚》卷九十九引《吳曆》曰："有兩足烏，銜一鵲，置神座前；或得神書，說改號之意。乃改赤烏爲太元。"

"秋八月朔，大風，江海涌溢，平地水深八尺。吳高陵松柏斯拔，郡城南門飛落。"

《晉·五行志上》："權時信納譖訴。雖陸遜勳重，子和儲貳，猶不得其終，與漢安帝聽讒免楊震、廢太子同事也。且赤烏中，無年不用兵，百姓愁怨。八年秋，將軍馬茂等又圖逆。"

"冬十一月,大赦,權祭南郊。"

《宋·禮志一》:"孫權始都武昌及建業,不立郊兆。至末年太元元年十一月,祭南郊,其地今秣陵縣南十餘里郊中是也。"

又《禮志三》:"何承天曰:'案:權建號繼天,而郊享有闕,固非也。末年雖一南郊,而遂無北郊之禮。環氏《吳紀》:"權思崇嚴父配天之義,追上父堅尊號爲吳始祖。"如此說,則權末年所郊,堅配天也。'"

《三嗣主傳》:"是月,雷雨,天災武昌端門;改作端門,又災內殿。"

《晉·五行志上》:"門者,號令所出;殿者,聽政之所。是時諸葛恪執政,而矜慢放肆;孫峻總禁旅,而險害終著。武昌,孫氏尊號所始。天戒若曰:宜除其貴要之首者。恪果喪眾殄人,峻授政于綝,綝廢亮也。或曰:孫權毀徹武昌以增太初宮,諸葛恪有遷都意,更起門殿,事非時宜,故見災也。"

"五鳳元年,夏,大水。"

《晉·五行志上》:"亮卽位四年,乃立權廟。又終吳世,不上祖宗之號,不修嚴父之禮,昭穆之數有闕。亮及休、皓又並廢二郊,不秩羣神。此簡宗廟不祭祀之罰也。又,是時孫峻專政,陰勝陽之應乎!"

"太平二年春二月,甲寅,大雨,震電。乙卯,雪,大寒。"

《晉·五行志上》:"天戒若曰:爲君失時,賊臣將起。先震電而後雪者,陰見閒隙,起而勝陽,逆弒之禍將成也。亮不悟,尋見廢。此與《春秋》魯隱同。"

"永安元年。"《注》:"《襄陽記》曰:'衡,字叔平,妻習氏。'"

《御覽》卷四百四十四引《襄陽耆舊記》稱:"羊衜勸衡筮仕,以女配之",則衡妻乃羊氏也,習氏豈再娶邪?

"四年，夏，五月，大雨，水泉涌溢。"

《晉·五行志上》："昔歲作浦里塘，功費無數，而田不可成，士卒死叛，或自賊殺，百姓愁怨，陰氣盛也。休又專任張布，退盛沖等，吳人賊之應也。"

"六年，五月，交阯郡吏呂興等反，殺太守孫諝。"

《晉書·陶璜傳》亦作"諝"，而《華陽國志》作"孫靖"。

"冬，十月，癸未，建業石頭小城火，燒西南百八十丈。"

《晉·五行志上》："是時，嬖人張布專擅國勢，多行無禮，而韋昭、盛沖終斥不用，兼遣察戰等爲内史，驚擾州郡，致使交阯反亂，是其咎也。"

"建衡二年三月，天火燒萬餘家，死者七百人。"

《晉·五行志上》："時皓制令詭暴，蕩弃法度，勞臣名士，誅斥甚眾；後宮萬餘，女謁數行，其中隆寵佩皇后璽綬者又多矣，故有火災。（一作"大火"。）"

"三年。是歲，氾、璜破交阯。"

《晉書·陶璜傳》："吳遣虞氾爲監軍，薛珝爲威南將軍、大都督，璜爲蒼梧太守，距楊稷，戰于分水。璜敗，退保合浦，亡其二將。珝怒，謂璜曰：'若自表討賊，而喪二帥，其責安在？'璜曰：'下官不得行意，諸軍不相順，故致敗耳。'珝怒，欲引軍還。璜夜以數百兵襲董元，獲其寶物，船載而歸，珝乃謝之，以璜領交州，爲前部督。璜從海道，出于不意，徑至交阯，元距之。諸將將戰，璜疑斷牆内有伏兵，列長戟于其後。兵纔接，元僞退，璜追之，伏兵果出，長戟逆之，大破元等。以前所得寶船上錦物數千匹，遺扶嚴賊帥梁奇，奇將萬餘人助璜。元有勇將解系同在城内，璜誘其弟象，使爲書與系；又使象乘璜輜車，鼓吹導從而行。元等曰：'象尚若此，系必有去志。'乃就殺之。珝、璜遂陷交阯。"

“鳳皇三年，會稽妖言章安矦奮當爲天子。”

《通鑑攷異》曰："《孫奮傳》：'建衡二年，左夫人王氏卒。民間訛言，遂誅奮及五子。'奮若以建衡二年死，不容至鳳皇三年會稽方有訛言。《三十國晉春秋》自皓納張步女至殺奮，皆在天冊元年。（即"鳳皇三年"也。）"

“天璽元年，又于湖邊得石函，中有小石，青白色，長四寸，廣二寸餘，刻上作'皇帝'字，于是改年，大赦。”

《金石錄》："《吳天璽元年斷碑》，其前云'上天帝言'，又云'帝曰大吳一萬方，'又云'天發神讖文，天璽元年七月己酉朔'，又云'天讖廣'，多不解，解者十二字。嗚呼！其言可謂妖矣！"

“吳興陽羨山有空石，長十餘丈，名曰石室，在所表爲大瑞。乃遣兼司徒董朝、兼太常周處至陽羨縣，封禪國山。明年改元，大赦，以協石文。”

《禪國山碑》曰："膺受籙圖玉璽，啟自神匱。神人指授金冊青玉符者四，日月抱戴，老人星見者弍十有弍。五帝瑞氣，黃旗紫蓋，覆擁宮闕，顯著牛斗者弍十有九。麟鳳龜龍，銜圖負書卅有九。青猊、白虎，丹鸞彩□鳳廿有二。白鹿、白麞、白麂、白兔卅有二。白雉、白烏、白鵲、白鳩弍十有九。赤烏、赤雀廿有四。白雀、白燕廿有桼。神魚吐書、白鯉騰舡者二，靈絮、神蠶，彌被原野者三。嘉禾秀穎、甘露凝液六十有五。殊幹連理，六百八十有三。明月火珠、璧流離卅有六。大貝、餘蚳、餘泉桼十有五。大寶神璧、水青穀璧卅有八。玉燕、玉羊、玉鳩者三。寶鼎、神鍾、神甕、爨柷、神鬵卅有六。石室山石闓、石印封啟，九州吉發。顯天讖彰、石鏡光者弍十有弍。神口頌歌、廟靈口示者三。畿民惟紀，湖澤闓通，應讖合謠者五。神翁、神僮、靈母、神女，告徵表祥者卅有桼。靈夢啟讖，神人授書，著驗□□者十。秘記讖文，玉版紀德者三。玉人、玉印，文采明發者八。玉□、玉琯、玉瓛、玉玦、玉鉤、玉稱，殊輝異色者卅有三。玉尊、玉盌、玉盤、玉罍，清潔光眼者九。孔子、河伯、子胥、王宣，言天平墜成，天子出東門鄂者四。大賢司馬微、虞翻，推步圖緯，甄匱啟緘，發事與運會者二。其餘飛行之類，植生之倫，希古所覯，命世殊奇，不在瑞命之篇者，不可稱而數也。於是旃蒙協洽之歲，月次陬訾之口，曰惟重光，大淵獻。行年所值，實惟茲歲。帝出虖震，《周易》實著。遂受上天玉璽，文曰：‘吳眞帝，玉質青黃。緫理洞徹，拜受祇筵，夙夜惟寅。夫大德宜報，大命宜彰。乃以柔兆涒灘之歲，欽若上天，月正革元，郊天祭地，紀號天璽，用彰明命。於是丞相沇、太尉璆、大司徒燮、大司空翰、執金吾脩、城門校尉歆、屯騎校尉悌、尚書令忠、尚書昬、直晃昌、國史瑩覈等，僉以爲天道元噐，以瑞表眞。今眾瑞畢至，三表納貢，幽荒百蠻，浮海慕化。九垓八埏，罔不被澤。率案典繇，宜先行禪禮，紀勒天命。遂於吳興國山之陰，告祭刊石，以對揚乾命，廣報坤德，副尉天下喁喁望焉。”

《金石萃編》曰：“《吳志》稱封禪之役，朝與周處奉使，宋周必大、史能之諸人並以碑無處名，斷史之誤。近海鹽吳君騫著《國山碑攷》，因謂處素剛正，必不藉此阿主，且謂史有羨文，誤矣。昶少時嘗至碑所，審其方位，前十四行文爲碑起處，卽周所謂‘碑字東面剝裂模糊’者也。今拓文前半雖多缺蝕，而《雲麓漫鈔》載‘丞相沇下’有‘兼太常處奉迎’之文，則處名自見前幅、後不再署者，或緣事中返，或未與議禮，因而從略，不得于此致疑也。”

“天紀三年，有鬼目菜，生工人黃耉家。”

晉、宋《五行志》皆作“黃狗”，引干寶說曰：“黃狗者，吳以土運承漢，故初有黃龍之瑞。及其季年，而有鬼目之妖託黃狗之家，黃稱不改而貴賤大殊，天道精微之應也。”

“天紀三年，龍驤將軍王濬。”

《晉·五行志中》：“孫皓天紀中，童謠曰：‘阿童復阿童，銜刀游渡江。不畏岸上獸，但畏水中龍。’武帝聞之，加王濬龍驤將軍。及征吳，江西眾軍無過者，而王濬先定秣陵。”

《士燮傳》："後漢遣張津爲交州刺史。"

　　《晉書·地理志下》："建安八年，張津爲交阯刺史，士燮爲交阯太守，共表立爲州，乃拜津爲交州牧。"《藝文類聚》卷六引苗恭《交廣記》曰："建安二年，南陽張津爲交阯太守，士燮表言：伏見十二州皆稱曰州，而交獨爲交阯刺史，何天恩不平乎？若普天之下，可爲十二州者，獨不可爲十三州？詔報聽許，拜津交州牧，加以九錫、彤弓彤矢，禮樂征伐，威震南夏，與中州方伯齊同，自津始也。"案：二書所載事同，而一以爲建安八年（沈約亦以爲八年），一以爲二年。攷《孫討逆傳》注引王範《交廣春秋》，建安六年張津已爲交州牧，則云"八年"者非也。又此《傳》上文稱"交州刺史朱符"，此是史臣追稱符爲"刺史"，時實未名州也。（揚雄有《交州箴》，此乃文人之詞，非當時實錄。）

《吳主權步夫人傳》："後配劉纂。"

　　《抱朴子·譏惑篇》："吳之善書，則有皇象、劉纂、岑伯然、朱季平，皆一代之絕手。"

《張昭傳》："至平州都督。"

　　《三國志辨誤》曰："吳無平州，當是半州之誤。吳主子建昌矦慮嘗鎮半州；又大將甘寗、潘璋亦嘗屯此，乃中流重地，故特置都督，如西陵、濡須之比也。"（四庫本案語曰："半州，《晉書》作'半洲'，見庾懌、褚裒二《傳》。《元和郡縣志》：晉太康十年，分豫章、鄱陽、盧江等郡之地，置江州。惠帝分瀘江之潯陽、武昌之柴桑，置潯陽郡。自東晉元帝至蕭齊，或理半洲。隋改潯陽爲溢城縣；武德五年，復改爲潯陽縣。半洲故城在縣西九十里，吳孫慮出鎮于此，築城云云。"據吉甫所志合之，褚裒除江州刺史、鎮半洲，卽《吳志》之"平州"無疑。）

《顧譚傳》："字子默。"

　　《御覽》卷三百八十九引《顧譚別傳》曰："譚字子嘿，嘗慕賈誼之爲人。身長七尺八寸，少言笑，容貌矜整，有珪璋威重，未嘗失色于物。

非其人，或終日不言。"

《步騭傳》："歲中，徙交州刺史。"

　　《藝文類聚》卷四引鄧德明《南康記》曰："昔有盧耽，仕州，爲治中。少學仙術，善解飛騰。每夕，輒淩虛歸家，曉則還州。嘗元會，至晚，不及朝列，化爲白鵠，至閣前，徊翔欲下。威儀以帚擲之，得一只履。耽驚，還就列，內外左右，莫不駭異。時步騭爲廣州刺史，意甚惡之，便以狀列聞，遂至誅滅。"案：《本傳》稱爲"交州"，《南康記》作"廣州"者，據其後名之。蓋步騭爲交州，在建安十六年，其時交州治番禺。後因呂岱之請，分交州，置廣州。交州治龍編，廣州治番禺。然則步騭時之交州，卽後來之廣州也。

"《張紘傳》。"《注》："《吳書》曰：'紘見柟榴枕，愛其文，爲作賦。'"

　　《藝文類聚》卷七十引張紘《瓌材枕賦》，疑卽此篇也。紘又有《瓌材枕箴》，亦載《藝文類聚》七十卷。

《魯肅傳》："東城劉子揚與肅友善，遺肅書曰云云。"

　　《通鑑攷異》曰："劉子揚招肅往依鄭寶，肅將從之。瑜以權可輔，止肅。案：劉曄殺鄭寶，以其眾與劉勳，勳爲策所滅，寶安得及權時也？今攷'子揚'卽劉曄之字。據《曄傳》，曄爲鄭寶驅逼，欲赴江袁，曄謀殺之。是曄本非鄭寶黨與，豈有勸魯肅從寶之事？宜爲溫公所不取也。"

《呂蒙傳》："蒙曁孫河，委以後事。"

　　《通鑑攷異》曰："孫河已死，或他人同姓名耳。"案：孫河事見《孫韶傳》。

"《黃蓋傳》。"《注》："《吳書》曰：'故南陽太守黃子廉之後也。'"

　　《讀書記》曰："《風俗通義》：'潁川黃子廉，每飲馬，輒投錢于水。'然則公覆之祖自潁川徙零陵也。"

《丁奉傳》："太平二年，魏大圍之，遷朱異、唐咨等往救，復使奉與黎斐解圍。奉爲先登，屯于黎漿，力戰有功，拜左將軍。"

《十七史商榷》曰："據此文，則'魏大圍之'，似所圍者卽奉也，何云'復使奉解圍'乎？元修宋板'魏大'下有'將軍諸葛誕據壽春，來降，魏人'凡十二字，然後接'圍之'云云。此脫去，故不可解。《文選》陸機《辨亡論》注引《吳志》，正與宋板同。而善所引，于'奉爲先登'之下，卽云'黎斐力戰有功'。此作史者因黎斐無傳，故于《丁奉傳》中帶敘黎斐事耳。俗刻誤衍'屯于'二字，又誤'斐'爲'漿'，遂以'黎漿'爲地名。"案：王氏所據宋本及《文選注》補十二字，是矣。至以"屯于"二字衍文，改"黎漿"爲"黎斐"，則恐不然。《通鑑》亦作"進屯黎漿"。《水經·肥水注》"芍陂瀆水東"注："黎漿水，黎漿東逕黎漿亭南。文欽之叛，吳軍北入，諸葛緒拒之于黎漿，卽此水也。"（案：此事載《鄧艾傳》。）東注肥水，謂之黎漿水口也，是黎漿實有其地。又《諸葛誕傳》稱"誕等渡黎漿水"，《晉書·石苞傳》"諸葛誕舉兵淮南，吳遣大將朱異、丁奉等來迎，誕等畱輜重于都陸，輕兵渡黎水"，"黎水"卽"黎漿水"之省文。諸葛誕所以渡此者，正以丁奉屯黎漿故也。參攷諸傳佐證，顯明《選》注乃涉上文"黎斐"而誤，未可據彼單詞輕改舊史也。（《孫皓傳》注引《辨亡論》及《晉書·陸機傳》，皆作"鐘離斐"，何義門疑爲"鐘離牧"之譌。）

《虞翻傳》："到東部矦官。"

"部"字衍。東矦官者，會稽縣名，與東部無涉。或據下文注引《會稽典錄》朱育之言曰："漢元鼎五年，除東越，以其地爲冶，而立東部都尉。"《御覽》卷一百七十引《郡國志》曰（此非司馬彪《郡國志》，別爲一書。）："漢武帝元鼎六年，立都尉居矦官，以禦兩越。"是矦官卽冶，實東部舊治，安知此時不仍治此？不知後漢東部治章安，亦是冶縣故地。至東矦官，則南部都尉所治，非東部都尉所治也。說詳康所撰《後漢書補注續》。

《注》："臣先考故日南太守歆。"

  《北堂書鈔》卷一百二引《會稽典錄》曰："虞歆字文肅,歷郡守,節操高厲。魏曹植爲東阿王。東阿先有三十碑銘,多非實,植皆毀除之。以歆碑不虛,獨全焉。"案:"文肅"當作"文繡"。陳琳《檄吳文》:"虞文繡砥礪清節,耽學好古。虞仲翔能負析薪。"(《文選·吳都賦》注又作"文秀"。)

《注》："往者孝子句章董黯,盡心色養,喪致其哀,單身林野,鳥獸歸懷,怨親之辱,白日報讐,海內聞名,昭然光著。"

  《御覽》卷三百七十八及四百八十二引《會稽典錄》曰："董黯字孝治,句章人。家貧,采薪供養,得甘果,奔走以獻母,母甚肥悅。鄰人家富,有子不孝,母甚瘦。不孝子疾孝治母肥,常苦辱之。孝治不報。及母終,負土成墳,鳥獸助其悲號。喪竟,殺不孝子,置冢前以祭。詣獄自繫,會赦得免。"

《注》："太中大夫山陰陳囂,漁則化盜,居則讓鄰,感侵退藩,遂成義里,攝養車嫗,行足厲俗,自揚子雲等上書薦之,粲然傳世。"

  《御覽》一百五十七引《會稽典錄》曰："陳囂與民紀伯爲鄰,伯夜竊藩囂地自益。囂見之,伺伯去後,密枝其藩一丈,以地益伯。伯覺之,慙惶,既還所侵,又卻一丈。太守周府君高囂德義,刻石旌敟其閭,號曰義里。"又四百十九引《典錄》曰："陳囂同縣車嫗,年八十餘,無子,慕囂仁義,欲求寄命。囂迎嫗,出家財以供餚膳。嫗以壽終,殯畢,皆免其奴,令守嫗墓。財物付與嫗內外,衣服不入殯者,以值槨中。制服三日。①由是著名流稱上國矣。"又四百七十四引《典錄》曰："陳囂,山陰人。宗正劉向、黃門侍郎揚雄,薦囂行義可厲薄俗,孝成皇帝特以公車徵。囂時已年七十,每朝請,上常待以師傅之禮。"又九百三十五引謝承《後漢書》曰："會稽陳囂,少時于郭外水邊捕魚。人有盜取之者,囂

_____

① "日",《太平御覽》作"月"。

見，避之草中，追以魚遺之。盜慚不受，自是無復盜其魚。」

《注》：「決曹掾上虞孟英，三世死義。」

《論衡·齊世篇》曰：「會稽孟章父英爲郡決曹掾。郡將擅殺非辜，事至覆攷，英引罪自予，卒代將死。章後復爲郡功曹，從役攻賊，兵卒北敗，爲賊所射，以身代將，卒死不去。」又《御覽》四百二十一引《會稽典錄》曰：「孟英，字公房，上虞人，爲郡掾史。王憑坐罪，未應死。太守下縣殺憑，憑家詣闕稱冤。詔書下州檢考，英出定文書，悉著英名，楚毒慘至，辭色不變，言：『太守病，不關眾事。英以冬至日入占病，因竊印以封文書，下縣殺憑，非太守意也。』繫歷冬夏，肉皆消爛，遂不食而死。」又《後漢書·循吏傳》：「孟嘗字伯周，會稽上虞人也。其先三世爲郡吏，並伏節死。」孟英疑卽孟嘗之先世矣。

《注》：「主簿句章梁宏、功曹史餘、姚馴勳。」

《御覽》卷六百四十九引《會稽典錄》曰：「梁宏，句章人也，太守尹興召署主簿。是時，楚王英謀反，妄疏天下牧守。謀發，興在數中，徵詣廷尉。宏與門下掾陸續等傳考詔獄，掠毒慘至，辭氣益壯。」又：宏、勳事亦見《後漢書·陸續傳》。

《注》：「鄭殯佚主簿任光。」

《攷異》曰：「字書無『鄭』字，蓋『鄄』之譌。鄄，莫候切。此『殯候』二字誤作『莫候反』，本小字夾注，誤入正文，又誤合『莫反』二字爲『殯』也。」

《注》：「近者太守上虞陳業，潔身清行，志懷霜雪，貞亮之信，同操柳下。遭漢中微，委官棄祿，遁迹黔、歙，以求其志。高邈妙蹤，天下所聞，故桓文遺之尺牘之書，比竟三高。」

《初學記·人部五》引謝承《會稽先賢傳》曰：「業，字文理。兄度海傾命，時依止者五六十人，骨肉消爛，不可辨別。業仰皇天，誓后土曰：‘聞親戚者必有異焉。’因割臂流血，以洒骨上。應時飲血，餘皆流去。”又《御覽》四百二十一引《會稽先賢傳》曰：“郡守蕭府君卒，業與書佐魯雙率禮送喪。雙道溺于水，業因掘泥揚波，援出其尸。”又《水經‧漸江水注》曰：“沛國桓儼避地會稽，聞陳業履行高潔，往候，不見。儼後浮南海，入交州，臨去，遺書與業，縶白樓亭柱而去。”（儼書載《藝文類聚》卷三十一）案：此朱育所謂“桓文（脫“林”字。文林，桓儼字也。）遺之尺牘之書，比竟三高”者也。《三國志辯誤》謂“桓文”當作“桓王”，非是。

《注》：“處士鄧盧敘，弟犯公憲，自殺乞代。”

　　《三國志辯誤》曰：“‘鄧’當作‘鄞’，否或‘鄮’字之譌。朱育舉上虞陳業以下十餘人應郡守之問，其人皆不出本郡。鄧乃汝南屬縣，與會稽無預。”案：《乾道四明圖經》正作“鄮”。然《會稽三賦》曰：“鄧、斯、祁、樊，自號以代皋”，卽用此注鄧盧敘、斯敦、祁庚、樊正事，而以鄧爲姓，則宋時已有誤本矣。

《張溫傳》：“會稽暨豔事起。”

　　《石林燕語》曰：“元豐五年，黃冕仲榜，唱名。有暨陶者，主司初以泊音呼之，三呼不應。蘇子容時爲試官，神宗顧蘇，蘇曰：‘當以入聲呼之。’果出應。上曰：‘何以知爲入聲？’蘇言：‘《三國志》“吳有暨豔”，陶恐其後。’”

“卽罪溫。”

　　《藝文類聚》卷九十四載張溫《自理表》，其文不全。

《注》：“《會稽典錄》云：‘餘姚虞俊。’”

　　《御覽》卷四百九十一引《會稽典錄》曰：“邵員，字德方，餘姚人。與同縣虞俊鄰居，員先不知俊。十餘年，俊至吳，與張溫、朱據等會，清談干雲，溫等敬服，于是吳中盛爲俊談。員聞而愧曰：‘吾與仲明遊居比屋，曾不能甄其英秀，播其風烈，而令他邦稱我之傑。'"

《陸遜傳》："時謝淵、謝厷等。"

《御覽》五百十六引《會稽典錄》曰："謝淵字休德，山陰人。其先鉅鹿太守夷吾之後也。世漸微替，仕進不繼。至淵兄弟，一時俱興。兄咨字休度，少以質行自立，幹局見稱，官至海昌都尉。淵起于衰末，兄弟修德，貧無感容，歷位建威將軍。"案：裴《注》亦引《典錄》，與此不同，故復錄之。

"遜外生顧譚、顧承、姚信。"

《釋文敘錄》："姚信字德祐。《七錄》曰'字元直'，吳興人，吳太常卿。"《晉書·范平傳》："平研覽墳索，偏該百氏，姚信、賀邵之徒皆從受業。"

《孫登傳》："權長子也。魏黃初二年，以權爲吳王，拜登東中郎將，封萬戶矦，登辭矦不受。"

《藝文類聚》卷五十一載《魏文帝冊孫權太子登爲東中郎封矦文》曰："蓋河洛寫天意，符讖述聖心，昭晰著明，與天談也。故《易》曰：'河出圖，洛出書，聖人則之。'孫將軍歸心國朝，忠亮之節，同功佐命。而其子當爲魏將軍，著在圖讖，猶漢光武受命，李氏爲輔，王梁孫咸，並見符緯也。斯乃皇天啟祐大魏，永令孫氏仍世爲佐，其以登爲東中郎將，封縣矦萬戶。昔周嘉公旦，祚流七胤；漢禮蕭何，一門十矦。今孫將軍亦當如斯，若夫長平之榮、安豐之寵，方斯蔑如。"

"於是東宮號爲多士。"

《藝文類聚》卷十六載吳張儼《請立太子師傅表》曰："昔賈誼爲漢文帝陳：周成王爲太子，以周公爲傅、召公爲太保、呂望爲太師。又立三少，皆上大夫，使與太子居處，左右前後，皆正人也。明禮義以導習之，故能光熙文武，興隆周室。伏惟陛下，命世應期，順乾作主。皇太子以天然之姿，爲國上嗣。朝廷以四海未定，國家多事，師傅之官，闕而未備。臣愚以爲高祖初基，天下造創，引張良、叔孫通，出爲師表，入與朝政，宜博采周、漢，依舊儀，用將相名官，輔弼太子。於是以熙贊洪業，增暉日月，實爲光大也。”案：儼此表年月不可攷，其稱權爲“陛下”，則在權稱尊號後，姑附于此。

釋慧皎《高僧傳》：“支謙字恭明，一名越，本月支人。博覽經籍，莫不精究；世閒伎藝，多所綜習；遍學異書，通六國語。其爲人細長黑瘦，眼多白而睛黄，時人爲之語曰：‘支郎眼中黄，形軀雖細是智囊。’漢獻末亂，避地于吳。孫權聞其才慧，召見，悅之，拜爲博士，使輔導東宫，與韋曜諸人，共盡匡益。但生自外域，故《吳志》不載。”

《孫和傳》：“倡技晝夜娱樂。”

《宋書·樂志一》：“何承天曰：‘世咸傳吳朝無雅樂。’案：孫皓迎父喪明陵，唯云‘倡伎晝夜不息’，則無金石登哥可知矣。承天曰：‘或云今之《神絃》，孫氏以爲宗廟登哥也。’史臣案：陸機《孫權誄》‘《肆夏》在廟，《雲翹》承（缺）’，機不容虚設此言。又韋昭孫休世上《鼓吹鐃哥》十二曲表曰：‘當付樂官善哥者習哥。’然則吳朝非無樂官，善哥者乃能以哥辭被絲管，寧容止以《神絃》爲廟樂而已乎？”案：韋昭所撰《十二曲》，見《樂志四》。

《賀齊傳》：“齊進兵建安，立都尉府。”

《宋志》引《吳錄》曰：“後分冶地爲會稽東、南二部都尉。東部，臨海是也；南部，建安是也。”《太平寰宇記》“建州建安縣”條下曰：“孫策于建安初，分東矦官之地，立此邑。”即以年號爲名，屬會稽南部都尉。又曰：“故府城在縣東南三百里”，卽漢時會稽南部都尉理此，餘詳康所撰《後漢書補注續》。

《吕岱傳》：“延康元年，代步騭爲交州刺史。到州，高涼賊帥錢博乞降。岱因承制，以博爲高涼西郡都尉。”

《御覽》一百七十二引《南越志》曰：“高涼，本合浦縣也。吳建安十六年，衡毅、錢博拒步騭于高安峽，毅投水死，博與其屬亡于高涼。吕岱爲刺史，博既請降，制以博爲高涼都尉，于是置郡焉。”案：《傳》言延康元年，即建安二十五年也。蓋衡毅死于建安十六年，而錢博降于建安二十五年，是時始置郡。《宋書·州郡志》繫之漢“建安二十三年”，非。《後漢志》注亦作“二十五年”。《寰宇記》“嶺南道·交州”條下曰：“錢博乞降，多送金銀贖其罪。”

“是時，桂陽、湞陽賊王金合衆于南海界上，首亂爲害。權又詔岱討之，生縛金。”

《寰宇記》“交州”條下曰：“時桂陽、湞陽、中宿、臨賀、荔浦、馮城、謝水諸城，賊王金、黄肅、梅伊、梅常、陳尤等蜂起，陸掠州郡。權詔岱討之，岱自討金，將軍曹枉、翟陽討尤，遂生獲金等，斬之。”

《陸允傳》：“交阯、九真夷賊攻沒城邑。”

《御覽》卷三百七十一引劉欣期《交州記》曰：“趙嫗者，九真軍安縣女子也。乳長數尺，不嫁，入山聚帬盜，遂攻郡。常著金撿，蹤屐，戰退輒張帷幙，與少男通。刺史吳郡陸允平之。”

《胡綜傳》：“子沖嗣。沖平和，有文幹。天紀中，爲中書令。”

《御覽》卷二百二十引《薛瑩條列吳事》曰：“胡沖意性調美，心趣解暢，有刀筆才，閑于時事。爲中書令，雖不能匡矯，亦自守，不苟求容媚。”

“《趙達傳》。”《注》：“《吳録》曰：‘皇象字休明，廣陵江都人，幼工書。’”

王僧虔《能書人名録》曰：“吳人皇象能草書，世稱沈著痛快。袁昂

《書評》曰：‘皇象書如歌聲繞梁，琴人捨徽。’竇臮《述書賦》注曰：‘象終侍中，吳青州刺史。’張懷瓘《書斷》曰：‘右軍隸書，以一形而眾相，萬字皆別；休明章草，雖相眾而形一，萬字皆同：各造其極。’”

《注》：“時有張子竝、陳梁甫能書。”

子竝，張超字也。范《書》《本傳》曰：“善于草書，妙絕時人。”陳梁甫無攷，《書斷》作“良輔”。

《注》：“曹不興善畫。”

謝赫《古畫品錄》：“不興之迹，殆莫獲傳。祕閣之內，一龍而已。觀其風骨，名豈虛成？”張彥遠《歷代名畫記》：“吳赤烏中，不興之青豀，見赤龍出水上，寫獻孫皓，皓送祕府。至宋朝陸探微見畫，歎其妙，因取不興龍置水上，應時蓄水成霧，累日靄霈。”

《諸葛恪傳》：“恪之才捷，皆此類也。”

《太平廣記》卷一百七十三引《劉氏小說》曰（據《唐志》，爲劉義慶撰。）：“孫權暫巡狩武昌，語羣臣曰：‘在後好共輔導太子。太子有益，諸君厚賞；如其無益，必有重責。’張昭、薛綜，並未能對。諸葛恪曰：‘今太子精微特達，比青蓋來旋。太子聖叡之姿，必聞一知十，豈爲諸臣虛當受賞？’孫權嘗問恪：‘君何如丞相？’恪曰：‘臣勝之。’權曰：‘丞相受遺輔政，國富刑清，雖伊尹格于皇天，周公光于四表，無以遠過。且爲君叔，何以言勝之邪？’恪對曰：‘實如陛下明詔。但仕于污君，甘于偽主，闇于天命，則不如臣從容清泰之朝，讚揚天下之君也。’權復問恪：‘君何如步騭？’恪荅曰：‘臣不如之。’又問：‘何如朱然？’亦曰：‘不如之。’又問：‘何如陸遜？’亦曰：‘不如之。’權曰：‘君不如此三人，而言勝叔者何？’恪曰：‘小國之有君，不如諸夏之亡，是以勝也。’”

《樓玄傳》："字承先，沛郡蘄人也。"

《御覽》七百五十七引《婁承先別傳》曰："昔山越民反，所過殘毀。至婁氏之里，往中庭，顧見釜甑，尚著于竈，曰：'恐他遠寇取之！'仍爲取洗，沈著井中而去。婁家後還，皆盡得之。"

《賀邵傳》："出爲吳郡太守。"

《世說》曰："賀太傅作吳郡，初不出門，吳中諸強族輕之，乃題府門云：'會稽雞，不能啼。'賀聞，故出行，至門反顧，索筆足之曰：'不可啼，殺吳兒。'于是至諸屯邸，檢校諸顧、陸役使官兵及藏逋亡，悉以事言上，罪者甚眾。陸抗時爲江陵都督，故下請孫皓，然後得釋。"

《三國志補注續》終

宿松羅忠濟初校
益陽蔡芳覆校
番禺陶福祥再覆校

《補後漢書藝文志》四卷

番禺侯康撰

光緒辛卯十二月廣雅書局栞

《補後漢書藝文志》卷一

經之類十有一：一曰《易》，二曰《書》，三曰《詩》，四曰《禮》，五曰《樂》，六曰《春秋》，七曰《孝經》，八曰《論語》，九曰《羣經》，十曰"小學"，十一曰"讖緯"。

易類

洼丹《易通論》七篇

凡諸書見《本傳》及隋、唐、宋《志》《釋文敘錄》者，皆不著所出；若采自他書，或附《傳》者，則著之。謹發其凡於此。

鄭眾《周易注》

諸家俱不著錄。然史徵《周易口訣義》"觀大象"引鄭眾曰："從俗所爲，順民之教，故君子治人，不求變俗"；"震九四"引鄭眾曰："身既不安，豈能安眾？""兌大象"引鄭眾曰："樂耽於酒，則有沈酗之凶；志累于樂，則有傷性之患。所以君子樂之美者，莫過於尚《詩》

《書》。敦習道義，教之盛矣，樂在斯焉。"則衆於《易》似有成書。《本傳》稱衆"兼通《易》"，《儒林傳》稱衆"傳費氏《易》"，其言又相合也。今姍錄其書，亦過而存之之意云。

《左傳序》《疏》云："鄭衆、賈逵、虞翻、陸績之徒，以《易》有'箕子之明夷，東鄰殺牛，皆以爲《易》之爻辭，周公所作。'此或是鄭衆注《左傳》之文，無以必其爲《易》注也。"

景鸞《易說》

袁太伯《易章句》（臨淮人）

見《論衡》。《案書篇》稱爲"劉子政，揚子雲不能過也"。

袁京《易難記》

樊英《易章句》

馬融《周易傳》十卷

諸書卷數互異，則從其多者著錄，蓋卷數之少，或是後人闕佚，非原本也。如此書，《隋志》作一卷，《七錄》作九卷，《釋文敍錄》及《唐志》作十卷，今從《釋文》《唐志》，後倣此。其有可攷證者，不在此例。

又：此書《隋志》稱《周易注》，《釋文》稱《傳》，《唐志》稱《章句》，今亦從《釋文》，以《釋文》爲專門之學也。後有似此者，不悉注。有攷證，則聊一出之。

荀悅《漢紀》曰："馬融著《易解》，頗生異說。"

虞翻曰："馬融名有俊才，其所解釋，不及荀諝。"案：虞氏之譏馬者，如以坤西南、東南爲孟秋、孟春，以大過初爲女妻、上爲老婦，以艮卦屬闔心爲熏灼其心，皆是也。

《經義攷》云：馬氏《易傳》見於《釋文》，與今《易》異者，"聖人作而萬物覩"作"聖人起"，"婚媾"作"冓"，"擊蒙"作"繫蒙"，"血去"作"恤去"，《履》"愬愬"作"虩虩"，"天道虧盈"

作"毁盈"，"介於石""介"作"扴"，"由豫"作"猶豫"，"盍簪"作"臧"，"天命不佑"作"右"，"百果草木皆甲坼"作"甲宅"，"萃亨"無"亨"字，"德之修也""修"作"循"。案：朱氏所引，猶未備。如："訟：有孚窒"作"咥"，"失得勿恤"作"矢得"，"夷於左股"作"左般"，"後說之弧"作"壺"，"範圍天地"作"犯違"；《繫辭傳》"覆公餗"作"公粥"，皆與今本異者也。至"婚媾"作"菁"一條，《釋文》曰馬云重婚本作"菁"，雖文承馬氏之下，未見必爲馬本也。

張惠言《易義別録》曰："費氏《古文易》有書，自馬融始。馬融爲《易傳》，授鄭康成。馬以乾坤十二爻論消息，以人道政治議卦爻，此鄭所本于馬也。馬於象疏，鄭合之以爻辰；馬於人事雜，鄭約之以《周禮》，此鄭所以精於馬也。"案：馬《傳》中，如以《爻辭》爲周公作，以"王用三驅"爲"乾豆、賓客、君庖"，以"盥而不薦"爲"灌爵薦牲"，以"利用禴"爲殷春祭名，以"大衍之數五十"爲太極、兩儀、日月、四時、五行、十二月、二十四氣，皆鄭所不從。

鄭康成《周易注》十二卷

《魏志·高貴鄉公紀》："淳于俊曰：鄭玄合彖、象於《經》，欲使學者尋省易了也。"《周易正義》：鄭玄作《易贊》及《易論》。

王應麟曰："何休見鄭玄注《易》，謂其道出《繫表》。"

又曰："康成注《易》，多論互體。"

又曰："康成《詩箋》多改字，其注《易》亦然。如'包蒙'謂'包'當作'彪'，文也；'泰包荒'謂'荒'讀爲'康'，虛也；《大畜》'豶豕之牙'謂'牙'讀爲'互'；《大過》'枯楊生荑'謂'枯'音'姑'，'无姑山榆'；《晉》'錫馬蕃庶'讀爲'藩遮'，'謂藩遮，禽也'；《解》'百果草木皆甲宅'，'皆'讀如'解'，'解'謂'坼鱗'，'皮'曰'甲'，'根'曰'宅'；《困》'劓刖'當爲'倪仉'；《萃》'一握爲笑'，'握'讀爲'夫三爲屋'之'屋'；《繫辭》'道濟天下'，'道'當作'導'；'言天下之至賾'，'賾'當爲

‘動’；《説卦》‘爲乾卦’，‘乾’當爲‘幹’。”

盧見曾曰：往余讀《五經正義》所采鄭《易》“閏及爻辰”，初未知爲何物。及攷鄭注《周禮》“太師”與韋注《周語》，乃律家合辰、樂家合聲之法。蓋乾坤十二爻，左右相錯；《乾鑿度》所云“閏時而治六爻，故謂之爻辰也”。漢儒說《易》，並有家法，其不苟作如此。

案：鄭《易》今有王應麟、惠棟、孫堂三家輯本。

荀爽《周易傳》十一卷（爽一名“諝”）

荀悅《漢紀》：“爽著《易傳》，據爻象承應陰陽變化之義，以十篇之文解說《經》意，由是兗豫言《易》者，咸傳荀氏學。”

虞翻曰：“潁川荀諝號爲知《易》，其《注》有愈俗說。至所說‘西南得朋，東北喪朋’，顛倒反逆，了不可知。孔子歎《易》曰：‘知變化之道者，其知神之所爲乎？’以美大衍四象之作，而上爲章首，尤可怪笑。”案荀《傳》如解“大過”以初爲女妻，二爲老夫，五爲士夫，上爲老婦；解“艮”卦以“厲薰心”爲誤，而改作“動”，皆虞氏所譏。以今攷之，亦各明一義也。

陸德明曰：“鄒湛譏荀爽訓‘箕’爲‘荄’，訓‘子’爲‘滋’，漫衍無經，不可致詰。”

王應麟曰：“爽說見於李鼎祚《集解》。若乾升於坤曰‘雲行’，坤降於乾曰‘雨施’，乾起坎而終於離，坤起離而終於坎；離、坎者，乾坤之家，而陰陽之府，故曰‘大明終始’，皆諸儒所未發。”

劉表《周易章句》九卷，録一卷

《易義別録》曰：“景升《章句》，闕略難攷。”案：其義於鄭爲近，大要費氏《易》也。案：劉《易》與王本不同者，如“君子以經綸”作“經論”，見《正義》；“多識前言往行”作“多志”，“其欲逐逐”作“跾跾”，“習坎”作“習欿”，“寘于叢棘”“寘”作“示”，“家人嗃嗃”作“熇熇”，“其牛掣”“掣”作“觢”，“懲忿窒欲”作“澄忿懫欲”，“孚乃利用禴”“禴”作“爚”，“知以藏往”“藏”作

"臧"，並見《釋文》。

宋忠《周易注》十卷（字仲，南陽章陵人，荆州五業從事，"忠"或作"衷"）

虞翻曰："北海鄭玄、南陽宋忠，雖各立注，忠小差玄，而皆未得其門，難以示世。"

惠棟《易漢學》曰："忠注見《羣龍》一節，獨勝諸儒。"

《易義別録》曰："以殘文推之，仲子言'乾升坤降、卦氣動靜'，大抵出入荀氏。虞君以爲差勝康成者，或以此。大要費氏《易》也。"然費氏《易》無變動，而仲子《注》"革五"云"九"者變爻，則其異於鄭、荀者，不可得而聞云。

書類

明帝《五家要說章句》（一名《五行章句》）

見《桓郁傳》。此書未知宄何屬，以明帝從桓榮受《尚書》，又《尚書》有"鴻范五行"之學，故入"書"部。

桓君《大小太常章句》（桓榮及子郁刪定）

牟長《尚書章句》

賈逵《尚書今古文同異》三卷

《尚書·堯典》《正義》曰："百篇次第，鄭依賈氏所奏《別録》爲次"，又曰："後漢初，賈逵奏《尚書疏》云'流爲烏'。"《詩·齊風》《正義》曰："《洪範·稽疑》論卜兆有'五曰圛'，蓋《古文》作'悌'，今文作'圛'。賈以《今文》校之，定以爲'圛'。"及《商頌》《疏》引賈逵說"五服"，《五經異義》引賈逵說"六宗"，《魏志·高貴鄉公紀》引賈逵説曰："若'稽古'爲'順攷古道'"，《釋文》引賈逵説《酒誥》"成王"，若曰"爲戒成康叔以慎酒，成就人之道，故曰成"，大約皆此書中語也。

周防《尚書雜記》三十二篇

衛宏《古文尚書訓旨》

《前漢書・儒林傳》注引衛宏《定古文尚書序》曰："伏生老不能正言，言不可曉也。使其女傳言，教晁錯。齊人語多與潁川異，錯所不知者凡十二三，略以其意屬讀而已。"

洪頤煊《讀書叢録》曰："《說文》'黺'字注引衛宏說。"《史記・五帝本紀集解》（當作"索隱"）引衛宏云："'摯立九年，而唐侯德盛，因禪位焉'"，皆《古文尚書》說。康案：《酒誥》《釋文》引衛、賈以"成王""爲戒成康叔以慎酒，成就人之道也，故曰'成'"，亦此書中語。

馬融《尚書傳》十一卷

《釋文敘録》《隋志》並作《尚書注》，惟《唐志》作"傳"。今攷《書序正義》云馬融、王肅亦稱《注》爲《傳》。又《左傳》"襄公三十一年"，《正義》引馬融《尚書傳序》，則作"傳"者。（《釋文》、《隋志》亦有馬融作《傳》之語，但其標題則稱《注》耳。）馬《傳》王謨有輯本，然尚多遺漏，如曰"若稽古帝堯"，《魏志・高貴鄉公紀》引馬《注》"順攷古道"；"黎氏阻饑"，《詩・周頌》《釋文》引馬《注》作"祖"，云"始也"；"上宗奉同瑁"，虞翻引馬《注》，以爲"同者，大同天下"：此類皆未收也。

張楷《尚書注》

張奐《尚書記難》《刪定牟氏章句》

劉陶《中文尚書》（翊寅案：《本傳》："陶明《尚書》《春秋》，爲之訓詁。"隋、唐《志》皆不著録，當補列目，與《春秋訓詁》同例）

惠棟曰："俗本《後漢書・陶傳》作'是正文字三百餘事'，今從北宋本改正作‘七百餘事’。”《藝文志》曰：“劉向以中古文校《三家經》文，文字異者七百有餘。蓋《古文》與《今文》異者，本有此數。故陶從而是正也。”案：《玉海・藝文》引《陶傳》，亦作“七百”。

鄭康成《尚書注》九卷

高貴鄉公曰：“鄭玄云‘稽古同天，言堯同於天也’。王肅云‘堯順攷古道而行之’，二義不同。仲尼稱‘惟天爲大，惟堯則之’，堯之大美，在乎則天，順攷古道，非其志也。”

虞翻曰：“鄭氏所注《尚書》，以《顧命》‘康王執瑁’古‘冃’似‘同’，從誤作‘同’。既不覺定，復訓爲‘杯’，謂之‘酒杯’；成王疾困，憑几洮頮爲‘濯’，以爲澣衣成事。‘洮’字虛，更作‘濯’，以從其非。又：古大篆‘卯’字讀爲‘柳’，古‘柳’‘卯’同字，而以爲昧。‘分北三苗’，‘北’古‘別’字；又訓‘北’，言‘北’猶‘別’也。若此之類，誠可怪也。”

案：此四事，近王鳴盛、江聲、孫星衍、汪家禧、方觀旭、方廷瑚、趙坦，皆申鄭難虞。

《書・堯典》《正義》曰：“鄭玄於伏生二十九篇之內，分出《盤庚》二篇、《康王之誥》，又《泰誓》三篇，爲三十四篇，更增益僞書二十四篇，爲五十八。”案：鄭所增益者，乃真《古文》，非張霸僞書，孔《疏》誤。鄭雖增此二十四篇，而作《注》則仍止三十四篇。馬季長所謂“逸十六篇”，絕無師說。（“十六篇”即“二十四篇”，蓋合九共九篇爲一也。）故馬、鄭諸儒皆不注之也。

王應麟曰：“鄭康成注《禹貢》‘九河’，云齊桓公塞之，同爲一。《詩》《正義》云不知所出何書。愚案：《書》《正義》引《春秋緯・寶乾圖》云移河爲界，在齊呂填閼八流，以自廣鄭。蓋據此文。”

又曰：“鄭康成《書》《注》間見於《疏》義，如‘作服十二章’‘州十二師’，孔《注》皆所不及。”

又曰：“‘若爾三王，是有丕子之責於天’，《史記》以‘丕’爲‘負’，《索隱》引鄭玄曰：‘丕’讀曰‘負’。隗囂《移檄》曰：‘庶無負子之責'，蓋本此。"案：王氏有鄭《書注》輯本，孫詒讓疑惠定宇託名，非深窋所輯也。

又案：《隋志》《釋文》皆有鄭康成《尚書音》。然《釋文》云漢人不作《音》，後人所託，故今不著錄。後凡鄭氏諸經《音》倣此。又《《經義攷》有康成《書贊攷》《書序》。《正義》云："鄭玄避'序'名，故謂之'贊'"，則《書》《贊》非別一書。《書》《疏》又引康成《書論》，蓋皆在《書注》九卷之中，無容別出。鄭君注《易》，亦有《易贊》《易論》，《經義攷》不載其名，而獨載《書贊》，是爲例不純也，故削之。

鄭康成《尚書大傳注》三卷

《尚書義問》三卷（鄭康成、王肅及晉孔晁撰）
《經義攷》謂此書乃孔晁采鄭康成及肅，參以己見者，則當屬之孔晁，不屬鄭、王。然無顯證，姑錄之。

盧植《尚書章句》

荀爽《尚書正經》

詩類

謝曼卿《毛詩訓》（九江人）

《釋文敘錄》稱謝曼卿元始五年公車徵説《詩》，又賈徽（逵之父）、衛宏後漢初人，皆受學於曼卿，則曼卿似前漢人。而《隋志》稱爲後漢，或曾入光武時也。

伏黯《齊詩章句解》九篇（黯子恭復減定爲二十萬言）

薛氏《韓詩章句》二十二卷

惠棟曰：“《唐書·宰相世系表》：薛廣德生饒，饒生愿，愿生方邱，字夫子；方邱生漢。唐人所引《韓詩》，其稱‘薛君’者，漢也；稱‘薛夫子’者，方邱也。故《馮衍傳》《注》有《薛夫子章句》是也。《薛漢傳》不載漢父名字，後人以《章句》專屬諸漢，失之。”案：《馮衍傳》《注》之文，亦見《明帝本紀》《注》，而彼引作“薛君”。據此，則凡稱“薛君”者，亦有薛夫子說矣。

景鸞《齊詩解》

衛宏《毛詩序》

杜撫《詩題約義通》

《華陽國志》作《詩通議說》，名似較順。然陸機先於常璩，其稱名已同范史矣。

矦包《韓詩翼要》十卷（“包”一作“苞”）

矦氏說見於《正義》者，《斯干》詩“載衣之裼”云“示之方也”“明褓制方，令女子方正，事人之義”，《白華》詩“天步艱難，之子不猶”云“天行艱難於我身，不我可也”，《江漢》詩“武夫惟滔”云“眾至大也”，《抑》詩云“衛武公刺王室，亦以自戒，行年九十有五，猶使臣日誦是詩，而不離於其側”。

又：《隋書·音樂志下》云牛宏修皇后房內之樂，“據毛萇、矦苞、孫毓故事，皆有鐘聲”。

趙長君《韓詩譜》二卷 《詩神淵》一卷 《詩細》

虞翻曰：“有道山陰趙煜[①]、徵士上虞王充，各洪才淵懿，學究道

---

① “煜”，《論衡校釋》作“曄”。

源，著書垂藻，絡釋百篇，釋經傳之宿疑，解當世之槃結，或①上窮陰陽之奧秘，下據人情之歸極。"惠棟曰："漢儒皆以《行葦》爲公劉之詩。趙長君曰：'公劉慈仁，行不履生草，運車以避葭葦。'"（案：見《吳越春秋》）長君從杜撫受學義，當見《韓詩》也。

張匡《韓詩章句》（字文通，山陽人，舉有道）

見《趙長君傳》。

鄭衆《毛詩傳》

范蔚宗、陸機、陸德明皆但云鄭衆傳《毛詩》，不言作《傳》。惟《隋志》有作《傳》之文，而亦不著其書，疑誤也。今亦未敢肊斷，姑錄之。其說今絶無存，惟旁見《周禮注》者，"宰夫之職"注引《詩》曰："家伯維宰"，以"宰"爲"宰夫"，與《鄭箋》云"冢宰"異。（王肅從之）"典瑞"注引《詩》曰："邲彼玉瓚，黃流在中"，與今本作"瑟"作"瓚"異。"大司馬"注引《詩》曰"言私其豵，獻肩于公"，"一歲爲豵，二歲爲豝，三歲爲特，四歲爲肩，五歲爲慎"，與《傳》、《箋》俱異。"獻豜"作"獻肩"，亦異。

至如《序官》《膳夫》注引"仲允膳夫"，《獻人》注引"敝笱在梁"，《大司徒》注引"錫之山川，土田附庸"，《大司馬》注引"邦畿千里"，《射人》注引"不出正兮"，《隸僕》注引"有扁斯石"，《小司寇》注引"詢於芻蕘"，則固無異解也。

賈逵《毛詩雜議難》十卷

《風俗通·祀典篇》引賈逵說靈星之義，當是《絲衣篇》注解。

馬融《毛詩傳》十卷

馬雖治《毛詩》，而不株守《毛》義。如《南有樛木》同韓詩，作

---

① "或"，《論衡校釋》無。

"朻"（見《釋文》）《廣成頌》詩詠"圃草"，與《韓詩》"東有圃草"合。"旐旟掺其如林"則與《說文》引《詩》"其旟如林"合。然此猶或毛氏異文，無大差互。惟《龐參傳》載融上書，以《出車》詩"赫赫南仲"爲宣王時，則與班固《匈奴傳》引《詩》合，而與《毛傳》大乖。或行文偶參用三家說，而《詩傳》固仍宗《毛》乎？

鄭康成《毛箋》二十卷　《詩譜》三卷

荀爽《詩傳》

荀悅《漢紀》曰："臣悅叔父、故司空爽，著《詩傳》，皆附《正義》，無他說。"

禮類

杜子春《周官注》（河南緱氏人）

賈公彥《序周禮廢興》引馬融《傳》曰："（此謂融所作《周官傳》，非范史《本傳》也）劉歆弟子、河南緱氏杜子春，永平之初，年且九十，家於南山，能通《周官》讀，頗識其說。"

鄭興《周禮解詁》

鄭衆《周禮解詁》

《馬融傳》曰鄭衆、賈逵受業杜子春，"衆、逵洪雅博聞，又以經書記轉相證明爲《解》。逵《解》行於世，衆《解》不行。兼攬二家爲備，多所遺闕。然衆時所解說，近得其實。獨以《書序》言'成王既黜殷命，還歸在豐，作《周官》'，則此《周官》也，失之矣。"

衛宏《周禮解詁》

見鄭康成《周禮序》。

賈逵《周禮解詁》

　　《馬融傳》曰：“逵以爲六鄉大夫，則冢宰以下及六遂，爲十五萬家，組千里之地，甚謬焉。”康案：《魏書·劉芳傳》引賈逵云：“東郊木帝太皥八里，南郊火帝炎帝七里，西郊金帝少皥九里，北郊水帝顓頊六里，中兆黃帝之位，并南郊之季，故云‘兆五帝於四郊也’。”又《隋書·音樂志下》引賈逵曰：“圜鍾，夾鍾也。”皆出此書。

張衡《周官訓詁》

　　據劉昭《百官志·序》《注》，平子爲侍中時所作也，書名作《周官解說》，與《本傳》不同。

馬融《周官傳》十二卷

　　自序曰：“六十爲武都守，郡小少事，乃述平生之志，著《易》《尚書》《詩》《禮》傳，皆訖。惟念前業未畢者，爲《周官》。年六十有六，目瞑意倦，自力補之，謂之《周官傳》也。”《毛詩正義》曰：“馬融爲《周禮注》，欲省學者兩讀，故具載本文。”

臨碩《周禮難》（字孝存，北海人）

　　賈公彥曰：“林孝存以爲武帝知《周官》末世瀆亂不驗之書，故作《十論》《七難》以排棄之，惟鄭玄能苔林碩之《論》《難》。”案鄭康成、孔融二《傳》，“林”皆作“臨”，今從之。

鄭康成《周官禮注》十二卷　　《苔臨碩周禮難》

　　康成《苔臨碩》，《大雅》《魯頌》《王制》《正義》俱引之。

鄭康成《儀禮注》十七卷

馬融《喪服經傳注》一卷

　　《通典》屢引之。王謨、孫馮翼俱有輯本。

鄭康成《喪服譜注》一卷　《喪服變除》一卷

《隋志》又有康成《喪服經傳注》一卷，本在十七篇《注》中，當時蓋自別行，故《隋志》複出，今削之。《唐志》又有康成《喪服紀注》一卷，亦即《喪服經傳注》也。

劉表《後定喪服》一卷

《隋志》作《劉表新定禮》，今從《通典》。《通典》八十三引劉表《後定喪服》云：“既除喪，有來弔者，以縞冠深衣，于墓受之，畢事反吉。”又云：“君來弔臣，主人待君到，脫頭絰，貫左臂，去杖，出門迎。門外再拜，乃厭，還，先入門，東壁向君讓。君於前聽進，即堂先哭。乃止於廬外伏哭，當先君止。君起致辭，子對而不言，稽顙以荅之。”又八十九引劉表云：“父亡在祖後，則不得爲祖母三年，以爲婦人之服，不可踰夫。孫爲祖服周，父亡之後，爲祖母不得踰祖也。”此條不稱書名，然證以九十七卷所引，亦出是書也。

曹充《慶氏禮章句辯難》

曹褒《通義》十二篇　《演經雜論》百二十篇

景鸞《禮略》二卷　《月令章句》

《隋志》有《禮略》二卷，不著名。以《鸞傳》攷之，則鸞撰也。蔡邕《月令問荅》稱“前儒爲章句者，皆用意傅，非其本旨”，疑即指鸞書。

馬融《禮記注》

《釋文·敘録》引陳邵云：“後漢馬融、盧植攷諸家同異，附戴聖篇章，去其繁重及所敘略而行於世，即今之《禮記》是也。”《隋志》：“戴聖刪大戴之書爲四十六篇，謂之《戴記》。漢末馬融遂傳小戴之學。融又作《月令》一篇、《明堂位》一篇、《樂記》一篇，合四十九篇。”

案：《隋志》所云，似因陳邵之說而傅會之，其實馬融注《禮記》，但有解釋，並無去取，邵言微誤。《隋志》謂融增入三篇，尤誤。劉向《別錄》已稱《禮記》四十九篇，橋仁著《禮記章句》四十九篇（見《橋玄傳》），皆在前漢時，不待融足三篇也。

融《廣成頌》曰：“臣聞昔命師於鞬櫜。”李賢注曰：“鞬以藏箭，櫜以藏弓。鞬音紀言反。《禮記》：孔子曰：‘武王克殷，倒載干戈，包以獸皮，名之曰鞬櫜。’鄭《注》曰：‘鞬讀爲鍵，音其蹇反，謂藏閉之也’。此馬、鄭異義。”①

盧植《禮記解詁》二十卷

《唐書·儒學傳》：元澹《釋疑》曰：“小戴《禮》行於漢末，盧植合二十九篇而爲之解，世所不傳。”《經義雜記》②云：“盧氏校定《禮記》，今日雖亡，漢、唐人偶有稱述，尚可得其略。其一《檀弓下》‘子顯以致命於穆公’，鄭《注》：‘使者，公子縶也。’盧氏云：‘古者名字相配，“顯”當作“韅”。今攷《詩·白駒》‘縶之維之’《傳》：‘縶，絆也’；《禮記·月令》‘則縶騰駒’，是‘縶’爲‘維絆’義。《說文》：‘顯，頭明飾也’，與‘縶’義無涉。‘韅，著掖鞿也。’又《釋名》云：‘韅，經也。橫經其腹下也。’與‘維絆’義合。故名‘縶’，字‘子韅’。此校之盡善者。其一《曲禮》‘猩猩能言，不離禽獸’，《釋文》：‘“禽獸”，盧本作“走獸”。’《正義》曰：‘別而言之，羽則曰禽，毛則曰獸。通而爲說，鳥不可曰獸，獸亦可曰禽。故《易》云“王用三驅，失前禽”，則驅走者亦曰禽也。’又《周禮·司馬職》云：‘大獸公之，小禽私之。’以此而言，則禽未必皆鳥也。又康成注《周禮》云：‘凡鳥獸未孕曰禽。’《周禮》又云：‘以禽作六摯，卿羔，大夫雁。’《白虎通》云：‘禽者，鳥獸之總名。’以此諸經，證‘禽’名通‘獸’者，以其小獸可擒，故通名‘禽’也。孔氏所據精博，盧氏定爲‘走獸’，失之拘泥。此校之未盡善者。”

---

① 臧琳《經義雜記》（第六）卷十五有“命之曰建櫜”攷證。
② 見臧琳《經義雜記》（第九）卷二十五“盧植《禮記注》”。

康案：《本傳》稱植作《三禮解詁》，非也。植未嘗兼注三《禮》，今從《三國志·盧毓傳》注引《續漢書》。王謨、臧鏞堂俱有此書輯本。

鄭康成《禮記注》二十卷　《禮議》二十卷

王謨曰："諸經《正義》多引鄭氏《魯禮禘祫志》，《本傳》作《魯禮禘祫義》，《隋志》俱不著録，而別有《禮議》二十卷（案《隋志》無，見《唐志》），則《禘祫志》乃《禮議》中一篇目也。"

蔡邕《月令章句》十二卷

王謨曰："《隋志》但有《月令章句》，無《明堂月令論》，而陶氏《說郛》又有蔡邕《月令問答》一篇。檢其中'更叟'一條，據《三國志》《注》，亦引作《明堂月令論》（案：見《高貴鄉公紀》，無"月令"二字），而《御覽》引《明堂論》'門闈'一條，又作章句。大抵此書原祇案《月令》十二月爲《章句》十二卷，其所問答，乃是卷首發凡；而《明堂論》則又因其中有明堂、太廟之文，推而論之者也。要祇《章句》一書，後人各從所引稱謂。"案：此書王謨輯本不及蔡雲輯本之詳。（溶宣案：臧庸、馬瑞辰輯本更精。）

荀爽《禮傳》

《通典》七十九引荀爽《禮傳》曰："天子、諸侯事曾祖以上，皆稱曾孫。"

鄭康成《三禮目録》一卷

《三禮圖》九卷（鄭康成及侍中阮諶等撰）

《魏志·杜恕傳》注引《阮氏譜》曰："諶字士信。徵辟無所就，造《三禮圖》傳於世。"《後魏書·禮志四》："阮諶《禮圖》並載秦漢以來輿服。"

梁正曰："陳留阮士信，受學於潁川綦毌君，取其說爲《圖》二卷，多不案《禮》文，而引漢事，與鄭君之文違錯。"

劉熙《謚法注》三卷（字成國，北海人，安南太守）

《玉海》引沈約《謚法序》云："劉熙注《謚法》，惟有七十六名。"又云："劉熙注解，時或有所發明。"洪頤煊《讀書叢錄》[1]云："《隋志》：'《大戴禮記》十三篇'《注》云：'梁有《謚法》三卷，劉熙注。'案：《大戴禮》本有《謚法篇》，見《白虎通》。《北堂書鈔》卷九十三引《大戴禮·謚法》，其時尚未亡。《太平御覽》卷五百六十二引《大戴禮》曰'周公旦太師望相嗣王，作謚法'一段，與《周書·謚法篇》同。"又云："宋蘇洵《謚法解》多引劉熙《注》。《一切經音義》卷二十引《謚法》曰：'賤而得幸曰嬖。'《釋名》云：'嬖，卑賤婢妾，媚以色事人，得幸者也。'今《釋名》無此文，是劉熙《謚法注》。《文選·景福殿賦》注引劉熙《孟子注》'獻猶軒，軒在物上之稱也'，亦是《謚法注》，皆後人誤改。"

樂 類

桓譚《樂元起》二卷 《琴操》二卷

馬瑞辰曰："《唐志》載桓譚《琴操》二卷。案：桓譚《新論》有《琴道篇》，不聞有《琴操》。《琴操》言伏羲始作琴，與《琴道》言神農始作琴不合，則《琴操》決非桓譚所作。《文選》注引《新論》雍門說孟嘗君曰：'今君下羅帳，來清風'，《北堂書鈔》引作《琴操》，是唐人誤以《琴道篇》爲《琴操》之證也。"案：馬說甚辨，然《唐志》所有，未敢輕刪。

蔡邕《琴操》二卷

馬瑞辰曰："蔡邕《本傳》言邕所著有《敘樂》，而無《琴操》。而

---

① 洪頤煊《讀書叢錄》卷四"謚法篇""劉熙《謚法注》"二條，《續修四庫全書》第1157冊，上海古籍出版社，2002年，第593頁。

今本《琴操》及《傳》注所引，皆屬蔡邕。疑《琴操》即在《敘樂》中，猶《琴道》爲《新論》之一篇耳。《北堂書鈔》引蔡邕《琴賦》，言'仲尼思歸，即《將歸操》也；梁公悲吟，即楚高梁子《霹靂引》也；周公越裳，即《越裳操》也；白鶴東翔，即《別鶴操》也；樊姬遺歎，即《列女引》也。'與夫《鹿鳴》三章，楚曲《明光》，俱與《琴操》合，則《琴操》爲中郎所撰，信有徵矣。"

春秋類

北海王睦《春秋旨義終始論》

賈徽《春秋左氏條例》二十一卷（字元伯，潁陰令）

陳元《春秋左氏訓詁》（一作《左氏同異》）

孔奇《春秋左氏刪》三十一卷（一名《左氏傳義詁》）

　　《連叢子》序曰："先生名奇，字子異，其先魯人褒成君之後也。雅好儒術，淡忽榮祿，不願從政，遂刪撮《左氏傳》之難者，集爲《義詁》。發伏闡幽，讚明聖祖之道，以袪學者之蔽。著書未畢，而早世不永。宗人子通痛其不遂，惜茲大訓不行於世，乃校其篇目，各如本第，並序荅問，凡三十一卷。"

鄭興《春秋左氏條例章句訓詁》

鄭眾《春秋左氏傳條例》九卷　《春秋刪》十九篇

　　馬融曰："鄭君博而不精。"《周禮·小宗伯》《注》：鄭司農云："古文《春秋》經'公即位'爲'公即立'。"《公羊序解》曰："鄭眾作《長義》十九條十七事，專論《公羊》之短，《左氏》之長。"案：《唐志》有鄭眾《牒例章句》九卷，蓋即一書而異名。《釋文》又作《左氏條例章句》，《通志·藝文略》及《經義攷》分錄之，誤，今削去。

賈逵《春秋左氏長經章句》二十卷（一作《左氏長義》）

《御覽》六百五十引《三輔決錄》曰："賈逵建初元年受詔，列《春秋公羊》《穀梁》不如《左氏》四十事，名《左氏長義》。"《釋文·序錄》："逵受詔，列《公羊》《穀梁》不如《左氏》四十事，奏之，名曰《左氏長義》，章帝善之。"《公羊疏》云："賈逵作《長事》四十一條，云《公羊》理短，《左氏》理長。《公羊》以魯隱公爲受命王，黜周爲二王後。案《長義》云：'名不正則言不順，言不順則事不成。'今隱公人臣，而虛稱以王。周天子見在上，而黜公侯，是非名正而言順也。如此，何以笑子路率爾？何以爲忠信？何以爲事上？何以誨人？何以爲法？何以全身？"又"宋人執鄭祭仲"，《疏》引《長義》云："若令臣子得行，則閉君臣之道，啟篡弒之路。"《左傳序》《疏》云："章帝時，賈逵上《春秋大義》四十條，以抵《公羊》《穀梁》，帝賜布五百匹。又與《左氏》作《長義》。"案：《本傳》稱摘出《左氏》三十事；諸書或言四十事，或言四十一條，皆一書也。據陸德明、徐彥，則四十事，即《長義》。而《左傳序》《疏》歧爲二，似誤。《史通·申左篇》："賈逵撰《左氏長義》，稱在秦者爲劉氏，乃漢室所宜推先，但取悅當時，殊無足採。"

賈逵《春秋左氏解詁》三十卷（潘宣案：《釋文·序錄》作"訓詁"。）

馬融曰："賈君精而不博。"《南齊書·陸澄傳》："澄與王儉書曰：'《左氏》泰元（晉孝武帝年號）取服虔，而兼取賈逵《經》。服《傳》無《經》，雖在《注》中，而《傳》又有無《經》者故也。今留服而去賈，則《經》有所闕。'"案：觀此，知服虔注《傳》不注《經》，賈逵則兼注《經》《傳》。（《左傳》"襄三十一年"《疏》："賈逵注《經》。"）今攷賈本經文，有與杜異者，如"莊九年"本"公伐齊，納子糾"，賈本無"子"字；"宣十二年""宋師伐陳"，賈無此句；"昭十一年""齊國弱"，賈本作"國酌"，是也。

賈逵《春秋三家經本訓詁》十二卷

康案：《公羊》"莊十二年"："宋萬弒其君接。"《疏》引賈氏云：《公羊》《穀梁》曰"接"；"昭四年""大雨雹"，《疏》引賈氏云：《穀梁》作"大雨雪"；"五年"《疏》引賈氏云：秦伯瑩，《穀梁傳》云"秦伯偃"；"定十年""宋樂世心出奔曹"，《疏》云："'世'字亦有作'泄'字者，故賈氏言焉"；"哀四年""亳社災"，《疏》引賈氏云：《公羊》曰"薄社"：皆此書中語也。又"定十年""叔孫州仇、仲孫何忌帥師圍費"，《疏》云："《左氏》《穀梁》此'費'字皆爲'郿'。賈氏不云《公羊》曰'費'者，蓋文不備，或所見異也。""齊侯、衛侯、鄭游遫會於咸"，《疏》云："《左氏》《穀梁》作'安甫'。賈氏不云《公羊》曰'咸'者，亦是文不備。""十五年""齊侯、衛侯次于蘧篨"，《疏》云："《左氏》作'蘧挐'字。賈氏無說，文不備也。"據此數條，知此書體例，於《左氏》經文之異《公》《穀》者，必釋之曰"《公》《穀》作某"。故偶有未言，徐彥即以爲不備也。

賈逵《春秋釋訓》一卷　《春秋左氏經傳朱墨別》一卷

孔嘉《春秋左氏說》（字山甫，扶風人，官侍中）

此據《釋文·敘錄》。《孔奮傳》則謂官至城門校尉。

馬融《春秋三傳異同說》

據此書名，似是爲三家折衷。然《正義》所引馬融說"虢仲、虢叔"一條，"夷吾無禮"一條，"二叔不咸"一條，"皇父二子"一條，"組甲被練"一條，"《三墳》《五典》《八索》《九邱》"一條，"祈招之詩"一條，《王制》《疏》引"高圉、亞圉、周人所報而不立廟"一條，《水經·清水》注引"南陽"一條，《文選·吳都賦》注引"驪騮"一條，皆與《公》《穀》無涉。疑此書雖以"異同"名，而所釋者《左氏》爲多，蓋融本欲注三《傳》，而中止者也。

劉陶《春秋訓詁》（翊寅案：《本傳》："靈帝詔陶次第《春秋》條例。"《舊唐·志》："《春秋左氏傳條例》二十卷，劉寔撰。""寔"即"陶"之譌。）

延篤《春秋左氏注》

《釋文·敘錄》："京兆尹延篤，受《左氏》於賈逵之孫伯升，因而注之。"案：《本傳》稱從唐谿典受《左氏》，蓋兩師也。篤解《三墳》《五典》《八索》《九邱》，用張平子說，以《三墳》爲三《禮》，《五典》爲五帝常道，《八索》爲《周禮》八議之刑，《九邱》爲《周禮》九刑。見《正義》。

鄭康成《春秋左氏分野》一卷　《春秋十二公名》一卷　《駁何氏漢議》二卷（翊寅案：《隋志》有《駁何氏漢議敍》一卷）

服虔《春秋左氏傳解誼》三十一卷

《世說·文學篇》："鄭玄欲注《春秋傳》，尚未成。時行，與服子慎遇，宿客舍，先未相識。服在外車上，與人說以注《傳》意。玄聽之良久，多與己同。玄就車與語，曰：'吾久欲注，尚未了。聽君向言，多與吾同，今當盡以所注與君。'遂爲《服氏注》。"又云："服虔既善《春秋》，將爲注，欲參攷同異。聞崔烈集門生講《傳》，遂匿姓名，爲烈門人，賃作食。每當至講時，輒竊聽戶壁間。既知不能踰己，稍共諸生敍其短長。烈聞，不測何人。然素聞虔名，意疑之。明蚤往，及未寤，便呼：'子慎！子慎！'虔不覺驚應，遂相與友善。"趙坦《寶甓齋札記》曰："服注雖本鄭氏，然時與鄭違。如鄭注《尚書·微子篇》以箕子爲紂諸父，服氏以爲紂庶兄；鄭注《禮記·內則篇》以《左氏傳》'鞶厲'爲'鞶裂'，服氏以'鞶'爲大帶，'厲'是大帶之垂者；鄭注《明堂位》云'周公曰太廟，魯公曰世室，羣公稱宮'，服注《左傳》'太室屋壞'云'太廟之室'；鄭注《雜記》引《春秋傳》'齊晏桓子卒'云云，《正義》稱服注《左傳》與鄭違。又'僖四年'《傳》'五侯九伯'，服注

云：‘五侯，公、侯、伯、子、男。九伯，九州之長。’鄭云：‘五侯，
侯爲州牧。九伯，伯爲州伯。一州一牧，二伯佐之。太公爲王官之伯，二
人共分陝而治，當四侯半。一侯不可分，故言五侯。九伯則九人。’‘昭
四年’《傳》‘西陸朝覿而出之’，服以‘二月日在婁四度。春分之中，
奎始晨見東方’，鄭荅孫晧，謂四月立夏之時。《詩·小雅譜》《大
雅·生民》下及《卷阿》，《小雅·南有嘉魚》下及《菁菁者莪》，周
公、成王之詩也。‘襄二十九年’《傳》‘爲之歌《小雅》’，服注云：
‘自《鹿鳴》至《菁菁者莪》，道文、武脩小政，定大亂，致太平。’是
服氏以《小雅》無成王詩。《傳》又云‘爲之歌《大雅》’，服注：‘陳
文王之德、武王之功，自《文王》以下至《鳧鷖》，是爲正《大雅》。’
是服氏以《生民》《行葦》《既醉》《鳧鷖》爲武王詩，皆與鄭異。”

服虔《春秋成長義》九卷

《公羊》“昭三十一年”《疏》引服虔《成長義》云：“邾婁本附庸
三十里耳，而言五分之，爲六里國也。”

服虔《春秋左氏膏肓釋痾》十卷

劉昭注《續漢書·禮儀志上》引《春秋釋痾》曰：“漢家郡守行大夫
禮，鼎俎籩豆，工歌縣。”《初學記》二十六引《春秋釋痾》：“何休敏
（字當衍）曰：‘遺越人以冠，終不以爲惠’。”

服虔《春秋漢議駁》二卷　《春秋塞難》三卷　《春秋音隱》一卷

孔融《春秋雜議難》五卷

彭汪《春秋左氏傳注》（字仲博，汝南人，記先師奇說及舊注）

《左傳》“襄十九年”《疏》：服虔引彭仲博云：“齊欲誅衛，呼
而下，與之言，固可取之，無爲揖之，復令登城。仲博以爲齊侯號衛，
衛慚而下，云‘問守備焉’，問衛之守高唐者。衛無恩信，故令守者以無備
告。齊侯善其言，故揖之，乃命士卒登城。服虔謂此說近之。”

許淑《春秋左氏傳注》（字惠卿，魏郡人，太中大夫）

杜預曰："賈景伯父子、許惠卿皆先儒之美者也。"案：《釋例》屢引許說，杜多不從。惟"昭七年"《傳》"暨齊平"，《正義》引許惠卿以爲"燕與齊平"，則杜氏從之。

潁容《春秋釋例》十卷（潘宜案：《後漢書·潁容傳》："著《春秋左氏條例》五萬餘言。"《釋文·序錄》同。此依《隨志》）

杜預曰："末有潁子嚴者，雖淺近，亦復名家。"案：潁氏之例，多與劉子駿、賈景伯同。其書王謨有輯本，然杜預《釋例》所載蕭吉《五行大義》所引者，尚未採也。

謝該《左氏釋》（翊寅案：樂詳問而謝該釋之，見《本傳》。又樂詳《左氏問》，亦當列目）

王玢《春秋左氏達義》一卷（司徒掾）

《鍾興定嚴氏春秋章句》（翊寅案：《本傳》"興從丁恭受《嚴氏春秋》，光武詔定章句"，目當列樊儵前。原誤，今正）

《樊儵刪定嚴氏春秋章句》

《張霸減定嚴氏春秋章句》

李育《難左氏義》

楊終《春秋外傳》十二篇　《改定春秋章句》（翊寅案：《本傳》"終改定章句十五萬言"，即嚴氏學）

案：《本傳》不言習《春秋》何家，然終上疏有云："臣聞'善善及子孫，惡惡止其身。'"又云："魯文公毀泉臺，《春秋》譏之曰'先祖爲之，而已毀之，不如勿居而已。'襄公作三軍，昭公舍之，君子大其復古。"又云："《春秋》殺太子母弟，直稱君甚惡之者，坐失教也。"則終所習乃公羊氏學。

戴宏《解疑論》（字元襄，剛縣人，官酒泉太守）

《公羊序》《疏》云："戴宏作《解疑論》難《左氏》，不得《左氏》之理，不能以《正義》決之。"又引戴宏序云："子夏傳與公羊高，高傳與其子平，平傳與其子地，地傳與其子敢，敢傳與其子壽。至漢景帝時，壽乃共弟子齊人胡母子都著於竹帛，與董仲舒皆見於圖讖。"案：宏事見《吳祐傳》及注引《濟北先賢傳》。（《公羊疏》卷一又引《解疑論》，文繁不錄。）

何休《春秋公羊解詁》十一卷　《公羊墨守》十四卷（鄭康成發）

《左氏膏肓》十卷（鄭康成箴）　**《穀梁廢疾》三卷**（鄭康成釋）

徐彥《公羊疏》云："何氏作《墨守》以距敵《長義》，爲《廢疾》以難《穀梁》，造《膏肓》以短《左氏》，蓋在注《傳》之前。猶鄭君先作《六藝論》訖，然後注書。"《崇文總目》："漢司空掾何休始撰《苔賈逵事》，因記《左氏》所短，遂頗流布。學者稱之。後更刪補爲定，今每事左方，輒附鄭康成之學。"

陳振孫曰："何休著《公羊墨守》三書，多不存，惟范甯《穀梁集解》載休之說，而鄭君釋之，當是所謂《起廢疾》者。"案：此三書散見甚多，今皆有輯本，不止見《穀梁注》也。

何休《春秋漢議》十三卷

《通典》卷八十："後漢安帝崩，立北鄉侯，未踰年，薨，以王禮葬，於《春秋》何義也？何休苔曰：'《春秋》：未踰年，魯君子野卒，降"君"稱"子"，從大夫禮可也。'"當即出是書。

何休《春秋公羊文謚例》一卷

《隋志》無“文”字，據《公羊疏》增。《公羊疏》稱此書有《春秋》五始、三科、九旨、七等、六輔、二類之義，其目具載《解》中。

何休《春秋公羊傳條例》一卷　《春秋議》十卷

荀爽《公羊問》　《春秋條例》

段肅《春秋穀梁傳注》十四卷（宏農人，功曹史）

惠棟《九經古義》云：“《經典·序錄》不詳肅何人，《隋志》疑漢人。棟案：《後漢·班固傳》：‘固奏記東平王云：“宏農功曹史殷肅，達學洽聞，才能絕倫，誦《詩》三百，奉使專對。”’章懷《注》云：‘《固集》“殷”作“段”’，然則‘殷肅’即‘段肅’也。”

鄭眾《春秋外傳國語章句》

韋昭曰：“鄭大司農爲《外傳》訓注、解疑、釋滯，昭晰可觀；至於細碎，有所闕略。”宋庠曰：“後漢大司農鄭眾作《國語章句》，亡其篇數。”

賈逵《春秋外傳國語注》二十一卷

韋昭曰：“侍中賈逵，其所發明大義略舉，爲已憭矣。然於文閒，時有遺亡。”《經義攷》曰：“《太平御覽》引賈氏解《平公射鶀篇》云：‘徒林，園中林也。言唐叔有才藝，封於晉。’（案：見《御覽》卷九百二十一）餘見韋《注》者不少。”王謨曰：“李善注《文選》，每並引賈逵、韋昭《國語注》，而韋《解》多即賈《注》，猶班班可攷。且如《類聚》《書鈔》於‘耕籍門’所引《國語》數條，具載賈《注》，則賈書固不以韋廢也。”

《補後漢書藝文志》卷二

孝經類

鄭眾《孝經注》一卷

馬融《孝經注》一卷

  《釋文・序録》："馬融作《古文孝經傳》，世不傳。"《通鑑》："漢平帝元始四年，宗祀孝文以配上帝。"胡三省《注》引馬融曰："上帝，泰一之神，在紫微宮，天之最尊者。"康案：《隋志》已列馬《注》於亡書内，胡身之無緣得見。據《書》《釋文》，則此乃"肆類於上帝"注，或注《孝經》亦與之同，而胡身之從他書轉引耶？

何休《孝經注》

鄭氏《孝經注》一卷（或云鄭康成。其立義與康成所注餘書不同，故疑之。）

  《玉海》引鄭氏《序》曰："《孝經》者，三才之經緯，五行之網紀。孝爲百行之首，經者不易之稱。"《宋書・陸澄傳》："時國學置鄭玄《孝經》，澄與王儉書云：'世有一《孝經》，題爲鄭玄注。觀其用辭，不與注書相類。案玄自序所著衆書，亦無《孝經》。'儉荅曰：'鄭《注》虚實，前代不嫌，意謂可安，依舊立置。'"《釋文・序録》："《孝經注》與康成注五經不同。"

  《王制》《疏》："《孝經注》：'諸侯五年一朝天子，天子亦五年一巡狩。'案鄭注《尚書》：'四方諸侯分來朝於京師，歲徧則非，五年乃徧。'《孝經》之注多與鄭義乖違，儒者疑非鄭注，今所不取。"

《唐會要》：開元七年四月七日，左庶子劉子玄[①]上《孝經注》議曰："謹案：今俗所行《孝經》，題曰鄭氏注。爰自近古，皆云鄭即康成，而魏晉之朝無有此說。至晉穆帝永和十一年，及孝武帝太元元年，再聚羣臣，共論經義。有荀昶者，撰集《孝經》諸說，始以鄭氏爲宗。自齊、梁以來，多有異論。陸澄以爲非玄所注，請不藏於祕省。王檢不依其請，遂得見傳於時。魏、齊則立於學官，著在律令。蓋由膚俗無識，故致斯訛舛。然則《孝經》非玄所注，其驗十有二條。據鄭君自序云：'遭黨錮之事，逃難，注《禮》。黨錮事解，注《古文尚書》《毛詩》《論語》。爲袁譚所逼，來至元城，乃注《周易》。'都無注《孝經》之文，其驗一也。鄭玄卒後，其弟子追論師所著述，及應對時人，謂之《鄭志》。其言鄭所注者，惟有《毛詩》、三《禮》《尚書》《周易》，都不言鄭注《孝經》，其驗二也。又《鄭志》目錄記鄭之所注，五經之外，有《中候》《書傳》《七政論》《乾象曆》《六藝論》《毛詩譜》《荅臨碩難禮》《駁許慎異義》《發墨守》《箴膏肓》及《荅甄子然》等書，寸紙片札，莫不悉載。若有《孝經》之注，無容匿而不言，其驗三也。鄭之弟子，分授門徒，各述師言，更相問荅，編録其語，謂之《鄭記》，唯載《詩》《書》《禮》《易》《論語》，其言不及《孝經》，其驗四也。趙商作《鄭先生碑銘》，具稱其所注、箋、駁、論，亦不言注《孝經》。晉《中經簿》，《周易》《尚書》《尚書中候》《尚書大傳》《毛詩》《周禮》《儀禮》《禮記》《論語》，凡九書，皆云'鄭氏注，名玄'。至於《孝經》，則稱《鄭氏解》，無'名玄'二字，其驗五也。《春秋緯·演孔圖》云：'康成注三《禮》《詩》《易》《尚書》《論語》，其《春秋》《孝經》別有評論。'宋均於《詩譜·序》云'我先師北海鄭司農'，則均是玄之傳業弟子也。師所著述，無容不知。而云《春秋》《孝經》唯有評論，非玄之所注，於此特明，其驗六也。宋均《孝經緯注》引鄭《六藝論》敍《孝經》云：'玄又爲之注，司農論如是，而均無聞焉。有義無辭，令余昏惑。'舉鄭之語，而云無聞，其驗七也。宋均《春秋緯注》云

'玄爲《春秋》《孝經》略說'，則非注之謂。所謂'玄又爲之注'者，汎辭耳，非事實。序《春秋》亦云'玄又爲之注'也，寧可復責以實注《春秋》乎？其驗八也。後漢史書存於世者，有謝承、薛瑩、司馬彪、袁山松等，具爲鄭玄傳者，載其所注，皆無《孝經》，其驗九也。王肅《經傳》，首有司馬宣王之奏，竝奉詔令諸儒注述《孝經》，以肅說爲長。若先有鄭注，亦應言及，而不言鄭，其驗十也。王肅著書，發揚鄭短，凡有小失，皆在《聖證》。若《孝經》此注亦出鄭氏，被肅攻擊，最應煩多。而肅無言，其驗十一也。魏晉朝賢，辨論時事，鄭氏諸家無不撮引，未有一言引《孝經》之注，其驗十二也。凡此證驗，易爲攷覈，而世之學者不覺其非，乘彼謬說，競相推舉。諸解不立學官，此《注》獨行於世。觀夫言語鄙陋，固不可示彼後來，傳諸不朽。"國子祭酒司馬貞議曰："《注》縱非鄭氏所作，而義旨敷暢，將爲得所。其數處小有未穩，實亦非爽經傳。"《困學紀聞》："康成有'六天'之說，而《孝經注》云：'上帝，天之別名。'故陸澄謂'不與注書相類'。"

康案：以上諸說多疑鄭《注》，然劉氏十二驗中，據《鄭志》諸書，皆不言注《孝經》，則范史《本傳》亦不言其注《周官》；唐史承節撰碑，亦不言其注《論語》。秉筆偶疎，未爲典要。（說本錢侗）此數事不足疑也。又案：王肅好發揚鄭短，而無言攻擊《孝經注》。然《郊特牲》《疏》引王肅難鄭《孝經注》"社，后土也"之文，是肅未嘗無言，此一事亦不足疑也。王伯厚以"上帝，天之別名"一語，謂與"六天"之說不符。攷《禮·大傳》《注》云：《孝經》曰："郊祀后稷以配天，配靈威仰也。宗祀文王於明堂，以配上帝，汎配五帝也。"然則上帝者，五帝之總稱，天即五帝中之一帝。郊祀之天，非圜丘之天，故云"上帝，天之別名"，與鄭生平宗旨不背。此說亦不足疑也。至謂與鄭他經注不類，今不盡可攷。然康成箋《詩》不同注《禮》，《鄭志》諸說每異羣經，博雅通儒固宜有是，亦無可疑也。宋均《孝經緯》注引鄭《六藝論》序《孝經》云"玄又爲之注"，此即康成注《孝經》之明證。而宋均又云"均無聞焉"者，意注未卒業，不行於世故耶？《太平寰宇記·沂州費縣南城》："《後漢書》：'鄭玄漢末遭黃巾之難，客于徐州。今《孝經序》，鄭氏所作。其序云："僕避難於南城山，栖遲巖石之下，念昔先人餘暇，述夫子之志而注《孝經》。"蓋康成允孫所作。今西上可二里許，有石室焉，周迴五丈，俗云鄭康成注《孝經》於此。'"（《御覽》卷四十二同）

《崇文總目》："《孝經》一卷，鄭康成注。五代兵興，中原久逸其書。咸平中，日本僧以此書來獻，議藏祕府。"《書錄解題》："《孝經注》一卷，漢鄭康成撰。案《三朝志》，五代以來，孔、鄭《注》皆亡。周顯德中，新羅獻別序《孝經》，即鄭《注》者。而《崇文總目》以爲咸平中日本國僧奝然所獻，未詳孰是。乾道中，熊克子復從袁樞機仲得之，刻於京口學宮。"康案：此書近有日本國僞本，不足信。惟臧鏞堂、陳鱣、洪頤煊三家輯本可據。

高誘《孝經解》（涿縣人，河東監）

見《呂氏春秋·序》。誘事見《淮南子·序》。

劉熙《孝經注》一卷（一作劉郡）

論語類

包咸《論語章句》

周氏《論語章句》

何晏曰："安昌侯張禹，本受《魯論》，兼講《齊》說，善者從之，號曰《張論》，爲世所貴。包氏、周氏《章句》出焉。"

馬融《論語訓》

何晏曰："古《論》惟博士孔安國爲之訓解，而世不傳。至順帝時，南郡太守馬融亦爲之訓說。"

何休《論語注》

《北堂書鈔》卷九十六引《論語》何休《注》云："君子儒將以明道，小人儒則矜其名。"康案：何《注》，隋、唐《志》已不著錄，虞氏未必見其書。所引二語，與何晏《集解》引孔《注》同。未知"休"字爲"晏"字傳寫之訛，抑虞氏從他書轉引也。

鄭康成《論語注》十卷　《論語釋義》一卷

何晏曰："漢末，大司農鄭玄就《魯論》篇章，攷之《齊》《古》，爲之注。"《隋志》："梁、陳之時，惟鄭玄、何晏立於國學，而鄭氏甚微。周、齊，鄭學獨立；至隋，何、鄭並行，鄭氏盛於人閒。"《釋文》："鄭校周之（《經義攷》引《釋文》'周之'二字作'《魯論》'，當從之。），本以《齊》《古》讀正，凡五十事。"

《經義攷》："鄭氏《注》與今文不同者：'眾星共之'，'共'作'拱'；'先生饌'作'餕'，云'食餘曰餕'。'舉直錯諸枉'，'錯'作'措'，云'投'也。下同。'子張問十世可知也'，無'也'字。'必也射乎'，'必也'句截。'哀公問社'作'主'，云'主，田主，謂"社"。'無適也，無莫也'，'適'作'敵''莫'音'慕'，云'無所貪慕也'。'吾黨之小子'句截。'則吾必在汶上矣'，無'則吾'二字。'子之燕居'作'宴'。'子疾病'，無'病'字。'冕衣裳者'，'冕'作'弁'。'異乎三子者之撰'作'僎'，讀曰'詮'，詮之言'善'也。'詠而歸'，作'饋'，云'饋，酒食也'。'有是哉！子之迂也'，'迂'作'于'，往也。'直躬'作'弓'，直人名'弓'。'子貢方人'，'方'作'謗'。'某何爲是栖栖者與'，無'爲'字。'在陳絕糧'作'粻'，音'長'，云'糧'也。'而謀動干戈於邦內'，作'封內'。'歸孔子豚'，'歸'作'饋'。'惡徼以爲直者'，'徼'作'絞'。'齊人歸女樂'，'歸'亦作'饋'。'朱張'作'侏張'，陟留反。'厲己'讀爲'賴'，云'恃賴'也。又以申棖爲孔子弟子，申續子、桑伯子爲秦大夫，陳司敗爲人名、齊大夫，老彭爲老聃、彭祖，太宰是吳太宰嚭，卞莊子爲秦大夫，與諸家異義。"康案：鄭《注》今有王謨、宋翔鳳輯本。

鄭康成《論語孔子弟子目録》一卷

王謨曰："是書之亡已久，其名次無得而攷，獨賴裴駰《史記集解》於列傳下，時引《目録》證諸弟子籍里，如魯人、衛人，可攷見者三十有八人。竊意裴氏當日必猶見《目録》原書，與《史記》大略相同，故采其異者注《本傳》下，其同者不復注也。"

鄭康成《古文論語注》十卷

康案：諸書皆但言康成以《齊》《古》校正《魯論》，未聞別撰《古文注》。且《古文》與《魯論》不同者，亦不過兩《子張》及四百餘字之異。既注《魯論》，亦無容別注《古文》也。然《七録》所有，姑存疑。

麻達《論語注》

《廣韻》："麻，姓。《風俗通》云：'齊大夫麻嬰之後，漢有麻達注《論語》。'"康案：蔡邕石經《論語》篇末云"而在於蕭牆之內"，盍、毛、包、周無，則盍氏、毛氏蓋亦注《論語》之人，然別無他據。又列名於包咸之前，或西漢人亦未可知。故今未敢著録，而附誌其疑於此。

羣書類

沛王《五經通論》

《白虎通》六卷（班固等撰）

程會《五經通難》

許慎《五經異義》

鄭康成《駁五經異義》

鄭康成《六藝論》一卷

  《公羊序》《疏》云：“鄭君先作《六藝論》訖，然後注書。”

《鄭記》六卷（鄭康成弟子撰）

  劉知幾曰：“鄭之弟子分授門徒，各述師言，更相問荅，編録其語，謂之《鄭記》。”

劉表《五經章句後定》（表命綦毋闓、宋忠等撰）

  《藝文類聚》卷三十八引魏王粲《荆州文學記·官志》曰：“有漢荆州牧曰劉君，稱曰：‘於，先王爲世也，則象天地，軌儀憲極，設教導化，敘經志業，用建雍泮焉，立師保焉。作爲禮、樂，以作其性；表陳載籍，以持其志。上知所以臨下，下知所以事上。官不失守，民德無悖，然後太階平焉。夫文學也者，人倫之首，大教之本也。’乃命五業從事宋衷所作文學，延朋徒焉。宣德音以贊之，降嘉禮以勸之，五載之閒，道化大行。耆德故老綦毋闓（康案：當作“闓”）等，負書荷器，自遠而至者，三百有餘人。於是童幼猛進，武人革面，總角佩觿，委介免胄，比肩繼踵，川逝泉涌，亹亹如也，兢兢如也。’”

小學類

靈帝《皇羲篇》五十章

樊光《爾雅注》六卷（京兆人，中散大夫）

《釋文·序錄》云："沈旋疑非光注。"《經義攷》："樊氏《注》見於陸氏《釋文》者，《釋言》'舫'作'坊'，'泲'作'坿'。《釋訓》'躍躍'作'濯濯'，'儵儵'作'攸攸'，'皋皋'作'浩浩'，'愮愮'作'遙遙'，又作'洮洮'。《釋草》'蚼'作'駮'。《釋木》'著'作'屠'，'椑'作'楷'，'檕'作'楄'，'抗'作'抗'。《釋鳥》'爰居'，《注》云：'似鳳凰。''亢鳥嚨'，《注》云：'嚨嚨，亢鳥之頸也。'皆邢氏《疏》所不載。"邵晉涵《爾雅正義》曰："《詩》《疏》所引有某氏《注》，《左傳》《疏》引樊光之《注》與某氏《注》同，則某氏疑即樊光。然《詩》《疏》亦間引樊光《注》與某氏互見，其爲一人與否，疑未能定也。"

李巡《爾雅注》三卷（汝南人，中黃門）

《經義攷》："李氏注《釋言》，'虹'作'降'，'握'作'幄'，'鰲'作'毳'。《釋器》'康瓠'作'光瓠'，'篚'作'筐'。《釋鳥》'鶼鶼'，《注》云：'鳥有一目一翅，相得乃飛，故曰兼兼也。'《釋獸》'麋父'作'澤父'，亦見《釋文》。"康案：巡事見《呂強傳》。

杜林《蒼頡訓纂》一篇　《蒼頡故》一篇

《前漢書·藝文志》："蒼頡作古文，俗師失其讀。宣帝時，徵齊人能正讀者，張敞從受之，傳至外孫之子杜林，爲作訓故。"

康案：《隋志》作《蒼頡注》二卷，《唐志》作《蒼頡訓詁》二卷，蓋合二篇爲一書也，今從《前漢志》。又案：張揖亦有《蒼頡訓詁》（《三蒼訓詁》之一），與杜林書同名。《顏氏家訓·風操篇》《音辭篇》引《蒼頡訓詁》，皆有反音，則皆爲張揖注。《一切經音義》屢引《蒼頡訓詁》，疑亦非杜氏書。惟《說文》"艹"部"卉"，杜林以爲麒麟字；"木"部"構"，杜林以爲橡桷字；宋部"宋"，杜林說"宋"亦朱市字；巢部"导"，杜林說以爲貶損之"貶"；黽部"鼄"，杜林以爲朝旦。《水經注》卷四十引杜林曰："燉煌，古瓜州也。"此則皆當出《訓故》二篇中矣。

衛宏《古文官書》一卷

段玉裁《經韻樓集》云："韓退之言'李少溫子服之，以科斗書衛宏《官書》相贈。'見於《隋書·經籍志》曰'《古文官書》一卷，後漢議郎衛敬仲撰'，見於《唐書·藝文志》曰'衛宏《詔定古文字書》一卷'。'字'者，'官'之譌字也。唐初元①應《眾經音義》引衛宏《詔定古文官書》三條，曰'导、得同體'，曰'枹、桴同體'，曰'圖、啚同體'。張守節《史記正義》曰：'衛宏《官書》數體，呂忱或字多奇。'然則其書體製，蓋同張揖《古今字詁》，而字體爲古文、籀文。唐人以爲難得，至唐季，其書亡矣。郭忠恕多假託，易稱衛宏《字說》，非真宏說也。《漢書·儒林傳》注引衛宏《詔定古文官書序》云：'秦既焚書，患苦天下不從所改更法，而諸生到者，拜爲郎，前後七百人。迺密令冬種瓜於驪山阬谷中溫處。瓜實成，詔博士諸生說之，人人不同，迺命就視之。爲伏機。諸生賢儒皆至焉，方相難不決，因發機，從上填之以土，皆壓，終迺無聲。'《尚書正義》《藝文類聚》引此文略同，乃系之衛宏《古文奇字序》。'奇字'者，'官書'二字之誤也。《儒林傳》《注》又引衛宏《定古文官書序》云：'伏生老，不能正言，言不可曉也，使其女傳言教錯。齊人語多與潁川異，錯所不知者凡十二三，略以其意屬讀而已。'《經典釋文·序錄》《史記·袁盎鼂錯列傳》《正義》，亦引此文。而今本《漢書》譌爲'衛宏《定古文尚書》'，今本《史記》譌爲'衛宏《詔定古文尚書》'，今本《釋文》譌爲'《古文尚書》'，

---

① "元"，"玄"之避諱。《二十五史藝文經籍志攷補萃編》第六卷第524頁作"玄"。

‘尚，字皆‘官’字之誤也。”

洪頤煊《讀書叢錄》曰：“《隋書·經籍志》‘《古文官書》一卷，後漢衛敬仲撰’。《史記·儒林列傳》《正義》《漢書·儒林傳》師古《注》俱引作‘衛宏《詔定古文尚書》’。頤煊案：衛宏從杜林學。林前於西州得漆書《古文尚書》一卷。韓愈《科斗書後》云：‘李服之者，陽冰子，授予以其家科斗書《孝經》、衛宏《官書》，兩部合一卷。’《官書》即漆書，以其詔定，故亦稱《官書》。《新唐書·藝文志》作《衛宏古文字書》者，誤也。”

康案：以上兩說，段氏定當作“官書”，洪氏定當作“尚書”，竊謂衛宏有《古文尚書訓旨》，見於本傳。而《古文官書》，韓文公時尚存，則作《隋志》者必目覩其書，列之小學，決非無據。似宜分《官書》《尚書》爲二種。若《史記正義》《漢書·儒林傳》《注》《釋文·序録》所引，皆事涉《尚書》，則其出《古文尚書》無疑。段氏必欲盡改爲《官書》，未免武斷。至如“导、得同體”諸條，及《汗簡》所引衛宏《字說》，與《集韻》云“馴，衛宏通作‘駣’；巺，古國名，衛宏說與‘杞’同”，此明爲小學之書，則還以系之《官書》可也。又如《藝文類聚》卷四十九引衛宏《古文官書》曰：“太常主導贊助祭者，皆平冕七旒，玄上纁下，畫華蟲七章。漢陵屬三輔，太常月一行。”此與《釋名》體例旁及官制者略同，而與《尚書》絕無涉，亦斷不能系之《古文尚書》者也。至於或稱《古文奇字》，或稱《古文字書》，或稱衛宏《字說》，殆即《官書》之異名與。

班固《太甲篇》一卷 《在昔篇》一卷

《前漢書·藝文志》：“元始中，徵天下通小學者以百數，各令記字於庭中。揚雄取其有用者，以作《訓纂篇》，凡八十九章。臣復續揚雄，作十三章（原注：韋昭曰：“臣，班固自謂也。作十三章，後人不別，疑在《蒼頡》下篇三十四章中。”），凡一百二章，無復字，六藝羣書所載略備矣。”

賈魴《滂喜篇》（郎中）

　　《法書要録》卷二引梁庾元威《論書》曰："李斯造《蒼頡》七章，趙高造《爰厤》六章，胡母敬造《博學》七章，後人分五十五章，爲《三蒼》上卷。至哀帝元嘉中，揚子雲作《訓纂記》（康案：疑當作"記"，下同）《滂喜》爲中卷。和帝永元中，賈升卿更續記《彥（原注：音"盤"）均》爲下卷。"康案：魴事蹟無攷，《法書要録》引王愔《文字志》中卷有魴名，不載其字。庾元威稱賈升卿，或即魴之字與？張懷瓘《書斷下》："揚雄作《訓纂篇》二十四章，孟堅復續十三章。和帝永初中，賈魴又撰異字，取固所續章，而廣之爲三十四章，用訓纂之末字以爲篇目，故曰《滂喜篇》，言滂沱大盛，凡百二十三章，文字備矣。"

賈魴《字屬》一卷

曹喜《筆論》一卷（字仲則，扶風平陵人，祕書郎）

　　王羲之《筆勢傳》："喜見李斯筆勢，悲歎不已，作《筆論》一卷。"《書斷中》："曹喜字仲則，扶風平陵人，明帝建初中爲祕書郎。篆、隸之工，收名天下。蔡邕云：'扶風曹喜，建初稱善。'衛恆云：'喜善篆，小異於李斯。'"

崔瑗《飛龍篇篆草勢合》三卷

　　《晉書·衛恆傳》："漢興而有草書，不知作者姓名。後有崔瑗、崔寔，亦皆稱工。崔氏甚得筆勢，而結字小疎，作《草書勢》。"（文不録）《書後品》："崔瑗小篆，爰效李斯，點畫皆如鐵石。"《書斷中》："崔瑗善章草，師於杜度。點畫之間，莫不調暢。"康案：瑗《本傳》及衛恆皆但稱瑗有《草書勢》，無《篆勢》；《唐志》有之，豈因瑗兼善小篆而附益之耶？

許慎《說文解字》十五卷

劉珍《釋名》三十篇

曹壽《解史游〈急就章〉》一卷
　　壽名見王愔《文字志》中卷。

蔡邕《勸學篇》一卷
　　《世說·紕漏篇》《注》：“《大戴禮·勸學篇》曰：‘蟤二蝛八足，非蛇蟺之穴無所寄託者，用心躁也。’故蔡邕爲《勸學章》取義焉。”康案：《勸學篇》皆以四字協韻爲文。如《魏書·劉芳傳》引云：“周之師氏，居虎門左，敷陳六藝，以教國子。”《藝文類聚》卷六引云：“蚓無爪牙，軟弱不便，穿穴洞地，食塵飲泉。”《太平御覽》卷四百九十引云：“瞻彼頑薄，執性不固，心遊目蕩，意與手互。”又卷七百六十七引云：“木以繩直，金以淬剛；必須砥礪，就其鋒鋋。”又卷八百三引云：“明珠不瑩，焉發其光？寶玉不琢，不成珪璋。”《易·晉卦》《正義》引云：“鼫鼠五能，不成一技。”《文選·閒居賦》注引云：“人無貴賤，道在則尊。”《書斷中》引云：“齊相杜度，美守名篇。”皆是也。至《爾雅》《釋文》“鼫鼠”條下引云：“五技者：能飛不能上屋，能緣不能窮木，能泅不能度瀆，能走不能絕人，能藏不能覆身”，與四字成文者不類。然《易·晉》《正義》引此作注文。王念孫謂古人引書注，多直言某書，以注附本文，不復識別。《眾經音義》引“儲，副君也”，“傭，賣力也”，皆《勸學篇》《注》而竝引作《勸學篇》，例與此同。

蔡邕《聖皇篇》一卷（一作《聖草章》）
　　《書斷上》引之云：“程邈刪古立隸文。”又云：“漢靈帝熹平年，詔蔡邕作《聖皇篇》。篇成，詣鴻都門上。”

蔡邕《篆勢》

《晉書·衛恆傳》："漢末蔡邕采斯、喜之法，爲古今雜形。然精密閑理，不如邯鄲淳也。作《篆勢》。"

蔡邕《女師篇》

服虔《通俗文》一卷

《顏氏家訓·書證篇》："《通俗文》，世間題云'河南服虔字子慎造'。虔既是漢人，其敘乃引蘇林、張揖，蘇、張皆是魏人。且鄭玄以前，全不解反語。《通俗》反音，甚會近俗。阮孝緒又云'李虔所造'。河北此書，家藏一本，遂無作李虔者。《晉中經簿》及《七志》竝無其目，竟不得知誰制。然其文義允愜，實是高才。殷仲堪《常用字訓》，亦引服虔《俗說》。今復無此書，未知即是《通俗文》，爲當有異？"

洪亮吉《更生齋文甲集·復臧鏞堂問〈通俗文〉書》云："此書自劉昭《續漢書注》後徵引者，不下十餘家，然惟李善《文選注》及《太平御覽》所采最夥。攷《文選注》引《通俗文》不著服虔者：如《上林賦》《注》'水鳥食謂之唼'、《長楊賦》《注》'骨中脂曰髓'、《登樓賦》《注》'暗色曰黔'、《江賦》《注》'髮亂曰鬖髿'等是也；有引《通俗文》而明著服虔者：《赭白馬賦》《注》'天子出，虎賁伺非常，謂之遮迣'、《長笛賦》《注》'營居曰鄔'、《洛神賦》《注》'耳珠曰璫'、《琴賦》《注》'樂不勝謂之嘔嚘'等是也。《御覽》引《通俗文》不注服虔者：'脣不覆齒謂之齰'（原注：下同卷三百六十八）、'乳病曰庀'（三百七十一）、'幘導曰簪'（六百八十八）、'障牀曰幨'（六百九十九）等是也；引《通俗文》而明著服虔者：'刿葦傷盜謂之搶'（三百三十七）、'毛飾曰髦'（三百四十一）、'匕首，劍屬。其頭類匕，故曰匕首。短而便用'（三百四十六）、'矛長八尺謂之矟'（三百五十四）、'大杖曰棓'（三百五十七）、'所以制馬曰鞿'（三百五十八）、'凡勒飾曰珂，第鞻尾曰鞘'（三百五十九）等是也。至如他書所引，有止言服虔，而文法絕似《通俗文》者，《史記·禮書》

《集解》引服虔云‘簧謂之第’等是也；有變文言《通俗篇》者，《文選・琴賦》注引服虔《通俗篇》是也；又有止言服虔《俗說》者，《顏氏家訓・書證篇》‘殷仲堪《常用字訓》，亦引服虔《俗說》’之類是也。若《左傳》‘文三年’‘魑魅罔兩’，《周禮・家宗人》《正義》引服虔《注》云‘魑魅，木石之怪’，而《一切經音義》引《通俗文》‘木石怪謂之罔兩’，益可爲服氏著《通俗文》之證。至‘襄十四年’‘射兩軥’，《詩・小戎》《正義》引服《注》云：‘軥，車軛。’而《御覽》（七百七十六）引《通俗文》云‘軸限者謂之枸，枸、軥古字同’，又可知義、訓無不合矣。至前人疑此書出李虔者，不過因《晉中經簿》所無，又引《初學記・器物部》‘舟第十一’引李虔《通俗》‘晉曰舶’一語，以證梁阮孝緒之說，不知《器物部》‘牀第五’先引服虔《通俗文》云‘牀三尺五曰榻板，獨坐曰枰，八尺曰牀’，近在一卷之中。且‘牀第五’引服虔之說，緊次《說文》；而‘舟第十一’引李虔之說，則次於《廣雅》之後，明《通俗文》係服虔所作，而李虔續之。名既相同，阮孝緒等遂合二書爲一。

《唐書・藝文志》固明標李虔《續通俗文》，言‘續’，則非始自李虔可知。君家先人《經義雜記》又以《隋書・經籍志》次此書於沈約《四聲》等書後，而證其爲李虔，不知《隋志》亦唐人所修，與徐堅、釋玄應相距不遠。今徐堅所引則次於《說文》，《一切經音義》所引則皆在《三蒼》《釋名》之上，則唐人亦皆以此書爲服虔所造也。至若反音，不妨爲後人所補入，或專係李虔續書中語，與《通俗文》之爲服虔書無礙也。又輯本中亦尚有脫漏處，如《御覽・人事部》二十三引《通俗文》‘容麗曰媌，形美曰媘，容美曰姈。南楚以好爲娃，肥骨柔弱曰媟娜。頰輔妍美曰嫵媚，容茂曰嬫，不媚曰嬌可惡曰嬒，大醜曰嬡，醜稱曰娸’等語，足下引其半而遺其半，未審何故。”

馬日磾《集羣書古文》

《汗簡》卷下之一引四字云：“𩻗，鮍。𩼕，鱷。𩺬，鯨。戗，勇。”卷下之二引一字云：“虎，近。”

鄭康成《字指》

孫志祖曰："隋、唐《志》無此書。《文選》《注》有，疑誤。"

張芝《筆心論》五篇（字伯英，有道徵，不就）

《書勢傳》云："芝見蔡邕作《筆勢》，遂作《筆心論》五篇。"

劉熙《釋名》八卷

郭訓《雜字指》一卷（字顯卿，太子中庶子） **《古文奇字》二卷**

《隋志》作"郭顯卿"，《唐志》作"郭訓"，而書名正同，則一人也。唐玄應《道行般若經》卷二《音義》云："亹，郭訓《古文奇字》以爲古文'逝'字。郭忠恕《汗簡》屢引郭顯卿《字指》。"

《一字石經周易》三卷 《一字石經尚書》六卷 《一字石經魯詩》六卷

《一字石經儀禮》九卷 《一字石經禮記》 《一字石經春秋》一卷

《一字石經公羊傳》九卷 《一字石經論語》二卷

顧藹吉《隸辨》云："石經之傳，疑有五經、六經、七經之不同。《靈帝紀》云：'詔諸儒正五經文字，刻石立於太學門外。'《儒林傳》云：'正定五經，刊於石碑。'《宦者傳》云：'與諸儒共刻五經文字於石。'《盧植傳》云：'時始立太學石經，以正五經文字。'而《蔡邕傳》云：'奏求正定六經文字。'《張馴傳》云：'與蔡邕共奏定六經文字。'《後漢書》所載五經、六經，已自不同。《隋書·經籍志》云：'後漢鐫刻七經，著於石碑'，則又以爲七經，其目有《周易》《尚書》《魯詩》《儀禮》《春秋》《公羊》《論語》。而《蔡邕傳》《注》所引《洛陽記》，則有《尚書》《周易》《公羊》《禮記》《論語》，而無《魯詩》《儀禮》《春秋》，乃多一《禮記》，則又不止七經矣。攷之《金石錄》與《隸釋》所載，皆有《魯詩》《儀禮》。《金石文字記》

云：‘苟非傳拓之本，出於神龜以前，則不應以宋人之所收，而魏時猶未見。此則《洛陽記》之疎略，《隋書》爲可信也。若《禮記》，則本自有碑。’《盧植傳》云：‘攷《禮記》失得，刊石碑文。’《洛陽伽藍記》載石經四部中，有《禮記》；《邵氏聞見後録》洛陽張氏發地所得，亦有《禮記》，而《隋書》失之者。案：《洛陽記》云：‘《禮記》十五碑悉毀壞。’豈當時無傳拓之本，故不得列於目邪？以愚論之，《靈帝紀》《儒林傳》《宦者傳》《盧植傳》所引五經者，蓋以《儀禮》《禮記》爲一經，《春秋》《公羊》爲一經，與《周易》《尚書》《魯詩》爲五經，實則七經也。唐開成時，立石壁九經，《新唐書·儒學傳序》止云：‘文宗定五經，鑱之於石，張參是正訛文三卷’，亦曰五經文字。蓋《禮》兼三《禮》，《春秋》兼三《傳》，故曰五經。漢之七經爲五經，猶唐之九經爲五經也。蔡邕、張馴《傳》所云六經者，益以《論語》而爲六也。案《舊唐書·經籍志》有《今字石經論語》二卷，蔡邕注。隸書，唐謂之今字。《隸釋》載《論語》殘碑，有盍、毛、包、周，有‘無不同’之說，此即邕所注者。蓋當時詔定者五經，邕乃奏定六經，益之以《論語》。張馴與邕共奏定六經，故其傳亦曰六經也。然則漢碑乃有八經。”

康案：石經經數，諸家互有論辨，惟顧氏此文較確，今從之。至一字之爲漢立，三字之爲魏立，自趙明誠、洪景伯以來，久有定論，故今於諸家攷證，槩不復及云。

讖緯類

楊統《內讖二卷解說》　《家法章句》

《華陽國志·廣漢士女讚》：“楊統，字仲通，新都人也。建武初，天下求通《內讖二卷》者，不得。永平中，刺史張志舉統方正。司徒魯恭辟掾，上《家法章句》及《二卷解說》。”康案：統事范《書》附載《楊厚傳》中。

景鸞《河洛交集》

朱倉《河洛解》（字雲卿，什邡人，洲治中從事）

　　《華陽國志·廣漢士女讚》："朱倉，字雲卿，什邡人也。受學於蜀郡張寧，注《河洛解》。家貧，恆以步行。爲郡功曹。每察孝廉，羞碌碌詣公府試，不就。州辟治中從事，以諷詠自終。"

翟酺《孝經援神鉤命解詁》十二篇

荀爽《辨讖》

鄭康成《易緯注》九卷（《稽覽圖》《乾鑿度》《坤靈圖》《通卦驗》《是類謀》《辨終備》《乾元序制記》）

　　康案：康成《易緯注》，《七録》"九卷"，《隋志》僅存八卷，而不詳緯書之名。章懷注《樊英傳》，稱《易緯·稽覽圖》《乾鑿度》《坤靈圖》《通卦驗》《是類謀》《辨終備》凡六篇。《玉海》引李淑《書目》"《易緯》九卷，《乾鑿度》《稽覽圖》《通卦驗》各二，《辨終備》《是類謀》《坤靈圖》各一"，緯書六而卷數九，與《七録》及《後漢書》《注》皆符。

　　《玉海》又云："今三館所藏《乾鑿度》《通卦驗》，皆別出爲一書。而《易緯》止有鄭氏《注》七卷，《稽覽圖》第一，《辨終備》第四，《是類謀》第五，《乾元序制記》第六，《坤靈圖》第七，二卷、三卷無標目。"（以上《玉海》文）《書録解題》載《易緯》七卷，鄭康成注，即三館之鄭氏《注》七卷也；又載《易通卦驗》二卷，《乾鑿度》二卷，亦鄭氏注，則三館所謂"別出爲一書"者也。據所言，是《易緯》又有七篇，多《乾元序制記》，而卷數則分爲十一。《郡齋讀書後志》載《易緯》鄭《注》亦六篇，有《乾元序制記》而無《乾鑿度》，與諸書又復參差。今《四庫》中從《永樂大典》采出者七篇（据鄭《注》言），與宋三館、《書録解題》同（卷數不同）。《四庫書目》疑《乾元序制記》

本古緯所無，後人於各緯中分析，以成此書。然則《易緯》篇名，自當以《章懷注》及李淑《書目》爲合。今仍録《乾元序制記》者，亦疑以傳疑之意。至各緯卷數互有不同，蓋皆後人所分，非康成原本。故今僅從《七録》總稱九卷，而不復細析之云。（七緯《注》竝倣此）

鄭康成《尚書緯注》六卷（《璇璣鈐》《考靈耀》《刑德放》《帝命驗》《運期授》）

康案：七經緯篇名，皆從《樊英傳》《注》，其書及注久亡。趙在翰纂《七緯》，盡爲采入，故今不復記所出，爲趙氏采《運期授》《注》無鄭氏。今攷其所引《詩·文王·序》《正義》一條，云"周文王以戊午蔀二十九年受命"，但稱"注"，而無注人名。據《正義》，此條下即引《易·是類謀》注，而總之曰"是鄭意，以入戊午蔀二十九年季秋之月甲子，赤雀銜丹書而命之也"云云，則《運期授》此注，亦出鄭《注》無疑，且與鄭氏他經傳注皆合也。（《文王·序》《正義》屢引諸緯注，皆出康成。蓋發明鄭義，故即引鄭《注》證之也。）

鄭康成《尚書中候注》八卷

康案：范《書》《方術傳·序》"緯候之部"《注》："緯，七經緯也。候，《尚書中候》也。"是《中候》不入七緯之數，故《隋志》別著録。《古微書》有此書輯本，缺漏頗多。又別出《中候握河記》《中候攷河命》《中候摘洛戒》《中候雜篇》，其實皆《中候》篇名，宜合爲一也。《詩·文王·序》《正義》引《雒師謀》（亦《中矦》篇名）《注》一條云："文王既誅崇矦，乃得呂尚於磻谿之崖"，孔沖遠頗非之。

鄭康成《詩緯注》三卷（《氾歷樞》）

康案：趙氏《七緯》但有鄭氏《氾歷樞》《注》。然《唐志》作三卷，疑是以一緯爲一卷，與《禮緯》同。且康成諸緯皆有注釋，不應於《詩》獨遺其二也。然究無明文，姑闕之。

鄭康成《禮緯注》三卷（《含文嘉》《稽命徵》《斗威儀》）

康案：趙氏《七緯》祇載《含文嘉》《斗威儀》二《注》，而無《稽命徵》。然所采《詩·烈祖·序》《正義》一條，以《正義》下文攷之，即鄭《注》也。

鄭康成《禮記默房注》三卷

鄭康成《樂緯注》（《動聲儀》《稽耀嘉》）

康案：趙氏祇載《動聲儀注》，然所采《檀弓》《正義》《稽耀嘉》《注》，亦鄭《注》也（《正義》引鄭氏諸經傳注，往往不名，餘人則名）。唯《叶圖徵》《注》無攷，今姑闕之。

鄭康成《春秋運斗樞注》

范《書》《李雲傳》注引《春秋運斗樞》曰："'五帝修名立功，修德成化，統調陰陽，招類使神，故稱帝。帝之言"諦"也。'鄭玄《注》云：'審諦於物色也。'" 康案：《樊英傳》《注》載《春秋緯》十三，而諸書所引《春秋緯》《注》多出宋均、宋衷，或無注人名。其明標鄭氏者，獨此一條耳。又《文選·褚淵碑文》注引鄭玄《春秋緯注》曰："遞，去也"，不言緯書之名，未知即出《運斗樞注》，抑別出他篇，不可攷矣。

鄭康成《孝經鉤命決注》

鄭康成《洛書注》

《初學記》卷九引《洛書》曰："有人出石夷掘地代，戴成鈴，懷玉斗。鄭玄《注》曰：'懷璇璣玉衡之道。姚氏以禹胸有黑子，如北斗。'"

宋衷《樂緯注》（《動聲儀》《叶圖徵》）

宋衷《春秋緯注》（《元命苞》《保乾圖》《說題辭》）

宋衷《孝經緯注》（《援神契》《鉤命決》）

郗萌《春秋災異》十五卷（郎中。集圖緯讖占爲之，凡五十篇。）

　　康案：《續漢書・天文志》《注》屢引郗萌占，蓋出於此。《隋志》稱讖緯“漢代有郗氏、袁氏說”，當即萌之先，則萌亦世傳內學者。今不詳郗、袁所說何篇，無從著錄，姑附識於此。又《經義攷》有鄭康成《雒書・靈准聽注》，蓋本之《古微書》。然《古微書》所載，乃《乾鑿度》下卷引《雒書・靈准聽》之文，鄭《注》即《乾鑿度注》，非別有《靈准聽》注也，故今亦不復著錄焉。

《補後漢書藝文志》卷三

　　史之類十有一：一曰正史，二曰編年，三曰雜史，四曰起居注，五曰故事，六曰職官，七曰儀注，八曰刑法，九曰雜傳，十曰地志，十一曰譜牒。

正史類

《光武皇帝本紀》（明帝撰）

　　見《東平王蒼傳》。

《續史記》（晉馮、段肅等撰。）

　　《史通・正史篇》：“《史記》所書，年止漢武。太初已後，闕而不錄。其後劉向、向子歆及諸好事者，若馮商、衛衡、揚雄、史岑、梁審、肆仁、晉馮、段肅、金丹、馮衍、韋融、蕭奮、劉恂等相次撰續，迄於哀、平間，猶名《史記》。"康案：晉馮以下，蓋皆後漢人。馮，京兆祭酒；肅，宏農功曹史，見《班固傳》。"段"，一作"殷"。

班固《漢書》一百一十五卷

楊終《刪太史公書》

許慎《漢書注》（存疑）

王鳴盛《十七史商榷》云："許慎嘗注《漢書》，今不傳，引見顏《注》中者尚多。"

《東觀漢記》一百四十三卷（起光武至靈帝，長水校尉劉珍等撰。）

胡廣《漢書音義》

康案：《漢書》《注》屢引胡公（即廣也），似皆出廣所著《漢官解詁》。惟《史記·賈誼傳》《索隱》兩引胡廣，《司馬相如傳》《索隱》九引胡廣，則顯爲《漢書注》矣。

《漢書舊注》（失名）

《風俗通·聲音篇》引《漢書舊注》云："笳，吹鞭也。笳者，憮也，言其節憮威儀。"又引《漢書注》："筊，角也。言其聲音筊筊，名自定也。"

延篤《史記音義》一卷（翊寅案：《漢書·天文志》顏師古《注》引有延篤《漢書音義》，當列目）

《史記索隱·序》云："太史公之書，古今爲注解者絕省，音義亦稀。始，後漢延篤乃有《音義》一書。又別有《章隱》五卷，不記作者何人。近代鮮有二家之本。"（翊寅案：裴駰《集解》引有《史記音隱》，"章"即"音"字之譌。《隋志》不著錄，蓋已亡佚。）

蔡邕《漢書音義》

服虔《漢書音訓》一卷

應劭《漢書集解音義》二十四卷

　　顏師古曰："服、應曩說，疏紊尚多。"又曰："《漢書》舊無注
解，唯服虔、應劭等各爲音義，自別施行。至典午中朝，有臣瓚者，總
集諸家音義，稍以己之所見，續廁其末，舉駮前說，喜引《竹書》，凡
二十四卷，分爲兩帙。今之《集解音義》則是其書，而後人見者，不知臣
瓚所作，乃謂之應劭等集解。王氏《七志》，阮氏《七録》，竝題云然，
斯不審耳。"康案：《隋志》有應劭《漢書集解音義》，而無臣瓚書，蓋
即誤以瓚書爲應書也。然應劭亦實有《漢書注》，又此名相沿已久，故仍
從《隋志》著録。

編年類

何英《漢春秋》十五卷（字叔俊，郫人，謁者僕射。）
　　康案：《華陽國志・蜀都士女》卷中有《英傳》，不言何代，而《序
志》卷中則屬之後漢。《經義攷》引《蜀中著作紀》，以爲何武之弟，未
知何本。即如其言，亦未嘗不可入後漢也。

荀悅《漢紀》三十卷

應劭等《注荀悅漢紀》三十卷

劉艾《漢靈獻二帝紀》六卷（宗正，行御史大夫。）
　　康案：《隋志》稱"侍中劉艾"。攷艾官侍中，在獻帝興平年間。
《獻帝本紀》"興平元年，使侍中劉艾出讓有司"是也。據《三國志・董
卓傳》注引《獻帝紀》，知其曾爲陝令；據范《書》《董卓傳》，知其曾

爲卓長史；據《魏武紀》"建安元年"注引張璠《漢紀》、"十九年"注引《獻帝起居注》，知其又爲宗正；據"廿一年"注引《獻帝傳》，知其又以宗正使持節行御史大夫，而《隋志》但稱"侍中"者，豈其著書在興平間邪？今攷《後漢書·靈紀》、《獻紀》、《董卓傳》《注》，《三國志·武紀》、董卓、張楊、賈詡、劉焉、孫堅諸傳注屢引此書（或稱"紀"爲"記"），皆興平及建安初年事。惟《賈詡傳》引一條云"後以段煨爲大鴻臚、光祿大夫，建安十四年以壽終"。此或後來又有增益。艾官至行御史大夫，以後更不見其事蹟，蓋未嘗入魏。獻帝之名，當是後人追加耳。

雜史類

衛颯《史要》十卷（約《史記》要言，以類相從。）

《越絕書》十五卷（會稽袁康撰，吳平屬定。）

吳君高《越紐録》（會稽人）

　　康案：見《論衡·案書篇》。論者多疑即《越絕書》，然究無實證，今仍分録之。

周長生《洞歷》十篇（會稽人）

　　《論衡·超奇篇》："周長生者，文士之雄也。作《洞歷》十篇，上自黃帝，下至漢朝，鋒芒毛髮之事，莫不紀載，與太史公《表》《紀》相似類也。上通下達，故曰洞歷。"又見《案書篇》。

趙曄《吳越春秋》十二卷

應奉《漢事》十七卷（刪《史記》《漢書》及《漢記》。三百六十餘年，自漢興至其時。）

矣瑾《漢皇德傳》三十卷（起光武，至沖帝。）

　　《宋書·大且渠蒙遜傳》："茂虔奉表獻《皇德傳》二十五卷。"
《御覽》卷九十一引《皇德傳》曰："安帝崩，北鄉矣即尊位。十月，北
鄉矣薨，以王禮葬。未即位，不成君，故以王禮葬。"卷四百二十六引
《漢皇德傳》曰："蓋留，燉煌人。天性皎潔，自小未嘗過人飯。貧，爲
官書，得錢足供而已，不取其餘。"八百二十九引《漢皇德頌》曰："矣
瑾，字子瑜，燉煌人。少孤貧，依宗人居。性篤學，恆備作爲資。暮還，
輒爇柴讀書。"凡兩引皆作《皇德傳》，與《本傳》及《宋書》同。隋、
唐《志》作《皇德紀》，蓋異名也。"矣瑾"一條，當即本書中自敘語，
范史采用之。

《伏矣古今注》八卷（伏無忌撰。上自黃帝，下盡漢質帝。）

　　康案：《後漢書》諸本紀《注》、又劉昭注《續漢志》屢引之，他
列傳亦間引。或稱伏矣，或不稱伏矣，核其文義，皆出伏書，非出崔豹書
也。惟《靈帝紀》注引一條云"宏之字曰大"，此則甚誤。章懷明言其書
下盡質帝。《禮儀志下》注引此書，備載後漢諸帝陵丈尺頃畝，亦至質帝
靜陵止。蓋無忌撰書在桓帝時，故不及桓、靈以後也。《史記索隱》屢引
《古今注》而不著名姓，其不見崔豹書者，當皆出此。然今世所行崔書亦
非原軼，《索隱》所引，終難定其爲崔爲伏耳。

延篤《戰國策論》一卷

　　《顏氏家訓·書證篇》："《太史公記》曰：'甯爲雞口，無爲牛
後。'此是刪《戰國策》耳。案：延篤《戰國策音義》曰：'尸，雞中之
主。從，牛子。'然則'口'當爲'尸'，'後'當爲'從'，俗寫誤
也。"《史記·高祖本紀》《索隱》："《戰國策》曰'商君告歸'，
延篤以爲'告歸'，今之'歸甯'也。"《蘇秦傳》《索隱》："《戰國
策》云'甯爲雞尸，不爲牛從'。延篤《注》云：'尸，雞中主也。從，
謂牛子也。言甯爲雞中之主，不爲牛之從後也。'"《魯仲連傳》《索
隱》："延篤注《戰國策》云：'陶，陶朱公也；衛，衛公子荆。'"

《匈奴傳》《索隱》："《戰國策》云'趙武靈王賜周紹貝帶黃金師
比'。延篤云：'胡革帶鉤也'。"據諸所引，全非論體。顏黃門稱《戰
國策音義》，其名似勝隋、唐《志》。

劉劭《中漢輯序》

荀爽《漢語》

《漢書·文帝紀》："後元七年，自當給喪事服臨者，皆無踐。"
晉灼曰："《漢語》作'跣'。"（《史記集解》同）《昭帝紀》："元
鳳元年，賂遺長公主、丁外人。"晉灼曰："《漢語》：字少君。"《宣
帝紀》："地節四年，長安男子馮殷。"晉灼曰："《漢語》：字子都。"
《霍光傳》："光長女爲桀子安妻，有女，年與帝相配。"晉灼曰："《漢
語》：光嫡妻東閭氏生安夫人，昭后之母也。"又"及顯寡居，與子都
亂"，晉灼曰："《漢語》：東閭氏亡，顯以婢代立，素與馮殷姦也。"

高誘《注戰國策》二十一卷

王粲《漢末英雄記》八卷

起居注類

《建武注記》（馬嚴、杜撫等撰）

《漢明帝起居注》（明德馬皇后撰）

《初學記》三十引《風俗通》曰："案：《明帝起居注》曰：'東
巡泰山。到滎陽，有鳥飛鳴乘輿上。虎賁王吉射中之，作辭曰："烏烏啞
啞，引弓射左腋。陛下壽萬歲，臣爲二千石。"帝賜錢二百萬，令亭壁畫
爲鳥也。'"（《御覽》七百三十六、九百二十同，《文選·赭白馬賦》
《注》小異。今《風俗通》佚此文。）

《長樂宮注》

　　見《和熹鄧皇后紀》。

《漢靈帝起居注》

　　見袁宏《後漢紀序》。《序》尚有《獻帝起居注》，其書似魏人作（說詳《補三國藝文志》），故今但錄《靈帝志》。

故事類

《建武故事》三卷

《永平故事》三卷

《漢諸王奏事》十卷（以上三書竝存疑）

職官類

王隆《小學漢官》三篇

　　“小學”二字，據《續漢書·百官志·序》及《輿服志》《注》增。孫星衍輯本序曰：“《漢官篇》仿《凡將》《急就》，四字一句，故在小學中。”

胡廣《漢官解詁》三篇

　　廣《序》見《續漢書·百官志》《注》。

《百官箴》四十八篇（崔駰、胡廣等撰，廣又爲之解。）

　　《御覽》五百八十八引胡廣《百官箴·敘》曰：“箴諫之興，所由尚矣！聖君求之于下，忠臣納之于上，故《虞書》曰‘予違汝弼，汝無面從，退有後言。’墨子著書，稱《夏箴》之辭。”又引崔瑗《敘箴》曰：

"昔楊子雲讀《春秋傳·虞人箴》而善之，于是作爲《九州》及《二十五官箴》規匡救，言君德之所宜，斯乃體國之宗也。"康案：《百官箴》今載《古文苑》者四十一篇，中有兩《尚書箴》。據《初學記·職官部》，其一爲繁欽作，不得列四十八篇內，當除去，尚缺八篇。《御覽》二百廿九引胡廣《陵令箴》、崔寔《太醫令箴》、揚雄《太官令箴》，二百卅五引揚雄《太史令箴》，二百四十一引胡廣《邊都尉箴》，尚缺三篇。《廣傳》稱揚雄《十二州》《二十五官箴》，其九箴亡闕。崔駰及子瑗、劉騊駼增補十六篇，廣繼作四篇。今合諸亡篇攷之，其二爲廣作，其一篇不可攷，《古文苑》所載名字參錯故也。《胡廣傳》載作箴諸人，無崔寔，而《古文苑》及《御覽》有之。《廣傳》有廣及劉騊駼，而《古文苑》無之。然所載崔瑗《侍中箴》，《初學記·職官部》引作胡廣；崔瑗《郡太守箴》，《藝文類聚·郡部》引作劉騊駼。以此類推，知其中或尚有劉、胡作，而誤題崔氏者。又《文選·赭白馬賦》注引劉騊駼《郡太守箴》二語，《古文苑》不載。《御覽·職官部》引《河南尹箴》多四語，《司徒箴》多二語，蓋《古文苑》亦從諸書采輯而來，容有脫漏也。

應劭《漢官儀》十卷

《直齋書錄解題》："案：《唐志》有《漢官》五卷，《漢官儀》十卷。今惟存《漢官儀》一卷，載三公官名及名姓、州里而已。其全書亡矣。"孫星衍輯本序曰："《邵傳》云：'初，父奉爲司隸時，並下諸官府郡國，各上前人像贊。劭乃連綴其名，録爲《狀人紀》。'今諸書引《漢官儀》有諸人姓名，《狀人紀》者，疑即其書中篇名。"康案：《續漢書·百官志》注引應劭《漢官名帙》，《輿服志》注引劭《漢官鹵簿圖》，《宋書·樂志》《唐六典》卷十四/十六/十八亦引之（《六典》作《漢官儀·鹵簿篇》），蓋皆此書子目。又《御覽》二百三十七引《漢官·宰尹下》，其文與《北堂書鈔》引《漢官儀》略同，則所引者必應劭《漢官》，非王隆《漢官》。《宰尹》，蓋亦其篇名，而又分上、下也。

應劭《漢官注》五卷

康案：《隋志》于《漢官》稱"應劭注"，《漢官儀》稱"應劭撰"，疑《漢官》即王隆《小學篇》，劭與胡廣皆有《注》也。《本傳》但指其自撰者，故祇有一書。

蔡質《漢官典職儀式選用》二卷（字子文，陳留人，衛尉。）

《北魏書·元子思傳》："尚書郎中裴獻伯云：'案舊事，御史中尉逢臺郎於複道，中尉下車執板，郎中車上舉手禮之'，問事何所依。尚書郎中王元旭報出蔡氏《漢官》。"《書錄解題》："《隋志》有《漢官典職儀式》二卷。今存一卷，漢衛尉蔡質撰，雜記官制及上書謁見禮式。"康案：質事見《蔡邕傳》，邕叔父也。

儀注類

衛宏《漢舊儀》四卷

衛宏《漢中興儀》一卷

馬第伯《封禪儀記》

《續漢書·祭祀志》注引應劭《漢官》中載之。

曹褒《漢禮》百五十篇

《宋書·禮志一》："漢順帝冠兼用曹褒《新禮》。褒《新禮》今不存。"

胡廣《漢制度》

《續漢書·禮儀志》注引謝承《書》曰："太傅胡廣博綜舊儀，立漢制度，蔡邕因以爲《志》。"康案：《後漢書·光武紀》《儒林傳》兩

《注》《續漢志》《注》俱引之，中有但稱胡廣說者。《御覽‧服章部》引董巴《輿服志》中每引胡廣說，應亦出此書。

何休《冠儀約制》

《宋書‧禮志一》引作"何禎"。《通典》五十六引作"何休"，而冠以"後漢"二字，則非"休"字誤矣。（禎，魏、晉間人，見《管寧傳》《注》。）

《汝南君諱議》二卷

《吳志‧張昭傳》："與王朗共論舊君諱事，州里才士陳琳等皆稱善之。"裴《注》："時汝南主簿應劭議宜爲舊君諱，論者皆互有異同，事在《風俗通》。"康案：應劭議既載《風俗通》，而《隋志》別爲一書者，蓋諸家議論又自別行也。《左傳》"成十年"《疏》引應劭《舊君諱議》，今以《張昭傳》《注》覈之，則所引乃張昭之言，非應劭之言。因其書拊於應劭，故以應劭統之。

刑法類

《建武律令故事》三卷

《唐六典》卷六："漢建武有《律令故事》上、中、下三篇，皆刑法制度也。"康案：據此，則《隋志》作二卷者誤，今從《唐志》。

鮑昱《決事都目》八卷

《晉書‧刑法志》："司徒鮑公撰嫁娶辭訟決，爲《法比都目》。"《周禮‧大司寇》鄭司農《注》："邦成，謂若今時決事比也。"《疏》云："今律，其有斷事者，皆依舊事斷之。其無條取，比類以決之，故云'決事比'也。"《意林》引《風俗通》云："汝南張妙會杜士。士家娶婦，酒後相戲，張妙縛杜士，捶二十，又縣足指，士遂致死。鮑昱《決事》云：'酒後相戲，原其本心，無賊害之意，宜減死也。'"《御覽》六百四十引《風俗通》云："南郡讞女子何侍爲許遠妻，侍父何陽素酗酒，從遠假求，不悉如意，陽數罵詈。遠謂侍曰：'汝翁復罵，吾必揣之。'侍曰：'類作夫妻，奈何相辱？揣我翁者，搏若母矣。'其後陽復罵，遠遂揣之。侍因上搏姑耳再三。下司徒鮑宣（康案：當作"昱"。下同。宣未嘗爲司徒，亦無《決事》一書。）《決事》曰：'夫妻，所以養姑者也。今聲自辱其父，非姑所使。君子之于凡庸，不遷怒，況所尊重乎？當減死罪論。'"又八百四十六引《風俗通》云："陳留有趙祐者，酒後自相署，或稱亭長、督郵。祐復于外騎馬，將絳幡，云：'我，使者也。'司徒鮑宣《決獄》云：'騎馬、將幡，起于戲耳，無它惡意。'"

陳寵《辭訟比》七卷

陳忠《決事比》三十三條

叔孫宣《律章句》

郭令卿《律章句》

馬融《律章句》

鄭玄《律章句》

《晉書·刑法志》曰："律凡九百六卷。世有增損，率皆集類爲篇，結事爲章。一章之中，或事過數十，事類雖同，輕重乖異。而通條連句，上下相蒙，錯糅無常。後人生意，各爲章句。叔孫宣、郭令卿、馬融、鄭玄諸儒章句十有餘家，家數千萬言。凡斷罪所當由用者，合二萬六千二百七十二條，七百七十三萬二千二百餘言。言數益繁，覽者益難。天子于是下詔，但用鄭氏章句，不得雜用餘家。"康案：叔孫宣、郭令卿，不知何時人，《晉志》敘于馬、鄭之前。且魏時，其《律章句》已行，則必後漢人矣。《前書·諸侯王表》《注》：張晏引律"鄭氏說，封諸矦過限曰附益”，即康成《章句》也。

應劭《漢朝議駮》三十卷（八十二事）　　**《漢議》二百五十篇**

《律略論》五卷

　　康案：《漢議》，《本傳》作《漢儀》，兹據《晉志》。

<h2 style="text-align:center">雜傳類</h2>

《南陽風俗傳》（光武帝詔撰）

《京兆耆舊序》（光武帝詔撰）

　　《玉海·藝文》引許南容策云：“《京兆耆舊》，光武創其篇。”康案：《隋志》稱“後漢光武，始詔南陽，撰作《風俗》，故沛、三輔有耆舊節士之序，魯、廬江有名德先賢之讚”，則《京兆耆舊》即《三輔耆舊》也。沛、魯、廬江諸書，《隋志》但渾括其名，無從著録，今附誌于此。

梁鴻《逸民傳頌》

　　《史通·雜述篇》：“若劉向《列女》、梁鴻《逸民》、趙采《忠臣》、徐廣《孝子》，此之謂別傳者也。”康案：《本傳》但稱鴻仰慕前世高士，爲四皓以來二十四人作頌，而劉知幾謂之“別傳”，則當日必已成書，每人各系以傳也。

圈稱《陳留耆舊傳》二卷（字孟舉，議郎。）

　　稱字見《匡謬正俗》卷八。

曹大家《列女傳注》十五卷

　　曾鞏曰：“劉向敘《列女傳》凡八篇，《隋書》及《崇文總目》皆稱向《列女傳》十五篇，曹大家注。以《頌義》攷之，蓋大家所注，離其七篇爲十四，與《頌義》凡十五篇，而益以陳嬰母及東漢以來凡十六事，非向書本然也。《唐志》錄《列女傳》十六家，大家注十五篇無錄，然其書今在。"康案：《顏氏家訓》卷六引大家注云："衿，交領也。"《初學記》卷十三引大家注云："少采，降三采也。以秋分祀夕月，以迎陰氣也。"

馬融《列女傳注》

鄭廑《巴蜀耆舊傳》（字伯邑，臨邛人，漢中太守。）

《華陽國志·陳壽傳》云："益部自建武後，蜀郡鄭伯邑、太尉趙彥信及漢中陳申伯、祝元靈、廣漢王文表，皆以博學洽聞，作《巴蜀耆舊傳》。"康案：廑事又見《漢中志》及《蜀郡士女目錄》，范《書》《西羌傳》作"鄭勤"。

趙謙《巴蜀耆舊傳》

《華陽國志·蜀郡士女目錄》云："侍御史常詡，字孟元，江原人，在趙太尉公《耆舊傳》。"康案：太尉即謙也，字彥信。范《書》附《趙戒傳》末。

祝龜《漢中耆舊傳》（字元靈，南鄭人，葭萌長。）

常璩《漢中士女志》："祝龜，字元靈，南鄭人也。年十五，遠學汝、潁及太學，通博蕩達，能屬文。太守張府君奇之，曰：'吾見海內士多矣，無如祝龜者也。'州牧劉焉辟之，不得已，行，授葭萌長。撰《漢中耆舊傳》，以著述終。"康案：《仙人唐公房碑陰》有處士南鄭祝龜，蓋未授葭萌長以前之稱也。

王商《巴蜀耆舊傳》（字文表，廣漢人，蜀郡太守。）

常璩《廣漢士女志》："王商，字文表，廣漢人也。博學多聞。州牧劉璋辟爲治中，試守蜀郡太守。荆州牧劉表、大儒南陽宋仲子，遠慕其名，皆與交好，許文休稱商‘中夏王景興輩也’。”康案：商事范《書》附《王堂傳》，堂曾孫也。

應劭《狀人紀》

趙岐《三輔決録》七卷

康案：范《書》《隗囂傳》注引一條云："平陵之王，惠孟鏘鏘，激昂囂、述，困于東平。"則其書似有韻語作贊，然他不多見。《三國志·荀彧傳》《注》稱岐作《三輔決録》，恐時人不盡其意，故隱其書，惟以示同郡嚴象，則當時蓋甚自矜重。今見于諸書所引者尚夥，然每與摯虞《注》相紊。

劉熙《列女傳》八卷

蔡邕《王喬傳》一卷

《御覽》卷三十三引蔡邕《王喬録》曰："漢永和元年十二月臘夜，王喬墓上哭聲。王伯聞，旦往視之。天大雪，見大鳥跡，并祭祀處。采薪者尹禿，見人衣冠曰：‘我王喬也，汝莫取吾墓樹。’忽不見。"

仲長統《山陽先賢傳》一卷

《王閎本事》

《御覽》三百六十八引之云："閎爲琅琊太守，張步欲誅之。出東武城門，馬奔，墮車折齒。閎心惡，移病歸府，遂得免。"康案：王閎，范《書》附《張步傳》（又見前書《董賢傳》），不載此事，得此足補其闕。其書未詳撰人，姑附于此。

《張純別傳》

《御覽》二百四十一引之云："純字伯仁，郊廟、冠婚、喪紀禮儀多所正定。上甚重之，以純兼虎賁中郎將，一日數見。"康案：此事范《書》亦載之。凡別傳，多無撰人，大約皆同時人作，故今悉爲著録，其撰人可攷者不在此例。

《鍾離意別傳》

《本傳》《注》《郡國志》《注》及《御覽》屢引之，其事多《本傳》所不載。

《樊英別傳》

《世說·文學篇》注引之云："漢順帝時，殿下鐘鳴。問英，對曰：'蜀岷山崩，山於銅爲母，母崩子鳴，非聖朝災。'後蜀果上山崩，日月相應。"《御覽》卷三百七十三引之云："英披髮，忽拔刀斫舍中。妻問故，曰：'郗生道遇鈔。'郗生還，云：'道遇賊，賴披髮老人相救得全。'郗生名巡，字仲信，陳郡陽夏人，能傳英業。"此二事《本傳》不載，蓋以其事瑣屑也。餘見《藝文類聚》及《御覽》者尚多，皆與《本傳》同。

《李郃別傳》

《御覽》引之云："郃以郎謁者，爲上林苑令。"（卷二百三十二）又云："郃上書太后，數陳忠言，其辭雖不能盡施用，輒有策詔褒贊焉。博士著兩梁冠，朝會宜隨士大夫例。時賤經學，博士乃在市長下。公奏以爲非所以敬儒德、明國體也。上善公言，正月大朝，引博士公府長史前。"（卷二百三十六，又《類聚》四十六。）又云："鄧騭弟豹爲將作大匠。河南尹缺，豹欲得之。上及騭亦欲用豹，難便召拜，下詔令公卿舉。騭以旨，遣人諷公卿，悉舉豹。李郃曰：'司隸、河南尹，當整頓京師，檢御貴戚。今反使親家爲之，必不可爲後法。'令舉司隸羊浸，不舉豹。豹竟不得尹，恨公卿不舉，對士大夫曰：'李公豈能不舉？不舉我，故不得尹耶！'"（卷二百五十二）又云："公長七尺八寸，多鬚髯，入眉，左耳有奇表，項枕如鼎足，手握三公之字。"（卷三百六十四/

七十）又云：“公居貧，而不好治產。有稻田三十畝，第宅一區。至京學問，常以賃書自給。爲人深沈宏雅，有大度。”（卷四百八十五）又云：“郃侍祠南郊，不見六宗祠，奏曰：‘案：《尚書》“肆類于上帝，禋于六宗”。漢興，于甘泉、汾陽祭天地，亦禋六宗。至孝成時，匡衡奏立北郊，復祠六宗。至建武都洛陽，制郊祀不道祭，六宗由是廢，不血食。今宜復舊。’上從公議。由是遂祭六宗。”（卷五百二十八）此數事《本傳》皆不載，惟《類聚》卷一、《御覽》卷七百七十九所引與《本傳》同。

《馬融別傳》

《藝文類聚》六十九卷引之，其文全與《本傳》同。

《李固別傳》

《御覽》卷二百六十五引之云：“益州及司隸辟，皆不就。門徒或稱從事掾，固曰：‘未嘗受其位，不能獲其號。’”此事《本傳》不載，餘多見《本傳》。又卷四百二十八引《李固外傳》，當即一書。

《李燮別傳》

《御覽》卷二百五十二引之云：“燮字德公，京兆人（涉下文而誤，當作“南鄭人”），拜京兆尹（《本傳》作河南尹，《華陽國志》與此同。），吏民愛敬，乃作歌曰：‘我府尹，道教舉。恩如春，威如虎。愛如母，訓如父。’”卷六百五十二引之云：“燮常逃亡，匿臨淄，爲酒家傭。靈帝即位，時月經陰道，暈五車。史官曰：‘有流星昇漢而北，揚芒迫昴，熒惑入火角，犯帝座，其占當有大臣被誅者。故太尉李固，西土人，占在固。今月經陰道，圍五車，宜有赦令，以除此異。’上感此變，大赦天下，求公子孫。酒家具車乘，厚送之。”其事皆《本傳》不載。（《續漢書》及《華陽國志》載之）

《梁冀別傳》二卷

《續漢書·五行志》《百官志》《注》俱引《梁冀別傳》，當即此書也。其事皆足與《本傳》互證。《御覽》亦屢引，事多與《本傳》同。惟二百三十二引云："冀妻壽姊夫宗炘不知書，因壽氣力，起家拜太倉令。"二百四十二引云："冀妻孫壽從弟安，以童幼拜黃門侍郎、羽林監。"皆《本傳》所不載。

《鄭康成別傳》

《本傳》注引之，餘見諸書引者，多與《本傳》同。惟《世說・文學篇》注引云："玄少好學書、數，十三誦引五經，好天文、占候、風角、隱術。年十七，見大風起，詣縣曰'某時當有火災'。至時果然，智者異之。扶風馬季長以英儒著名，玄往從之。時涿郡盧子幹爲門人冠首。季長不解七事，玄思得五，子幹得三。季長謂子幹三："吾與汝皆弗如也。'"（原文甚詳，今節録其未見《本傳》者。）《御覽》五百四十一引云："故尚書左丞同縣張逸，年十三，爲縣小吏。君謂之曰：'爾有贊道之質。玉雖美，須雕琢而成器。能爲書生不？'對曰：'願之。'乃遂拔于其輩，妻以弟女。"五百八十八、八百三十九引云："玄年十六，號曰'神童'。民有獻嘉禾（一作"瓜"）者，異本同實。縣欲表府，文辭鄙略。玄爲改作，又著頌一篇。侯相高其才，爲脩冠禮。"數事皆《本傳》不載。

《陳寔別傳》

《御覽》卷二百六十四、四百三、四百九十九引之，事已見《本傳》。

《盧植別傳》

《御覽》卷五百五十五引之，事已見《本傳》。

《何永使君家傳》一卷

《御覽》卷四百四十四、七百二十二俱引《何永別傳》，疑即此書也。其文云："永，字伯求，有人倫鑒。同郡張仲景，總角造永，永謂曰：'君用思精而韻不高，後將爲良醫。'卒如其言。永先識獨覺，言無虛發。王仲宣年十七，嘗過仲景，仲景曰：'君有病，宜服五石湯。不治，且成，後年三十，當眉落。'仲宣以其貰長遠，不治也。後至三十，病果成，竟眉落。其精如此。仲景之方術，今傳于世。"此事《本傳》不載。

《郭泰別傳》

《魏志·衛臻傳》注引《郭林宗傳》曰："衛茲弱冠，與同郡周文生俱稱盛德。林宗與二人共至市，子許（案：衛茲字）買物，隨價酬直；文生訾呵，減價乃取。林宗曰：'子許少欲，文生多情，非徒兄弟，乃父子也。'後文生以穢貨見損，茲以烈節垂名。"其事《本傳》不載，所云"傳"，乃《別傳》也。《王昶傳》《注》亦引一條，則《本傳》載之，餘見《本傳》《注》、《黃憲傳》《注》《世說》《注》《藝文類聚》《御覽》引者甚多，閒亦足補《本傳》之闕，然皆范蔚宗所謂"後之好事，附益增張"者也。

《董卓別傳》（楊孚撰）

《續漢書·五行志》注引楊孚《卓傳》，蓋即《董卓別傳》也。楊孚當是撰《傳》之人。孚又有《交州異物志》一書，據黃佐《廣州先賢傳》、歐大任《百越先賢志》，則孚在章、和時，無由撰《董卓傳》。然未知所本，今仍題楊孚名，而不敢必爲即撰《異物志》之人，或異人同姓名也。其書又見《本傳》《注》《袁紹傳》《注》《禮儀志下》《注》及《御覽》屢引之。

《蔡邕別傳》

見《本傳》《注》。

《王允別傳》

《御覽》卷二百六十三引之，其事已見《本傳》。

《趙岐別傳》

《御覽》卷五百五十八引之，其文全同《本傳》。

《孔融別傳》

《本傳》《注》兩引融《家傳》，核以《御覽》三百八十五所引，即《別傳》也。餘見《藝文》七十三、《御覽》三百九十六、四百廿八，其事皆見范《書》中。與范《書》異者，《本傳》稱“年十歲，詣河南尹”，《李膺別傳》作“詣漢中李公”（李固）。攷融卒于建安十三年，年五十六，則年十歲當桓帝延熹五年，是時李固誅死已久，而李膺正以延熹二年徵，再遷河南尹。《別傳》誤也。

《禰衡別傳》

《魏志·荀彧傳》注引《平原禰衡傳》，當即《別傳》也。餘見《藝文》《御覽》引者，多與《本傳》同。惟弔胡政文一事（見《御覽》五百九十六），《本傳》不載。黃祖殺衡事（《御覽》八百三十三），亦視《本傳》爲詳。

《司馬徽別傳》

范《書》無徽傳，《世說·言語篇》注引《別傳》，載徽事甚詳。

《劉根別傳》

《藝文》《御覽》屢引之，皆神仙家言。《本傳》不載，《本傳》稱“潁川太守史祈以根爲妖妄，收執諸郡”，《別傳》則載“太守高府君從根求消除疫氣之術”（《御覽》卷七十四、七百四十二），蓋在史祈前也。

《蘇耽傳》一卷（《成武丁傳》附）

見《通志·藝文略》。二人皆不見范《書》，據《水經·耒水》注引《桂陽列仙傳》：“耽，漢末時郴縣人。少孤，養母至孝，後仙去。”

《御覽·道部》六引陰君自序："武丁，桂陽人，後漢時爲縣小吏。少言大度，博通經學，後爲地仙。"又《御覽》引《桂陽先賢畫讚》亦載二人事。（卷三百四十五、八百二十四、九百八十四）

《荀采傳》

《御覽》卷八百七十引之，其事與范《書》《列女傳》同而文異，蓋《別傳》也。

《蔡琰別傳》

《藝文類聚》卷四十四引一條（又見《御覽》），《本傳》不載。章懷注引劉昭《幼童傳》載之，亦不及《別傳》之詳。餘見《御覽》引者，皆不出《本傳》之外。

地理志

楊終《哀牢傳》

《論衡·佚文篇》："楊子山爲郡上計吏，見三府爲《哀牢傳》不能成，歸郡作上。孝明奇之，徵在蘭臺。"康案：范史《西南夷傳》注引此書。

楊孚《交州異物志》一卷（字孝元，南海人，議郎。）

據黃佐《廣州先賢傳》、歐大任《百越先賢志》諸書，則孚乃章、和時人，然未知所本。劉昭注《續五行志》引楊孚《卓傳》，謂《董卓傳》也，則又似漢末人，未知孰是。其書見于《水經注》三十七卷所引者，又稱楊氏《南裔異物志》，餘諸書引者甚多。

張衡《地形圖》一卷

見張彥遠《歷代名畫記》。

圈稱《陳留風俗傳》三卷（字孟舉，議郎。）

《匡謬正俗》卷八：“圈稱《陳留風俗傳》自序云：‘圈公之後。圈公爲秦博士，避地南山。漢祖聘之，不就。惠太子即位，以圈公爲司徒。自圈公至稱，傳世十一。’案：班《書》述四皓，但有園公，非圈公也。公當秦之時，避地而入商洛深山，則不爲博士明矣。又：漢初不置司徒，安得以圈公爲之乎？且呼惠帝爲惠太子，無意義。孟舉之說，實爲鄙野。”《漢書·王貢兩龔鮑傳》《注》：“四皓更無姓名可稱。後代皇甫謐、圈稱之徒，竟爲四人施安姓字，自相錯互，語又不經。”康案：圈稱不知當漢何代，《水經注》卷八引《陳留風俗傳》曰“孝安帝以建光元年，封元舅宋俊爲俟國”，則稱章帝後人也。

王逸《廣陵郡圖經》

《文選·蕪城賦》注引之云：“郡城，吳王濞所築。”

趙寧《鄉俗記》（蜀郡成都人）

《華陽國志·蜀志》云：“太尉趙公初爲九卿，適子甯還蜀，太守陳留高昳命爲文學，撰《鄉俗記》。”康案：范《書·趙典傳》載，典父戒及兄子謙皆爲太尉，甯不知爲戒子？爲謙子也？《隸釋》有《益州太守高昳修周公禮殿記》，陳留人，事在初平五年。高昳，蓋即高昳。

盧植《冀州風土記》

《御覽》卷一百六十一引之曰：“冀州，聖賢之泉藪，帝王之舊地。”

應劭《十三州記》

《水經·泗水》注引之云：“漆鄉，邾邑也。”《淄水》注引云：“太山，萊蕪縣，魯之萊柞邑。”《夏水》注引云：“江別入沔，爲夏水源。”

應劭《地里風俗記》

　　《水經注》屢引之。

譜牒傳

《鄧氏官譜》

　　《隋志》云："晉亂已亡。"

宋衷《世本注》四卷

　　康案：諸書引《世本》，多兼引宋衷《注》，故存者尚夥。

宋衷《世本別録》一卷（存疑）

　　康案：《唐志》載此書，文承宋衷《世本》之下，未知是衷撰否，姑存之。

《補後漢書藝文志》卷四

　　子之類十有二：一曰儒家，二曰法家，三曰兵家，四曰農家，五曰道家，六曰雜家，七曰天文，八曰厤算，九曰五行，十曰醫方，十一曰雜藝，十二曰小說。

儒家類

桓譚《新論》十七卷

　　《御覽》卷六百二引《新論》曰："余爲《新論》，述古今，亦欲興治也，何異《春秋》褒貶耶？今有疑者，所謂蚌異蛤，二五爲非十也。譚見劉向《新序》、陸賈《新語》，乃爲《新論》。莊周寓言乃云'堯問孔子'，《淮南子》云'共工爭帝，地維絕'，亦皆爲妄作，故世人多云短書不可用。然論天莫明于聖人，莊周等雖虛誕，故當采其善，何云盡棄耶？"康案：此文似《新論》自序，故錄之。餘見諸書引者甚多，孫馮翼有輯本，未見。《論衡·超奇篇》云："桓君山作《新論》，論世間事，辨照然否。虛妄之言，偽飾之辭，莫不證定。彼子長、子雲說論之徒，君山為甲。"《定賢篇》云："世間為文者眾矣，是非不分，然否不定。桓君山之論，可謂得實。孔子素王之業，在于《春秋》；桓君山素丞相之跡，存于《新論》者也。"《案書篇》云："質定世事，論說世疑，桓君山莫上也。"又云："《新論》之義，與《春秋》會一也。"《對作篇》云："眾事不失實，凡論不壞亂，則桓譚之論不起。"

鄒伯奇《元思》（東番人）

見《論衡·案書篇》。

鄒伯奇《檢論》

《論衡·對作篇》："桓君山《新論》、鄒伯奇《檢論》，可謂論矣。"

《韋卿子》十二篇（韋彪撰）

《唐子》（唐羌撰，字伯游。汝南人。臨武長書，凡三十餘篇。）

見《和帝紀》注引謝承《書》。

程曾《孟子章句》

劉陶《復孟子》

鄭康成《孟子注》七卷

《讀書叢錄》云："《史記·五帝本紀》'堯知子丹朱之不肖'，《索隱》：'鄭玄云："肖，似也。不似，言不如人也。"'疑即《孟子注》。"

趙岐《孟云注》十四卷

高誘《正孟子章句》
　　見《呂氏春秋》序。似是正程曾之書也。

劉熙《孟子注》七卷
　　康案：劉氏《孟子注》與今本不同者："孟子去齊，宿于晝"，"晝"作"畫"，音'獲'，云"齊西南近邑。"（《史記·田單傳》《注》）"摩頂放踵"，作"摩頂致于踵"，云"致，至也"。（《文選·江文通詣建平王上書》《注》）

張衡《太玄經注》

崔瑗《太玄經注》
　　並見《華陽國志·蜀郡士女讚》。

宋衷《太玄經注》九卷
　　陸績《太玄經注》自述云："章陵宋仲子作《太玄解詁》。仲子之思慮誠爲信篤，然玄道廣遠，淹廢歷載，師讀斷絕，難可一備，故往往有違本錯誤。"又云："夫玄之大義，揲蓍之謂，而仲子失其指歸，休咎之占，靡所取定。雖得文閒異說，大體乖矣。"

宋衷《法言注》十三卷

侯苞《法言注》六卷
　　《御覽》九百二十二引揚子《法言》曰："朱鳥翾翾，歸其肆矣。"侯苞《注》曰："朱鳥，燕別名。肆，恣肆也。"

《王子》五篇（王祐撰，字平仲，郪人。）

《華陽國志·廣漢士女讚》："王祐，字平仲，郪都人也。少與雒高士張浮齊名，不應州郡辟命。司隸校尉陳紀山，名知人，稱祐天下高士。年四十二卒。弟獲志其遺言，撰《王子》五篇。"

王逸《正部論》八卷

《意林》載《正部》十卷，徵引凡十二條。其中一條云："《淮南》浮偽而多恢，《太玄》幽虛而少效，《法言》雜錯而無主，《新書》繁文而鮮用。"其自負，蓋出數書之上也。

王符《潛夫論》十卷

馮顥《刺奢說》

見常璩《廣漢士女讚》。

應奉《後序》十二卷

《魏子》三卷（魏朗撰）

《意林》作十卷，徵引數條。餘見《御覽》卷十五所引者云："北夷之氣象羣羊，南夷之氣類船，山海之氣象樓臺，宮闕、都邑之氣象林木。"又云："雲霧之盛，須臾而訖；暴雨之盛，不過終日。是以人君喜怒不見于容。"五百九十八引云："仲尼無券契于天下，而德著古今，善惡明也。"七百三十八引云："待扁鵲乃治病，終身不愈也。用道術，則無所不治也。"九百三十二引云："夫樹樹異風，人人異心，不可以一檢量。故黿鼉得水則生，虎豹得水則死。"多《意林》所未載，惟"仲尼"一條與《意林》同。

荀爽《新書》

荀悦《申鑒》五卷

《陳子》（陳紀撰）

　　邯鄲淳《鴻臚陳君碑》云："既處隱約，潛躬味道。足不踰閾，乃覃思著書三十餘萬言，言不務華，事不虛設。其所交釋合，贊規聖哲，而後建旨明歸焉，今所謂《陳子》者也。"

伸長統《昌言》十卷

　　《抱朴子》曰："仲長統作《昌言》，未竟而亡，後董襲撰次之。"《御覽》卷七百三十九引繆襲撰《仲長統〈昌言〉表》。《崇文總目》："今所存十五篇，分爲二卷，餘皆亡。"《玉海》引《中興書目》："今存十六篇。"

《文檢》六卷（似是後漢末人撰）

　　《宋書·大且渠蒙遜傳》："茂虔獻《文檢》六卷。"

曹大家《女誡》一卷

　　《書錄解題》云："俗號《女孝經》。"

蔡邕《女誡》

　　《文選·女史箴》《注》及《御覽》俱引之，或作《女訓》。

荀爽《女誡》

　　見《藝文類聚》卷二十三。

法家類

崔寔《政論》六卷

　　《玉海·藝文》引司馬公曰："寔論以矯一時之枉，非百世之通義。"

劉陶《反韓非》

農業類

崔寔《四民月令》一卷

韓鄂《四時纂要序》曰："徧閱羣書，《爾雅》則言其土產，《月令》則序彼時宜，氾勝種藝之書，崔寔試穀之法。"《經義攷》曰："案：《四民月令》其書雖佚，而賈思勰《齊民要術》引之特多。合以《太平御覽》所載，好事者尚可捃摭成卷也。"康案：王謨有此書輯本。

仙釋類

戴孟《太微黃書》（本姓燕，名濟，字仲微。）

葛洪《神仙傳》："戴孟本姓燕，名濟，字仲微，漢明帝時人也。入華山及武當山，受裴君《玉珮金璫經》及受《石精金光符》，復有《太微黃書》，能周遊名山。"《御覽》六百六十二引《三洞珠囊》曰："戴公柏有《太微黃書》十餘卷，壺公之師也。"康案：據此，則戴公柏即戴孟，蓋又有別名。《御覽》六百七十三引《太微黃書經》。

王喬《養性治身經》三卷

見《抱樸子·遐覽篇》。《御覽》卷九引《養性經》曰："治身之道，春避青風，夏避赤風，秋避白風，冬避黑風。"蓋即出此書也。

《陰長生書》九篇（新野人）

《神仙傳》云："陰長生者，新野人也，漢皇后之親屬。聞馬鳴生得度世之道，乃尋求之。鳴生不教其度世之法，但日夕別與之高談，論當世之事，治農田之業。如此十餘年，長生不懈。同時共事鳴生者十三人，皆悉歸去，惟長生執禮彌肅。鳴生告之曰：'子真能得道矣。'乃將入青城山中，煮黃土爲金以示之。立壇西面，乃以《太清神丹經》授之。鳴生別去，長生乃歸。所合之丹成，服半劑不盡，即昇天。著書九篇，云：'上古仙者多矣，不可盡論。但漢興以來，得仙者四十五人，連余爲六矣。二十人尸解，餘並白日昇天。'"

陰長生《注金丹訣》一卷　《修三皇經》一卷　《修真君五精論》一卷（翊寅案：《修三皇經》一卷，道士鮑靚撰，託名陰長升者。見唐貞觀二十五年敕旨，不當列目。又長生撰《參同契注》，當著錄）

  並見《通志·藝文略》。

樊英《石壁文》三卷

  見《抱樸子·遐覽篇》。

魏伯陽《周易參同契》二卷（會稽上虞人）　《周易五行相類》一卷　魏伯陽《內經》一卷

  見《抱樸子·遐覽篇》。

魏伯陽《大丹記》一卷　《大丹九轉歌訣》一卷　《七返靈砂歌》一卷《火鑑周天圖》一卷　《龍虎丹訣》一卷　《感應訣》一卷

《蓬萊山東西竈還丹歌》①一卷

  並見《通志·藝文略》。

魏伯陽《百章集》一卷　《注太上金碧經》二卷

  並見《書錄解題》。

徐氏《周易參同契注》（青州人，官從事。）

  見彭曉《參同契序》。

---

① 《二十五史藝文經籍志攷補萃編》第六卷第562頁同。按：《道藏》有《蓬萊山西竈還丹歌》，作者爲（漢）黃玄鍾。

張道陵《中山玉樞神氣訣》一卷　《剛子丹訣》一卷

《神仙得道靈藥經》一卷　《峨嵋山神異記》三卷

　　並見《藝文略》。（翊寅案：《神仙傳》："道陵著《道書》二十篇"，《真誥》云二十餘篇，《法苑珠林》云二十四卷，皆荒誕不足信。）

道家類

馬融《老子注》

劉陶《匡老子》

想余《注老子》二卷〔不詳何人。一云張魯，或云劉表。〕

《牟子》二卷〔一名《理惑論》〕

　　《自序》云："牟子既修經傳、諸子，書無大小，靡不好之。雖不樂兵法，然猶讀焉。惟讀神仙不死之書，抑而不信，以爲虛誕。是時，靈帝崩後，天下擾亂，獨交州差安，北方異人咸來在焉，多爲神仙辟穀長生之術。時人多有學者，牟子常以五經難之，道家術士莫敢對焉，比之于孟軻距楊朱、墨翟。先是時，牟子將母避世交趾，年二十六，歸蒼梧，娶妻。太守聞其守學，謁請署吏。時年方盛，志精于學，又見世亂，無仕宦意，竟遂不就。是時，諸州郡相疑，隔塞不通。太守以其博學多識，使致敬荆州。牟子以爲榮爵易讓，使命難辭，遂嚴當行。會被州牧優文處士辟之，復稱疾不起。牧弟爲豫章太守，爲中郎將笮融所殺。時牧遣騎都尉劉彥將兵赴之，恐外界相疑，兵不得進，牧乃請牟子曰：'弟爲逆賊所害，骨肉之痛，憤發肝心。當遣劉都尉行，恐外界疑難，行人不通。君文武兼備，有專對才。今欲相屈之零陵、桂陽，假塗于通路，何如？'牟子曰：'被秣伏櫪，見遇日久。烈士忘身，期必騁効。'遂嚴當發。會其母卒亡，遂不果行。久之，退念以辯達之故，輒見使命。方世擾攘，非顯己之秋也。

乃歎曰：'老子絕聖棄智，修身保真，萬物不干其志，天下不易其樂。天子不得臣，諸矦不得友，故可貴也。'于是銳志于佛、道，兼研《老子》五千文，含玄妙爲酒漿，翫五經爲琴笙。世俗之徒多非之者，以爲背五經而向異道。欲爭則非道，欲默則不能，遂以筆墨之閒，略引聖賢之言證解之，名曰《牟子理惑》云。"

　　洪頤煊曰："《隋書‧經籍志》：'《牟子》二卷，後漢太尉牟融撰。'新、舊《唐志》同。梁僧祐《弘明集》有漢牟融《理惑論》三十七篇，前有《自序》云'一名《牟子理惑》'。《世說》《注》《文選》《注》《太平御覽》引《牟子》數條，雖字句異同，皆在《理惑論》三十七篇中，知隋、唐《志》所載《牟子》，即是書也。《後漢書‧牟融傳》：'融代趙熹爲太尉，建初四年薨'，是書《自序》云'靈帝崩後，天下擾亂'，則相距已百餘年，《牟子》非融作，明矣。《弘明集》題下有《注》云：'一云蒼梧太守牟子博傳。'子博之名不見于史。據《自序》云'歸蒼梧娶妻。太守聞其守學，謁請署吏，不就'，是牟子本蒼梧人，未嘗爲蒼梧太守，或下脫'從事'、'掾史'等字。又據《自序》，牟子未嘗居官，《弘明集》作'蒼梧太守牟子博傳'，豈從其後而署之邪？抑別有其人邪？是書雖崇信佛、道，尚不背于聖賢之旨，故《隋志》列于儒家。"康案：《隋志》列于儒家，究不若《唐志》列于道家之爲善，今從《唐志》。

雜家類

《郅惲書》八篇

《周黨書》二篇

杜篤《明世論》十五篇

王充《論衡》二十九卷

王充《譏俗書》十二篇

　　《論衡・自紀篇》："俗性貪進忽退，收成棄敗。充升擢在位之時，眾人蟻附；廢退窮居，舊故叛去。志俗人之寡恩，故閒居作《譏俗》《節義》十二篇。冀俗人觀書而自覺，故直露其文，集以俗言。"又云："充疾俗情，作《譏俗》之書。"

王充《政務書》

　　《論衡・自紀篇》："充閔人君之政，徒欲治人，不得其宜，不曉其務，愁精苦思，不睹所趨，故作《政務》之書。"又《對作篇》屢以《論衡》《政務》並稱。

王充《養性書》十六篇

許慎《淮南子注》二十一卷

　　《郡齋讀書志》："許慎注《淮南子》，標其首皆曰'閒詁'，次曰'淮南鴻烈'，自名注曰'記上'，第七十九闕。"《書錄解題》："今本題許慎'記上'，而詳序文，則是高誘。"《玉海》云："蘇頌去其重複，共得高《注》十三篇，許《注》十八篇。"《四庫提要》："慎《注》散佚，傳刻者誤以誘《注》題慎名也。"洪亮吉曰："許君注《淮南王書》，今不傳。惟《道藏》中《淮南鴻烈篇》三十八卷，尚題

'漢南閣祭酒許慎注'，或當有據。然世所盛行之本，則皆題'漢涿郡高誘《注》'。今攷許君之《注》，有淆入誘《注》中者，或本誘采用許君之說，後人遂誤以爲誘也。今略論之：《淮南王書》'軵其肘'，高誘《注》：'"軵"讀近"茸"，急察言之'；又'眾者扣舟'，高誘《注》：'今沇州人積柴水中搏魚爲眾'，皆與《說文》之說同。此類尚多，以是知許君之《注》有淆入誘者矣。"康案：《問經堂叢書》有許叔重《淮南子注》一卷。

何汶《世務論》三十篇（字景由，郫人。）

常璩《蜀都士女讚》："汶字景由，亦深學。初徵，上《日食盜賊起》，有效，爲謁者。京師旱，請雨，即澍。遷犍爲屬國。著《世務論》三十篇。卒。"

《唐子》三十篇（唐檀撰。翊寅案：《方術傳》："檀字子產，豫章南昌人。著書二十八篇。"此云三十篇，誤。）

應奉《洞序》九卷、録一卷

馬融《淮南子注》

應劭《淮南子注》　《風俗通義》三十一卷、録一卷

《文選·長楊賦》注引應劭《淮南子注》云："堯之時，契窳封豕鑿齒，皆爲人害。契窳類貙，虎爪，食人。"

高誘《淮南子注》二十一卷　《淮南鴻烈音》二卷

《呂氏春秋注》二十六卷

《聊子》（侍中聊蒼著）

見《廣韻》及《通志·氏族略》引《風俗通》。未知是後漢抑前漢，俟攷。

天文類

張衡《渾天儀》一卷

《晉書・天文志上》："張平子既作銅渾天儀，于密室中以漏水轉之，令伺之者閉戶而唱之。其伺之者以告靈臺之觀天者曰：'璇璣所加，某星始見，某星已中，某星今沒'，皆如合符也。"又曰："張衡制渾象，具内外規、南北極、黄赤道，列二十四氣、二十八宿，中外星官及日月五緯，以漏水轉之于殿上室内，星中出沒，與天相應。因其關戾，又轉瑞輪蓂莢于階下，隨月盈虛，依厤開落。"《宋書・天文志一》："古舊渾象以二分爲一度，凡周七尺三寸半分。張衡更制，以四分爲一度，凡周一丈四尺六寸。"又曰："衡所造渾儀，傳至魏、晉，中華覆敗，沈沒戎虜。"晉安帝義熙十四年，高祖平長安，得衡舊器，儀狀雖舉，不綴經星七曜。"康案：《續漢書・律厤志下》注引張衡《渾儀》。

張衡《靈憲》一卷

《隋書・天文志上》："張衡爲太史令，鑄渾天儀，總序經星，謂之《靈臺》。所鑄之圖，遇亂煙滅；星官名數，今亦不存。"康[1]：《續漢書・天文志》注引《靈憲》，《晉・天文志》引衡說郡國所分十二次宿度，其學本之京房，蓋亦《靈憲》中語也。

張衡《玄圖》一卷（"玄"，一作"懸"。）

康案：鋸李賢《本傳》《注》，則《玄圖》本在衡集中。而《隋志》有《玄圖》一卷，無撰人，必出張衡無疑，蓋後人晰出別行也。[2]張溥輯衡集，無《玄圖》，當已失傳。《御覽》卷一引之云："玄者，無形之類，自然之根，作于太始，莫之與先。"

---

[1] "康"，當作"康案"。
[2] 《二十五史藝文經籍志攷補萃編》第六卷第566頁注云："析"，原誤作"晰"，據《補縮》本改。

劉陶《七曜論》

鄭康成《注日月交會圖》一卷　《天文七政論》

劉叡《荊州星占》三十卷（武陵大守）

　　《晉·天文志中》："漢末劉表爲荊州牧，命武陵太守劉叡集天文衆占，名《荊州占》。其雜星之體，有瑞星，有妖星，有客星，有流星；有瑞氣，有妖氣，有日月旁氣，皆略具名狀，舉其占驗，次之于此。"（文繁不錄。下文"客星"一條，亦引《荊州占》）《通志·藝文略》："《荊州劉石甘巫占》一卷，漢荊州牧劉表命武陵太守劉意集甘、石、巫咸等之占，今存一卷。"康案：《唐志》于劉叡書外，別出劉表《荊州星占》二卷。據《晉志》，則劉叡書即劉表書，《唐志》誤分之。《通志》又作"劉意"，《崇文總目》亦同，未詳孰是。《續漢書·天文志》《注》及《御覽》卷七屢引《荊州星占》，又卷四引一條載皇后救月蝕儀。

趙爽《周髀算經注》一卷（字君卿，一名嬰）

小說類

《漢武洞冥記》四卷（郭憲撰）

陳寔《異聞記》

　　胡元瑞《二酉綴遺》曰："陳太邱絕不聞著書，而《抱樸子》載陳仲弓《異聞記》云云。（康案：在《對俗篇》）案：此書《太平廣記》及《御覽》俱不載，蓋其亡已久。"周嬰《卮林》曰："予又覽《北戶録》引陳仲弓《異聞記》曰：'東城池有王餘魚。池決，魚不得去。將死，或以鏡照之，魚看影，謂其有雙，于是比目而去。'則此書唐尚存也。"康案：隋、唐《志》無此書。唐時未必存，或段公路從他處轉引。

益陽蔡芳初校

會稽陶濬宣覆校

陽湖吳翊寅再覆校

伍崇曜跋

　　右《補後漢書藝文志》四卷，國朝番禺矦康君謨撰。案：顧寧人《日知錄》謂二漢文人所著絕少，又謂東都之文多於西京，而文衰矣，而正不必然也。顧班史有《藝文志》，而范史無之，所宜亟補已。是書刺取羣籍，凡諸書見《本傳》及隋、唐、宋《志》、《釋文·敘錄》，皆不著所出，其采自他書或附傳者則著之，而他書復有可攷證者，亦倫錄焉。然如《困學紀聞》"《律章句》，馬、鄭諸儒十有餘家。范蜀公曰：'律之例有八：以、准、皆、各、其、及、即、若。若《春秋》之凡。'宋莒公曰：'應從而違，堪供而缺，此六經之亞文也"一條、"崔寔《四民月令》，朱文公謂見當時風俗，及其治家整齊，即以嚴致平之意"一條、"崔寔《政論》諺曰：'一歲再赦，好兒暗啞。'唐太宗之言，蓋出於此"一條，以無關攷證，亦未錄人，最見矜慎。又如班固《漢書》，《西京雜記》稱"劉子政著《漢書》一百卷，傳之劉歆，歆撰《漢書》，未及而亡。班固所作全用劉書，小異耳"。據此，則班史不但襲司馬矣。然古今良史大都如此，即司馬何嘗不襲昔人也，錄之反覺無謂，亦不採入。又如楊終刪《太史公書》，《因樹屋書影》稱"然則《史記》曾經刪定，非本書矣，更不知刪去何等。或刪本與原本並行，後世獨行原本耶"一條，然究無確證，均未采入。又如桓譚《新論》，《抱朴子》稱其未備而終，班固爲成之，而《因樹屋書影》則謂班固惟續成《琴道》一篇，疑以傳疑，故董襲撰次仲長統《昌言》則采之，而此獨缺，均《抱朴子》之言也，至如《高齋漫錄》稱郭林宗撰《玉管通神》，有云"貴賤視其眉宇，安否察其皮毛，苦樂觀其手足，貧富觀其頤頰"，此贋書也，正如《林宗別傳》，范蔚宗謂後之好事者附益增張者也，缺之宜矣。與《補三國藝文志》均無卷數，並各釐爲四卷，校訂以付梓人。庚戌中元令節，南海伍崇曜謹跋。

《補三國藝文志》四卷

番禺 侯康撰

光緒十三年十二月廣雅書局刻

《補三國藝文志》卷一

經之類十有一：一曰《易》，二曰《書》，三曰《詩》，四曰《禮》，五曰《樂》，六曰《春秋》，七曰《孝經》，八曰《論語》，九曰《羣經》，十曰"小學"，十一曰"讖緯"。

易類

李譔《古文易注》

注：《本傳》無"注"字，據常璩《梓潼士女志》增。後凡李譔諸書，做此。

王朗《易傳》

注：《齊王芳紀》："正始六年，詔故司徒王朗所作《易傳》，令學者得以課試。"則當時甚重其書。又《北魏書·闞駰傳》稱："駰注王朗《易傳》，學者藉以通經。"則其學并行于數百年後矣。

鍾繇《易記》

注：見《鍾會傳》注引《會母傳》。又《世說》卷一注引《魏志》曰：“繇家貧好學，爲《周易》《老子》訓。”今《魏志》無此文，當是“魏書”或“魏畧”之訛。

王肅《周易注》十卷　《周易音》

注：陸澄曰：“王肅《易》在鄭玄、王弼之閒。”王應麟曰：“《釋文》云：‘王肅本作《繫辭上傳》，迄于《雜卦》，皆有傳字。’《漢·儒林傳》云：‘孔子晚而好《易》，讀之韋編三絶，而爲之傳。’王肅本是也。”《易義別錄》曰：“肅著書，務排鄭氏，其託于賈、馬以抑鄭而已。故於《易》義，馬、鄭不同者，則從馬；馬與鄭同，則並背馬。故鄭言《周禮》，則肅申馬‘禴爲殷春祭’是也；鄭言卦氣本于馬，則肅附《說卦》，而棄馬‘西南陰方，東北陽方’，用馬《注》而改其‘春夏之文’是也。馬、鄭取象必用《說卦》，是以有互，有爻辰，則肅并棄《說卦》《剝》之以坤象牀，以艮象人是也。然其訓詁，大義出于馬、鄭者十七。”

董遇《周易章句》十二卷（字季直，宏農華陰人，魏大司農）

注：《經義攷》曰：“董氏《易》注‘君子體仁’作‘體信’，與京、荀同；‘哀多益寡’，‘哀’作‘捊’，與鄭、荀同；‘洗心退藏于密’，‘洗’作‘先’，與京、荀、虞、張同；‘夫坤，隤然示人簡矣’，‘隤’作‘妥’，與陸、姚同。餘如‘拔茅茹，以其彙征’，‘彙’作‘夤’；‘賁如，皤如’，‘皤’作‘柈’；‘君子得輿’，作‘德車’；‘婦喪其茀’，作‘筓’（當作‘髢’）；‘爲乾卦’，作‘幹卦’，與諸家別。”案：此數條外，尚有“噬乾胏”之作“脯”，與子夏、荀氏同。“爲其嫌于陽也”，“嫌”作“慊”，與荀、虞、陸同。至“皤”之爲“柈”，則但音讀如此，非有異字。“乾卦”之爲“幹卦”，則本鄭康成，皆不得謂“與諸家別”也。

何晏①《周易私記》二十卷　《周易講說》十三卷

注：見《册府元龜》。今孔氏《正義》"益卦"引一條云："風雷者，取其最長可久之義也。"李氏《集解》"師卦"引一條云："師者，軍旅之名。故《周禮》云：'二千五百人爲師也'。"《管輅傳》注引《輅別傳》曰："何尚書神明精微，自言不解《易》九事。"《南齊書·張緒傳》："緒常云：'何平叔所不解《易》中七事，諸卦中所有時義，是其一也。"《梁書·儒林傳》："伏曼容云：何晏疑《易》中九事，以吾觀之，晏了不學也，故知平叔有所短。"王應麟曰："晏以《老》《莊》談《易》，係小子觀朵頤，所不解者，豈止七事哉！"

孫炎《周易例》（字叔然，樂安人，魏祕書監，徵不就）

注：《宋史·張洎傳》引《易例》曰："初九爲元士，九二爲大夫，九三爲諸侯。"《古經解鉤沈》以爲出此書。

管輅《易傳》一卷

注：《玉海》引《中興書目》曰："管輅《易傳》一卷，訓解名義，不盡流于卜筮。"

劉邠《易注》（字令元，魏平原太守）

注：見《管輅傳》注引《輅別傳》。

王弼《周易注》六卷　《易畧例》一卷　《大衍論》三卷　《周易窮微》一卷
《易辨》一卷

注：《直齋書録解題》"周易窮微"條下云："王輔嗣凡爲論五篇。《館閣書目》有王弼《易辨》一卷，其論象、論象亦類《畧例》，意即此書也。又言弼著此書已亡，至晉得之。王羲之承詔録藏于祕府，世莫得

---

① "晏"，原刻作"安"，據下文改。

見。未知何所據而云。”案：如陳氏説，則《窮微》與《易辨》似即一書。然陳氏亦但爲疑辭，非實據也。故今仍分著録。《通志·藝文畧》“周易窮微”下有“論”字。

荀融《難王弼大衍義》（字伯雅，潁川人，參大將軍軍事）

注：融書見《鍾會傳》注引《王弼傳》，融事見《荀彧傳》注引《荀氏家傳》，稱“與王弼、鍾會論《易》《老》義，傳于世”，即此也。

阮籍《通易論》一卷

注：胡一桂曰：“阮嗣宗《易通論》一卷，凡五篇。”案：百三家《阮步兵集》載此論，僅一篇，幾三千言，未知爲後人合并？爲闕佚矣？

嵇康《周易言不盡意論》一篇

鍾會《周易盡神論》一卷　《周易無互體論》三卷

荀煇《周易注》十卷（魏散騎常侍）

注：《荀彧傳》注引《荀氏家傳》曰：“煇字景文，太子中庶子，作《易集解》。”案：此即煇也，而字誤作“惲”。攷荀彧子名“惲”，字長倩，與景文同族，不應又同名，作“煇”者是。又攷《釋文叙録》引張璠《集解·序》稱“煇爲晉太子中庶子”，而《隋志》稱“魏散騎常侍”者，豈注《易》在仕魏時耶？故今仍從《隋志》著録。

虞翻《周易注》十卷

注：王應麟曰：“虞翻曰：‘乾坤，五貴三賤，故定位；艮、兌同氣相求，故通氣；震、巽同聲相應，故相薄；坎戊離己，月三十日，一會于壬，故不相射；坤消，從午至亥，故順；乾息，從子至巳，故逆。’蓋用納甲、卦氣之説。”案：虞氏以納甲解《易》者，如《坤》象、《蹇》象、《歸妹》象、《繫辭傳》屢見之。伯厚所舉特一隅耳。惠棟曰：

“《虞氏逸象》共三百三十一，又《説卦》異同者五。”（其文具載《易漢學》，今不録）又曰：“仲翔注《易》，大畧本諸慈明升降卦變。”張惠言曰：“翻之言《易》，以陰陽消息六爻，發揮旁通，升降上下，歸于乾元用九，而天下治。依物取類，貫穿比附，始若瑣碎，及其沈深解剥，離根散葉，暢茂條理，遂于大道，後儒罕能通之。”

《周易日月變例》六卷（虞翻、陸績撰）

陸績《周易注》十五卷

注：《經義攷》曰：“陸氏《易注》已亡，今《鹽邑誌林》載有一卷，乃係抄撮陸氏《釋文》、李氏《集解》二書爲之。所存者幾希矣。其經文異諸家者，‘履帝位而不疚’作‘疾’；‘明辨晢也’，‘晢’作‘逝’；‘納約自牖’作‘誘’，‘喪羊于易’作‘埸’，‘婦子嘻嘻’作‘喜喜’，‘君子以懲忿窒欲’作‘療欲’（按：當作“睿欲”，見《釋文》），‘吾與爾靡之’作‘縻之’，‘三年克之憊也’作‘備也’。”案：《鹽邑誌林》本闕謬頗多，孫堂、張惠言皆有補正。

《易義別録》曰：“公紀注京氏《易傳》，則其《易》京氏也。余嘗以爲，京氏既爲《易章句》，又別爲《易傳》《飛候》之書，以謂《易》合萬象，不可執一隅。然則積算之法，殆不用之《章句》，以《易傳》《飛候》求《易》者，爲京氏者之末，失也。今觀公紀所述，凡納甲、六親、九族、四氣、刑德、生剋，未嘗一言及之。至言六爻發揮，旁通卦爻之變，有與孟氏相出入者，京氏自言其《易》即孟氏學，公紀儻得之耶？”

姚信《周易注》十二卷（字德祐，一作元直，吳興人，吳太常）

注：《經義攷》曰：“姚《易注》已亡，見于《釋文》者，‘盱豫’作‘旴’，云：‘日始出’，引《詩》‘旴日始旦’。‘夷于左股’作‘右槃’，‘君子以順德’作‘得’，‘折其右肱’作‘股’，‘闃其無人’作‘閴’，‘日月運行’作‘違行’，‘言語以爲階’作‘機’，

'貞勝者也'作'貞稱'，'爲弓輪'作'倫'，'爲贏'作'蠡'。"
案：朱氏所引姚《注》未備，孫堂、張惠言俱別有輯本。

　　《易義別録》曰："姚氏注言乾坤、致用、卦變、旁通、九六、上
下，與虞氏之注若應規矩，元直豈仲翔之徒與？抑孟氏之《傳》在吳，元
直亦得有舊聞與？"

程秉《周易摘》

書類

李譔《尚書注》

《尚書釋問》四卷（王粲問，田瓊、韓益正）
　　注：《困學紀聞》二卷："《顏氏家訓》云《王粲集》中難鄭玄《尚
書》事，今僅見于唐元行沖《釋疑》。原注：王粲曰：'世稱伊、雒以
東，淮、漢以北，康成一人而已。咸言先儒多闕，鄭氏道備，粲竊嘆怪，
因求所學，得《尚書注》。退思其意，意皆盡矣，所疑猶未諭焉，凡有二
篇。'"案：王粲《尚書問》葢本載粲集中，不別爲書。後田瓊、韓益
答其義，因成《釋問》四卷。《隋志》但稱王粲撰，似未合。此從《唐
志》。田瓊者，康成弟子，見《鄭志》。韓益，魏大長秋，見《隋志》
"春秋"類。

王肅《尚書傳》十一卷　《尚書駁議》五卷
　　注：《書·堯典》《正義》曰："晋世王肅注《書》，似竊見孔
《傳》，故注'乱其紀綱'爲夏太康時。"陸德明曰："王肅解大與古文
相類，或肅私見孔《傳》而祕之乎？江左中興，梅賾奏上孔傳《古文尚
書》，亡《舜典》一篇，購不能得，乃取王肅注《堯典》，從'眘徽五
典'以下，分爲《舜典》以續之。"案：惠棟、江聲皆疑偽孔《傳》即王
肅撰。

《尚書義問》三卷（鄭康成、王肅及晉孔晁撰）

　　注：《唐志》又有《王肅孔安國問答》二卷。《經義攷》謂“當即《隋志》《義問》是也”。蓋“孔晁”訛爲“孔安國”耳，故今不別著録。

《尚書義》二卷（吳太尉范順問，劉毅答）

　　注：《隋志》本作“范順問，吳太尉劉毅答”。“吳太尉”三字當上屬。《吳志·孫皓傳》有“太尉范慎”，又見《孫登傳》注，即其人也。“順”“慎”古通。

程秉《尚書駮》

詩類

杜瓊《韓詩章句》

李譔《毛詩注》

劉楨《毛詩義問》十卷

　　注：《經義攷》曰：“《藝文類聚》引《毛詩義問》曰：‘横一木作門，而上無屋，謂之衡門。’《初學記》引《毛詩義問》云：‘鍘，羹有菜，鹽豉其中，菜爲其形，象可食，因以鍘爲名。’又云：‘狐之類，貉、貒、貍也。貉子曰貆，貆形狀與貉類異，世人皆名貆。貉子似貍。’又《太平御覽》引《義問》云：‘挩，所以覆矢也，謂箭筒蓋也。’‘蠨蛸，長腳蜘蛛也。’”案：朱氏所引之外，尚有《七月》《正義》一條云：“鬱，樹高五六尺，其實大如李，正赤，食之甜。”《北堂書鈔》一條云：“夫婦失禮，則虹氣盛。有赤色在上者，陰乘陽氣也。”《藝文類聚》引一條云：“晨風，今之鸇。”《初學記》一條云：“有鴊鳥、雅鳥、楚鳥也。”《御覽》引一條云：“蟋蟀，食蠅而化成。”又《水經·洧水》注引劉楨云：“鄶在豫州外方之北，北鄰于虢都滎之南，左濟

右洛，居兩水之閒，食溱、洧焉。"雖不著書名，當是《鄶風》篇中語也。

王肅《毛詩注》二十卷　《毛詩義駮》八卷　《毛詩問難》二卷　《毛詩奏事》一卷　《毛詩音》

注：《釋文序錄》曰："魏太常王肅，述《毛》非鄭。"案：肅雖述《毛》，然亦有不得《毛》旨者，如《正義》摘出《召南·采蘋》《邶風·擊鼓》諸條；亦有改《毛》以濟其私者，如《經義雜記》摘出"以慰我心""古之人無斁""維此文王""每懷靡及"諸條。

孫炎《毛詩注》

注：叔然《注》，今絕無傳。其旁見《爾雅》注者，多與《毛傳》合。葢毛公本以《雅》訓釋《詩》者也。

王基《毛詩駮》五卷

注：《釋文序錄》曰："魏荆州刺史王基，駮王肅，申鄭義。"案：基說之載于孔《疏》者，如"采采芣苢"一條，駮王肅"出於西戎"之說；"充耳以素"一條，駮王肅"玄紞無五色"之說；"侵鎬及方"一條，駮王肅"鎬京"之說；"不自爲政"一條，駮王肅"人臣不顯諫"之說，皆極精當。惜全書久佚，可攷者無多葉。

劉璠《毛詩義》四卷（魏祕書郎）　《毛詩箋傳是非》二卷

徐整《毛詩譜》三卷（字文操，豫章人，吳太常）

注：《釋文序錄》引徐整云："子夏授高行子，高行子授薛倉子，薛倉子授帛妙子，帛妙子授河閒人大毛公。毛公爲《詩故訓》，傳于家，以授趙人小毛公。"即此書中語也。《敘錄》又謂："鄭玄《詩譜》二卷，徐整暢，太叔裘隱。"《困學紀聞》引《古今書錄》作"徐正陽注"，《館閣書目》作"太叔求注"。伯厚先生謂："徐正陽，疑即徐整，誤以

'整'爲'正'、'暢'爲'陽'也。"案：太叔裘，不知何時人，《隋志》《經義攷》俱系于徐整下。今未敢必爲三國時，故不著録。

《毛詩答雜問》七卷

注：《經義攷》曰："韋氏《詩答問》曰：'《時邁》之詩，巡狩告祭柴望也。'《初學記》引之。又'甫田維莠，今何草？'答曰：'今之狗尾也。'又'野有蔓草'問，答曰：'國多供役（按："兵役"誤"供役"）'。男女怨曠，于是女感傷而思男，故出游于洧之外，託采芬香之草，而爲淫姝之行。時草始生，而云"蔓"者，女情亟欲以速時也。'又云：'旱鬼，眼在頭上。'《太平御覽》引之。"案：朱氏所引"旱鬼"一條未備。《藝文類聚》卷一百引之曰："問曰：'《雲漢》之詩"旱魃爲虐"，《傳》曰："魃，天旱鬼也。"《箋》曰："旱氣生魃，天有常神，人死爲鬼。"不審旱氣生魃，奈何？'答曰：'魃鬼，人形，眼在頂上。天生此物，則將旱也。天欲爲災，何所不生，而云"有常神"者耶？'"又《御覽》八百十六引韋輝光《毛詩問》曰："《七月》之詩'無褐'，《箋》云：'褐，毛布也，賤者之所服也。'今羂亦用爲之。"攷韋昭字"弘嗣"，不字"輝光"。然"輝光"與"昭"，字義合，書名又同，或弘嗣有兩字乎？書之以俟博雅者。朱育事見《虞翻傳》注引《會稽典録》。

陸璣《毛詩草木鳥獸蟲魚疏》二卷（字元恪，吳郡人。吳太子中庶子，烏程令）

禮類

蔣琬《喪服要記》一卷

譙周《喪服圖》

《御覽》卷五百四十引一條云："男子幼娶必冠，女子幼嫁必笄。

禮之則從成人，不爲殤。”又《通典》八十一引譙周《縗服圖》，蓋即一書。喪服者，其大名；縗服，則喪服中之一也。《通典》“凶禮”門中屢引譙周。又九十四卷引譙周《集圖》，必皆出此書矣。

李譔《三禮注》

王朗《周官傳》

王肅《周官禮注》十二卷

王肅《喪服經傳注》一卷

《隋志》有肅《儀禮注》十七卷，《釋文敘錄》及《唐志》則但有肅《喪服注》，今從之。

《晉書·禮志上》：“摯虞曰：‘《喪服》一卷，卷不盈握，而爭説紛然。三年之喪，鄭云“二十七月”，王云“二十五月”。改葬之服，鄭云“服緦三月”，王云“葬訖而除”。繼母出嫁，鄭云“皆服”，王云“從乎繼寄育，乃爲之服”。無服之殤，鄭云“子生一月，哭之一日”，王云“以哭之日，易服之月”。如此者甚衆。臣以爲，可依準王景矦所撰《喪服變除》，使類統明正，以斷疑爭。’”案：如摯虞言，則此書又名《喪服變除》。

王肅《喪服要記》一卷

《水經·汾水》注引一條，頗譏其誣。今據《經義攷》所輯《魯哀公葬父》一篇，語多誕妄。道元之譏，可云有識矣。

王肅《禮記注》三十卷

王應麟曰：“《史記·樂書》引《樂記》，而《注》兼存王肅説。《通典》引《大傳》亦取肅《注》。”

王肅《明堂議》三卷

案：肅議明堂，不以祖宗爲配食之祭，不以上帝爲五精帝，皆與鄭殊。

王肅《周禮音》一卷　《儀禮音》一卷　《禮記音》一卷

孫炎《禮記注》三十卷

《唐書·儒學傳》："張説建言：'戴聖所録，向已千載。魏孫炎始因舊書摘類相比，有如鈔掇，諸儒共非之。'元行冲曰：'鄭學有孫炎，雖扶鄭義，條例支分，箴石閒起，增革百篇。'"康案：盧辯《大戴禮》卷十注引孫炎《玉藻》注云："'玄端以祭'，'端'當爲'冕'。玄冕，祭服之下也。"與鄭義同。又云："其祭先君，亦裨冕矣。"與鄭異。餘見《史記·樂書》注者甚多。

鄭小同《禮義》四卷（魏侍中，關內侯。一作《禮記義記》）

小同，鄭康成孫也。事見《鄭康成傳》注及《魏書·高貴鄉公紀》注。

杜寬《刪集禮記》（字務叔，杜陵人，魏郎中）

見《杜恕傳》注引《杜氏新書》。

蔣濟《郊丘議》三卷

《本傳》注引蔣濟立郊議，稱《曹騰碑》文云"曹氏族出自邾"。又言濟難高堂隆，及與繆襲往反，並有理據。又引濟難鄭康成《祭法》注，蓋皆出此書也。

《齊書·禮志》上："魏高堂隆議以舜配天。蔣濟云：'漢時奏議，謂堯已禪舜，不得爲漢祖，舜亦已禪禹，不得爲魏之祖。今宜以武皇帝配天。'"此即濟難隆之語也。《本傳》亦畧載數語，而與此又不同。

繆襲《祭儀》（字熙伯，東海人，魏光禄勳）

《御覽》八百六十引之曰：“夏祀以蒸餅。”又八百六十一引之曰：“夏祀調和羹芼以葵，秋祀羹芼以葱，春祀和羹芼以韭。”

射慈《喪服變除圖》五卷（字孝宗，彭城人，吳齊王傅）

王謨曰：“此書出《通典》三十一條，載徐整與慈問答者十二，整自爲立論者一。”則整葢亦爲禮服之學者。

射慈《喪服天子諸侯圖》一卷

案：《通典》所載射慈諸説，客有出是書者，王謨盡采入《變除圖》，恐未然也。又攷《隋志》有《變除圖》，而無此書，《唐志》有此書而無《變除圖》，或疑即一書而異名。然《吳志·孫奮傳》注云：“慈撰《喪服圖》及《變除》行于世。”則固有二書矣。

射慈《禮記音義隱》一卷

《釋文敘録》有射慈《禮記音》，無“義隱”二字。《隋志》有謝氏《禮記音義隱》一卷，《注》又有射慈《音》一卷，則似當分爲二書。然射慈本一作“謝慈”。（見《吳志·孫奮傳》）而謝氏《音義隱》，《困學紀聞》引作“射氏”，則無以見謝氏之非射慈也。《隋志》注中之文，恐是重出。《通志·藝文畧》及《經義攷》皆直以《音義隱》爲慈書，今從之。是書非獨釋《經》，兼釋《注》。《曲禮》《疏》引之云：“酳，飯畢蕩口也。”又云：“獵車之形，今之鉤車是也。衣車如氊而長也。漢桓帝之時，禁臣下乘之。”又云：“嫌見奪，故云‘恐辱親’也。”又云：“嗇夫，主諸侯所齎幣帛皮圭之禮，奉之以白于天子也。”又云：“且假借此字也。”皆是解釋鄭《注》。又《禮疏》及《釋文》常引《隱義》，王伯厚疑即射氏書。王謨輯《音義隱》，並鈔入之。今核其文義，亦頗相近。然果爲一書與否，則無以證之矣。

薛綜《五宗圖》一卷

《通典》卷七十三薛綜述鄭氏《禮五宗圖》曰：“天子之子稱‘王

子’，王子封諸侯，若魯、衛是也。諸侯之子稱‘公子’，公子還自仕，食采于其國，爲卿大夫，若魯公子季友者是也。則子孫自立此公子之廟，謂之別子爲祖，嫡嫡相承作大宗，百代不絕。大宗之庶子，則皆爲小宗。小宗有四、五代而遷。己身庶也，宗禰宗；己父庶也，宗祖宗；己祖庶也，宗曾祖宗；己曾祖庶也，宗高祖宗；己高祖庶也，則遷，而惟宗大宗耳。”

樂類

《樂懸》一卷（何晏等撰）

劉邵《樂論》十四篇

春秋類

李譔《春秋左氏旨歸》

高貴鄉公《春秋左氏傳音》三卷

王朗《春秋左氏傳注》十二卷　《春秋左氏釋駁》一卷

周生烈《春秋左氏傳注》（字文逸，本姓唐，燉煌人，魏徵士）
　　葛洪曰：“周生烈，學精而不仕。”

王肅《春秋左氏傳注》三十卷　《春秋外傳章句》二十二卷

孫炎《春秋例》《春秋三傳注》《春秋外傳國語注》

樂詳《左氏問》

　　見《杜恕傳》注引《魏畧》及《後漢書·謝該傳》。

董遇《春秋左氏傳章句》三十卷

　　董《注》之載於《正義》者："襄二十五年"《傳》："五吏三十帥"，董遇云："五吏，謂一正有五吏，爲三十帥之長。""二十七年"《傳》："以誣道蔽諸侯"，董遇云："以誣人之道，掩諸侯也。"（《釋文》云："'蔽'，服虔、王肅、董遇並作'弊'，云'踏也'"，與孔《疏》異。據孔《疏》，則'踏也'之訓專屬服虔，而董、王皆訓'掩'。蓋三家雖同作'弊'，而服以爲'斃'之叚借，故訓'踏'；董、王以爲'蔽'之叚借，故訓'掩'。）"昭六年"《傳》："士匄相士鞅逆諸河"，董遇本"士匄"作"王正"。"十二年"《傳》："供養三德爲善"，董遇本作"共養"，解云："盡共所以養成三德也。""二十一年"《傳》："干犨御呂封人豹"，董遇本作"華豹"（今本亦有"華"字。據《正義》，則杜本無"華"字）。"二十三年"《傳》："明其伍侯"，董遇本作"五候"，解云："候四方及國中之姦謀也。""定五年"《傳》："子西問高厚焉"，董遇云："問城高厚丈尺也。"

麋信《春秋穀梁傳注》十二卷（字南山，東海人，魏樂平太守）

　　案：《穀梁疏》于范《注》之畧者，每引麋《注》補之，其文當較范爲詳。故晉泰元立"《穀梁》博士"，用麋《注》，至齊猶然（見《南齊書·陸澄傳》）。今攷其書之異于范氏者："桓五年""舉從者之辭"一條、"鄭在冀州"一條，"僖二年""不雨者，勤雨也"一條，"文二年""作僖公主"一條。《經》《傳》文之異于范氏者："桓二年""以是爲討之鼎也"，"討"或作"糾"；"四年""秋曰蒐"，"蒐"作"搜"；"九年""曹伯使其世子射姑來朝"，"射"作"亦"；"六十一年①""公會宋公于夫鍾"，"鍾"作"童"，音"鍾"；

————————
① "六十一年"，當作"桓十一年"。

"十四年""甸粟而納之三宮","宮"作"官"。

糜信《春秋左氏傳說要》十卷　《理何氏漢議》二卷

《春秋公羊傳問答》九卷（荀爽問，魏安平太守徐欽答）

王基《春秋左氏傳注》

杜寬《春秋左氏傳解》

　　見《杜恕傳》注。

韓益《春秋三傳論》十卷（魏大長秋）

嵇康《春秋左氏傳音》三卷

士燮《春秋經注》十一卷

　　案：《漢志》，《春秋古經》十二篇，左氏經也；《經》十一卷，《公》《穀》經也。士燮習《左氏春秋》，注經何以同《公》《穀》卷數？豈一字誤耶？然《文獻通攷》引眉山李氏《古經後序》云："十一卷者，本《公羊》《穀梁》二家所傳，吳士燮始為之注，《隋志》載焉"，則所見《隋志》已作十一卷矣。疑不能明，闕之以俟知者。

張昭《春秋左氏傳解》

虞翻《春秋外傳國語注》二十一卷

　　韋昭曰："建安、黃武之閒，故侍御史會稽虞君、尚書僕射丹陽唐君，皆英才碩儒洽聞之士也。采摭所見，因賈（謂景伯《國語注》）為主，而損益之。觀其辭義，信多善者；然所理釋，猶有異同。"案：韋昭《解》內，時稱賈、唐二君，或稱三君，則兼虞仲翔也。

唐固《春秋外傳國語注》二十一卷（字子正，丹陽人。吳尚書僕射）

　　《經義攷》曰："固注《國語》'農祥晨正'云：'農祥，房星也；晨正，晨見南方，謂三春之日。'《初學記》引之。餘見韋《注》者多。"案：《史記集解》亦屢引唐《注》。

唐固《春秋穀梁傳注》十三卷　　《春秋公羊傳注》

韋昭《春秋外傳國語注》二十二卷

顧啟期《春秋左氏諸大夫世譜》十三卷（吳人）

　　《隋志》有此書名，無撰人。《唐志》有顧啟期《大夫譜》十一卷，書名、卷數皆與《隋志》小異，而《崇文總目》《通志·藝文畧》合爲一書，今從之。《崇文總目》有《春秋世譜》七卷，起黃帝，至周，迄于《春秋諸國世系》，王堯臣疑即啟期所撰也。啟期之爲吳人，據《隋志》"地理類"知之。

丁季、黃復《平正春秋決事比》十卷（季，汝南人，吳太史令；復，江夏人）

　　見《崇文總目》。

《補三國藝文志》卷二

孝經類

王朗《孝經傳》

宋均《孝經皇義》一卷（魏博士）

鄭稱《孝經注》（魏侍中，武德侯傅）

  《公羊》"昭十五年"注引《孝經》曰："資于事父以事君，而敬同。"徐彥《疏》云："何氏之意，以資爲取，與鄭稱同，與康成異。"康案：稱事見《魏志·文帝紀》注引《魏畧》。稱又有《答魏武帝金路之問》，見《續後漢書·輿服志》注。

蘇林《孝經注》一卷（字孝友，陳留人，魏散騎常侍）

  林事見《魏志·高堂隆傳》及《劉劭傳》注引《魏畧》。

劉劭《孝經注》一卷（一作"劉熙"）

衛顗《孝經注》

  見《古文苑·聞人牟準魏敬侯碑陰》。

王肅《孝經解》一卷

  唐玄宗曰："韋昭、王肅，先儒之領袖。"劉子元①曰："王肅《孝

---

① "元"，避康熙帝諱，當作"玄"。

經傳》首有司馬宣王之奏：'並奉詔令諸儒注述《孝經》，以肅說爲長。'"康案：肅《解》之見于《釋文》者："仲尼居"注"閒居也"，"先王有至德要道"注"孝爲德之至，孝爲道之要"。（又見《疏》）見于邢《疏》者：《天子章》注"天子居四海之上，爲教訓之主，爲教易行，故寄易行者宣之"，"孝無終始，而患不及者"注引《蒼頡篇》謂"患"爲"禍"，"先之以博愛而民莫遺其親"注"君愛其親，則人化之，無有遺其親者，不敢遺"，"小國之臣，而況于公侯伯子男乎"注"小國之臣，至卑者耳，主尚接之以禮，況于五等諸侯？是廣敬也"；《廣至德章》注"舉孝悌以爲教，則天下之爲人子弟者，無不敬其父兄也；舉臣道以爲教，則天下之爲人臣者，無不敬其君也"，"諸侯有爭臣五人"注"三卿、内史、外史"，"大夫有爭臣三人"注"家相、室老、邑宰"；《感應章》注"王者父事天，母事地"，"將順其美，匡救其惡"注"將，行也。君有美善，則順而行之。匡，正也；救，止也。"

何晏《孝經注》一卷

鄭小同《孝經注》

　　《太平寰宇記》：今《孝經序》，鄭氏所作，其序云："僕避難于南城山，栖遲巖石之下，念昔先人餘暇述夫子之志，而注《孝經》。"蓋康成胤孫所作。《困學紀聞》："鄭氏注十八章，相承言康成作《鄭志》，目録不載，通儒皆驗其非。開元中，孝明纂諸說自注以奪二家（謂孔、鄭），然尚不知鄭氏之爲小同。"康案：王氏此說蓋即本之《寰宇記》"胤孫所作"一語。然細詳文義，似謂《孝經序》爲康成胤孫所作，非謂《孝經注》也。序中所云"先人"即指康成，則樂史此文正足以證《孝經注》之出康成矣。故其下文又云："有石室，周迴五丈，俗云鄭康成注《孝經》于此也。"然自陸澄以來，屢有異議，則屬之小同，亦可姑備一說。

虞翻《孝經注》

唐玄宗曰："韋昭、王肅，先儒之領袖。虞翻、劉邵，抑又次焉。"

嚴峻《孝經傳》

康案：《張昭傳》云："權嘗問衛尉嚴畯：'寧念小時所闇書否？'畯因誦《孝經》'仲尼居'。"則畯所習者，今文也。又據邢《疏》，則三國時王肅、蘇林、何晏、劉邵、韋昭、徐整諸家所注，亦皆今文也。

韋昭《孝經解讀》一卷

康案：韋《注》之見于邢《疏》者，"教之所由生也"注言："教從孝而生。"《天子章》注："天子居四海之上，爲教訓之主，爲教易行，故寄易行者宣之。""孝無終始，而患不及者"注引《蒼頡篇》謂"患"爲"禍"。"進思盡忠，退思補過"注："進見于君，則思盡忠節；退歸私室，則思補其身過。""服美不安"注："《書》云：'成王既崩，康王冕服即位，既事畢，反喪服。'據此，則天子、諸侯但定位初喪，是皆服美，故宜不安也。""食旨不甘"注："《曲禮》云'有疾則飲酒食肉'，是爲食旨，故宜不甘也。"

徐整《孝經嘿注》一卷

孫熙《孝經注》一卷

《經義攷》曰："阮氏《七録》有孫氏注《孝經》一卷。《釋文序録》云不詳何人，當即熙也。"康案：孫氏朝代不可攷，《隋志》列于蘇林、何晏、劉劭之後，《唐志》列于韋昭之後、蘇林之前，則當爲三國時人。《隋志》又別有晉孫氏《孝經注》一卷，未知是重出，抑別爲一人。邢《疏·序》述注《孝經》諸人，以孫氏列于東晉時，蓋據《隋志》後一人而言。

譙周《論語注》十卷

　　《經義攷》曰："劉昭注《續漢書·禮儀志》'先臘一日大儺'，引譙氏《注》云：'儺，卻之也，以葦矢射之。'又《釋文》'不亦樂乎'引譙氏《注》云：'悅探而樂淺。'"

王肅《論語注》十卷　《論語釋駁》三卷

周生烈《論語義說》

陳群《論語義說》

何晏《論語集解》十卷

王弼《論語釋疑》三卷

　　《經義攷》曰："陸氏《釋文》于'廄焚'引弼《注》云：'公廄也。'又'逸民'注：'朱張，字子弓。荀卿以比孔子。'"康案：《釋文》于"予所否者"引王弼"備鄙反"，朱氏失采。餘見皇侃《義疏》者甚多，則皆朱氏之所未見也。

虞翻《論語注》十卷

張昭《論語注》

程秉《論語弼》

韋昭《魯論解》

　　《爾雅翼》卷八引韋昭《魯論解》曰："莠草，似稷無實。"

羣經類

譙周《五經然否論》五卷

王謨曰："書已久亡，羣書稱引絕少，《御覽》亦不載其目。"《經義攷》鈔出《後漢書注》《通典》三條，今從《穀梁傳注》鈔出一條。又《詩正義》一條、《禮記正義》二條引譙周說，俱當屬《五經然否論》，附錄于此。（文繁不書）

《鄭志》十一卷（魏侍中鄭小同撰）

劉知幾曰："鄭玄卒後，其弟子追論師所著述及應對，時人謂之《鄭志》。"《唐書·儒學傳》元行沖《釋疑》曰："鉤黨獄起，康成于竄伏之中，理紛挐之典，雖存探究，咨謀靡所。具《鄭志》者，百有餘科。"《經義攷》："《鄭志》載于《正義》及《通典》者，大抵張逸、趙商、冷剛、田瓊、炅模問，而康成答之。又有焦喬、王權、鮑遺、陳鏗、崇精弟子互相問答之辭。"錢東垣曰："《鄭志》當是鄭君晚年定論。何以知之？《本傳》言：'趙商等自遠方來就學，在何進辟召之後，時年六十。'茲則商所問者，十居其四，是在六十歲以後也。又諸弟子所問，引《易注》者二，是在《易注》已成之後也。引《書贊》者一，《書注》者四，是在《書贊》《書注》已成之後也。引《詩箋》者十二，是在《詩箋》已成之後也。引《周禮注》者十七，《禮記注》者七，《儀禮注》者一，是在《三禮注》已成之後也。引《論語注》者一，《禘祫志》者一，《駁五經異義》者三，是在《論語注》《禘祫志》《駁異義》已成之後也。答劉炎問《關雎》，則云《論語注》人閒行已久。答靈模[①]問'匪革其猶'，則辨《詩箋》與《禮注》不同之故。可知晚年定論，猶足模楷百世矣。"

---

① "靈模"，前曰"炅模"，是。

王肅《聖證論》十二卷

《困學紀聞》：“王肅《聖證論》，譏短鄭康成，謂天體無二，郊、丘爲一，禘是五年大祭先祖，非圜丘及郊，祖功宗德，是不毀之名，非配食明堂。皆有功於禮學，先儒韙之。《聖證論》今不傳，《正義》僅見一二。”康案：王肅經解，平易近人，故晉、宋以下多從之。近世崇尚鄭學攻肅者，幾於身無完膚。平心而論，肅經解豈無一得？其立異於鄭，猶鄭之立異於賈、馬、何、許。此得彼失，本可並存。特其專事掊擊，且偽造《家語》以自實其言，此則誠不免爲小人儒耳。

孫炎《駁聖證論》

馬昭《難聖證論》（張融評。二人皆魏博士）

《唐書・儒學傳》元行沖《釋疑》曰：“王肅規鄭玄數千百條，鄭學馬昭訛劾肅短。詔遣博士張融案經問詰。融推處是非，而肅酬對，疲于歲時。”康案：諸經引《聖證論》者，往往兼引馬昭、張融說。《高貴鄉公紀》有博士“馬照”，錢大昕《三國志攷異》謂即馬昭也。張融爲魏博士，見《隋志》“論語類”。

隗禧《諸經解》（字子牙，京兆人，魏郎中）

見《王肅傳》注引《魏略》。

小學類

孫炎《爾雅注》七卷

邵晉涵《爾雅正義》云：“郭氏匡正孫炎《注》者，如《釋詁》‘覝覭，莆離也’注云：‘孫叔然字別爲義，非矣。’《釋蟲》‘莫貈，蟷蜋，蛑。’注云：‘孫叔然以《方言》說此義，亦不了是也。’”

孫炎《爾雅音》一卷

《顏氏家訓·音辭篇》："孫叔然創《爾雅音義》，是漢末人獨知反語。"

劉劭《爾雅注》

《初學記》卷三引《爾雅》曰："'蟋蟀，蟋'，劉劭注云：'謂蚴蜻也。'"

曹植《飛龍篇》

《初學記》卷五引之曰："晨遊泰山，雲霧窈窕。忽逢二童，顏色鮮好。乘彼白鹿，手翳芝草。"

鍾繇《隸書勢》

《晋書·衛恆傳》："魏初有鍾、胡二家，爲行書法，俱學之于劉德升，而鍾氏小異，然亦各有巧。今大行于世，云作隸勢。"康案：据此文，似《隸書勢》爲鍾氏所作，而語文不甚明。《初學記》卷二十一凡三引鍾氏《隸書勢》，其文同《衛恆傳》，則出鍾氏無疑也。乃《蔡中郎集》又以爲蔡作。

張揖《三蒼訓詁》三卷 （字稚讓，清河人。一云河間人，魏博士）

《顏氏家訓·風操篇》云："《蒼頡篇》有'侑'字，訓詁云：'痛而謔也。音羽罪反。'"《音辭篇》云："《蒼頡訓詁》，反稗爲'逋賣'，反娃爲'於乖'。"康案：此即《三蒼訓詁》之一。杜林亦有《蒼頡訓詁》，然此有反音，則非杜林書也。餘見于《一切經音義》所引者，如"款，悫聲也；欨，息聲也"，"燉①，苦交反，下擊也"，"飤，飽也，謂以食與人曰飤"，"垸，以桼和之，痺手足不仁也"，"尚，上也"，"窯，燒瓦竈也"，"蛕，腹中蟲也"，"豻，似狗，白色，有爪

---

① 即"敲"異體字。

牙，迅捷善搏噬也"，皆稱《蒼頡訓詁》。見于《文選·甘泉賦》注：
"徹，拂也"（又見《北堂書鈔》卷一百二十九，《史記·孟子荀卿列
傳》《索隱》），《羽獵賦》注："蹋，踰也。"見于《史記·項羽本
紀》《索隱》："垓，堤名，在沛郡。"或稱《三蒼訓詁》，或稱《三蒼
注》。見于《文選·司馬遷報任少卿書》："闟，獷劣也"，稱張揖《訓
詁》，實則一書而已。

張揖《古今字詁》三卷（一作《古文字訓》）

《御覽》卷六百五引王隱《晉書》曰："魏太和六年，博士、河閒張
揖上《古今字詁》，其巾部曰：'紙，今帋也，其字從巾。古以縑白，依
書長短，隨事截絹，數重沓即名幡。紙，字從系，此形聲也。後和帝元興
中，中常侍蔡倫以故布擣剉作紙，故字從巾。是其聲雖同，系、巾爲殊，
不得言古之紙爲今紙。'"《魏書·江式傳》："《字詁》方之許慎篇，
古今體用，或得或失。"《顏氏家訓·勉學篇》："吾初讀《莊子》'螝
二首'，韓非子曰：'蟲有螝者，一身兩口，爭食相齕，遂相殺也。'茫
然不識此字何音。後見《古今字詁》，此亦古之'虺'字。積年凝滯，豁
然霧解。"《匡謬正俗》卷六："俗于礪山出刀子刃，謂之畧刃，有舊義
否？荅曰：按《爾雅》云：'剡、契，利也。'張揖《古今字詁》云：古
作'㓞'，一本作'契'，未知孰是。"又引云："闓，古'開'字。
闟，古'闟'字（卷二）。頯府，今'俛俛'也（卷六）。"餘見《釋
文》、兩《漢書注》《史記索隱》《文選注》《一切經音義》者甚多，任
大椿《小學鉤沈》備載之。獨《汗簡》屢引張揖集古文，當即由《唐志》
"《古文字訓》"之名而省，任氏未采。

張揖《雜字》一卷（一作《難字》）

康案：《爾雅·釋詁》《音義》引之云："詁者，古今之異語也。
怢，音'曳'，'狃怢'，過度。"《釋訓》《音義》引云："訓字，謂
字有意義也。"《釋木》《音義》引云："莽，茗之別名也。"唐玄應
《六度集》第八卷《音義》引云："痁，痛瘉疼。"皆作"雜"字。

張揖《埤蒼》三卷

《魏書·江式傳》云："張揖著《埤蒼》《廣雅》《古今字訓》，綴拾遺漏，增長事類，抑亦于文爲益者。"康案：《埤蒼》，今有任大椿輯本。

張揖《廣雅》三卷 《錯誤字》一卷

李登《聲類》十卷（魏左校令）

《隋書·潘徽傳》："李登《聲類》、呂靜《韻集》，始判清濁，纔分宮羽，而全無引據，過傷淺局，詩賦所須，卒難爲用。"康案：《魏書·江式傳》云："呂靜放李登《聲類》之法，作《韻集》，宮、商、緑、徵、羽各爲一篇。"據此，則《聲類》亦分五音，故《潘徽傳》云然也。

周成《雜字解詁》四卷（魏掖庭右丞）

康案：《史記·高祖功臣表》引周成《雜字解詁》云："邔，音跽。"此外有但稱"周成《雜字》"者：《梁孝王世家》《索隱》"忮，閣也"、《司馬相如傳》《索隱》及《文選·上林賦》注"湁潗，水沸之兒也"、《後漢書·胡廣傳》注"牋，表也"、《藝文類聚》八十七"檳榔，果也，似螺，可食"、《御覽》九百二十一"鸊鷉，鳥，似鳧"諸條是也。（"鸊鷉"一條稱"周氏"，不稱"周成"）有但稱"《雜字解詁》"者：《藝文類聚》卷十九及《御覽》三百八十二"嘯，吹聲也"、《北堂書鈔》一百五十一"霄，摩天赤氣也"（《御覽》八引作《雜字詁訓》）、《御覽》七百七十"舮艫，雜船也"、八百六十"粗粝，膏環也"（《廣韻》引作《新字解訓》）、九百十五"鵁鶄，似鳳皇"諸條是也。有但稱"《雜字》"者：《文選·洞簫賦》、謝靈運《七星瀨詩》、沈休文《新安江水至清詩》三注皆云："潺湲，水流兒"是也。有但稱"周成"者：《賈誼傳》《索隱》"誶，音碎"是也。有稱"周成《難字》"者：《一切經音義》所引："斗撒，穀穀也""宆，捴也""擐，以繩轉軸，裁木爲器也""娓，息也，同時爲一娓""韝，馬韝也""犇，妃封反，犇牛也""㳛，音蕩"諸條是也。皆即一書而或少省其文，或小易其名。《雜字》之爲《難字》，正與張揖書同。未知本有二名，抑後人傳寫之誤，但必非兩書明矣。《小學鉤沈》分錄之，殆非。

周成《解文字》七卷

朱育《幼學篇》二卷（字嗣卿，山陰人，吳侍中）
康案：育事載《虞翻傳》注引《會稽典録》，其字則據《唐志》。

朱育《異字》二卷
康案：《汗簡》屢引朱育《集字》，或云《集奇字》，或云《集古字》，或云《字畧》，蓋皆出此書也。

項峻《始學篇》十二卷（吳郎中）
《藝文類聚》卷十一引顏峻《始學篇》云：“天地立，有天皇十三頭，號曰天靈，治萬八千歲；地皇十一頭，治八千歲。（《初學記》卷九引顏峻《始學篇》曰：“地皇興于熊耳龍門山。”餘前後文與此同。）人皇九頭，兄弟各三百歲。依山川土地之勢，裁度爲九州，各居其一方，因是而區別。”又曰：“上古皆穴處，有聖人教之巢居，號大巢氏。”康案：“顏”當作“項”。《御覽》卷七十八引“天皇、地皇”數語，正作“項”。又《御覽》卷三百八十五引項氏《始學篇》注，其爲項氏自注、爲他人注，則不可攷矣。

韋昭《辯釋名》一卷
《四庫全書總目》云：“吳韋昭嘗作《辯釋名》一卷，糾劉熙之誤，其書不傳。然如《經典釋文》引其一條云：‘《釋名》云：古者，車音如“居”，所以居人也。今曰車音‘尺遮反’，舍也。韋昭云：‘車，古皆音“尺奢反”，後漢以來始有“居”音。’”案：《何彼穠矣》之詩以“車”韻“華”，《桃夭》之詩以“華”韻“家”。家，古音“姑”；華，古音“敷”；則車古音“居”，更無疑義。熙所說者不謬，昭之所辯亦未必盡中其失也。

張宏《飛白序勢》（字敬禮，吳郡人，吳處士）

　　張懷瓘《書斷中》："吳處士張宏，字敬禮，吳郡人。篤學不仕，恆著烏巾，時號'張烏巾'。并善篆、隷。其飛白妙絕當時，飄若雲遊，激如驚電，飛仙舞鶴之態有類焉。自作《飛白序勢》，備說其美也。歐陽詢曰：'飛白，張烏巾冠世。'"

《今字石經毛詩》三卷　《今字石經鄭氏尚書》八卷

　　康案：《唐志》所云"今字"者，皆一字，蓋指隷書一體也。一字本漢時所建，而《毛詩》、鄭氏《尚書》，後漢不立學官，必無刊石之理。全祖望謂是黃初時邯鄲淳補修，引魚豢《魏畧·儒宗傳》"序"曰"黃初元年之後，新王乃始掃除太學灰炭，補舊石碑之闕壞"云云爲證，謂是時淳方以博士給事中，是補正熹平隷字舊刻者，淳也。且謂《隋志》以正始石經爲一字，其誤即源于此，今從之。（全氏之意，以熹平、黃初所立石經，皆一字；正始所立，乃是三字。諸家但知有熹平、正始二刻，全氏細繹史注，乃知復有黃初補刻也。）至全氏并欲以《隋志》之《魯詩》《儀禮》《春秋》石經盡歸之邯鄲淳，則未敢從。蓋漢碑原有八種也。說詳《補後漢藝文志》。

《三字石經尚書》十三卷　《三字石經尚書》五卷　《三字石經春秋》十二卷

　　孫星衍《魏三體石經遺字攷序》云："《隷續》所載三字石經，蓋魏正始中立石。宋皇祐時，蘇望得榻本，摹刻于洛陽。古文三百七，篆文二百十七，隷書二百九十五，凡八百一十九，爲《尚書·大誥》《呂刑》《文侯之命》《春秋左氏》桓、莊、宣、襄四公經文，亦有傳。其石在洛陽太學講堂西，石長八尺，廣四尺。碑石四十八枚，廣三十丈，見于《水經注》。邯鄲淳所書，當有他經，而獨存《尚書》《春秋》者，《太平御覽·碑部》引《西征記》曰：'國子堂前有列碑，南北行，三十五枚，刻之表裏，書《春秋》經、《尚書》二部，大篆、隸、蝌蚪三種字，碑長八尺。'是時亦止見二種……蘇氏又以《尚書》《春秋左氏》錯雜成文，命爲《左傳》，不加分別……蒙就《隸續》所載，理而董之。"

《一字石經典論》一卷

杭世駿《石經攷異》曰："《水經注》言魏文帝刊《典論》六碑，列于石經之次。裴松之注《三國志》云：'漢世，西域舊獻火浣布。文帝以爲火性酷烈，無含生之氣，著之《典論》。及明帝立，詔三公曰："先帝昔著《典論》，不朽之格言。其刊石于廟門之外及太學，與石經並，以永示來世。"至齊王芳正始元年，西域使至，獻火浣布焉，于是刊滅此論，天下笑之。松之昔從征西，至洛陽，見《典論》石在太學者尚存，而廟門外無之。'愚案：《魏志》明帝太和四年二月戊子，以文帝《典論》刻石立于廟門之外，酈道元云'文帝刊之'，誤矣。松之既稱'刊滅此論'，又云'《典論》石在太學者尚存'。而《伽藍記》云《典論》六碑至太和（後魏孝文帝號）十七年猶有四存，《隋·經籍志》亦有《一字石經典論》一卷。意當時所謂'刊滅'者，第芟去火浣布一條；至于六碑，則仍立于太學。故裴松之、楊衒之等並得見也。"

讖緯類

宋均《易緯注》九卷（《通卦驗》《坤靈圖》）

《玉海》云："《易緯》宋《注》不傳。"康案：宋《注》卷數與鄭《注》同，則《易緯》六篇當亦全注。然今可攷見者，祇有《初學記》（卷二）、《御覽》（卷二十）引《通卦驗》《古微書》引《坤靈圖》，謹據以著録，餘不敢妄增云。

宋均《書緯注》（《璇璣鈐》《攷靈耀》《帝命驗》《運期授》）

康案：《書緯》五篇，今宋《注》可攷者四（備載趙在翰《七緯》中，《詩》《禮》《樂》《春秋》《孝經》《緯》放此），而無《刑德放》，其爲亡佚無疑，非宋《注》有所闕也。然今亦不敢擅增。

宋均《尚書中候注》

《文選·長楊賦》注引之云："順斗機爲政也。"

宋均《詩緯注》十八卷（《推度災》《汜歷樞》《含神霧》）

宋均《禮緯注》三卷（《含文嘉》《稽命徵》《斗威儀》）

宋均《禮記默房注》二卷

宋均《樂緯注》三卷（《動聲儀》《稽耀嘉》《叶圖徵》）

宋均《春秋緯注》三十卷（《演孔圖》《元命苞》《文耀鉤》《運斗樞》《感精符》《令誠圖》《考異郵》《保乾圖》《漢含孳》《佐助期》《潛潭巴》《說題辭》《命曆序》）

康案：《後漢書·樊英傳》注載《春秋緯》十三篇，有《握誠圖》而無《命曆序》。宋《注》亦適十三篇，有《命曆序》而無《握誠圖》。朱彝尊疑《握誠圖》即《令誠圖》，然則正宜以《命曆序》補其闕。但《詩·生民》《疏》云："緯候之書及《春秋命曆序》言五帝傳世之事，以《命曆序》別于緯候之外，又似《春秋緯》實無其書。而據蕭吉《五行大義論·諸神篇》《後漢書·楊厚傳》注、《初學記》卷九、《御覽》卷七十八，則宋均《命曆序》注確有明文（趙氏《七緯》無《命曆序》，故今特著宋《注》所出），無妨宋均于十三緯之外，別注他篇矣。

宋均《孝經援神契注》七卷　《孝經鉤命決注》六卷

宋均《孝經雜緯注》十卷

康案：《隋志》載《孝經》雜緯甚多，宋《注》十卷，疑皆注之矣。

今可攷見者，惟《御覽》八百七十二引《孝經内事》注。

宋均《論語讖注》八卷（《摘輔象》《摘襄聖》《比考讖》《陰嬉讖》《撰考讖》）

　　《古微書》並載之。

宋均《河圖注》

　　《初學記》卷九、《御覽》卷七十九、三百四十五、三百七十一俱引之。其可攷見篇名者，惟三百六十八卷稱《河圖矩起注》。《古微書·河圖握矩記》（即《河圖矩起》）引宋《注》一條，以《御覽》攷之，則亦但稱《河圖注》耳。

宋均《洛書摘六辟注》

　　見《古微書》。

《補三國藝文志》卷三

　　史之類十有一：一曰正史，二曰編年，三曰雜史，四曰起居注，五曰職官，六曰儀注，七曰刑法，八曰雜傳，九曰地志，十曰譜牒，十一曰目錄。

正史類

諸葛亮《論前漢事》一卷　《漢書音》一卷

鄧展《漢書注》（南陽人，魏奮威將軍）

文穎《漢書注》（字叔良，商陽人，魏甘陵府丞）

　　康案：《漢書敘例》稱"鄧展，魏建安中爲奮威將軍，封高樂鄉侯"；"文穎，後漢末荊州從事，魏建安中爲甘陵府丞"。"建安"非魏年號而云然者，蓋是時魏國已建，二人實爲魏臣，非漢臣。雖當建安時，不得繫以漢也。故今二書仍著録于三國。

蘇林《漢書注》

《漢書叙例》："蘇、晋衆家剖斷蓋尠。"

張揖《漢書注》（止解《司馬相如傳》一卷）

如淳《漢書注》（馮翊人，魏陳郡丞）

孟康《漢書音義》九卷（字公休，安平廣宗人，魏中書監）

事蹟見《杜恕傳》注。

鄭氏《漢書注》

洪頤煊《讀書叢録》云："《漢書集注》有'鄭氏曰'，晋灼《音義》"叙"云不知其名，而臣瓚以爲鄭德，汴本《史記索隱》以爲鄭玄。頤煊案：《高帝紀》'沛公還軍亢父'，鄭氏曰：'屬任城郡。'《郡國志》"任城國"，不名爲"郡"。《王子侯表》'揤裴戴侯道'，鄭氏曰：'揤裴音"即非"，在肥鄉縣南五里。'肥鄉，黃初二年置：皆在鄭康成後。汴本《索隱》以'鄭氏'作'鄭玄'，誤。"康案：鄭氏既在鄭康成後，又在晋灼前（晋灼，西晋人）。并用黃初改置郡縣名，則爲魏人無疑矣。至康成之無《漢書注》，本無可疑。洪亮吉據《史記集解》引鄭玄《注》數處，謂《漢書音義》所稱"鄭氏"，蓋康成居多。此晋灼、臣瓚所未及言者，後人能肬斷之乎？《十七史商榷》云：常熟毛氏《索隱跋》謂宋刻"鄭德"誤作"鄭玄"，則裴駰《集解》亦宋人妄改。其說近是。

王沈《魏書》四十八卷（字處道，太原晋陽人，官侍中時作）

《晋書·王沈傳》："正元中，遷散騎常侍、侍中、典著作，與荀

顗、阮籍共撰《魏書》，多爲時諱，未若陳壽之實錄也。"康案：王沈名
列晉史，而《魏書》則撰于魏朝，故今著錄三國時。《御覽》二百三十三
引王隱《晉書》曰："王沈著《魏書》，多爲時諱，而善敘事。"《史
通·正史篇》："黃初、太和始命尚書衛顗、繆襲草創紀傳，累載不成。
又命侍中韋誕、應璩、祕書監王沈、大將軍從事中郎阮籍、司徒右長史孫
該、司隸校尉傅玄等復共撰定。其後王沈獨就其業，勒成《魏書》四十四
卷，其書多爲時諱，殊非實錄。"又《載文篇》："歷選眾作，求其穢
累，王沈、魚豢是其甚焉。"又《直書篇》："王沈《魏書》假回邪以竊
位。"又《曲筆篇》："王沈《魏錄》濫述貶甄之詔。"《宋書·五行志
序》："王沈《魏書》《志》篇闕，凡厥災異，但編帝紀而已。"《齊
書·禮志序》："魏氏末大亂，舊章殄滅。侍中王粲、尚書衛顗集創朝
儀，而魚豢、王沈、陳壽、孫盛並未詳也。"康案：據宋、齊二《志》之
文，則《魏書》無《志》，而《水經·潁水》注引《魏書·郡國志》曰：
"宣王軍次邱頭，王凌面縛水次，故號武邱。"又似有《志》者，何也？
豈獨缺《五行》及《禮志》耶？又案：《劉劭傳》注引《文章敘錄》稱孫
該著《魏書》；據《史通》，則孫該即與王沈同撰書者，故今不別著錄。

謝承《後漢書》一百三十卷（無《帝紀》。字偉平，吳武陵太守）

　　承事見《吳志·妃嬪傳》及注引《會稽典錄》。《匡謬正俗》卷五：
"謝承《後漢書·楊豫傳》云：'豫祖父惲，封平通侯。惲子會宗，坐
與臺閣交通，有罪，國除，家屬皆徙酒泉郡。'又載豫上書，乞還本土，
其辭云：'臣祖父惲，念安社稷，忠不避難，指刺奸臣，實心爲國，遂致
死徙。'按班《書》《楊敞傳》具載惲與太僕戴長樂相失，惲與長樂皆
免爲庶人。惲既失爵位，家居，營產業，起室宅，以財自娛。其友人安
定太守、西河孫會宗與書諫戒之。惲內懷不服，報會宗書，辭語不遜。宣
帝見而惡之，惲坐腰斬，妻子徙酒泉郡。此惲先失爵位，然後被誅，妻子
被徙。據《敞傳》及豫上書，數說皆同，安得有子名會宗、襲爵、國除被
徙事乎？謝氏既不詳其本，稱引會宗，失于故實，又自載豫上書，與敘事
相背。"《史通·書志篇》云："百官輿服，謝拾孟堅之遺。"《煩省

篇》云："謝承尤悉江左京洛事，缺于三吳。"《雜說下》云："謝承《漢書》，偏黨吳越。"又云："姜詩、趙壹身止計吏，而謝《書》有傳。"傅山曰："謝承《書》某家有之，永樂間揚州刊本。初，郃陽《曹全碑》出，曾以謝《書》考證，多所裨益，大勝范《書》。以寇亂，亡失矣，惜哉！"姚之駰曰："謝偉平之《書》，東漢第一良史也。凡所載忠義名卿及通賢逸士，其芳言懿矩，半爲范《書》所遺，惟六朝詞人多誦說之。故其軼事，時見他書，輒採掇彙鈔，分爲四卷。"康案：謝《書》自晁、陳、馬氏以來，俱不著錄。傅青主所言揚州刊本，當亦如姚氏輯本之類耳。姚本闕漏尚多，近有胡□□□□輯本[①]，未見。洪亮吉曰："謝承《書》最有名，又最先出，而其紕繆非一端，試舉一二言之。范史《周嘉傳》'高祖父燕曰：我平王之後，正公玄孫'，注引謝承《書》曰：'燕字少卿，其先出自周平王之後。漢興，紹嗣封爲正公，食采于汝墳。'今考《武帝紀》元鼎四年，得周室孽子嘉，封爲周子南君，以奉周祀。至元帝初元五年，又以周子南君爲周承休侯。成帝綏和中，始進爵爲公，安得有'漢興，即嗣封正公'之事？如謂'漢興'二字即指綏和以後言，則燕在宣帝時，下距此尚遠。汝陰縣，王莽時改名汝墳。漢興，安得有汝墳縣？又《三國志·陶謙傳》：'廣陵太守琅邪趙昱，徐方名士也'注引承《書》曰：'昱遷廣陵太守，賊笮融從臨淮見討，迸人郡界。昱將兵距戰，敗績見害。'今考《謙傳》，融走廣陵，太守趙昱待以賓禮。融利廣陵資貨，遂乘酒酣殺昱。《吳志·劉繇傳》及《通鑑》等並同，則所謂'拒戰、見害'之事非矣。承又云'謙初辟昱別駕從事，辭疾退避。謙重令揚州從事、會稽吳範宣旨'云云。考《謙傳》，謙未嘗兼領揚州，一也。《吳志·吳範傳》：'舉有道，詣京師，世亂不行。'至孫權起東南，範始委身服事，是範亦未嘗爲揚州從事，二也。且謙本以融爲下邳相，督廣陵、彭城、下邳糧運。及曹操擊破謙，徐土不安，融乃將男女萬口走廣陵。則融之走廣陵，實由下邳東下道，不出臨淮，三也。他如范《史》《隗囂傳》'更始執金吾鄧曄'注引承《書》'曄，南陽南鄉

---

① 此句疑爲"近有胡克家《文選》輯本"。魯迅先生曾據此校謝承《漢書》。

人’。前漢既無南鄉之名，又《胡廣傳》注引承《書》‘李咸以靈帝建寜三年，自大鴻臚爲太尉’。今考《靈帝紀》，咸爲太尉在四年，由太僕，亦非大鴻臚。是承《書》于邑里、官爵皆率意妄書，其他好爲異說以貽誤後人者，又比比也。”康案：此條於謝《書》力加譏彈，然遷、固著史，尚多舛誤，不能摘其一二事，遽毀全書。又況謝《書》久亡，他書轉引，不免魯魚之譌，尤未可以是定謝、范二家優劣也。姚之駰謂“謝書極博，蔚宗過爲刪除”，其說甚當。蓋謝之勝范在此，而其不及范之精嚴，亦即在此矣。

韋昭《吳書》五十五卷

康案：《吳志》注引此書甚多，書名雖繫以韋曜，而據《本傳》及《薛瑩傳》，則非曜一人手定也。又《薛瑩傳》稱韋書承丁孚、項峻而作，“孚、峻俱非史才。”茲攷《吳主傳》：“黃武四年，丞相孫邵卒”注引《志林》曰：“吳之創基，邵爲首相，史無其事，竊嘗怪之。劉聲叔，博物君子也，云：‘推其名位，自應立傳。項峻、吳（當作“丁”）孚時已有注記，與張惠恕不能。後韋氏作史，蓋惠恕之黨，故不見書’”，則韋書亦未必盡勝丁、項二人耳。又攷《齊書·禮志》“序”云：“吳則太史令丁孚，拾遺漢事”，是丁氏《吳書》有《禮志》也。韋昭因之，亦當有《志》。

韋昭《漢書音義》七卷

薛瑩《後漢記》一百卷

編年類

袁曄《獻帝春秋》十卷（字思光。“曄”一作“暐”）

康案：“暐”字見《吳志·陸瑁傳》注。裴《注》作“袁暐”，所引凡二十餘條（范《書》注亦屢引），深不滿其書。如《袁紹傳》注云：

"樂資、袁曄之徒竟爲何人，未能識別然否，而輕弄翰墨，妄生異端，以行其書。正足以誣罔視聽，疑誤後生。實史籍之罪人，遠學之所不取者也。"《馬超傳》注云："袁曄、樂資等諸所記載，穢雜虛謬，殆不可勝言也。"及《荀彧傳》注斥其"虛罔"，《張紘傳》注，譏其"虛錯"，皆毀訛之辭。

雜史類

譙周《古史考》二十五卷

《晋書·司馬彪傳》："初，譙周以司馬遷《史記》書周秦以上，或採俗語百家之言，不專據正經，周於是作《古史考》二十五篇，皆憑舊典以糾遷謬誤。彪復以周爲未盡善也，條《古史考》凡百二十二事爲不當，多據《汲冢紀年》之義。"《史通·模擬篇》："譙周撰《古史考》，其書李斯之弃市也，云'秦殺其大夫李斯'，以此而擬《春秋》，所謂貌同而心異也。"章宗源輯本《古史考》"序"曰："《史通·外篇》稱《古史考》與《史記》並行於代，雖與《史記》並論，證以'史考'之名；檢其逸篇體例，實異正史。《唐志》列於'雜史'者，是也。《文選》王元長《曲水詩序》注引公孫述竊位、蜀人任永託目盲一事，蔚宗《書》亦載之，是又兼及後漢事，不獨糾遷書矣。"

譙周《天文志》

《續漢書·天文志》注引謝沈《書》曰："蔡邕撰建武以後星驗，著明以續《前志》，譙周接繼其下。"《晋書·天文志》"序"："班固敘漢史，馬續述天文，而蔡邕、譙周各有撰録。"又《志》引譙周說郡國所入十二次宿度甚詳，其學本之京房、張衡。

譙周《災異志》（記漢建武以來）

見《續漢書·五行志》。

董巴《災異志》（魏給事中，記漢建武以來）

　　見《續漢書・五行志》。

魚豢《魏畧》八十九卷（京兆人，魏郎中，記事止明帝）

　　參《史通・正史篇》。又《題目篇》云："魚豢、姚察著《魏》
《梁》二史，巨細畢載，蕪累甚多，而俱牓之以'畧'。考名責實，奚其
爽與？"又《載文篇》："歷選眾作，求其穢累，王沈、魚豢，是其甚
焉。"《齊書・禮志》"序"："魏氏籍漢末大亂，舊章殄滅，侍中王
粲、尚書衛覬集創朝儀，而魚豢、王沈、陳壽、孫盛並未詳也。"《百
官志》"序"："今有魏氏《官儀》、魚豢《中外官》。"康案：《御
覽・職官部》引《魏畧》多有敘百官品秩者，當即出此。又《御覽》卷第
十一引《魏畧・五行志》，則是書固有《志》矣（《中外官》當亦《志》
名，蓋易"百官"爲"中外"。）。而蕭子顯與陳壽並稱，意其所未成
者，獨《禮志》耳。《梁書・止足傳》"序"云："魚豢《魏畧・知足
傳》，方田、徐于管、胡，則其道本異。"《三國志考異》曰："魚豢
《魏畧》今已不存，其諸傳標目多與他史異，如東里衮爲《游說傳》/董
遇、賈洪、邯鄲淳、薛夏、隗禧、蘇林、樂詳七人爲《儒宗傳》/常林、
吉茂、沐並、時苗四人爲《清介傳》/脂習、王脩、龐淯、文聘、成公
英、郭憲、單固七人爲《純固傳》/孫賓碩、祝公道、楊阿若、鮑出四人
爲《勇俠傳》/王思諸人爲《苟吏傳》（並見裴氏《注》）/田疇、管寧、
徐庶、胡昭諸人爲《知足傳》（見《梁書》）是也。王粲、繁欽、阮瑀、
陳琳、路粹諸人合傳，焦先、扈累、寒貧[①]諸人合傳，當亦有目，今不可
攷矣。若秦朗、孔桂之爲《佞倖傳》，則沿遷、固之舊目也。"康案：
《東夷傳》注及《世說》卷二注引《魏畧・西戎傳》亦與班史微異，而
《御覽》三百七十八則稱《魏畧・西域傳》不作"西戎"。杭世駿《諸
史然疑》曰："《唐書・志・藝文》稱魚豢《魏畧》有五十卷，並不言
有《典畧》。《隋志》則并《魏畧》亦無，《三國志》注引《魏畧》，

―――――――――

① 石德林號"寒貧"，事見《三國志・管寧傳》。

又引《典畧》，即一書也。《太平御覽》直稱《魏典畧》焉。”康案：
《隋志》無《魏畧》而有《典畧》，杭氏似并《典畧》忘之。要其合二書
爲一，則確論也。裴《注》及《御覽》引此書甚多（《史記索隱》、前後
《漢書注》皆屢引之），輯之尚可裒然成帙。

張溫《三史畧》二十九卷

徐整《三五厤紀》二卷

蕭吉《五行大義》卷五引之云：“天皇十三頭，地皇十一頭，號地
皇。”《藝文類聚》卷一引之云：“天地混沌如雞子，盤古生其中，萬
八千歲，天地開闢。陽清爲天，陰濁爲地，盤古在其中。一日九變，神於
天，聖於地。天日高一丈，地日厚一丈，盤古日長一丈，如此萬八千歲。
天數極高，地數極深，盤古極長。後乃有三皇。數起於一，立於三，成於
五，盛於七，處於九，故天去地九萬里。”又卷十一引云：“歲起攝提，元
氣肇，有神靈一人，有十三頭，號天皇。”又卷九十二引云：“天地之初，
有三白烏，主生眾鳥。”餘見《御覽》引者甚多。“紀”或作“記”。

徐整《通厤》二卷 《雜厤》五卷

《御覽》屢引徐整《長厤》，又卷八百七十三、九百十五引徐整《正
厤》，疑即此二書之異名也（《通志·藝文畧》於《通厤》《雜厤》之
外，又別出《長厤》十四卷）。

韋昭《洞紀》三卷（記庖犧以來，至建安二十七年）

《史通·表厤篇》：“韋昭《洞紀》、陶弘景《帝代年厤》皆因表而
作用成，其書非國史之流。”《莊子·說劍篇》《音義》引《洞紀》云：
“周赧王十七年，趙惠文王之元年。”《五行大義》卷五引《洞紀》云：
“人皇分治九州，古語質，故以頭數言之。”《御覽·皇王部》三引《洞
紀》曰：“古人質，以頭爲數，猶今數鳥獸以頭記也。若云十頭鹿，非十
頭也。”《樂部》十引韋昭《洞厤記》曰：“紂無道，比干知極諫必死，

作《秣馬金闕》之歌。"（又見《初學記》卷十五）

起居注類

漢獻帝《起居注》五卷

《唐六典》："漢獻帝及西晋以後諸帝皆有《起居注》，皆史官所録。"康案：此書《隋志》不著撰人，《後漢書》及《續漢書志》《三國志》諸注屢引之。《魏文帝紀》注引一條云："建安十五年，爲司徒趙溫所辟。太祖表：'溫，辟臣子弟，選舉故不以實'，使侍中、守光禄勳郗慮持節奉策，免溫官。"稱曹操爲太祖，則此書成於魏時也。

職官類

荀攸《魏官儀》一卷

《初學記》二十一卷引《魏官儀》云："尚書郎缺，試諸郎故孝廉能文案者。先試一日，宿召會都坐，給筆墨以奏。"未知出荀書、出衛書也。

衛覬《魏官儀》（凡數十篇）

何晏《官族傳》十四卷

劉劭《爵制》

《續漢書·百官志五》劉昭注引之。

常道鄉公《咸熙百官名》

《唐六典》卷十引之云："有著作佐郎三人。"

丁孚《漢官儀式選用》一卷（吳太史令）

《漢書·宣帝紀》《後漢·章帝紀》《續漢書·百官志》諸注皆引之，或稱《漢官》，或稱《漢儀》，或稱《漢儀式》，皆省文也。孚官名見《吳志·薛瑩傳》。

韋昭《官儀職訓》一卷

康案：《後漢書·曹節傳》《北堂書鈔·設官部》《藝文類聚》《太平御覽·職官部》俱引韋昭《辨釋名》，皆攷論官制，則《官儀職訓》疑即在《辨釋名》中。而《本傳》稱各一卷，《隋志》亦分録，豈當時本自別行耶？（《案①書·百官志》引韋曜，亦出此書）又案：《唐六典》卷五引《魏甲辰令》"輔國將軍，第三品；游騎將軍，第四品"，卷十引《魏甲辰儀》"祕書令史品第八"，其次序皆在晉官品以前，則曹魏時書也。然他別無所見，又未知是專記官制之書否，故不著録，而附志其名於此。

儀注類

譙周《禮儀志》

《續漢書·禮儀志》注引謝承《書》曰："太傅胡廣，博綜舊儀，立漢制度。蔡邕因以爲《志》，譙周後改定，以爲《禮儀志》。"

譙周《祭志》

《宋書·禮志四》引譙周《祭志》稱："禮：身有喪，則不爲吉祭。緦麻之喪，於祖考有服者，則亦不祭，神不饗也。"《通典》四十八引蜀譙周《禮祭集志》云："四時，各於其廟中，神位奧西牆下，東嚮，諸侯廟木主在尸之南，爲在尸上也。東嚮以南爲上。"又四十九卷引云："天子之廟，始祖及高、曾、祖、考，皆月朔加薦，以像平生朔食也，謂之月

---

① "案"，當爲"宋"之誤刻。

祭。二祧之廟，無月祭也。凡五穀所熟，珍物新成，天子以薦宗廟。禮：未薦，不敢食新者，敬之道也。其月朔薦及膶薦、薦新，皆奠，無尸。故羣廟皆一日之閒盡畢。"

董巴《大漢輿服志》一卷

劉昭注《續漢書八‧志》"序"云："車服之本，即依董、蔡所立。"康案：《隋書》"禮儀志"、《後漢書》"光武紀""明帝紀""臧官傳論""宦者傳序"諸注、《史記》"李將軍傳"索隱、《初學記》"器用""服食"兩部、《北堂書鈔》"衣冠""儀飾"兩部、《藝文類聚》"禮部""雜文部"、《御覽》"服章部""車部"，俱引此書。《後漢‧宦者傳叙》注引云："禁門曰黃闥，中人主之，故曰黃門。"（亦見劉昭注《百官志三》，但稱董巴。又《宋‧百官志下》、《初學記‧職官部》引董巴《漢書》，與此文畧同，疑《漢書》字誤）《索隱》引云："黃門丞至密近，使聽察天下，謂之中貴人使者。"其事皆與輿服無涉，蓋又有所旁及也。

何晏《魏明帝謚議》二卷

高堂隆《魏臺雜訪議》三卷

《宋書‧禮志》《隋書‧禮儀志》及唐、宋人諸類書皆引之。

刑法類

諸葛亮《蜀科》（與法正、劉巴、李嚴、伊籍共造）

《魏主奏事》十卷

《史記‧陳豨傳》《漢書‧高祖紀》"十年"、《後漢書‧光武紀》"更始二年"、《西羌傳論》諸注俱引《魏武奏事》，《御覽》一百八十一引《魏公奏事》。

《魏廷尉決事》十卷

康案：以上二書，未知是魏人撰否，姑存之。《御覽》七百六十三引《廷尉決事》曰：“廷尉高文惠上：‘民傅晦詣民籍牛場上盜黍，爲牛所覺，以斧擲，折晦脚，物故。依律，牛應棄市。’監棗超議：‘晦既夜盜，牛本無殺意，宜減死一等。’”必出此書也。文惠，高柔字也，黄初四年爲廷尉。（《御覽》六百四十六亦引《廷尉決事》，然無以定其爲魏。）

《魏法制新律》十八篇（劉劭、庾嶷、荀詵等撰）

《晋·刑法志》：“魏明帝下詔改定刑制，命司空陳羣、散騎常侍劉劭、給事黄門侍郎韓遜、議郎庾嶷、中郎黄休、荀詵等删約舊科，傍采漢律，定爲《魏法制新律》十八篇[1]，《州郡令》四十五篇，《尚書官令》《軍中令》，合百八十餘篇。”《唐六典》卷六：“陳羣採漢律爲《魏律十八篇》，增漢蕭何律劫掠、詐僞、毀亡、告劾、繫訊、斷獄、請賕、驚事、償贓等九等也，依古義制爲五刑。其大辟有三，髡刑有四，完刑、作刑各三，贖刑十一，罰金六，雜抵罪七，凡三十七名。”

劉劭《律畧論》五卷

《御覽》六百三十八引劉劭《律畧》曰：“删舊科，採漢律爲魏律，懸之象魏。”

雜傳類

諸葛亮《貞潔記》一卷

陳術《益部耆舊雜傳記》二卷

康案：《隋志》有《續益部耆舊傳》三卷，《唐志》有《益州耆舊

---

[1] 姚振宗認爲侯康此處斷句有誤，當以“定爲魏法”讀爲句，不當連屬下文。見王承略、劉心明主編《二十五史經籍志攷補萃編》第9卷，清華大學出版社，2012年版，第207頁。

雜傳記》二卷，皆無撰人。考《蜀志·李譔傳》稱"時又有漢中陳術，字申伯，博學多聞，著《益部耆舊傳》及《志》"，《華陽國志·漢中士女讚》亦同，則此書陳術撰也。（《隋志》"續"字疑衍）《楊戲傳》稱《益部耆舊雜記》載王嗣、常播、衛繼三人，劉焉、先主、楊洪、楊戲諸《傳》注皆引《益部耆舊雜記》，或稱《耆舊傳雜記》。雖不系以陳術，大約皆術書"（陳壽亦有《益部耆舊傳》，然《楊戲傳》中必不自引其書。裴《注》引陳壽書，多稱《耆舊傳》。此數條獨稱《雜記》，與《楊戲傳》合，故知皆術書也），則此書又名《雜記》，《唐志》之名本於此也。（《史記·曆書》"巴落下閎逄算轉曆"注引陳術云："徵士巴郡落下閎也。"）

魏文帝《海內士品錄》三卷

魏明帝《甄表狀》

《聖賢羣輔錄》云："魏文帝初爲丞相，魏王所旌表二十四賢，後明帝乃述撰其狀，見《文帝令》及《甄表狀》。"又云："潁川陳寔，寔子紀，紀弟諶，並以高名，號曰三君。見《甄表狀》。"又云："北海公沙穆五子並有令名，京師號曰'公沙五龍，天下無雙'。穆亦名士也，見明帝《甄表狀》。"康案：魏文帝所旌表二十四賢，備在《羣輔錄》，無公沙穆、陳寔父子，而《甄表狀》有之，蓋又有所推廣矣。二十四賢中之徵士樂安冉璆，《後漢書·陳蕃傳》作"周璆"，未知孰是。

《海內先賢傳》四卷（魏明帝時撰）

《世說》注、《後漢書》注、《藝文》《御覽》俱引之。其中記申屠蟠事（《本傳》注）、許劭事（《世說·賞譽篇》注），足補史傳之闕；記王允死難事（《御覽》六百五十二），與史不同；記李膺宗陳稺叔、荀淑、鍾皓三君，嘗言荀君清識難尚，陳、鍾至德可師（《世說·德行篇》注），比史傳多稺叔一人。皆足以備參考者也。

曹植《列女傳頌》一卷

蘇林《陳留耆舊傳》一卷

康案：漢圈稱亦有此書，後人引《陳留耆舊傳》者甚多，未知爲圈書、爲蘇書矣。惟《御覽》卷二百六十九引蘇林《廣舊傳》，蓋廣圈稱之書而作，故以"廣舊"名（《玉海·藝文》亦云魏蘇林《廣舊傳》一卷）。引書者又省"陳留"二字，觀所記者，爲仇香事。仇正陳留人也，其稱"香"，字"季和"，與范史異，或傳寫偶誤。又稱香學通三經，則史所未詳也。

董巴《漢中宮傳》（魏博士）

《御覽》卷二百三十引之云："守宮禁內署令，秩千石。在省內用中人，省外士人。"

繆襲《列女傳讀》一卷

周斐《汝南先賢傳》五卷

諸書引者甚多，如周乘之"器識"（《世說·賞譽篇》注），闕敞之"貞廉"（《藝文》卷六十六），黃浮、李宣之"公正"（《御覽》二百六十八/九），陳華、王恢之"義烈"（《御覽》二百六十八、四百二十一），李鴻、李先、殷煇之"孝友"（《御覽》四百十四），許嘉之"志節"（《御覽》三百四十三、六百四十九），郭亮之"幼慧"（《御覽》三百八十五），薛勤之"知人"（《御覽》四百四十四），史傳皆佚其事。且有不知姓名者，胥賴此書以傳。惟載及侯瑾（《藝文》八十）、葛玄（《藝文》九十六）、胡定（《御覽》四百二十六）、劉巴（《御覽》四百五十七）諸人事，皆非汝南人，疑引書者輾轉傳譌也。

《任城王舊事》三卷

見《拾遺記》卷七，當時國史所撰也。

《白起故事》（何晏撰）

見《文選》注、《史記・白起傳》《集解》引“何晏論起坑趙卒”事，當出此書。

嵇康《聖賢高士傳贊》八卷

《史通・採撰篇》：“嵇康《高士傳》好聚七國寓言。”《浮詞篇》：“《左傳》稱絳父論甲子，隱言於趙孟；班《書》述楚老哭龔生，莫識其名氏。至嵇康、皇甫謐撰《高士記》，各爲二叟立傳，全采左、班之錄，而其《傳論》云：‘二叟隱德容身，不求名利，避遠亂害，安於賤役。’夫探揣古意，而廣足新言。雖語多本《傳》，事無異說。”《品藻篇》：“嵇康《高士傳》其所載者廣矣，而顏回、蓬瑗，獨不見書。至如董仲舒、揚子雲……與此何殊，而並可甄錄。夫回、瑗可棄，揚、董獲升，可謂識二五而不知十者也。”《雜說》下：“嵇康《高士傳》取《莊子》《楚辭》二漁父事，合成一篇。夫以園史之寓言、騷人之假說，而定爲實錄，斯已謬矣。況此二漁父者，較年則前後別時，論地則南北殊壤，而輒併之爲一，豈非惑哉！”又云：“莊周著書，以寓言爲主；嵇康述《高士傳》，多引其虛辭。至若神有混沌，編諸首錄。苟以此爲實，則其流甚多。”

康案：此書《唐志》無“贊”字，《隋志》有。攷康兄喜作《康傳》，及《晋書》本《傳》，《皆》稱爲《傳贊》，《水經・汝水篇》注：“黃帝嘗遇牧童於襄城之野，故嵇叔夜讚曰：‘奇矣！難測！襄城小童，倦遊六合，來憩茲邦。”《世說・品藻篇》注引嵇康《高士傳・井丹贊》曰：“井丹高潔，不慕榮貴；抗節五王，不交非類；顯譏輦車，左右失氣；披褐長揖，義陵羣萃。”《司馬相如贊》曰：“長卿慢世，越禮自放；犢鼻居市，不恥其狀。託疾避官，蔑此卿相。乃賦《大人》，超然莫尚。”《初學記・人事部上》引嵇康《原憲讚》曰：“原憲味道，財寡義豐。柄遲華門，安賤固窮。絃歌自樂，體逸心沖。進應子貢，邈有清風。”《御覽》卷五十六引嵇康《聖賢高士傳讚》曰：“許由養神，宅於箕阿。德真體全，擇日登遐。”是康書實有《讚》（《水經注》《初學記》雖不明言《高士傳》，然以文體例之，必出《高士傳贊》無疑也），皆四字協韻。《唐志》刪之，非矣。嵇喜稱此書自混沌至管寧，凡百一十九人。今載《御覽・逸民部》九、十兩卷者，至多凡三十五人。合之《御覽》他處，及諸書所引者，又數十人。原書雖佚，尚可得其大概也。

王基《東萊耆舊傳》一卷

《毌丘儉記》三卷

《魏志・明帝紀》注引毌丘儉《志記》云："時以儉爲宣王副也"（宣王時，伐遼東。），當即出此書。未知爲儉記事之作，抑他人記儉事也。

謝承《會稽先賢傳》七卷

《御覽》屢引之。所記凡闞澤（卷四、又三百六十、三百九十八）、沈勳（二百十）、茅開（二百五十三）、淳于長（三百八十五）、陳業（四百十六、四百二十一。又《初學記》十七。）、董昆（七百九）、嚴遵（九百六十四、九百六十六），諸人事多史傳之佚文。嚴遵二條，足補《後漢書》《本傳》之闕；陳業二條，足以證《吳志・虞翻傳》注。吉光片羽，皆可寶也。

徐整《豫章列士傳》三卷

《御覽》凡五引之（無徐整名）：一云："周騰，字叔達，爲御史。桓帝欲南郊，平明出，叔達仰首曰：'王者象星。今宮中宿策馬星不出動，帝何出焉？'四更，皇子卒，遂止。"（卷六）又云："孔恂，字巨卿，新淦人，爲別駕。車前後舊有屏星，如刺史車曲翳儀式。時刺史行部發失旦，怒命去之。恂曰：'明使君發自晏，而欲撇去屏星，毀國舊儀，此不可行。別駕可去，屏星不可省。'即投傳而去。"（卷二百六十三）又云："華茂爲功曹，病，被不覆軀，布衣不周身。郡將與大布被、袴，皆不受。"（卷二百六十四）又云："施陽，字季儒，爲舒令。經江夏，遇賊，劫奪陽物。賊去後，車上有五千錢，遺人追與。賊聞知陽，悉還其物，以付亭長。”（卷八百三十六。又《初學記》卷十七引徐整《豫章列士傳》曰：“舒令施陽，字季儒，宜春人也。爲人沈重謐静，清白絕俗，常以禮讓，先人後己，爲行稱爲賢者。”）又曰：“羊茂爲東郡太守，出界買鹽豉。”（卷八百五十五）皆史傳之佚文也。（孔恂、羊茂，謝承《後漢書》有之。）

徐整《豫章舊志》八卷

《世說・規箴篇》注、《水經・廬江水》注俱引此書，而不系人名。同序廬俗一事，酈道元引《海内東經》以駁之。蓋地志類多附會，自古已然也。此書《隋志》作晋熊默撰，三卷；《唐志》作徐整撰，八卷，今從《唐志》。書似宜入“地理類”，而隋、唐二《志》俱入“雜傳”。原書既亡，無可攷核，自當仍舊爲正。

張勝《桂陽先賢畫讚》五卷（吳左中郎）

《水經・汝水》注引一條，記張熹自焚求雨事。《御覽》引成武丁（卷三百四十五）、羅陵（卷四百二十一）、胡滕（卷六百六）、蘇耽（卷八百二十四，又九百八十四）、成子（卷八百四十）、程曾（卷八百六十三）。諸人事中，惟胡滕一條見《後漢書・竇武傳》，餘多未見。“程曾”非《後漢書・儒林傳》之“程曾”，蓋別一人也。（《御覽》三百六十七及九百七十又引《桂陽先賢傳》，核其文義，蓋即一書也。）

趙母《列女傳解》七卷（潁川人，吳桐鄉令虞韙妻）

《世說・賢媛篇》注引《列女傳》曰：“趙姬者，桐鄉令虞韙妻，潁川趙氏女也，才敏多覽。韙既没，大皇帝敬其文才，召入宮省。上自征公孫淵，姬上疏以諫。作《列女傳解》，號‘趙母注’，數十萬言。赤烏六年卒。”

《列女傳》

見《世說·賢媛篇》注。稱孫權爲"大皇帝"，又爲"上"，則吳人撰也。

陸凱《吳國先賢傳》五卷

《初學記》卷十七引《吳先賢傳·故揚州別駕從事戴矯讚》曰："猗猗茂才，執節雲停。志勵秋霜，冰潔玉清。"《奮武將軍顧承讚》曰："於鑠奮武，奕奕全德。在家必聞，鴻飛高陟。"《上虞令史胄讚》曰："猗猗上虞，金鎣玉貞。鳳立鸞跱，邈矣不傾。"據此知是書體例，每傳必有讚也。

陸允《廣州先賢傳》七卷

《續漢書·五行志》注引之，載養奮對策。《初學記》《藝文》《御覽》屢引之，載丁密、猗頓、丁茂、黃豪、鄧盛、徐徵、董正、羅威、尹牙、疏源、申朔、唐頌諸人。其中丁茂、黃豪爲交趾人，尹牙爲合浦人，皆交州屬郡，與廣州無涉。然廣州仍有合浦北部尉。又廣州之高涼郡，本分合浦置；高興郡，分交趾置。意諸人郡望，據未分郡以前言之。若既分郡後，實當屬廣州也。

《曹瞞傳》一卷（吳人作）

《魏志·武帝紀》注、袁紹、呂布、荀彧《傳》注俱引之。（《世說·假譎篇》注、《水經·渭水篇》注、《後漢書·獻紀》、袁紹、呂布《傳》注亦引之，不出裴注之外。）書出敵人之口，故於曹操奸惡備載無遺。世所傳操爲夏侯氏子、及破壁收后等事，皆出此書。其中築沙城以渡渭一事、司馬建公舉操爲北部尉一事，裴松之頗有疑辭，而終不敢斥爲非，蓋其書紀事多實也。《藝文》《御覽》又屢引《曹操別傳》所稱"人中有呂布，馬中有赤兔"一條（《御覽》卷四百九十六），與此書合；魏[1]梁孝王家一條（《藝文》卷八十三），《文選·檄豫州》

---

[1] "魏"，《二十五史藝文經籍志攷補萃編》第九卷作"發"，見第46頁。

注正作《曹瞞傳》，則一書而異名耳。《御覽》又引《魏武別傳》（卷四百三十一），稱操爲"武皇帝"，并載操子中山王袞事，或亦本一書而後人易其稱乎？

《趙雲別傳》

《本傳》注屢引之。

《費禕別傳》

《本傳》注屢引之。《御覽》卷九百四十六引一條，事見《本傳》，故注反不載也。

《曹植別傳》

《御覽》卷四百五十九引之，其事已見《本傳》。

《邊讓別傳》

《御覽》卷六百九十一/二—— 二引之云："讓，字文禮，才辨俊逸。孔融薦讓於武帝曰：'邊讓爲九州之被則不足，爲單衣襜褕則有餘。"其事范《書》《本傳》不載。稱曹操爲"武帝"，則非漢人撰也。

《楊彪別傳》

《御覽》卷四百九十一引之云："魏文帝令彪著布單衣，待以賓客之禮。"稱曹丕爲"文帝"，則亦魏人撰也。

《華陀別傳》

陳、范兩《書》《本傳》注引之。

《荀彧別傳》

見《本傳》注。書中稱曹操爲"太祖"，司馬懿爲"宣王"，則非漢、晉人作明矣。

《邴原別傳》

　　《本傳》注引之甚詳，而《世說·賞譽篇》注、《御覽》卷二百九（"邴原"誤作"邴吉"）、五百三十二所引有出《本傳》注之外者。又《本傳》稱"原同郡劉政，有勇畧雄氣。遼東太守公孫度畏惡，欲殺之，盡收捕其家"。《藝文》卷八十三引《別傳》"劉政"作"劉攀"（《御覽》卷八百十一又作"劉皋"），又謂"攀圖奪公孫度，度覺之"，敘事亦小異，皆足備參攷也。

《管寧別傳》

　　《御覽》引之，無甚異也。

《潘勗別傳》

　　《御覽》卷四百三引之曰："勗寬賢容眾，與天下人等休戚、同有無，不以家財爲己有。"

《劉廙別傳》

　　見《本傳》注。

《桓階別傳》

　　《御覽》引之云："階爲尚書令，文帝嘗幸其第，見諸少子無褌，文帝搏手笑曰：'長者子無褌。'乃抱與同乘。是日拜三子爲郎，使黃門齎衣三十囊，賜曰：'卿兒能趨，可以褌矣。'"（卷二百二十一、四百八十五）又云："上已平荆州，引爲主簿。每有深謀疑事，常與君籌之。或日昃忘食，或夜坐徹旦。擢爲趙郡太守，會郡寮送之。上曰：'北邊未靖，以卿威能震敵、德懷遠人，故用相煩。'是亦寇恂河內之舉。階在郡時，俸盡，食醬蓿。上聞之，數戲之曰：'卿家作醬，頗得成不？'詔曰：'昔子文清儉，朝不謀夕，而有脯糧之秩；宣子守約，簞食魚飱，而有加粱之賜。豈況光光大魏，富有四海，棟宇大臣而有蔬食，非吾所以禮賢之意也。其賜射鹿師二人，并給媒弩。'"（卷二百六十二、四百三十一）又云："階爲趙郡太守，期月之閒，增戶萬餘。路有遺粟一囊，耕者得之，舉以繫樹。數日，其主聞，還取之。"（卷八百二十二、八百四十）數事皆不見《魏志》。據《本傳》稱階由主簿"遷趙郡太守；魏國初建，爲虎賁中郎將"，是階守趙郡，在魏國未建以前。而《別傳》有"光光大魏"之語者，蓋未徵爲虎賁中郎將時也。趙郡正在魏國十郡之內，故魏國初建，階即爲魏臣，不爲漢臣矣。

《任嘏別傳》

見《王昶傳》注。

《傅巽別傳》

《御覽》卷三百二十二引之云："衛臻領（下當有"選"字），舉傅巽爲冀州刺史。文帝曰：'巽，吾腹心臣也，不妨與其籌算帷幄之中，決勝千里之外，不可授以遠任。'"康案：巽名見《傅嘏傳》，嘏伯父也。

《王朗、王肅家傳》一卷

《朗傳》注引《朗家傳》兩條。

《吳質別傳》

《王粲傳》注引之。《藝文類聚》卷六十八又引一條云："質爲北中郎將，朝京師。上歡喜其到，比至家，問訊相續；詔將軍列鹵簿，作鼓吹，望闕而止。"

《孫資別傳》

見《本傳》及《賈逵傳》注。裴松之稱資之《別傳》，出自其家。今攷所載，多諛詞，而於資誤國之罪，絕不言及，誠未可據爲定論也。

《劉曄傳》

見《文選》注。

《曹肇別傳》

《御覽》卷三百八十六引之云：“肇之弟纂，字德思，力舉千鈞，明帝寵之，寢止恆同。嘗與戲賭衣物，有所獲，輒入御帳取而出之。”康案：肇、纂皆曹休子，此事《休傳》不載。

《何晏別傳》

《初學記》引之云：“晏方年七八歲，慧心天悟，形貌絕美。出遊行，觀者盈路，咸謂神仙之類。”（卷十九）《御覽》引之云：“何晏，南陽人，大將軍進之孫。進遇害，魏武納晏，小養於魏宮。至七八歲，惠心天悟，形貌絕美。武帝雅奇之，欲以爲子。每挾將遊觀，令與諸子長幼相次。晏微覺之，於是坐則專席，止則獨立。或問其故，答曰：‘禮：異姓不相貫伍。”（卷三百八十、三百九十三）又云：“晏時小養魏宮，七八歲便慧心天悟，眾無愚知，莫不貴異之。魏武帝讀兵書，有所未解，試以問晏。晏分散所疑，無不冰釋。”（卷三百八十五）

《程曉別傳》

見《本傳》注。

《鍾會母傳》（鍾會撰）

見《會傳》注。

《虞翻別傳》

見《本傳》注。書中直稱孫策、孫權名，則非吳人撰，然亦當三國時人也。

《陸績別傳》

《御覽》卷二百六十四引之云：“績字公紀，吳郡人也。太守王朗命爲功曹，風化肅穆，郡內大治。”其事《本傳》不載。又卷四百五引一條，則《本傳》載之。直稱孫策之名，亦非吳人撰也。

《胡綜別傳》

《藝文類聚》引之云："時有掘地得銅匣，長二尺七寸，以琉璃爲蓋，布雲母於其上。開之，得白玉如意，所執處皆刻螭、蟬等形，時人莫知其由。吳大帝以綜多識，乃問之。綜答云：'昔秦始皇東遊，以金陵有王者氣，乃鑿諸山岡起處，埋寶物以當王者之氣。此抑是乎？'"（卷七百八十三）其事《本傳》不載。

《孟宗別傳》

《御覽》引之云："宗爲豫章太守，人思其惠，路有行歌。故時人之生①，以'孟'爲名。"（卷二百六十三）又云："宗爲光禄勳，大會。醉，吐麥飯，察者以聞。詔問食麥飯意，宗答：'臣家足，有米麥飯。直愚臣所安，是以食之。'"（卷八百五十）康案：孟宗，《吳志》無傳。《孫皓傳》："建衡三年，司空孟仁卒。"即宗更名也。《注》載宗事甚詳，而獨無《別傳》此二事。

《樓承先別傳》

《御覽》引之云："樓玄到廣州，密求虞仲翔故宅處，遂徘徊躑躅，哀咽悽愴，不能自勝。"（卷一百八十）又云："昔山越民反，所過殘毀。至婁氏之里，往中庭，顧見釜甑尚著於竈，曰：'恐他遠寇取之。'仍爲取洗，沈著井中而去。婁家後還，皆盡得之。"（卷七百五十五）其事皆不見《本傳》。

《董正別傳》

正名不見於史，惟《廣州先賢傳》載其字"伯和，番禺人"（見《御覽》四百九），則在陸允②以前。《御覽》卷八百二十二引《別傳》一條，不載正事，而載劉廙事，殊不可曉。

---

① "生"，《二十五史藝文經籍志攷補萃編》第九卷第51頁作"生子"，并注云："'子'字原闕，據中華書局影印《太平御覽》補。"

② "允"，《二十五史藝文經籍志攷補萃編》第九卷第51頁作"胤"。

地志類

來敏《本蜀論》

《水經注》二十七引來敏《本蜀論》云："秦惠王欲伐蜀，而不知道，作五石牛，以金置尾下，言能屎金。蜀王負力令五丁引之成道。秦使張儀、司馬錯尋路滅蜀，因曰'石牛道'。"又卷三十三引來敏《本蜀論》曰："荆人鱉令死，其尸隨水上，荆人求之不得。令至汶山下，復生，起見望帝。望帝者，杜宇也，從天下。女子朱利，自江源出，爲宇妻，遂王于蜀，號曰'望帝'。望帝立以爲相。時巫山峽，而蜀水不流。帝使令鑿巫峽，通水，蜀得陸處。望帝自以德不若，遂以國禪，號曰'開明'。"據此兩條，則是地記之書也。（《太平寰宇記》"益州"條下亦引）

譙周《三巴記》一卷

《續漢書·郡國志》"巴郡下"屢引之。

譙周《蜀本紀》

《蜀志·秦宓傳》注引譙周《蜀本紀》曰："禹本汶山廣柔縣人也，生于石紐，其地名刳兒坪。"《先主傳》注亦引之，其文與揚雄《蜀王本紀》同，則無以定其必爲譙書也。

譙周《益州志》

《文選·蜀都賦》注引譙周《益州志》云："成都織錦既成，濯于江水，其文分明，勝于初成。他水濯之，不如江水也。"

譙周《異物志》

《文選·蜀都賦》注引譙周《異物志》曰："涪陵多大龜，其甲可以卜。其緣中又似瑇瑁，俗名曰靈义。"又曰："滇池在建寧界。有大澤水，周二百餘里，水乍深廣，乍淺狹，似如倒池，故俗云滇池。"

《水經》三卷

　　《四庫全書總目》曰："《水經》作者,《唐書》題曰'桑欽'。然班固常引欽說,與此經文異。道元《注》亦引欽所作《地理志》,不曰《水經》。觀其'涪水'條中稱'廣漢'已爲'廣魏',則決非漢時。'鍾水'條中稱'晋盌'仍曰'魏盌',則未及晋代。推尋文句,大抵三國時人。今得道元原《序》,知並無桑欽之文,據以削去。"《通典‧州郡》四:"《水經》,不知何代之書。云'濟水過壽張',則前漢壽良縣,光武更名。又'東北過臨濟',則狄縣,安帝更名。'荷水過湖陸',則湖陵縣,章帝更名。'汾水過永安',則彘縣,順帝更名。故知順帝以後纂序也。"施廷樞曰:"《水經》全用後漢地名,上曲陽稱'中山',河關屬隴西,知《水經》爲東京之作。"康案:杜氏、施氏意在辨《水經》非桑欽作,故退而系之後漢,不如《四庫總目》系之三國,爲尤當。蓋壽張、臨濟、湖陸、永安諸名,及上曲陽之屬中山,河關之屬隴西,至魏時猶然。杜氏、施氏所引證,固與《四庫總目》之說無礙。至王伯厚所稱"武侯壘",歐陽圭齋所稱"永安官"諸條,則是傳文嶒入之故,非經文也。

楊元鳳《桂陽記》

　　《梁書‧劉杳傳》:"杳云:'桂陽程鄉有千里酒,飲之,至家而醉。'任昉曰:'吾自當遺忘,實不憶此。'杳云:'此楊元鳳所撰《置郡事》。元鳳是魏代人,此書仍載其賦,云:"三重五品,商溪捴里。"'時即檢楊記,言皆不差。"

阮籍《宜陽記》

　　《御覽》卷四十二引之。

康泰《吳時外國傳》（吳中郎）

　　《南史‧海南諸國傳》"序":"吳孫權時,遣宣化從事朱應、中郎康泰通焉。其所經過及傳聞,則有百數十國,因立記傳。"《御覽》卷七百八十九："吴时康泰爲中郎，表上《扶南土俗》曰：'利正東行，極崎頭，海邊有居人，皆有尾五六寸，名蒲羅中國，其俗食人。'"康案：《水經注》（卷一、卷三十六）、《御覽》屢引康泰《扶南傳》，《藝文類聚》《御覽》屢引《吴時外國傳》而不名，惟《御覽》三百五十九一條系以康泰。竊意泰徧歷百數十國，必不止專記扶南一方，其大名當是《吴時外國傳》，而《扶南傳》則其中之一種。《扶南土俗》又《扶南傳》之別名也。

朱應《扶南異物志》一卷（吴宣化從事）

康案：《南史》稱朱應經過傳聞百數十國，因立紀傳。而《隋志》獨載此書者，意他卷盡亡，而此卷廑存也。又《梁書·劉杳傳》稱："長頸是毗騫王。朱建安《扶南以南記》云：'古來至今不死。'"疑即此書，然無確証。

朱育《會稽土地記》一卷

《世說·言語篇》注引《會稽土地志》曰："長山靡迤，而長縣因山得名。"又曰："邑在山陰，故以名焉。"此書《隋志》入"地理"類，《唐志》刪"土地"二字，入"雜傳記"類，今從《隋志》。《通志·藝文畧》兩收之，似複矣。

萬震《南州異物志》一卷（吴丹陽太守）

《藝文類聚》《御覽》屢引之。其中有用四字韻語者，如云："乃有大貝，奇姿難儔。素質紫飾，文若羅珠。不磨而瑩，采耀光流。思雕莫加，欲琢靡踰。在昔姬伯，用免其拘。"（《藝文》卷八十四）又云："玄犀（疑脫兩字）處自林麓。食惟棘刺，體兼五肉。或有神異，表靈以角。含精吐烈，望若華燭。置之荒野，禽獸莫觸。"（《藝文》卷九十五）又云："合浦之人，習水善游。俛視增潭，如猿仰株。人如沈黿，出如輕鳧。蹲泥剖蚌，潛竊明珠。"（《御覽》卷三百九十五）又云："扶南海隅，有人如獸。身黑若漆，齒白如素。隨時流移，居無常處。食唯魚肉，不識禾稼。寒無衣服，以沙自覆。時或屯聚，豬犬雞（當衍一字）雜鞣。雖乇人形，無踰六畜。"（《御覽》卷七百九十）又云："象之爲獸，形體特詭。身倍數牛，目不逾豨。鼻爲口役，望頭若尾。馴良承教，聽言則跪。素牙玉潔，載籍所美。服重致遠，有如邱徙。"（《御覽》卷八百九十）竊意此書體例，每物各爲一讚語，而別以散文詳釋其形狀，如戴凱之《竹譜》之例。諸書或引散文則無韻，或引讚語則有韻。《御覽》引"扶南海隅"一條有小注，蓋即取其散文，附注各韻之下也。

萬震《巴蜀異物志》

見《文選注》。

薛瑩《荆揚已南異物志》

見《文選·吳都賦》注。

譜牒類

宋均《注帝譜世本》七卷

康案：諸書引《世本》宋衷《注》者多，宋均《注》者少。今據王謨《世本》輯本引出者，凡五條，云："女媧，黃帝臣也。"（原注，下同：《北堂書鈔》，又見《文選注》）"祝融，顓頊臣，爲高辛氏火正。"（《初學記》）"翠，武飾也。"（《〈莊子〉釋文》）"暴辛，平王時諸侯，作壎，有三孔。"（《文選注》）"蘇成公，平王時諸侯。"（《北堂書鈔》）

管寗《氏姓論》

見《本傳》注引《傅子》，"論"字作"歌"字，疑誤，今據《玉海》卷五十訂正。

目録類

鄭默《魏中經》

　　《初學記·職官部》引王隱《晋書》曰："鄭默，字思玄，爲祕書郎。刪省舊文，除其浮穢，著《魏中經簿》。中書令虞松謂默曰：'而今而後，朱紫別矣。'"

《補三國藝文志》卷四

　　子之類十有三：一曰儒家，二曰法家，三曰名家，四曰兵家，五曰農家，六曰道家，七曰雜家，八曰天文，九曰厤算，十曰五行，十一曰醫方，十二曰雜藝，十三曰小說。

儒家類

諸葛亮《集誠》二卷　《女誡》一卷

　　康案：《女誡》疑即《集誠》中之一卷，然《隋志》"總集"內別出之，故今亦分録。

李譔《太玄指歸》

《譙子法訓》八卷（譙周撰）

　　《御覽》屢引此書，卷四百六引一條稱《譙子齊交》，疑其中篇名也。（《世說·任誕篇》注、《藝文類聚》卷二十一俱引之）

《譙子五教志》五卷（譙周撰）

魏文帝《典論》五卷

　　《抱樸子·論仙篇》："魏文帝躬覽洽聞，自呼於物無所不經，謂天下無切玉之刀、火浣之布。及著《典論》，嘗據言此事。其間未期二物畢至，帝乃歎息，遽毀斯論。"康案：《魏志·齊王芳紀》注亦載此事，但云無火浣布，不及切玉刀也。毀《論》在齊王芳時，不在文帝時，與此亦異。又案：《文選》有《典論·論文》，《魏志·文帝紀》注引《典論·自序》，《魏志·方技傳》注、《後漢書·方術傳》注俱引《典論》論卻儉等事，《意林》引《典論·太子篇》"序"。據此，則是書各有篇名。又據《後漢書·獻帝紀》注、《袁紹傳》注及《魏志》袁紹、劉表兩《傳》注，知其書兼有記事體；據卜蘭《贊述太子表》（見《藝文類聚》卷十六），知其書成于爲太子時。

徐幹《中論》六卷　《目》一卷

王粲《去伐論集》三卷

王肅《太玄經注》七卷　《王子正論》十卷　《家語解》二十一卷

張融《當家語》二卷

周生子《要論》一卷　《錄》一卷（周生烈撰）

　　《意林》引《周生烈子》五卷（《唐志》亦作五卷）序云："六蔽鄙夫燉煌周生烈，字文逸。張角敗後，天下潰亂，哀苦之間，故著此書。以堯舜作幹植，仲尼作師誡。"《宋書·大且渠蒙遜傳》："獻《周生子》十三卷。"

張茂《要言》（字彥林，沛人，魏太子舍人）

　　見《明帝紀》注引《魏畧》。

曹羲《書》三篇（陳驕淫盈溢之致禍敗，以戒曹爽）

　　《晉書·王接傳》："魏中領軍曹羲作《至公論》"，蓋即其中之一篇（論載《藝文類聚》卷二十二）。

杜恕《體論四卷》

　　《御覽》二百七十一卷引數條，皆《意林》所不載，專論兵事。考裴《注》引《杜氏新書》載此書，大旨有"勝殘去殺，莫善于用兵"之語，宜其論兵事者多也。（《藝文類聚》卷十七引一條，《意林》亦無）

杜恕《興性論》一篇

杜恕《家戒》

　　見《邴原傳》。

王昶《治論》（二十餘篇）

王昶《家誡》

　　見《藝文類聚》卷二十三。又昶《本傳》載其戒兄子及子書，其文與《類聚》所引不同，要皆是《家誡》中語也。

程曉《女典篇》

　　見《藝文類聚》卷二十三。

嵇康《家誡》

　　《本集》有之。

王基《新書》五卷

虞翻《太玄經注》十四卷

　　《翻別傳》曰：“翻以宋氏解《玄》頗有錯謬，更爲立法，并著《明揚釋宋》，以理其滯。”

陸績《太玄經注》十二卷

　　績自述曰：“昔嘗見同郡鄒邠，字伯岐，與邑人書，歎揚子雲所述《太玄》，連推求玄本，不能得也。鎮南將軍劉景升，遣梁國成奇修好鄙州。奇將《玄經》自隨，時維幅寫一通。年尚暗稺，甫學《書》《毛詩》，王誼人事，未能深索玄道真，故不爲也。後數年，專精讀之，半歲閒，粗覺其意。于是草創注解，未能也。章陵宋仲子爲作解詁。後奇復銜命尋盟，仲子以所解，付奇與安遠將軍彭城張子布，績得覽焉。仲子之思慮，誠爲信篤。然玄道廣遠，淹廢歷載，師讀斷絕，難可一備，故往往有違本錯誤。績智意豈能宏裕？顧聖人有所不知，匹夫誤有所達，竊緣先王詢于芻蕘之義，故遂卒有所述。就以仲解爲本，其合于道者，因仍其說；其失者，因釋而正之。所以不復爲一解，欲令學者瞻覽彼此，論其曲直，故合聯之耳。夫《玄》之大義，撰著之謂，而仲子失其指歸，休咎之占，靡所取定。雖得文閒異說，大體乖矣。《書》曰：‘若網在綱，有條而弗紊。’今綱不正，欲弗紊，不可得也。績不敢苟好著作以虛譽也，庶合道真，使《玄》不爲後世所尤而已。”范望曰：“子雲著《玄》，宋衷、陸績各以淵通之才，窮核道真，爲十篇解釋之，文字繁猥。”

陸凱《太玄經注》十三卷

《顧子新言》二十篇（吳顧譚撰）

　　《隋志》作《新語》十二卷，《唐志》作《新論》五卷，今從《本傳》。《御覽》七百六十九引顧譚《新言》曰：“蓬蒿生于太山之上，豫章長于窮藪之中。良匠造舟，興工建廟，必不取太山之陋質，而棄窮藪之美材，明矣！"又曰："奔車失轄，泛舟無檝，欲以不覆，未之有也。"九百三十二引桓譚《新言》曰："吳之蠠水若魚鼈，蜀之便山若禽獸。"又四百六十七、八百六十一俱引顧子，當皆出《新言》。惟七百五十五引《顧子義訓》，未知是一書否？

《周子》九卷（吳中書郎周招撰。潁川人，字恭遠）

"招"，《步騭傳》作"昭"。《傳》稱"潁川周昭著書，稱步騭及嚴畯等"。《抱朴子·正郭篇》引中書郎周恭遠《論郭林宗》《御覽》四百三引周昭《新撰》，當皆出此書。

陸景《典語》十卷（字士仁，吳中夏督陸抗子）　《典語別》二卷

《史通·自敘篇》："夫開國承家，立身行事，一文一武，或出或處。雖賢愚壤隔，善惡區分。苟無品藻，則理難銓綜，故陸景《典語》生焉。"《初學記》卷九引陸景《典語》曰："神農嘗草別穀，烝民乃粒食。"《御覽》三百五十一引陸景《典語》曰："戈刀雖備于執事，而無所揚其鋒。"又三百五十八引云："周世以膏腴之沃壤，豐鎬之寶地，大啟封境以封秦。釋鞍授鞋，假驥他人，欲無陵己，其可得乎？"又五百八十五引云："所謂文者，非徒執卷于儒生之門，擄筆于翰墨之采，乃貴其造化之淵，禮樂之盛也。"七百七十一引云："孤將與水軍一萬，從風舉帆，朝發海島，暮至沓渚。"七百七十三引云："吳朝貢歲，或犯道背理，彫車麗服，橫陵市路。車服雖侈，人不爲榮；宮室雖美，士不過門。"又云："顯臣以車服，天下莫不瞻其榮。"又云："飛車策馬，橫騰超邁；來如霧合，如若雲散；得志則進，失意則退。"

殷基《通語》八卷（雲陽人，吳無難督）

康案：《七錄》有"《通語》十卷，晉尚書左丞殷興撰"。《唐志》則作《文體通語》十卷，殷興續。是必先有其書，而興續之。蓋即續殷基之書，而二書遂合爲一，故《七錄》直以爲興撰也。裴松之注《費禕傳》《顧劭傳》《朱據傳》《孫和傳》，俱引殷基《通語》。《意林》載《通

語》八卷，不署名，疑亦引殷基書。《御覽》六百十四引殷典《通語》，此"典"字必"興"字之誤。

法家類

劉廙《政論》五卷

　　康案：廙有《先刑後禮論》，見《陸遜傳》，當出此書，即《本傳》所謂"與丁儀共論刑禮傳於世者也"。（李善注《三都賦》"序"，引劉廙《答丁儀刑禮書》）

劉劭《法論》十卷

桓範《世要論》二十卷（鈔撮《漢書》中雜事，自以意斟酌之）

　　《御覽·兵部》二/四、《人事部》九十八、《學部》五、《刑法部》二、《資產部》十四/十六俱引之，或稱《要集》，或稱《論》，或稱《世論》，皆一書也。

《阮子正論》五卷（魏清河太守阮武撰。字文業，陳留人，書凡十八篇）

　　見《杜恕傳》注引《杜氏新書》及《世說·賞譽篇》注引《陳留志》，《意林》引《阮子》四卷云："漁人張網于淵，以制吞舟之魚；明主張法于天下，以制強梁之人。立法以隄民，百姓不能干；立防以隄水，江河不能犯。防而可犯，則江河成災；法而可干，則百姓成害。不樹者死無棺，不蠶者身無帛，不績者凶無緣。君子暇豫則思義，小人暇豫則思邪。高鳥相木而集，智士擇土而翔。一盜不誅，害在穿窬；修譽不誅，害在詞主。"餘見《御覽》三百四十六、三百四十八、四百六、六百三十八、八百二，凡五條，多《意林》所未載。（惟六百三十八卷一條，同《意林》）

《陳子要言》十四卷（吳豫章太守陳融撰）

名家類

魏文帝《士操》一卷

劉劭《人物志》三卷

盧毓《九州人士論》一卷

鍾會《道論》二十篇

姚信《士緯新書》十卷

  《世說·品藻篇》注、《藝文類聚·人部》（四、六）、《意林》
（卷四）、《太平御覽·人事部》（四十二、六十、八十八）/《禮儀
部》（三十五），俱引之。

《姚氏新書》二卷（與《士緯》相似）

兵家類

諸葛亮《兵法》五卷

  《通典》一百五十六引諸葛亮《兵法》，一百五十七引諸葛亮《兵
要》；《御覽·兵部》亦屢引諸葛亮《兵法》《兵要》，大約即一書而異
名耳（《崇文總目》又作《兵機法》，《宋志》又作《行兵法》）。《御
覽》復引諸葛亮《軍令》，當亦出此書。《通志·藝文畧》又載《武侯
十六策》《將苑》《平朝陰府二十四機》《六軍鏡》《心訣》及後世所傳
《新書》，皆出依託，今不取。

魏武帝《太公陰謀解》三卷 《司馬法注》

  《司馬法注》見《文選注》。

魏武帝《孫子兵法注》一卷

自序云："操聞上古有弧矢之利。《論語》曰：'足食足兵。'《洪範》八政'曰師'。《易》曰：'師貞，丈人吉。'《詩》云：'王赫斯怒，爰整其旅。'黃帝、湯、武咸用干戈以濟世也。《司馬法》曰：'人故殺人，殺之可也。'用武者滅，用文者亡，夫差、偃王是也。聖賢之用兵也，戢而時動，不得已而用之。吾觀兵書戰策多矣，孫武所著，深矣！審計重舉，明畫深圖，不可相誣。而但世人未知深亮訓說，況文煩富；行于世者，失其旨要，故撰爲《畧解》焉。"杜牧曰："武書大畧用仁義，使機權。曹公所注解，十不釋一，蓋惜其所得，自爲新書耳。"《郡齋讀書後志》云："《孫子兵法》八十二篇，魏武所注止十三篇。杜牧以爲武書數十萬言，魏武削其繁剩，筆其精粹，成此書云。"又云："唐李荃以魏武所解多誤，陳皞以曹公注隱微。"（《文選·魏都賦》注引魏武《孫子注》曰："賞不以時，但留費也。"）

《孫子兵法》一卷（魏武王凌集解）

魏武帝《兵書接要》十卷

《本紀》注引孫盛《異同雜語》及《文選·魏都賦》注引皆作《接要》，與《隋志》同。《唐志》作《捷要》，《御覽》又作《輯要》。其文云："孫子稱司雲氣，非雲非烟非霧，形似禽獸，客吉，主人忌。"（卷八）又云："大軍將行，雨濡衣冠，是謂洒兵，其師有慶。"又云："三軍將行，其旗墊然若雨，是謂天露，三軍失徒。將陣，雨甚，是謂浴屍，先陣者敗亡。"又云："大將始行，雨而薄，不濡衣冠，是謂天泣，其將大凶，其卒敗亡。"（並卷十一）

魏武帝《兵法接要》三卷　《續孫子兵法》二卷　《兵法》一卷

魏文帝《兵書要畧》十卷

《隋志》作魏武帝《兵書畧要》九卷，今從《唐志》。《御覽》卷三百五十七引與《唐志》同，其文曰："銜枚毋讙譁，唯令之從。"

《魏郡臣表伐吳策》一卷　《諸州策》四卷　《軍令》八卷

《隋志》在"亡書"內，三書相承，未知下兩部亦是魏人書否。然《通典》一百四十九引魏武《軍令》《船戰令》《步戰令》，《御覽·兵部》亦引之。又有《魏書曹公令》，疑即所謂《軍令》八卷者也。

賈詡《鈔孫子兵法》一卷　《注吳起兵法》一卷

王昶《兵書》（十餘篇）

沈友《孫子兵法注》二卷（字子正，吳郡人，吳處士）

友事見《吳主傳》注引《吳錄》。

道家類

鍾繇《老子訓》

見《世說·言語篇》注引《魏志》。《魏志》今無此文，當是《魏書》之訛。

《任子道論》十卷（任嘏撰。字昭先，樂安人，魏河東太守。凡三十八篇）

嘏事見《王昶傳》注引《嘏別傳》，稱其"著書三十八篇，凡四萬餘言"，當即此書也。《初學記》卷十七引任嘏《道德論》曰："夫賢人者，積禮義於朝，播仁風於野，使天下欣欣然歌舞其德。"

董遇《老子訓注》

王肅《玄言新記道德》二卷

何晏《老子道德論》二卷　《講疏》四卷
　　管輅曰："何平叔說《老》《莊》，則巧而多華；說《易》生義，則美而多偽。"裴徽曰："吾數與平叔共說《老》《莊》及《易》，常覺其辭妙于理，不能折之。"（並見《管輅傳》注引《輅別傳》）

張揖《老子注》
　　見《文選注》。

《孟子注老子》二卷（或云孟康）

《孟子注莊子》十八卷
　　康案：二書皆見《釋文·敘錄》。陸德明于注《老》之孟子，疑是孟康；注《莊》之孟氏，則云不詳何人。竊意即注《老子》之人也，故并錄之。

桓威《渾輿經》一卷（魏安成令，下邳人）

嵇康《養生論》三卷

鍾會《注老子》二卷

鍾會《四本論》
　　《世說·文學篇》："鍾會撰《四本論》始畢，甚欲使嵇公一見，置懷中既定，畏其難，懷不敢出。于戶外遙擲，便回急走。"注："《魏志》曰：會論才性同異，傳于世《四本》者，言才性同、才性異、才性合、才性離也。尚書傅嘏論同，中書令李豐論異，侍郎鍾會論合，屯騎校

尉王廣論離，文多不載。"康案：据《世說》注，則會、傅之論才性同異
即《四本論》也。《傅嘏傳》稱嘏常論才性同異，鍾會集而論之，故《四
本論》雖四人分撰，而獨系之鍾會。

荀融《論老子義》

見《荀彧傳》注引《荀氏家傳》。

王弼《注老子》二卷 《老子指畧》一卷 《注道畧論》

虞翻《注老子》二卷

虞翻《注參同契》

《周易》《釋文》：虞翻注《參同契》云："易字從日下月。"

葛僊公《老子道德經序訣》二卷（名玄，吳時學道得仙）

玄事見《晉書·葛洪傳》及《抱朴子》。《初學記》卷廿三引《道德
經序訣》曰："周時復託神，李母剖左腋而生，生即皓然，號曰老子。"
《御覽》六百六十七引《道德經序訣》曰："尹喜知紫氣西邁，齋戒想見
道真，及老子度關，授二篇經義。"《玉海·藝文》引葛玄序："老子
西游天下，關令尹喜曰：'大道將隱乎？願爲我著書。'于是作《道》
《德》二篇，五千文，上下經。"《史記·老子傳》《索隱》引葛玄曰：
"李氏女所生，因母姓也。"又云："生而指李樹，因爲姓焉。"

《唐子十卷》（吳唐滂撰，字惠潤）

康案：《意林》引《唐子》有"大晉應期，一舉席卷"之語，則滂
已入晉。《意林》又稱滂生于吳太元二年，下距吳亡時年僅三十，其晉宜
也。而《隋志》仍系之吳，豈其人晉未仕，猶當爲吳人耶？今姑從《隋
志》。《藝文》卷二十一、《御覽》卷七十六及三百七十一、七百五十八
俱引《唐子》，皆《意林》所不載。（《文選注》亦引之）

雜家類

呂雅《恪論》十五篇[1]（南陽人，呂乂子）

陳術《釋問》七篇

《皇覽》六百八十卷（魏文帝命王象、繆卜等撰）

《魏畧》云："桓範以有文學，與王象等典集《皇覽》。"（《曹爽傳》注）又云："王象字羲伯。受詔撰《皇覽》，使象領祕書監。象從延康元年始撰集，數歲成，藏于祕府，合四十餘部，部有數十篇，通合八百餘萬字。"（《楊俊傳》注）《御覽》六百一引《三國典畧》曰："祖珽等上言，昔魏文帝命韋誕諸人撰著《皇覽》，包括羣言，區分義別。"《史記索隱》卷一云："《皇覽》記先代冢墓之處，宜皇王之省覽，故曰《皇覽》。"康案：《御覽·禮儀部》三十九引《皇覽·冢墓記》二十餘條，《水經注》引《皇覽》十三條，言冢墓者十之九。《冢墓》蓋即四十餘部中之一。《御覽》卷五百九十又引《皇覽·記陰謀》，疑亦書中篇名也。《論語·三省章》《釋文》稱《皇覽》引魯讀六事，則兼及經義，此《魏文帝紀》所謂"撰集經傳，隨類相從"者。蓋後世類[2]書之檻觴，故無所不包矣。

《續尸子》九篇（黃初中續）

《王粲書》（數十篇）

《金樓子》："王仲宣昔在荆州，著書數十篇。荆州壞，盡焚其書，今存者一篇，知名之士咸重之。"

---

① "恪"，《三國志·呂乂傳》、姚振宗《三國藝文志》均作"格"。

② "類"原誤作"緯"，據《二十五史補編》本改。

《任嘏書》三十八篇

見《王昶傳》注引《嘏別傳》。

《孫炎書》（十餘篇）

《蔣子萬機論》八卷（蔣濟撰）

《書錄解題》云："案《館閣書目》，《蔣子萬機論》十卷，五十五篇。今惟十五篇，恐非全書也。"《玉海》引《書目》云："《蔣子萬機論》十卷，凡五十五篇，雜論立政、用人、兵家之說，及攷論前賢故事雜問。"康案：《蜀志》許靖、龐統兩《傳》注，《世說·品藻篇》注俱引之。《通典》引一條駁《禮記》"嫂叔無服"之誤。何晏、夏侯泰初難之，濟復申其說，蓋亦援經據典之書。餘見《御覽》引者尤多。

杜恕《篤論》四卷

《意林》引數條中有云："杜畿，字伯侯，《魏書》有傳。恕子預，字元凱，《晉書》有傳。"此後人校注之詞，誤入正文者也。《藝文聚類》（卷八十二、卷八十七）、《御覽》（卷三百七十六、卷六百三十七）引之，皆《意林》所無。

鍾會《芻蕘論》五卷

《文選·魏都賦》注、《御覽》（卷一百九十一，四百二/四百六，又八百十三、八百七十一）俱引之。中載東方朔《與公孫弘書》，後人編朔集者，即從此采出。

裴玄《新言五卷》（字彥黃，下邳人，吳大鴻臚）

玄事見《嚴畯傳》，稱"官至太中大夫"，今從《隋志》。《文選·羊叔子讓開府表》注引裴氏《新語》曰："若薦其君，將有所乞，請申謝言：'臣誠惶誠恐，頓首死罪。'"《藝文類聚》卷四引裴玄《新語》曰："正朝，縣官殺羊，懸其頭于門，又磔雞以副之，俗說以厭癘氣。玄以問河南伏君，伏君曰：'是土氣上升，草木萌動，羊齧百草，雞啄五穀，故殺之以助生氣。'"《御覽》八百十四引裴玄《新言》曰："五月五日集五綵繒，謂之辟兵。不解，以問伏君，伏君曰：'青赤白黑爲之四面，黃居中央，名曰襞方，綴之于複，以示婦人養蠶之功也，傳聲者誤以爲辟兵。'"康案：據此三條，皆攷證故事。其體例與《風俗通》、崔豹《古今注》畧同，亦有用書也。餘見《御覽》引者尚多，或稱《新語》，或稱《新言》，或稱《新書》。

《諸葛子》五卷（吳諸葛恪撰）

張儼《默記》三卷（字子節，吳人，大鴻臚）

《史通·直書篇》："張儼發憤，私存《嘿記》之文。"康案：儼事見《三嗣主傳》注引《吳錄》、諸葛亮《後出師表》。裴氏謂亮《集》所無，出張儼《默記》。又《亮傳》注引《默記·述佐篇》論亮與司馬宣王書。（《初學記》卷九引張儼《默記》兩條，皆記漢光武事）

張儼《誓論》三十卷

范慎《矯非論》二十篇（字孝敬，廣陵人，吳太尉）

見《孫登傳》注引《吳錄》。

劉廙《新義》十八卷（吳太子中庶子）

《秦子》三卷（吳秦菁撰）

《意林》載《秦子》二卷所引數條中，有顧彥先難語。彥先者，顧榮之字。榮仕吳，爲黃門郎，後及事晉元帝。秦菁與之同時，亦吳末人也。《藝文類聚》[①]屢引此書，多《意林》所無。

---

① "《藝文類聚》"，《二十五史藝文經籍志考補萃編》第九卷第68頁作"《藝文》、《御覽》"。

薛瑩《新議》八篇

天文類

陸績《渾天圖》一卷

《晉書·天文志上》："精于陰陽者，張平子、陸公紀之徒，咸以爲推步七曜之道，度厤象昏明之證候，校以四八之氣，考以漏刻之分，占晷景之往來，求形驗于事情，莫密于渾象者也。"又云："陸績造渾象，其形如鳥卵，然則黃道應長于赤道矣。績云'天東西南北徑三十五萬七千里'，然則績亦以天形正圓也，而渾象爲鳥卵，則爲自相違背。"

姚信《昕天論》一卷

《禮記·月令》《疏》："昕天，'昕'讀爲'軒'，言天北高南下，若車之軒，是吳時姚信所說。"康案：晉、宋《天文志》俱引《昕天論》，沈約謂"應作'軒昂'之'軒'，而作'昕'，所未詳也。"不知"昕""軒"聲相近，故可通用。《御覽》卷二引此論，有出晉、宋二《志》之外者。

王蕃《渾天象注》一卷

《晉書·天文志上》："吳時，中常侍廬江王蕃善數術，傳劉洪《乾象厤》，依其法而制渾儀，立論考度。"《宋書·厤志下》："祖沖之曰：鄭玄、闞澤、王蕃、劉徽，並綜數藝，而每多疏舛。"《天文志一》："王蕃言《虞書》稱'在璇璣玉衡，以齊七政'，則今渾天儀日月五星是也。"《隋書·天文志上》："蕃以古製局小，以布星辰，相去稠概，不得了察。張衡所作，又復傷大，難可轉移。蕃今所作，以三分爲一度，周一丈九寸五分、四分分之三。長[①]古法三尺六寸五分、四分分之一，減衡法亦三尺六寸五分、四分分之一。"

---

① "長"，《二十五史藝文經籍志考補萃編》第九卷第68頁作"張"。

陳卓《天文集占》十卷（吳太史令）《四方宿占》四卷 《五星占》一卷
《石氏星經》七卷《天官星占》十卷

　　《隋書·天文志上》："三國時，吳太史令陳卓，始列甘氏、
石氏、巫咸三家星官，著于圖錄，并注占贊，總有二百五十四官，
一千二百八十三星，并二十八宿及輔官，附坐一百八十二，總二百八十三
官，一千五百六十五星。"康案：此《志》稱卓爲吳太史令，而《經籍
志》則稱爲晋太史令，疑諸書皆卓在吳時作，入晋後不改舊官，故《經籍
志》以所終之官言之。《晋書·天文志》稱"武帝時太史令陳卓"亦其
例也。而下文又云"魏太史令言郡國所入宿度，今附而次之"云云，此
"魏"字乃"晋"字之訛。又據晋《天文志》，愍帝建興五年、懷帝永嘉
三年，陳卓尚存，則仕晋甚久，特以著書在吳時，故系之三國耳。

小說類

魏文帝《列異傳》三卷

　　裴氏注《三國志》几兩引此書：《華歆傳》引一條，記歆自知當爲
公；《蔣濟傳》引一條，記濟亡兒爲泰山錄事。惟濟于齊王時始徙領軍將
軍，而書中以有濟爲領軍之語，則非出自文帝。又《御覽》卷七百七引一
條，景初時事；卷八百八十四引一條，甘露時事，皆在文帝後。豈後人又
有增益耶？又據《史記·封禪書》《索隱》引一條，記秦穆公獲陳寶；
《水經·渭水》注、《後漢書·光武紀》注引一條，記秦文公時梓樹化爲
牛，則所載不獨時事也。

邯鄲淳《笑林》三卷（一名竺，字子叔，潁川人，魏給事中）

　　淳事見《王粲傳》注引《魏畧》。章懷《後漢書·文苑傳》注引《笑
林》云："葛龔善爲文奏，或有請龔奏以干人者，龔爲作之。其人寫之，
忘自載其名，并寫龔名以進之。故時人爲之語曰：'作奏雖工，宜去葛
龔。'"歐陽詢《藝文類聚》卷八十五引《笑林》曰："沈珩弟峻，字叔
山，有名譽，而性儉恡。張溫使蜀，入內良久，出語溫曰：'向擇一端

布，欲以送卿，而無艬者。’溫嘉其能顯非。”二人皆唐初人，所引當
出淳書。若他書所引，容有出何自然《笑林》者也。（何自然《笑林》三
卷，見《唐志》，當是唐人。）

南海潘元敉初校

江陰陳名慎覆校

伍崇曜跋

　　右《補三國藝文志》四卷，國朝番禺侯康君謨撰。案：是書義例與《補後漢書藝文志》同。三國人文不減於東漢，是亦宜亟補者也。裴松之注《三國志》已極詳贍，杭大宗補之，孝廉復補其闕，録爲一卷，《學海堂二集》刻之，洵史才也。鄭氏《孝經註》，《補後漢志》已定爲鄭康成撰，而是書又屬之小同，似作騎牆之見，然案語已云“姑備一說”矣。又如《困學紀聞》稱“謝承父嬰，爲尚書侍郎，每讀高祖及光武之後將相名臣策文通訓，條在南宮，祕于省閣，惟臺郎升複道取急，因得開覽。漢尚書作詔文。尚書郎乃今中書舍人”一條，則謝承撰《後漢書》所本也。又稱“學如牛毛，成如麟角，出《蔣子萬機論》”，集證《萬機論》宋末猶存二卷，今佚。又案：《北史·文苑傳》“序”：“及明皇御曆，文雅大盛，學者如牛毛，成者如麟角。”《抱朴子·極言篇》：“爲者如牛毛，獲者如麟角。”皆本《萬機論》一條，均未採入。又陳承祚原以魏爲正統，故首魏次蜀次吳，則傳志宜亦同。乃是書“《易》類”，則李譔書先於王朗，猶人臣也；“《春秋》類”，則李譔先於高貴鄉公；“刑法類”，則諸葛亮先於魏主；雜傳類，則諸葛亮、陳衞先於文帝、明帝；儒家類，則諸葛亮、李譔、譙周先於文帝；“兵家類”，則諸葛亮先於武帝，或孝廉微旨歟？至《曹瞞傳》載《列女傳》《先賢傳》後，則書出敵人之口，於曹操奸惡備載無遺，益無所用，用其推崇者矣。道光庚戌中秋前二日，南海伍崇曜謹跋。

侯康詩

一　《晚晴簃詩汇》

據《同治番禺縣誌》"侯康傳"，侯康著有《惜燭山房詩草》，已佚。《晚晴簃诗汇》卷一百三十八錄其詩一首。茲錄如下：

> 侯康，初名廷楷，字君模①，番禺人，道光乙未舉人。有《惜燭山房詩草》。
>
> 《詩話》：君模覃研經史，著作等身，所已成者有《穀梁禮證》《後漢書補注續》《三國志補注》、後漢/三國志《藝文志》，皆卓然可傳。阮文達督粵時，命佐輯四書、文話，一代功令，程式場屋，風氣於斯具備，亦論世者所不能廢也。

題春海祭酒《蒲澗賞秋圖》

棗瓜仙跡半迷離，乘興何妨當習池。
官事無多原易了，宦遊如此不嫌疲。
溫公自序遊山錄，坡老重添望海詩。
小小林泉勞物色，憐才心苦幾人知。

---

① "模"，當作"謨"。

二　《楚庭耆舊遺詩》後集十四①

（清）伍崇曜　輯

侯　康

原名廷楷，字君模②，番禺人，道光乙未舉人，著有《惜燭山房詩草》。譚玉生云："君模孝廉幼擅詩名，并嫻儷體。阮儀徵師相督粵，開學海堂校士，得所擬《庾子山謝滕王集序啓》二首，擊賞之，命與周秩卿孝廉、鄭萱坪明經、胡稻香茂才同輯《四書》文話。既而浸淫於經史之學，著作等身，其成者有《穀梁禮證》《後漢書補註》《續三國志補註》《後漢三國藝文志》各若干卷，不獨以詩傳也。然集中如讀史勵志諸作，具見根柢槃深，固迥異於剪紅刻翠者。少作有《落花十三首》，句如"粧卸可容留半面，情痴猶擬插雙鬟。仙子亦難開頃刻，美人原不戀繁華。撩人愁思眉雙瑣，過客光陰指一彈。春成畫餅休重憶，樹有還丹或再開。二分塵土三分水，十日風光九日陰。入耳怕聞金縷曲，關心重續玉簫緣。"亦能自出機杼，不落昔人窠臼中。性通倪，時與余吞花臥酒，畫壁旗亭。亦以中年哀樂，聊藉絲竹陶寫，固不同小杜"十年一覺揚州夢，博得青樓薄倖名"也。嗚呼！昌谷之集僅存，北海之文誰購？是可傷已！

乾亨鉛錢歌

平生未解呼錢兄，獨嗜金石殊有情。太公九府不可得，班《史》空記方圜形。

洪遵《泉志》富收蓄，今無其器存其名。按圖索驥亦悉益，論古真欲噱羣盲。

一朝貧兒忽暴富，五銖四銖羅縱橫。古色斑斕字可識，大紀年號維"乾亨。"

---

① 此據《廣州大典》第497冊第307—312頁點校。

② "君模"，當作"君謨"，見前小傳。

我聞漢法鑄半兩，雜以鉛鐵其罪黥。鐵官錢始公孫述，五代之季尤通行。

兹獨用鉛創新意，縱環鵞眼無其輕。吾粤銅場頗不乏，數其大者韶、連、英。（韶州、連州、英州俱有銅場，見《九域志》。）

採取既窮及鉛礦，廣州之穴梅州坑。（廣州化蒙有鉛穴，見《唐書·地理志》。梅州程鄉石坑有銅場，見《九域志》。）

燒鉛作銀本仙術，丹竈百煉光熒熒。

當年藥洲聚方士，何不點化黄金成。鑄作重輪小利耳，錐刀之末徒起爭。

豪侈國用苦不足，以十當一頒水衡。城内城外設厲禁，犯者臣庶無逃刑。

瓊仙妖惑同姹女，金堂錢寶誰聊生。羊頭二四天雨至，南人喜躍如拔釘。

六州聚鐵難鑄错，百五十萬安足榮。（宋太祖賜劉鋹錢一百五十萬。）

是時鉛錢落何許，土花剝蝕埋榛荆。

錢神有靈不終晦，出與好古供品評。物雖僞朝製則古，漢唐遺式留典型。

永平元寶出前蜀（董逌《錢譜》載諸僭僞錢，有永平元寶，前僞蜀王建鑄。），順天得一傳思明（史思明鑄順天得一錢，宋熙寧閒有人發地得之，見《梦溪筆談》。）。

霸圖銷歇且弗歎，千秋萬歲（洪遵《泉志》載："钱文曰'千秋萬歲'"。）同遐齡。

鐵孫[1]司訓藁城，行有日矣，作序以贈。短至前五日，偕石谿玉生話別酒樓。君與石谿隱志甚堅，且為道吾邑蘿岡洞風物之美，擬結鄰焉。觸余素懷，亟訂後約。以前《序》未及此意，復作長歌，聊當左券，以勸駕之際，爲招隱之辭。言之不疑，恃惠子之知我也。

---

[1] "鐵孫"，清代官員徐榮，原名鑑，字鐵孫。

有田不歸如江水，無田不退亦貪耳。少年壯志摩雲霄，烏知此言有妙理。

邇來憾[①]壙百憂纏，心勩形瘵無停督。鷄蟲得失竟何如，七尺以外真脱屣。

惟有區區讀書心，日據空案鑽故紙。我生才分本有限，一身兩役勞無已。

既不能底柱力障江河下，又不能長繩挽住歲月駛。

善刀而藏亦長技，刻意丹黃謝青紫。歸來必待賜鑑湖，買山而隱古人恥。

負郭二頃宅一壥，隨分自足聊知止。著書仰屋傲公卿，彈琴詠詩中商徵。

平生虛願蓄未宣，同心忽得徐孺子。況有叔度千頃波，時月一見袪煩鄙。

我家貴隅近蘿岡，夏荔冬梅燦成市。鷄犬鳴吠即桃源，風氣淳樸過栗里。

誅茅試闢蔣生徑，羊求二仲同芳軌。君當捧檄筮仕始，會看春風放桃李。

興公雖著《遂初賦》，安石恐爲蒼生起。人生出處終何常，要知息壤言在彼。

詩成更報熊安生，脱身無爲在泥滓。

秋日咏懷，擬張曲江《感遇》

百卉爭春榮，黃花鬥秋色。陶公晚節堅，興趣偶然適。
我本癡頑生，未敢希彭澤。把酒坐東籬，聊以數晨夕。
涼月上娟娟，相對成三益。

嗷嗷林閒鳥，受哺倚其子。西風吹庭樹，吾親已老矣。

---

① "憾"，當作"壖"。

何以娛老親，捧檄毛義喜。祿仕豈不佳，此願非由已。
惟應師尹惇，善養逾甘旨。

我聞李琰之，閉戶攻墳籍。自云非為名，勞此軀七尺。
聲譽且弗圖，況為富貴役。良由天性嗜，寸陰賤尺璧。
一朝輟吟披，形神兩不釋。自笑耽書淫，還如抱錢癖。

昨夢游瑯嬛，如入中郎帳。心擬作十年，祕笈恣探訪。
睡魔不許留，歸來心快悵。一笑姑置之，能著屐幾兩。
目前難遍窺，非想毋乃妄。

藥買不龜手，乘時取侯封。男兒抱末技，僥倖或奏功。
君子志其大，吐氣如長虹。當為鐵錚錚，不享福容容。
豎子雖成名，遺笑無英雄。

大鵬將圖南，垂翼天爲陰。鷃鳩笑其側，何不巢深林。
曲高和自寡，茫茫誰知音。吾思范文正，毀譽不動心。

有客談《內篇》，頃刻明心性。援之以入儒，冥悟超孔孟。
豈知此念萌，萬事起奔競。學術期速化，名場思躁進。
君子悲歧途，世人誇捷径。

昔有航海人，迷津抵亶州。云見魯孔聖，乘桴坐中流。
七十二弟子，弦歌聲未休。異哉此聞樂，吾將從之游。
祇恐如三山，神風引迴舟。

雙門底賣書坊擬白香山樂府

雙門底，雙闕峙，地本前朝清海樓。偃武脩文書肆啟，東西鱗次分兩
行。

支以高架如墨莊，就中賈客據案坐，樂哉何減南面王。

豈知若輩但謀利，錐刀之末爭較量。

持籌握算障錢籠，那有心情閒寓目。愛書儂艱購書貨，擁書渠少看書福。

況更流傳陋本多，寶笈寥寥未堪讀。莊叟《南華》疑奧篇，《太平廣記》矜祕牘。（明人張天錫事，見郎瑛《七脩類稿》。）

偶然得之倍居奇，擬取一縑售一軸。致令措大傾空囊，典衣典裘價不足。

宿聞江浙多賜書，金題玉躞侔石渠。書舶搜羅亦浩博，欲敵張華三十車。

吾粵繁華甲天下，火齊木難堆礫瓦。胡爲填策偏輸入，毋乃重利輕儒雅。

我愧敏悟非王充，遨遊洛市能淹通。又慚家世非李泌，牙籤三萬豈可必。

祇應作計借荊州，涉獵終嫌覽未周。《國策》偶從秦宓假，《論衡》難向蔡邕求。

安得書倉有人築，劉《略》班《藝》廣收蓄。大供寒士盡歡顏，此恩直勝萬閒屋。

十千桃李手自栽，春風花放越王臺。

君不見，文翁化蜀學校盛，魯丕相趙徑術開。由來此事在提倡，莫謂天南竟乏才。

讀史

唐虞不可追，且莫談揖遜。谁與襲其名，作俑始魏晉。

紛紜爭效尤，廢興曾不瞬。中惟唐宋朝，逆取守以順。

能開忠厚基，終享昇平運。典午祚雖長，兵戈苦屠戮。

或云牛繼馬，呂嬴宗已紊。誰言天網疏，施報理堪信。

臣職固當脩，君權須自振。咄哉燕王噲，欲學堯授舜。

東漢召董卓，卒啟曹瞞篡。北魏召爾朱，遂兆高歡亂。
有唐南北司，交惡若冰炭。密徵汴梁兵，流毒勝閹宦。
從來借外權，鮮不階內難。藩鎮猶如此，況彼蠻夷悍。
石晉賂契丹，興亡如轉盼。宋朝兩夾攻，終貽子孫患。
麼麼覆轍車，屈指豈勝按。人主當自強，道德為藩捍。
引虎衛窮山，所以嚴顏歎。項羽鴻門宴，失計走沛公。
早用亞夫玦，豈至烏江窮。契丹頭魚宴，女真示優容。
誤信蕭奉先，後亦成養癰。當斷不知斷，二君自貽戚。
我謂殊未然，防禍在脩德。天祚肆荒淫，霸王逞殘賊。
縱無二祖存，安保長享國。或更有英雄，崛起從草澤。
鄧甥圖楚文，王衍召石勒。徒誇先見明，已落最下策。
卓哉楚成王，能容晉公子。冀土豈無君，持論正如此。

豫讓報智仇，張良報韓恥。軻劍漸離筑，皆緣忠憤起。
義舉卒無成，遺恨書青史。偏是轉設諸，魚腹利如此。
嚴遂實私怨，功竟歸軹里。後來公孫述，連刺二將死。
在唐武元衡，在蜀費文偉。俱以社稷臣，命忽喪姦宄。
冒氈堕溝中，裴度亦幸耳。施全手刃秦，司農笏擊泚。
胡獨不斃之，一令兇魄褫。由來事成敗，論數不論理。
快哉王著椎，此事古有幾。

周黨隱廣武，賊戒不入城。姜詩居廣漢，賊過為弛兵。
赤眉掠唐子，獨避樊麋卿。黃巾過高密，羅拜鄭康成。
固由行誼卓，劇盜仰高名。亦見兩漢時，大義人共明。
寇知敬耆德，況在彼良氓。前朝張李輩，屠戮方任情。
豈暇辨賢哲，稍為息暴橫。世變不一端，即此繫非輕。
何年復古俗，使我心怦怦。漢武殺鉤弋，緣懲呂后事。
逮夫拓跋朝，相仍作定制。自言則漢家，為國長久計。
獨有靈皇后，垂簾偶破例。竟啟晉陽兵，魏室隨之替。

慮患非不深，至竟以此敗。由來禍難生，每出防閑外。
立法況未善，彝倫已先壞。女主豈無人，中有堯舜在。

孔明伊、呂才，區區比管、樂。管、樂豈其倫，處已無乃薄。
即此見謹慎，大事堪寄託。何哉王昭遠，狂言不知怍。
指揮鐵如意，妄擬臥龍作。亦有宋郭倪，帶汁貽笑謔。
夜郎好自大，世固多若儔。源休收國籍，火迫學鄶侯。
翟、穎上封事，功名冀馬、周。何異東施醜，效彼捧心愁。
又如左思陋，來倣擲果遊。陳寔吊張讓，稍救黨禍延。
康海詣劉瑾，因保友誼全。權門豈輕謁，要皆有爲然。
後人引此例，往往巧夤緣。所以有心人，矯枉又過正。
寧作鐵太剛，毋學瓦全行。蔡邕逼凶威，亦云黨奸佞。
放翁記南園，訾爲晚節病。持論雖則苛，借以挽奔競。

田單守即墨，火牛破燕師。邵青襲其術，乃被王德嗤。
孫臏馬陵戰，減竈計出奇。虞詡反其策，亦使敵眾疑。
由來應變妙，難以成格施。瑟莫膠柱鼓，車當易轍馳。
昔宋頒陣圖，德用諫非宜。趙括父書讀，其敗相如知。
不獨行兵爾，凡事皆若斯。古法今芻狗，名言當三思。

周公輔孺子，風雷感穹蒼。後世倫紀薄，食報安得昌。
楚靈弑郟敖，乾谿降之殃。陳宣廢臨海，天以叔寶償。
北齊多家釁，濟南樂陵王。相繼如一軌，國祚旋亦亡。
獨怪宋太宗，語逼德昭死。負心金匱盟，福竟流孫子。
前明靖難兵，凶逆更非理。高煦效尤敗，燕王獨蒙祉。
所以人心憤，野史有異辭。或言幹離不，貌類香孩兒。
或言宣德帝，遺自建文妃。其說則似誕，其事容有之。

曹彬坐樞府，薦子才堪將。蒙正罷中書，薦姪才堪相。

安石舉謝元，江淮资保障。貫之舉韋繍，輿論亦云當。
卓哉諸名賢，内稱厭群望。親不失祁奚，嫌不避李絳。
要惟秉至公，所以人共諒。即如前明閣，楊慎首臚唱。
其父正秉鈞，未聞招譴謗。後來張懋脩，乃有秦煇况。
事同毁譽殊，直道誰言喪。文山聲伎奢，盧杞衣食惡。
安國嗜利财，馮道守檢約。國奢散貲俸，黃裳通餽託。
數子大忠佞，細行何不倫。古來如此事，更僕難具陳。
子卿娶胡婦，姓氏圖麒麟。劉琨晉烈士，曾拜賈謐塵。
程异叔文黨，晚作唐名臣。倘令逢肉眼，皮相必失人。

宋初西夏横，虎據河南地。真宗咸平閒，幼主德明嗣。
不聽曹瑋言，乃欲以恩致。逮夫諒祚朝，母族共專制。
乘機可唾取，卻用程琳議。一誤復再誤，貽禍累數世。
後來种諤等，貪功開邊事。李憲既衂師，徐禧亦喪利。
進兵非其時，召釁卒何濟。士無應變才，戰撫皆失計。

題畫

石壁插空寒，猿鶴攀無路。何當叩飛仙，拔宅此中住。

藤鼓行

大藤峽口莽伏戎，鼛鼓震地聲逢逢。軍有一韓心膽破，手提枹鼓鯨鯢封。
南人不反天威慴，創造神物鎮蠻中。巨藤屈曲盤石棧，利刀快若斬蒿蓬。
山精木客挺而走，疑是鬼斧兼神工。環作鼓形冒以革，貌出古異光玲瓏。
長逾數尺闊盈丈，纖首廣腹能有容。廣州梧州各置一，更留肇郡旌武功。
有時搏擊響闐鞳，悚伏虎豹騰蛟龍。聲氣相感理尤異，此鳴彼應疑雌雄。
我聞季孫卻齊難，紀其勳烈銘林鐘。又聞伏波征交阯，屹立五柱磨青銅。
由來克敵必示後，藤鼓之設將毋同。想見鐃歌唱凱樂，銀釵一扣開頑聾。
此藤滋蔓歷千載，虧藏日月搖天風。晝沈夜浮攀可渡，搆崖駕壑横長虹。
坐令姦宄恃險阻，狐兔窟穴鷹鸇叢。一朝非種鋤立盡，勢若破竹如撥鼟。

削株掘根計誠得，萌蘗勿斷成養癰。此鼓便擬京觀築，釁以賊血流殷紅。
前車已覆後車鑒，猙獰相戒勿內訌。無學刑天自取戮，無效貳負臣不忠。
無當車轍奮螳臂，無警邊障飛狼烽。有如不信視此鼓，焚巢之鳥尤驚弓。
碣來止戈不用武，民夷尸祝襄毅公。摩挲此鼓三歎息，欲入歌詠慙雕蟲。
昌黎不作東坡死，石鼓妙句誰追蹤。

勵志詩

人生識字初，輒期三不朽。當其矢願时，雲夢吞八九。
無如所欲奢，績学未深厚。畫餅徒虛名，無成到白首。
始知騖廣荒，不若量才受。繄余賦菲質，德功亦何有。
立言或庶幾，轉思仍非苟。所貴醞釀深，莫恃掩襲取。
劉峻夜燎麻，孫敬日編柳。牧豕耳聽經，囊螢卷在手。
家貧學尚貪，況乃足餬口。書倉築未逮，硯田耕已久。
飽食無用心，中宵顏怩忸。目僅識一丁，身未探二酉。
根柢薄如許，文字烏足壽。言不關體要，戔戔日封蔀。
測海乃以蠡，窺月如從牖。文章覆酒瓮，著作付醬瓿。
言不思致用，陳陳落窠臼。無當安寶卮，有孚象盈缶。
燕麥與兔絲，棘猴兼芻狗。體用固貴全，餘力還記醜。
高祐對鯪鯉，束晢辨蝌蚪。騘牙驗齒齊，象膽非腹剖。
大可助文場，細亦資談藪。片長毋自多，千金享敝帚。
分陰毋自荒，一刻抵瓊玖。妙緒如繭抽，舊義莫株守。
斷機凜慈闈，攻玉借良友。更喜得名師，聞望高山斗。
劉瓛號通經，侯芭擬載酒。馬帳許同昇，鵝湖眞善誘。
課業三餘勤，晰疑兩端叩。薰陶倘有成，附驥千載後。
文學儒林傳，青史記誰某。願之竊未能，書以銘座右。

題春海祭酒蒲澗賞秋圖

棗瓜仙跡半迷離，乘興何妨當習池。官事無多原易了，宦遊如此不嫌疲。
溫公自序遊山錄，坡老重添望海詩。小小林泉勞物色，憐才心苦幾人知。

重陽寂寂負秋容，風雨高吟句未工。名姓已將沈湛輩，登臨猶得附羊公。
閒情立雪蒼茫外，醉眼看雲變幻中。笑語溪山能記否，他時竹馬效兒童。

瓶菊

折得秋花淡有情，膽瓶供養伴淵明。寄人籬下原非計，研北花南老此生。

《楚廷耆舊遺詩後集》卷十四　譚瑩玉生校

後　記

　　生逢盛世，何其幸也。揾食高校，何其難也。大學評估，長年施行；教師考核，無處不有。拿項目、發論文，評獎勵、獲名號。人人惶惶不可終日，處處攘攘宣示成績。排名如逆水行舟，不進則退；考核似獼猴緣樹，不上則下。余爲一介鍵民，何能得免？教學之暇，絞盡腦汁，標新立異，以求項目。然標書堆積如山，立項屈指可數。擲筆而歎，赧然汗出。上則愧對先生教導，下則羞見父母妻兒。雖然，無法躺平，蓋單位攷核之鞭常懸諸頂。眾生皆苦，此苦尤甚。日日期盼退休，然距退休尚有十餘年，又聞將延遲退休。嗚呼哀哉！萬般無奈，唯有埋頭朴學，日日彫蟲，虛耗光陰。更兼犬子青春叛逆，處處惹人煩惱；幼女一顰一笑，委實天真可愛。冰炭置于胸中，平添幾許霜髮。富貴乏術，學問無成。鍾期既少，煩心事多。乃口占一絕云：

　　　　年來事事皆可哀，萬千思緒付塵埃。

　　　　少年夢幻真成夢，老大堪望赤松台。

　　此書獲《廣州大典》立項，然級別不夠省部，資金不足付梓。其遭際恰似作者侯康，爛熟《十七史》，而拙于生計。幸得佛山市高等教育高層次人才經費資助，方能出版。感謝佛山市政府、感謝佛山市領導，殆非虛言。點校古籍，事倍功半；考諸文件，業績爲零。雖然，余心樂之，欲附前賢之驥尾。廣東前賢如何若瑤、侯康二先生，地下有知，雖不首肯余之學問，亦當含笑余之勤勉也。承陶老師不棄，慨然作序，師恩難報，感愧無已。女史景麗，雖未謀面，而慇勤督導，促成此書，感激不盡。

二〇二二年一月二十三日